新理念数学教学论

New Concept on Mathematics Theory

主　编　冯　虹　王光明　岳宝霞

编　委　白丽娜　冯　虹　刘希平　刘晓旻　戚　双
　　　　苏　帆　田　添　王光明　岳宝霞　杨　蕊
　　　　于亚娟　朱鸿玲　张筱玮

北京大学出版社
PEKING UNIVERSITY PRESS

图书在版编目(CIP)数据

新理念数学教学论／冯虹，王光明，岳宝霞主编．—北京：北京大学出版社，2014.8
（21世纪教师教育系列教材·学科教学论系列）
ISBN 978-7-301-24512-5

Ⅰ.①新… Ⅱ.①冯… ②王… ③岳… Ⅲ.①中小学—数学课—教学研究—师范大学—教材 Ⅳ.① G633.602

中国版本图书馆CIP数据核字（2014）第159194号

书　　　名	新理念数学教学论 XINLINIAN SHUXUE JIAOXUE LUN
著作责任者	冯　虹　王光明　岳宝霞　主编
丛书主持	陈　静　郭　莉
责任编辑	唐知涵
标准书号	ISBN 978-7-301-24512-5
出版发行	北京大学出版社
地　　　址	北京市海淀区成府路205号　100871
网　　　址	http://www.pup.cn　　新浪微博：@北京大学出版社
微信公众号	通识书苑（微信号：sartspku）　科学元典（微信号：kexueyuandian）
电子邮箱	编辑部 jyzx@pup.cn　　总编室 zpup@pup.cn
电　　　话	邮购部 010-62752015　发行部 010-62750672　编辑部 010-62753056
印刷者	北京虎彩文化传播有限公司
经销者	新华书店
	787毫米×1092毫米　16开本　16.5印张　400千字 2014年8月第1版　2025年1月第3次印刷
定　　　价	49.00元

未经许可，不得以任何方式复制或抄袭本书之部分或全部内容。
版权所有，侵权必究
举报电话：010-62752024　电子邮箱：fd@pup.cn
图书如有印装质量问题，请与出版部联系，电话：010-62756370

前　言

数学教学论是高等师范院校数学教师教育专业学生学习的一门专业必修课程,是研究中学数学教学过程中教与学的联系、教与学的相互作用、教与学的统一的科学。通过本门课程的学习可以培养未来数学教师从事数学教学和教学研究的初步能力,使师范生达到对教学理论的感性认知,对教学技能及教学研究能力的初步掌握。

1979年,全国13所高等师范院校合作编写的《中学数学教材教法》一书,是我国在数学教育理论建设方面的重要标志。随后的十几年,国内外数学教育发展迅速,涌现了一批优秀的科研成果,研究内容涉及"数学学习理论""数学思维""数学方法论""数学课程与数学教育评价""数学习题理论"等多个方面,其内容已远远超过上述教材所包含的知识领域。在学习国内外兄弟院校编写的数学教育类著作与教材的基础上,天津师范大学从事数学教育研究的相关教师组织编写了《中学数学教学导论》,于1998年出版,该书在教学实践中受到了广大师生的好评,被评为全国优秀教育图书二等奖,2001年被教育部推荐为全国中小学教师继续教育专业课程教材。近十几年来,数学教育的相关研究得到了长足发展,研究的领域逐渐扩展,从研究课堂教学到研究课程改革、教学文化,从研究教师的教到研究学生的学及教师专业化;研究内容逐渐深入,如对解题心理过程的研究深入到问题表征。随着《基础教育课程改革纲要(试行)》和基础教育《数学课程标准》的颁布和实施,数学教育进入了一个新的课程改革时代。为了更好地适应课程改革的需要,培养未来数学教师从事教学及教育研究的初步能力,数学教学论的相关内容也需与时俱进、了解前沿、调整内容、记录并分析新的研究成果。

本书在内容的选择和编写方法上有所创新,突出了基础性、实用性和发展性;重点介绍了教师必须掌握的数学教育理论、教学方法以及基本的教学技能;结合教学案例,分析数学课堂教学内容和设计教学活动过程。本课程教材力图体现如下特色:

一、内容上,本书强调理论联系实际,教材中搜集了大量的案例,增强了内容的操作性,对学生教学能力培养具有实用价值。

二、结构上,利用栏目设计凸显交互性。如利用[案例],[随堂讨论]进行问题式、互动式教学,转变传统的学与教的方式,有利于师范生领悟相关的理论,有利于师范生利用所学理论解决教学实际问题。每章最后都有笔者推荐的[扩展阅读]及[思考与练习],为读者进一步的学习提供参考。

三、理念上,凸显先进教育理念,整合最新的研究成果进行分析总结,关注教师专业发展。

本书共分10章,参与编写的教师主要来自天津师范大学教师教育学院、教育科学学院及天津市重点中学骨干教师。各章执笔人员如下:第1章,杨蕊;第2章,苏帆;第3章,岳宝霞;第4章,朱鸿玲、刘希平;第5章,张筱玮、戚双;第6章,岳宝霞;第7章,岳宝霞、田添;第8章,白丽娜(天津市耀华中学);第9章,张筱玮、刘晓昱;第10章,岳宝霞、于亚娟。全书由冯虹、王光明统稿和定稿,冯虹、岳宝霞对各章节内容之间的一致性、条理性进行了多次的协调和修改。于亚娟、田添在全书格式编辑及文字校对上付出了大量的时间和精力,每一位老师的辛勤付出都为本书的顺利完成提供了支持和保障,在这里一并表示感谢。

在本书的编写过程中,我们参阅了国内外大量研究成果和相关文献资料,有的在参考文献中已经列出,有的在书中没有列出,在此,我们向这些作者致以诚挚的谢意!

由于编者水平有限,本书肯定存在不妥及疏漏之处,敬请专家和广大读者批评指正。

目 录

第1章 数学教学论概述 ……………………………………………………… (1)
  第1节 数学教学论发展的历史 ……………………………………………… (1)
  第2节 数学教学论研究的对象及其特点 …………………………………… (7)
  第3节 数学教学论的教学意义 ……………………………………………… (10)

第2章 数学课程理论及发展 …………………………………………………… (14)
  第1节 数学课程的含义 ……………………………………………………… (14)
  第2节 数学课程改革与发展 ………………………………………………… (19)

第3章 数学教学论的基本问题 ………………………………………………… (31)
  第1节 数学教学原则 ………………………………………………………… (31)
  第2节 数学教学方法 ………………………………………………………… (37)
  第3节 数学教学过程 ………………………………………………………… (47)

第4章 学习理论在数学教学中的应用 ………………………………………… (56)
  第1节 皮亚杰智力发展阶段理论及其在数学教学中的应用 …………… (57)
  第2节 奥苏伯尔的有意义言语学习理论及其在数学教学中的应用 …… (63)
  第3节 布鲁姆的目标教学理论及其在数学教学中的应用 ……………… (68)
  第4节 加涅的认知累积理论及其在数学教学中的应用 ………………… (73)
  第5节 建构主义的基本观点及其在数学教学中的应用 ………………… (78)
  第6节 人本主义的学习观及其对数学教学的启示 ……………………… (83)

第5章 数学教学设计 …………………………………………………………… (89)
  第1节 数学教学设计的理论依据 …………………………………………… (89)
  第2节 数学教学设计类型 …………………………………………………… (91)
  第3节 数学教学设计过程 …………………………………………………… (101)
  第4节 数学教学设计案例 …………………………………………………… (110)

第6章 数学教学实施 ·· (121)
第1节 基于APOS理论的数学概念教学 ·· (121)
第2节 数学问题解决教学 ·· (130)
第3节 数学思想方法的教学 ··· (138)

第7章 数学教育评价 ·· (147)
第1节 数学教育评价概述 ·· (147)
第2节 数学课堂教学评价 ·· (155)
第3节 学生数学学习评价 ·· (165)

第8章 现代信息技术在数学教学中的应用 ·· (178)
第1节 信息技术与数学教学的整合 ··· (178)
第2节 现代信息技术与数学教学整合的实践研究 ······································ (187)
第3节 整合实施过程中应注意的问题 ··· (204)

第9章 数学教师的专业发展 ··· (208)
第1节 影响数学教师专业发展的因素分析 ·· (209)
第2节 数学教师专业化发展的阶段特征 ·· (216)
第3节 促进数学教师专业化发展的有效途径 ··· (220)

第10章 数学教育研究 ··· (232)
第1节 数学教育研究的主要内容 ·· (233)
第2节 数学教育研究方法 ·· (245)
第3节 数学教育研究论文的撰写 ·· (248)

第1章　数学教学论概述

本章概要

数学教学论是数学教育领域正处于发展中的新学科，它的产生既是数学教育理论发展的必然，也是数学教育实践的呼唤。本章主要是为学生初步了解数学教学论课程打开一扇大门，引领他们走进数学教育的广阔天地。这一章共分为三部分内容：第一部分主要介绍了数学教学论形成、发展的过程，以时间为轴梳理了古今中外数学教育所走的历程；第二部分主要阐述了数学教学论的研究对象及其特点，使学生能够对日后在此课程中的学习内容形成初步认识，从宏观的角度把握数学教学研究的方向；第三部分介绍了本课程实施的重要教学意义，以在学生正式学习本课程之前，端正其学习态度，认识数学教学论在数学教育实践与研究中的重要作用，激发学习热情。

学习目标

通过学习，你能够：
1. 了解数学教育学的形成、发展历程。
2. 认识数学教学论的研究对象。
3. 树立正确的数学教学论学习观。

关键术语

◆ 教学论　　◆ 数学教育　　◆ 数学教学论　　◆ 课程意义

引　子

随着一般教学论、教育研究的深入，教育界对学科教学理论的关注推动了学科教学论的发展，与此同时，数学教育研究从数学教学教法到数学教育学再回归到数学教学论，反映了数学教育研究正在不断走向成熟。对于高等师范院校的学生来说，本门课程是不可或缺的数学教育专业必修课，具有非常重要的学习意义。

第1节　数学教学论发展的历史

"数学教学论"是"教育学"领域的一个概念，属于"教育学"的二级学科"课程与教学论"下的三级学科，因此，回顾数学教学论的发展历史，必然要融于普通教学论的发展之中。

一、教学论的发展

在中国,伟大的教育家孔子(公元前551—公元前479)从事过大量的教学活动,并且对于教学现象作过许多精辟的论述。他提出的关于"学""思"关系的言论、启发式的教学思想以及因材施教的教学实践,至今仍具有重要的现实意义。先秦时期的《学记》是我国乃至世界最早的一部专门论述教育问题的专著,该专著对教学现象进行了全面的总结,提出"教学相长"的思想,闪烁着智慧的光芒。此外,孟子、荀子、墨子、老子等均对教育教学阐述过深刻的论述,之后,朱熹提出六条"读书法"(分别是循序渐进、熟读深思、虚心涵泳、切己体察、着紧用力和居敬持志),从学习者的角度作了深刻的总结。可以说,这些都是中国古人的智慧结晶,是中华民族宝贵的教育遗产,也是世界人类文明史上的宝贵财富。

在西方,古希腊著名教育家苏格拉底(Sokrates,公元前469—公元前400)首次提出归纳法教学和定义法教学,随后引申为启发式教学(即"产婆术")。柏拉图编著《理想国》,认为办好教育是国家的重要职责,提出"七艺"并具体阐述各门学科的作用。亚里士多德重视人的天性,认为教育具有特殊的作用,通过教育可以发展人的理性。

教育史上,德国教育家拉特克(W. Ratke,1571—1635)是第一位倡导教学论的,他自称是"教学论者",认为教育是人与生俱来的天赋的权利。

17世纪,捷克教育家夸美纽斯(J. A. Comenius,1592—1670)出版了举世闻名的教育著作《大教学论》,奠定了教学论这一学科建立的基础,他崇尚自然主义的教育,认为教育是把一切事物交给一切人类的全部艺术。该书全面论述了当时夸美纽斯所接触的教育现象,提出了至今仍有借鉴意义的教学原则。

18世纪,法国启蒙教育家卢梭(J. J. Rousseau,1712—1778)编著的《爱弥儿》,被认为是继《理想国》之后西方最完整、最系统的教育论著。卢梭通过对主人公从出生到成人的教育历程的描述,表达了他的教育理念和教学思想,尤其强调通过个人经验来学习。

19世纪,德国心理学家、教育家赫尔巴特(J. F. Herbart,1776—1841)明确提出教育学的科学性问题,在他看来"教育学作为一种科学,是以实践哲学和心理学为基础的"。他的《普通教育学》被公认为第一部具有科学体系的教育学著作,也因此,赫尔巴特被誉为"科学教育学的奠基人"。

20世纪初,美国教育家杜威(J. Dewey,1858—1952)提出了"儿童中心主义""新教育运动",开创了以"经验的改造"为核心的教学论,成为实用主义进步教学论学派的代表人物,与赫尔巴特的传统学派形成了鲜明的对比。他总结了西方的教育遗产,确立了四个教育哲学命题并将其引申、具体化。这四个命题分别是:教育即生活,教育即生长,教育即经验的改造,教育是一个社会化的过程。20世纪中叶以来,现代教学论发展迅猛,在世界范围内形成不同的派别。如以布鲁纳为代表的"认知发展教学观"的教学论,苏联教育家赞科夫提出的反对"学科中心论"的教学论,巴班斯基的"教学过程最优化"的教学论,维果茨基的"最近发展区"理论,德国瓦根舍因的"范例方式教学论",以马斯洛为代表的"人本主义"教学论,以及苏霍姆林斯基的"和谐教学论"等。

二、数学教学论的形成与发展

由普通教学论的发展可见,人类对于教学理论的研究已经走过相当长的历史,不可否认的是前人在理论与实践方面都作出了卓越的贡献。数学教学论作为教育领域的一个方面,不仅受到上述教育发展的影响,同时也与数学学科本身的发展息息相关。

就世界范围而言,古埃及、古巴比伦、古希腊、中国、印度等地的数学起源都是比较早的,大约4000年前古埃及就已经出现关于几何、算术知识的记载。伴随着数学知识的出现,出于人类继承文明的需要,数学教育应运而生。

(一)古代中国的数学教育

在我国,公元前11世纪的西周时代,"六艺"(礼、乐、射、御、书、数)为主要的教育内容,数学作为其中一项,说明数学教育已从生产和生活中分离出来,并成为当时国学(官学)和私学中的教育内容之一。尽管自周代以来,历代史书多有关于数学教育的记载,但是正规的数学教育制度的确立和专门数学人才的培养却是从隋代开始的。与此同时,西方的宫廷学校、祭司学校、神庙学校、文士学校等各类学校中也都传授数学知识,只不过当时的数学教育形态是极其初等的、零散的。值得一提的是,无论在古埃及、古巴比伦和中国这些东方文明古国,还是在稍后崛起的古希腊和古罗马,经世致用的数学都是学校启蒙教育中必不可少的一个内容。

 视窗 1-1

"六艺"教育之数学

西周不论是国学或是乡学,不论是小学或是大学,都是以"六艺"为基本学科,只是在要求上有层次的不同。六艺教育起源于夏代,商代又有发展,西周在继承商代六艺教育的基础上,使它更为发展和充实。

数学知识到西周有更多的积累,为较系统的教学创造了条件。"六艺"中"数"指的是"算法",即西周时期的数学教育主要以算法教育为主。对儿童进行数的教学,先学数的顺序名称及记数的符号,然后应用于学习甲子记日法,知道朔望的周期,再进一步学习记数的方法,掌握十进位和四则运算,培养初步的计算能力。《周礼·地官·保氏》提出"九数"。对"九数"在历史上有不同的解释,但西周已有田亩、赋税、财物的会计事务,在实际生活需要的基础上,发展了多种的计算方法,据说已有方田、粟米、差分、少广、商功、均输、方程、赢不足、旁要等计算,学习九项计算方法,是较高的教学要求。"九数"成为历史遗产,流传下来,经后人的不断补充、整理,约到汉末三国的时候,才编成《九章算术》。西周的"九数"奠定了《九章算术》的基础,这表明西周的数学教学内容是比较丰富的。

〔选自孙培青主编的《中国教育史》(修订版),上海:华东师范大学出版社,2000,题目系编者自拟.〕

进入19世纪,西方国家的科学技术迅速发展,这一历史时期的中国社会、学校教育也发生了极大的变化。早在明末清初,西方传教士就带来了《几何原本》等数学著作,这种不用筹算、不用珠算,而用笔算的抽象的系统的数学,令中国数学家耳目一新。徐光启认为《几何原本》是一本训练思维的好书,也就是从那时起,这本书对中国的初等数学教育开始产生重要的影响。瑞士教育家裴斯泰洛奇是最早提出把数学教育过程从教育过程中分离出来、作为一门独立的科学加以研究的,他在1803年发表的《关于数的直觉理论》一书中,首次提出了"数学教学法"这一名词,因此,人们一般认为,数学教育理论体系是从19世纪初开始创立的。

(二)近现代中国的数学教育

1840年鸦片战争后,中国沦为半殖民地半封建社会,来华的西方传教士不再满足于翻译介绍西方数学,他们在中国兴办教会学校,编写宗教用书和数理化教科书。自此,两千多年来,教学内容几乎一成不变的中国传统学校教育受到了巨大的冲击,数学课程在新式的学校教育中占据了主要地位。

我国最早的数学教育理论学科叫做"数学教授法",这门课程的起源源于我国近代师范教育的产生,至今只有100余年的历史。在清末,京师大学堂开始设置"算学教授法"课程。1897年,清朝天津海关道、大理寺少卿盛宣怀创办南洋公学,内设师范院,开设"教授法"课程。1904年,清政府颁布《奏定学堂章程》,产生并开始推行中国较为系统完备的近代新学制——"癸卯学制",同时,在初级和优级师范学堂分别开设"教授法"和"各科教授法",这可以被视为"课程教学论"这一课程在我国的首次开设。之后,一些师范院校便相继开设了各科教授法。1917年,北京大学就有专门研究数学教授法的学者胡睿济。1918年,任职于南京高等师范学校的陶行知先生提出改"教授法"为"教学法"的主张,虽被校方拒绝,但这一思想却逐渐深入人心,得到社会的认可,"数学教学法"的名称一直沿用到20世纪50年代末。不过,无论是"数学教授法"还是"数学教学法",实际上只是讲授各学科通用的一般教学法在数学学科中的使用。

20世纪30年代至40年代,中国陆续出版了几本《数学教学法》的书,如1949年商务印书馆出版的由刘开达编著的《中学数学教学法》。这些书多半是作者通过研究国内前人或国外关于教学法的论著,并根据自己的教学实践进行修补而总结的经验,还没有形成成熟的教育理论。

(三)当代中国的数学教育

新中国成立后,苏联教育文献的输入使我国的数学教学法得到系统的发展。20世纪50年代,我国的《中学数学教学法》用的是从苏联翻译过来的伯拉斯基的《数学教学法》,其内容主要介绍中学数学教学大纲的内容和体系,以及中学数学中的主要课题的教学法,虽然这些内容仍停留在经验上,但比以往只学一般的教学方法有所进步,毕竟变成了专门的中学数学教学方法。随后,我国数学教育理论的研究经历了从数学教学法到数学教材教法的过程,高等师范院校数学系开设了"中学数学教学法"和"初等数学复习与研究",60年代这类课程更名为"中学数学教材教法"并沿用至80年代。

视窗1-2

新中国第一部中学数学教学大纲的诞生过程[①]

为了贯彻1951年3月第一次全国中教会议的精神,加强课程改革和教材编写工作,中央教育部于一年后的1952年8月12日至9月4日在北京召开了"中小学各科教学大纲起草委员会"工作会议。

在8月13日的座谈会上,教育部张苹中司长讲话,说明教育部从前年开始精简课程,去年制定课程标准,现在制订教学大纲。要学习苏联,教学大纲是教师教学的指导性文件,是带有法律性的文件,学校行政要根据教学大纲检查教师的教学,没有第二个标准。它规定了教学的基本内容和时数,教科书也要根据教学大

---

① 颜秉海.新中国第一部中学数学教学大纲的诞生过程[J].数学通报,2001(4):46—47.

纲和教育学理论来编写。苏联教科书积30年经验，基本上是好的，我们要编写一套中国化的教科书，根据中国情况和教学实际，并把中国的发明创造编到教科书中去，要分两步走：先搬过来，然后再中国化，现在要做的工作是：1）首先要使老师能用；2）关于结合苏联实际的材料，需要适当换成中国的实际；3）教学进度上和苏联大体符合，不符合的要加以适当调整。这些都是初步的工作，要完全做到中国化，需要2至3年工夫。

著名数学家华罗庚教授参会并作了发言。他说参加会议感到很兴奋，十年建设马上要开始了，数学教育是促进中国工业化的最重要工具，直接为祖国工业化打下基础。数学本身没有阶级性，同时也没有地域性，是否可以不改变，以前教的现在还那样教呢？英美的数学教科书和苏联的教科书，表面上看没有什么不同，但是不难发现，资本主义国家教材支离破碎，强调难题，不强调原则性，而苏联教材从原则性入手，教员思想提高了，要教懂学生分析实际问题，提高到原则高度。向苏联学习要强调原则性。使用苏联教材，主要是如何结合我国的具体情况和祖国的爱国主义教育。数学是我国非常光明的一门科学。另一问题是应注意翻译文字，有批评译文方面的文章，要修改一下。量的变化问题非常重要。在解析学里就是函数概念，这是重要的概念。在算术里初步有形和数的结合，恩格斯说，数学中的伟大贡献，就是笛卡儿把数的观念形象化了，把辩证法直接用到数学中了。在初中空间观念学生不容易接受，很多具体的原则、基本概念，已在初中算术里就有了胚胎，以后再继续发展。现在我们的改革是划时代的改革，初中毕业后最容易忘记的是数学。在新时代里有很多机会用到数学，希望能在学校很好地巩固下来。应把许多加减乘除基本算法巩固下来，要求快，要求准，能熟练计算。在任何高等数学里到最后就是加减乘除，每天都要碰到数字计算。不要像过去那样，互相不信任，中学不信任小学，大学不信任中学，要求把数学计算达到技巧熟练，达到自动化程度。

以后几天分组讨论算术、初高中代数、初高中平面几何的大纲说明以及进度表。经过几天对教学大纲总纲说明部分的讨论，于9月1日最后通过。

9月2日，数学组召开北京教师的扩大座谈会，听取对新制定的教学大纲的意见。会议对算术、代数、几何的教材和教法问题，提出许多具体意见和建议。中国科学院数学家关肇直同志发表讲话：1）关于苏联课程与中国课程的不同，苏联课程从实际出发，按学生接受程度讲。旧教材讲的很多和大学重复，基本概念不清楚，苏联教材观点正确，而过去很多观点模糊，新课本很重视函数概念，函数是数学上最重要的概念，在中学很早就灌输函数关系，联系坐标与图像表示法。2）从具体到抽象。公式也是从具体到抽象，应加进一些由苏联翻译的《趣味代数》《趣味几何》的实例，使数学和生活相联系。3）内部本身的联系，互相配合也很重要。$\sqrt{2}$是无理数，代数几何上互相配合很重要。4）联系数学史的知识很好。应该介绍中国数学史，讲些历史故事，贯彻爱国主义教育。5）讲了就用。如讲了对称形，就能用对称法作图，不搞不结合实际的无谓的难题，最后讲到符号问题和名词问题，如商高定理叫勾股定理更好些。

根据座谈会和专家所提意见，加以整理分析，进一步修改各科进度表和总纲部分，整个起草工作于9月4日结束。这次编订的教学大纲经教育部审定后，发给各地学校执行。这部《中学数学教学大纲（草案）》还发表在1953年1、2月号《数学通报》上，署名是"中央人民政府教育部编订"。

新中国的第一部中学数学教学大纲就这样诞生了。这是在中国数学教育史上的一件大事。它标志我国社会主义的现代数学教育的开始，给数学教学改革、课程和教材改革奠定了基础和指明了方向，起到了应有的历史作用。正如教育部1952年在《关于编订中小学教学大纲中若干原则问题》中提出的，制订教学大纲的方针是："……第二，在教学大纲中，应当划定教材的知识范围、容量和进度，给学生以系统的巩固的科学文化基础知识，打下他们参加国家建设或升入中等专业学校与高等学校的基础。"根据这些原则，制定了中学

> 数学教学的目的和任务,以及教材安排的原则。从1952年秋起使用新教学大纲和由苏联课本改编的算术、代数、平面几何、立体几何、平面三角的中译本,促进了教学改革和教育质量的提高。但在学习苏联的方法上也有缺点,如脱离我国的实际情况,把苏联十年制的数学课程照搬到我国十二年制学校中,不必要地延长了算术课教学时间,并且取消了高中解析几何的学习,少学的内容约为一年,这样就降低了我国十二年制中小学数学的知识水平,根据大纲和教材在实践过程中的经验,1954年和1956年,教育部对教学大纲分别作了修订。1954年主要增加有关用社会主义思想教育学生的内容。从1955年秋起,教材也陆续换用了根据新教学大纲编写的课本。

1966年,荷兰著名数学家、数学教育家弗赖登塔尔任国际数学教育委员会主席时,建议单独为数学教育召开国际性大会。1969年,第一届国际数学教育大会(ICME)在法国里昂举行。此后,ICME每四年举行一次,是全世界数学教育界的大型会议,参会人员来自各国大、中、小学水平的各类学校的数学教师,数学教育出版社编辑,数学教育部门负责人和科研人员(包括计算机科学、心理学、教育学及哲学专家)等。

20世纪70年代,国外已把数学教育作为单独的科学来研究,我国也一直把"数学教学法"或"数学教材教法"作为高等师范院校数学系(科)体现师范特色的一门专业基础课。1979年,北京师范大学等全国13所高等师范院校合作编写的《中学数学教材教法》(分为《中学数学教材教法总论》和《中学数学教材教法分论》)一套书,作为高等师范院校的数学教育理论学科的教材,是我国在数学教学论建设方面的重要标志。

20世纪80年代,我国的数学教学论研究不仅与国际数学教育共同发展,并且逐渐形成自己的特色。1982年,中国教育学会数学教学研究会在河南郑州召开成立大会,并在首届年会上提出了"建立数学教育学,形成数学教育这一专门的学科"的任务。国务院学位委员会公布的高等学校"专业目录"中,在"教育学"门类下设"教材教法研究",使学科教育研究的学术地位得到了确认。1983年,"教材教法"更名为"学科教学论",从此学科教学论得到了一次理论上的飞跃。1985年,苏联著名数学教育家A. A.斯托里亚尔的《数学教育学》中译本由人民教育出版社出版发行。同年12月,中国成立全国高师数学教育研究会,旨在团结全国高师院校数学教育专业的教师、科研工作者以及其他从事数学教育研究的专业人员,开展数学教育学科的科学研究,推动学术交流,为提高本学科的理论水平和教学水平服务,为创建具有中国特色的数学教育学科体系服务。在此期间,我国也出版了《数学教育研究导引》一书,介绍了一些数学教育研究的范本。可以说,中国数学教育研究的骤然兴起是从20世纪80年代开始的。

20世纪90年代,国内外数学教育研究呈现迅猛发展之势,我国对数学教学论的研究也已经在构筑的框架上不断深入和拓广。1990年,曹才翰、蔡金法编著的《数学教育学概论》问世,标志着中国数学教育理论学科已经由经验实用型的数学教学法演变为理论应用型的数学教育学。1991年,张奠宙等人编著的《数学教育学》出版,该书把中国数学教育置于世界数学教育的研究之中,结合中国实际对数学教育领域内的众多问题提出新的看法,并对数学教育工作中设计的若干专题加以分析和评论,成为数学教育学研究的一个新突破。1992年,数学教育研究核心刊物《数学教育学报》创刊,该刊由中国教育学会和天津师范大学主办,在数学教育理论的研究与实践探索方面发挥了重要的作用。自创办以来,《数学教育学报》呈现了一批优秀的科研成果,出版了一系列数学教育学著作,研究内容包括数学教学理论、数学学习理论、数学思维、数学方法论、数学课程与数学教育评价、数学习题理论等多个方面,其覆盖内容已经远远超过前人的知识领域。与此同时,我国还加紧数学教学论专业人才的培养,国内各大师范院校已增设课程与教学论(数学)硕士学位授权点和教育硕士(学科教学:数学)专业学位,培养出一批年轻的数学教育工作者和研究人员。

进入21世纪,我国开始了新一轮基础教育课程改革,目的是培养新世纪需要的具有全面素质的人才,满足社会发展、国际竞争和经济全球化、信息化的需要。随着改革的不断深入,数学教学对中学数学教师的专业素养、教学理论、能力水平等诸方面都提出了更高的要求。2003年,张奠宙、李士锜、李俊编著的《数学教育学导论》由高等教育出版社出版,成为基础教育新课程教师教育系列丛书之一,该书用较新的观点阐述了中小学数学教育的若干专题。2011年,科学出版社出版发行了由涂荣豹、杨骞、王光明编著的《中国数学教学研究30年》,该书从数学教学的各个方面,系统地回顾了中国数学教学研究自20世纪70年代末至今所走过的发展历程,以期为后续研究提供有益启示。

数学教学论是数学教育领域中正在发展的新学科,它的产生既是数学教育理论发展的必然,也是数学教育实践的呼唤。作为数学教师以及即将走向数学教师岗位的大学生来说,需要迫切了解和掌握有关数学教学的理论,而数学教学论理论体系的日益完善和实验成果的不断丰富也必将会在数学教学活动中发挥不容忽视的指导作用。

第2节 数学教学论研究的对象及其特点

一、数学教学论的研究对象

数学教学论是一门与数学、教育学、心理学、思维科学等学科相关联的综合性学科,是研究数学教学过程中教和学的联系、相互作用及其统一的科学,从数学与数学教学的特点出发,运用教育学、心理学、思维科学等学科的原理、结论、思想、观点和方法来解决数学教学本身的问题。因此,可以认为数学教学论的研究对象是数学教学。这既不同于数学的研究对象,也不同于教学论的研究对象。

广义地说,数学教学论所要研究的是与数学教育有关的一切问题,如数学教学原则、数学教学组织形式、数学教学设计、数学教学模式的选择与应用,现代化技术手段的使用,数学教师的专业发展,数学教材的编写与评价,学生学习规律的研究,数学思维的结构与培养,数学能力的含义与培养,数学教学过程的实质与规律,数学教学研究方法等。

狭义地讲,数学教学论是以一般教学论和教育学的基本理论为基础,从数学教学的实际出发,分析数学教学过程的特点,总结长期以来数学教学的历史经验,揭示数学教学过程的规律,研究数学教学过程中的诸要素(教学方法、教学组织形式、教学的物质条件等)及其相互间的关系,帮助教师端正教学思想和形成教学技能,并对数学教学的效果开展科学的评价。

数学教学论的研究以实践为基础,所研究的问题来自于实践,例如如何进行数学概念的教学,如何进行数学课堂教学设计,如何培养学生能力,如何应对新课程的挑战、更新教育观念、改进教学方式等。数学教学实践始终是数学教学论研究的源泉,离开实践,数学教育就会成为无源之水,无本之木。当下,数学教学论的研究还需要紧密结合国内外数学教育改革背景,特别是新一轮基础教育课程改革的现状,突出时代特色,使之适应当前基础教育课程改革的新要求。

二、数学教学论研究对象的特点

(一) 综合性

从学科结构上看,数学教学论是一门与数学、哲学、教育学、心理学、逻辑学、数学史、美学、信息技术学等学科相关联的综合性学科。

数学是数学教育的具体教育内容,因此从事数学教育必须具有一定的数学素养。研究数学课程的结构、教学原则、教学方法、学生学习、教学评价乃至数学教学的全过程,都需要立足于数学的专业知识和教育理论。

学生是教学活动的主体,是数学教育的对象。数学知识是人类建构出来的,学生学习数学是一个重新建构的过程,实际上是一个特殊的认知过程。因此,数学教育必须研究其中的认知规律,认知科学、心理学、教育心理学自然也成为数学教育学的理论基础。

数学教育哲学是统领数学教育的制高点,它从哲学的高度反思数学教育实践中的种种具体现象,并运用哲学的相关理论指导教学实践。可以说,数学教育与哲学密切相关,所有的数学教学法都建立在一定的数学哲学之上。

此外,数学教育是在前人不断研究的基础上,借鉴经验吸取教训,逐渐发展起来的,这自然与教育史、数学史、数学教育史有着密不可分的联系;数学教学注重的是学生的思维发展,逻辑学则是思维发展的深层理论;数学教学具体的是教和学的双边活动,需要技术作为支撑,尤其在当今的社会环境中,现代信息技术可以从根本上提高数学教学的效率,因此数学教育研究离不开现代教育技术;当然,数学理论本身以及数学教育中都蕴含着极为丰富的美学现象,如果数学教育研究中不包含此部分内容则是不完备的。

数学教学论的综合性表现在要吸收、利用、整合上述众多相关学科的理论、原理和方法,而不是随意拼凑或简单组合就能推动数学教育的发展的。

(二) 科学性

科学性是任何一门科学的最基本的特点,以教育学、心理学等为理论基础的数学教育学不可避免地含有相关内容,以体现出教育科学的共同特征,当然科学性也成为数学教育学的基本特点之一。尽管教育科学的原理渊源于长期教育实践的总结,但它毕竟不是实践经验,而是经过了科学的提炼和升华,达到了认识的理性化。数学教学论从自身的研究对象出发,以其独特的方法将教育学原理融会到数学教育与教学中去,总结出自身的规律,指导数学教学实践。数学教学论的科学性表现在:依据数学科学的特点,揭示其与教育学、心理学之间的内在联系,以寻求数学科学与教育、心理等科学在教育过程中的最佳结合,使之达到教学规律与数学学科特点的高度统一。

数学教学论的科学性区别于其他科学的是,教育或教学的出发点是人,学习者身心发展的年龄特征制约着教学内容和教学方法。儿童身心发展的规律构成学习者学习的"序",数学科学内在的体系、结构构成知识的"序",使知识的逻辑顺序与学习者的心理顺序达到和谐统一,这便是数学教育科学性的又一个反映。

(三) 实践性

教学是一种实践活动,是教育研究的出发点和归宿点,因此决定了数学教学论是一门实践性很强的理论学科。数学教学论所要研究的诸多问题,从课程教材到教学方法,从教学规律到学习规律再到评价,无一例外地离不开教育教学实践。

一方面,数学教学实践是数学教育学的根基。数学教育理论需要以广泛的教学实践经验为背景,在实践中总结、验证和完善,同时,数学教育学所研究的问题也来自于实践,通过对实践中提出的大量有价值的问题进行研究,才能不断推动数学教育研究向前发展。此外,数学教育学还需要以试验为基础,如课程教材的改革、新教学方法的使用都必须进行试验、验证和修订的过程,否则就会重蹈"新数运动"①的覆辙。

另一方面,数学教学论要指导实践,服务实践,并能通过实践来检验所形成的理论,这也正是数学教育学研究的根本目的。只有认真分析研究实际问题,才能使理论真正成为符合实际情况的有效的指导原则。

(四) 教育性

人是教育的对象,这就从根本上决定了数学教学论的教育性。作为一门教育学科,数学教学论应充分发挥它对各级各类数学教育人才的培养功能。在课程与教学论、数学学习论、数学教学论等各方面研究中,都要在数学教育思想、教育目标下进行,充分体现知识、技能、能力、态度、个性品质等方面的要求。特别是能力、态度、个性品质等不是知识教育的自然结果,而是有意识培养的结果。这就要求数学教育要对课程安排、教材编写、教学设计、学习指导等各个环节进行认真深刻的研究,培养数学教育师范生深厚的理论功底、较强的教学能力以及创新能力,肩负起数学教育培养新时代人才的重任。

(五) 发展性

客观规律是无穷无尽的,人们的认识也是无穷无尽的。当然,在人们认识客观规律的过程中,总是要受当时的科学技术发展、文化背景以及个人条件的限制,因而具有一定的局限性。数学教学论是一门正在发展着的学科,对许多数学教育领域的问题需要结合当今社会发展、技术进步更新认识,其至有的还有必要重新认识。例如,20 世纪中叶,计算机的出现对整个世界影响深远,当它进入教育领域与教学整合后,无论对教学内容的选择、教学方法的运用,还是教学组织形式等都产生了重大影响,推动教育向前发展。

尼斯②曾说过:"在过去的 30 年中,数学教育研究的发展主要表现为领域的扩张(心理学、社会学、语言学、人类文化学等),即致力于不遗漏掉任何对于数学的教和学可能具有重要影响的因素。"展望未来数学教学论研究的发展趋势,总体来看有以下几个方面:研究现代数学教学理论和我国的数学教

---

① 新数运动:20 世纪 50 年代至 70 年代兴起于美国的数学教育现代化运动,核心是把中小学数学教学内容现代化,要求从中小学起就要用现代数学精确的数学语言去传授公理化的数学体系,最终以失败告终。

② 尼斯(M. Niss):国际数学教育委员会前秘书长。

学经验,建立具有中国特色的数学教育学;研究数学文化与民族数学的问题;研究数学史、数学思想史的作用问题;研究数学教学现代化、最优化的问题;研究在数学教学中,发展学生的智力和培养学生的能力的理论与实践;研究数学教学评价和考试命题的科学化的问题等。

三、数学教学论的主要内容

根据对数学教学论研究对象的界定,可以发现数学教学论的主要任务应该包括两大方面——数学教学的基础理论和数学教学的具体实践。简单地说,就是要解决数学教学中"为什么教""教什么"和"如何教"的问题。

首先,为什么教。要理解为什么教,就必须了解数学的本质以及数学观的演变,具有适当的数学观和数学教育观,理解数学教育教学的目的等。有什么样的数学观和数学教育观就有什么样的数学教学观,因此,对于在职的或未来的中小学数学教师而言,通过数学教学论课程内容的学习,应当帮助他们树立适当的数学教学观,这是一切教学工作的出发点和归宿,是教学工作的灵魂,也是课程评价的重要依据。

其次,教什么。数学教学论要尽量避免理论知识过多,教学实践较少、内容陈旧等现象。为适应正在进行的数学新课程改革的要求,数学教学论在"教什么"的问题上应该顺应当前数学课程改革的潮流,适应中小学数学教学的需要,使课程内容能够将理论与实践紧密结合,凸显针对性、实践性和时代性。

最后,如何教。这点涉及的是教学方法的问题,即按照怎样的教学规律、采用什么教学方式来教的问题。数学教学论重在培养数学教师的教学观念、数学能力以及数学教学技能等。只有让学习数学教学论的学生深刻地领会数学教育的价值,了解数学思维的结构与特性,了解数学能力的含义与培养,了解传授知识的方法与技巧,才能使他们尽快完成由学生向教师角色的转换。

第3节 数学教学论的教学意义

当前,所有具备一定的数学知识,又有数学教学能力,且愿意从事数学教育的人都可以通过教师资格考试获得教师资格证书,从事教师职业。近年来,随着教师职业地位的提高以及就业压力的增大,一些综合性大学数学专业乃至其他理科专业的部分毕业生相继进入中小学教师行业,成为师范生就业不可忽视的竞争对手,师范院校的毕业生"独占"教师职位的历史早已结束。那么,如何使师范院校的毕业生在激烈的竞争中取胜,最大限度地发挥他们的教育优势,顺利步入教师行列,这值得人们深思。

20世纪80年代中期,美国学者舒尔曼(Shulman)针对当时美国教师教育研究中存在的学科知识与教育学知识分离的现象,提出"缺失的范式",给出"学科教学知识"(Pedagogical Content Knowledge,简称PCK)的概念。对数学学科而言,就是"数学学科教学知识",即MPCK(Mathematics Pedagogical Content Knowledge)。这表明,要成为一名优秀的数学教师,不仅需要具有完备的数学知识,还需要具备针对特定内容的教学知识。对数学的教与学来说,教师不仅要掌握丰富、扎实的数学学科知识和熟练的教学技巧,更需要具备将学科知识有效地传递给学生的知识。①

数学教学论课程的教学目的就是使学生学好从事数学教育的基本理论,熟悉基础教育数学教材体系;通过对真实教学的模拟实践,熟悉数学教学的过程与各个环节,初步掌握数学教学的基本技能;培养从事数学教学与研究的基本能力。

一、以新视角和高观点构建教学理论体系

针对新世纪高等师范院校学生的特点,依据师范院校培养人才的目标和人才规格的要求,贯彻师范性与基础性的统一、理论与实践的统一,对数学教育心理学、数学教学方法、数学教育测量与评价中的教学实践问题的动态和发展趋向进行较为系统的学习,获得系统的数学教学论知识,提高学生对数学教育的整体认识水平,培养学生实际教学能力和教育研究能力,解决现实问题,使之适应当前基础教育改革对数学教师的新要求。

二、为国家教育事业的发展培养一流的师资

师范院校的毕业生必须具备教师教育专业素养:乐教——具有坚定的职业信念、良好的师德、高度的责任感和团队合作精神;懂教——树立正确的教育观念,掌握教育教学方面的基础知识和基本理念,了解基础教育改革的实践状况;会教——具备过硬的教学基本技能,具备应用现代教育技术组织、设计课堂教学活动的能力,具有一定的教学研究能力。通过数学教学论的学习,使他们具备现代教育思想和方法,具有适当的数学观和数学教学观,树立以人为本、以生为本的现代教育理念,形成正确的教学质量观,符合时代特征的学生观,以及能够熟练运用现代教育技术的能力等。

三、掌握数学教学的基本技能,提高数学教学能力,为成为合格教师做准备

数学教学论是一门实践性很强的学科,需要解决的是数学教学中所遇到的问题。如:怎样理解数学教育的课程目标,怎样将信息技术融入日常教学,怎样评价学生的数学学习等,都是当前亟待解决的问题。通过数学教学论的学习,帮助学生掌握如何根据新课程的理念设计合理的教学目标,如何在数学教学中开展合作研究,如何进行有效教学,在理论与实践的结合上对新课程改革的意义、作用和操作予以深刻的理解,在规范与创新上对新课程改革的课程体系结构予以充分的把握。

四、更新教育观念,更好地适应基础教育数学课程改革的新要求

观念是人们对客观事物和现象的根本认识和看法,具有主观性、内隐性和稳定性。某种观念一经形成,就会对人们的实践活动产生长期的指导作用,并直接影响活动的目标取向和操作过程。高等院校数学教育主要是培养未来的数学教师,数学教学论则是引领数学教师形成正确的教育观、课程观、教学观和评价观的重要渠道。数学课程标准的出台,给这门课程的教学目的增添了新的内容。通过本课程的学习,学生能够理解、领悟新课程,转变旧的教育观念,树立新的数学教育观、课程观、教学观和评价观,并在未来的教学工作中,运用新课程的理念去理解、领悟、研究新教材。

---

① 胡典顺.MPCK 视角下的解题案例分析[J].数学通讯,2011(12):6—9.

五、促进教师的专业发展

随着形势的变化,我国基础教育课程改革呈现出前所未有的景象。香港中文大学黄毅英教授构建了MPCK模型,认为数学教师开展常规教学应该具备三类知识:数学学科知识、一般教学法知识和有关数学学习的知识。作为一名未来的数学教师,必须在数学教学论的课程学习中,积累学科专业知识、教育学知识和心理学知识(即MPCK),并在实践构成中建构自己的知识体系与能力。在实际教学中,教师往往需要综合运用所学的知识,把科学形态的数学知识有效地转化为教育形态的数学知识。只有在不断地完善与更新中,才能提升自己的专业素养,促进自身专业发展,并适应当前新课程改革的需要。

六、培养具有创新意识的数学教师

21世纪需要的是具有创新能力的人才,数学教学论课程把培养学生的创新精神放在核心位置,以先进的科学的教育理论为指导,创造性地使用教材,利用现代教育手段,开拓身边的教育资源,积极探索课堂教学的创新之路。数学教育需要的不是教书匠,而是教学研究型的教育家,因此培养创新型人才、创新型教师作为数学教学论的课程目标是时代的要求。同时,新课程将培养创新型的人才作为课程改革的根本宗旨,而创新型人才的培养更需要创新型的教师,因而这个目标也是数学新课程改革的要求。

本章总结

近年来,数学教学论的研究成果不断丰富,理论体系日益完善,在数学教学中的指导、引领作用更为数学教育工作者所瞩目。正是在这种理论与实践双重力量的推动下,数学教学论逐渐发展成为数学学科教育学中的重要分支学科。

通过对数学教学论课程的学习,我们希望学生可以形成恰当的数学教学观,充分认识数学的文化价值。随着数学新课程改革的热潮在课程目标、课程功能、课程结构、教学内容、教学方法、教学评价等方面的改革,数学教学论的研究必将更加受到人们的重视,不断显示出新的生命力。

扩展阅读

[1] 李乾明.中国近代教学论教材的五个基本范畴[J].课程·教材·教法,2013,33(9):116—121.
[2] 李莉.师范教育中数学教学论教学改革探究[J].现代教育科学,2006,(2):130—132,151.

思考与练习

1. 你对数学教学论的研究对象和数学教学论课程的教学意义有何看法?
2. 你计划如何进行数学教学论课程的学习,请陈述你的观点。

参考文献

[1] 罗增儒,李文铭.数学教学论[M].西安:陕西师范大学出版社,2010.

[2] 曹一鸣,张生春.数学教学论[M].北京:北京师范大学出版社,2010.
[3] 许金生,聂东明.数学新课程教学论[M].南京:南京大学出版社,2011.
[4] 涂荣豹,杨骞,王光明.中国数学教学研究30年[M].北京:科学出版社,2011.
[5] 胡典顺,徐汉文.数学教学论[M].武汉:华中师范大学出版社,2012.

第 2 章 数学课程理论及发展

本章概要

我们把依据数学教育目标,总体规划及编纂数学教学内容和进程的理论称为"数学课程论"。它是数学教育基本理论中最重要、最繁难的领域之一。因为,数学教育实践在多数情况下主要表现为研究和讨论数学教育内容及其组织的问题。本章旨在阐述数学课程的基本理论及发展,包括:数学课程的含义、数学课程论研究的主要内容、数学课程的改革与发展。

学习目标

通过学习,你能够:
1. 理解课程与数学课程的含义。
2. 知道数学课程论研究的主要内容。
3. 了解我国数学课程改革与发展的历程。

关键术语

◆ 课程   ◆ 数学课程   ◆ 课程改革

引 子

数学课程是数学教育理论与实践的中心,每次大的教育改革往往都涉及数学课程的变迁,特别是从 20 世纪末开始,各国纷纷将数学课程的改革和实践作为教育改革的核心内容,比如,美国自 20 世纪 80 年代开始掀起的数学教育改革运动,即着眼于数学课程的系统性、综合性的改革;英国 20 世纪 80 年代数学教育改革的特点也是着眼于数学课程,从课程的体制、目标和内容方面都进行了一系列的改革。身处数学课程改革频繁的时代,数学教育工作者必须跟上形势的发展,了解课程理论,熟悉数学新课程、新内容。

第 1 节 数学课程的含义

数学课程是数学教育学的重要组成部分,同时,数学课程又是课程这一大系统里的一个子系统。要明确数学课程的含义,首先必须搞清楚什么是课程,并理解与课程相关的一些概念。

一、什么是课程

在中国,"课程"一词有着悠久的历史渊源,始见于唐宋年间,"课"指课业,"程"指进程。因此,顾名思义,课程主要指学习的范围和进度。

在西方,英文中课程一词"curriculum"来源于拉丁文的"currere",意指"跑道",转义为"学习之道",与学习过程同义。可见,最初中西"课程"的含义基本相同,均指"课业与进程"。[①]

近代以来,随着教育的普及、学校的兴起,课程概念也在不断地丰富和扩充。从 20 世纪 20 年代起,课程及其编制问题就开始得到专门的研究,成为一个独立的学科领域,"课程"一词也随之逐渐成为一个使用得最普遍的教育术语。然而,人们对这一术语的理解却并不一致。虽然教育家曾经做出了很多努力,想给这个术语下一个透彻的定义,但迄今理论界对此意见仍不统一。据统计,西方有关课程一词的定义多达 119 种。从目前的研究来看,较有代表性的理解主要有以下几种[②]:

第一种,认为课程即教学科目。指学校里开设的数学、语文、英语、美术、体育等具体的教学科目。

第二种,认为课程即功课的进程。这是对一种根植于拉丁语"跑道"(racecourse)的理解,把学校课程理解为像跑道那样的东西。课程就是为不同学生而设计的不同轨道,即学习的过程,也简称学程。

第三种,认为课程即预期的学习内容。例如,在我国的《教育大辞典》中就把课程定义为为实现学校教育目标而选择的教育内容的总和。

第四种,认为课程即学习者的学习活动。美国的教育百科辞典对课程的解释就是"所谓课程系指在学校教师指导下出现的学习者学习活动的总体。"这里的"学习活动"包含了学习的内容和学习的过程等活动。

第五种,认为课程即有计划的学习经验。美国《科里尔百科全书》将课程定义为"在学校当局指导下,学生所经历的全部经验",认为课程作为教育蓝图,最终是由学生在学校领导下所应该获得的经验组成。这是由于学校的建立是为了让年轻一代朝着某一特定的方向发展,而发展则要通过学习者所获得的经验去实现。

第六种,认为课程即社会文化的再生产。这种观点是从文化的角度去透视课程的内涵,认为课程属于观念形态的文化,其内容概括了人类所积累的基本社会经验。

定义的分歧反映了人们对课程问题的不同看法,事实上,任何定义都是根据要实现的目的而变化的,都只在有限的范围内是正确的。多种目标和多种价值观,导致了多种不同的课程概念,同时,学科本身的发展也导致了课程门类剧增的可能性。加之课程与教学两概念之间复杂的关系,使得人们在力图抓住课程概念最本质的内涵的过程中,将课程概念的外延也大大扩展了。

视窗 2-1

> 根据《中国大百科全书》(教育卷)的划分,课程一词所涉及的范围有广义和狭义之分。广义课程指所有学科的总和,或指学生在教师指导下各种活动的总和;狭义课程则指一门学科。

---

① 吴文侃.比较教学论[M].北京:人民教育出版社,1999.
② 王光明.数学课程与评价基本理论及其发展[M].北京:中国工人出版社,2001.

二、课程类型

当代主要的课程类型有:学科课程、综合课程和活动课程三大类型。①

(一)学科课程

学科课程也称分科课程,是一种主张以学科为中心来编定的课程。主张课程要分科设置,分别从相应科学领域中选取知识,根据教育教学需要分科编排课程,进行教学。20世纪60年代以来关于学科课程的理论主要有:美国教育心理学家布鲁纳(Bruner,J. S.)的结构主义课程论、德国教育学家瓦根舍因(Wagenschein,M.)的范例方式课程论、苏联教育家赞科夫(Bahkob,J. B.)的发展主义课程论。

(二)综合课程

综合课程是一种主张整合若干相关联的学科而成为一门更广泛的共同领域的课程。综合课程的作用:第一是认识方面的作用,综合课程既可以提供整体观念又有利于联系知识的不同领域;第二是心理方面的作用,综合课程是按儿童心理需要、兴趣、好奇心和活动来编制的,有助于学生学习和学生个性发展;第三是社会方面的作用,综合课有利于教学与社会方面的联系,有利于课堂间的相互影响。

根据综合课程的综合程度及其发展轨迹,可分以下几种:一是相关课程(Correlated Curriculum),就是在保留原来学科的独立性基础上,寻找两个或多个学科之间的共同点,使这些学科的教学顺序能够相互照应、相互联系、穿插进行。二是融合课程(Fused Curriculum),也称合科课程,就是把部分的科目统合兼并于范围较广的新科目,选择对于学生有意义的论题或概括的问题进行学习。三是广域课程(Broad Curriculum),就是合并数门相邻学科的教学内容而形成的综合性课程。四是核心课程(Core Curriculum),这种课程围绕一些重大的社会问题组织教学内容,社会问题就像包裹在教学内容里的果核一样,又被称为问题中心课程。前三种课程都是在学科领域的基础上进行的知识综合的课程形式,它们打破了原有的学科界限,是旧的学科课程的改进和扩展;而核心课程则是以解决实际问题的逻辑顺序为主线来组织教学内容的。

(三)活动课程

活动课程的思想可以溯源到法国自然主义教育思想家卢梭提出的一系列思想。19世纪末20世纪初,美国的杜威和克伯屈发扬了这一思想,杜威的课程为"经验课程"或"儿童中心课程"。其基本特征是:第一,主张一切学习都来自于经验,而学习就是经验的改造或改组;第二,主张学习必须和个人的特殊经验发生联系,教学必须从学习者已有的经验开始;第三,主张打破严格的学科界限,有步骤地扩充学习单元和组织教材,强调在活动中学习,而教师从中发挥协助作用。

三、什么是数学课程

由于人们对"课程"概念的理解不尽相同,所以对于"数学课程"的概念也会有诸多不同的解释。例如:②

---

① 苗蕴玉."课程"相关概念辨析[J].教学与管理,2012(5):92-93.
② 涂荣豹,王光明,宁连华.新编数学教学论[M].上海:华东师范大学出版社,2006.

当我们把课程看做一种静态的客体,一种预设的、有目的的安排,看成是旨在使学生获得的教育性经验的计划时,相应的数学课程就应定义为:在学校教育环境中,旨在使学生获得促进其全面发展的、具有教育性的数学经验计划。这种定义方式本质上属"经验说",即认为课程是一种经验,这种经验有着明显的个性色彩,因此它并非一种全编订的课程,只表述课程的存在性。

如果我们把课程看做是一种静态的、为实现学校教育目标而选择的教育内容的总和,那么数学课程就应定义为:为实现数学学科教育目标而选择的数学教育内容的总和。这种定义方式本质上属"内容说",它是可建构、可执行的,即对学习者进行教育的可实施的课程,表述了课程的构造性。

同样的,当我们把课程看做是一种动态的由师生共同参与的意义创造的过程时,相应的数学课程可定义为由师生共同参与的建构主体性数学经验的过程,是学生获得数学体验的历程。这种定义的方式强调了课程的动态性,是一种"过程说",意味着进程、运动、变化和不断地调节。

总之,由于课程概念的不统一性,决定了我们对数学课程的界定也是有差别的,各有侧重的。当我们抽象地研究数学课程时,"经验说"比较适用;而当人们按要求编订大纲,选编数学教学内容时,"内容说"比较有用。当人们强调学习者的主体性、强调数学学习的活动性时,"过程说"则能较好地迎合这种观点。

随堂讨论

目前对课程的理解比较有代表性的观点主要有六种,你比较认同哪一种观点?为什么?

数学课程论是课程论的子学科,它是研究数学课程的发展规律和数学课程编订理论的一门科学。它是数学教育基本理论中,最重要、最繁难的领域之一。因为,数学教育实践在多数情况下主要表现为研究和讨论数学教育内容及其组织的问题。

视窗 2-2

> 一般认为数学教育学主要有数学课程论、数学教学论、数学学习论三个领域。它们分别有各自的研究对象,同时又彼此密切联系。数学学习和数学教学的对象是数学课程;而数学课程的编订又要受教和学两方面的制约,要受数学教学论与学习论的影响。

数学课程论的主要任务是讨论体现数学教育目的的教学内容确定问题、内容结构及体系的建立问题以及课程实施与评价等问题,即在学校教育中应该传授哪些数学内容,为什么选取这些内容,怎样展示这些内容最有效,如何组织教材的编订,如何评价等。具体说来,数学课程论研究的主要内容包括以下几个方面。①

(一)数学课程目标

数学课程目标是一切数学教育活动的出发点和归宿,是编制数学课程的首要问题和中心环节。

---

① 周春荔,张景斌.数学学科教育学[M].北京:首都师范大学出版社,2001.

而数学课程目标的确定,要依据国家教育方针,在分析国家教育总目标的基础上进行。

现代的数学教育已不仅仅是传递前人积累的数学知识,而应该使学生掌握学习数学、应用数学的方法,进而培养学生正确的行为方式。因此数学课程目标要包括内容和行为这两个侧面。内容侧面是指数学中必要的概念、原理和知识体系等;行为侧面则包括掌握知识与技能的认知能力以及形成感情、情绪、态度等。这两个侧面还可细分为不同的层级和序列。建立目标结构体系时,既要借鉴布鲁姆等人教育目标分类的研究成果和国际数学课程设计的经验,更要结合我国教育发展的实际情况和成功经验。[1]

(二)数学课程内容

数学课程内容是指学习过程中接触的具体事实、具体思想、具体原则、具体问题等。[2] 选择和确定数学课程内容,必须依据数学课程目标,分析影响数学教育的因素,包括社会的、数学自身的、教育心理的,特别是了解受教育者的身心发展和社会现实对数学的需求。

课程的改革与发展是个渐变的过程,课程内容的演变如果脱离国家的传统和原有的教育基础就容易遭受较大的挫折。

(三)数学课程结构体系

课程结构是课程内部各要素、各成分合乎规律的组织形式。课程结构是课程的命脉,课程结构内部的矛盾运动是课程发展的动力。[3]

因此,数学课程论不仅要研究内容问题,还要研究课程的结构问题,即要回答"如何构建课程才能不仅易学,而且符合教学目标。"因此,要依据受教育者的心理发展规律和数学知识的逻辑结构体系,分析何时使学生学习什么样的数学内容,有利于学生的发展和学生对数学知识的系统掌握,建立科学的数学课程体系。

(四)数学课程内容的组织与呈现

同样的数学内容,组织与呈现形式不同,对学生的学习会产生不同的影响。因此,要研究如何组织教材,编写教材。

教材的编写既要有利于教师教,也要有利于学生学;既要考虑统一性,以有利于地区之间的交流,也要考虑灵活性,以适应不同区域的实际情况;既要学习外来的先进教材洋为中用,也要继承发扬民族特色;既要反映数学发展的内在规律,又要适合学生的年龄特点;既要体现数学自身的系统性,又要考虑数学与其他学科、与生活实际的联系。

(五)数学课程的实施

课程经过审定后,要付诸实施才能获得实际意义。课程的实施是课程发展的关键阶段。

为使课程实施得以顺利进行,必须分析课程实施过程中的积极因素与消极因素,研究因素的可控性,增加积极因素的作用,克服消极因素的影响。这里特别需要注意的是,教师是课程和学生之间的媒介,数学教师是数学课程实施的重要力量。他们的知识水平、积极性、对新课程的理解等是课程得

---

[1] 丁尔陞.现代数学课程论[M].南京:江苏教育出版社,1997.
[2] 丁尔陞.我国中小学数学课程发展的思考[J].数学通报,2002(5):1—7.
[3] 丁尔陞.现代数学课程论[M].南京:江苏教育出版社,1997.

以实施的必要条件。因此,在课程改革与发展中,数学教师的培训必须加以重视。

(六) 数学课程的评价

随着社会的发展,数学课程也处在不断的改革与发展过程中。为不断提高数学课程的质量,为未来数学课程的设计与发展提供依据,还要对既有的数学课程进行评价。

因此,数学课程评价也是数学课程论的研究内容之一。要进行数学课程评价,就要针对课程目标,根据现行数学课程,研究课程评价的方式方法,编制测量工具,确定评价标准。这个评价标准要反映社会和学生的双重需要,并要经受社会实践的检验。

视窗 2-3

> 美国全国数学教师联合会(NCTM)在1989年发表了《学校数学课程与评价标准》(Curriculum and Evaluation Standard for School Mathematics),以课程标准及课程评价标准这两个标准为数学课程及其评价做了规范,对数学课程的发展是非常有益的。随后的NCTM的2000年标准不仅包含课程标准,还包括评价标准、教师标准等。美国在2010年又颁布了《统一州核心课程标准》(Common Core State Standards),与之配套的测量评价标准——统一州评价体系(Common State Assessment)也正在研制过程中。

以上这些就是数学课程论所要研究解决的内容。

随堂讨论

你是如何理解"数学课程改革不仅是内容问题,还有课程的结构问题的"?

第2节 数学课程改革与发展

数学课程的发展受到诸多因素的影响和制约,同时从多方面获得动力。了解这些因素,同时结合对我国数学课程发展历程的分析,对于理解与把握当前数学教学改革发展的正确方向具有重要意义。

一、影响数学课程发展的因素

数学课程建设是数学教育改革的关键,它体现着一个国家特定时期的数学教育目标和教育思想,对一个国家未来数学教育的发展具有前瞻作用。应该说,数学课程与教学的目标是一个动态的、与时俱进的研究课题。它的确定,要反映出数学的实用性功能、思维训练功能和选拔性功能;要符合社会环境和经济发展的水平,服从于时代的总的教育目标与社会政治经济和科学技术的需求;要依据数学学科本身数量化、模型化、算法化、论述的严谨性等特点;还要考虑教师的基本状况和学生的年龄特征以及认识水平。因此,可以说多种因素既制约着又推动着数学课程的改革与发展,其中基本因素可概括为三个方面:社会因素、数学因素、教育因素。

(一) 社会因素

在影响数学课程改革与发展的诸多因素中,社会因素是首当其冲的。

首先,经济和社会生产的发展决定着数学课程的地位、教学目标的确定、内容的选取等,是数学课程改革与发展的强大动力。例如,工业革命以前,社会生产基本上是以自给自足的小农经济为主,生产力发展水平的低下决定了对数学的需要是十分有限的,与之相应的数学课程内容极其简单;而工业革命以后,随着资本主义大生产代替了手工生产,对劳动者数学知识的要求日益提高。与此相适应,数学课程的地位不断提高,内容也越来越丰富。在信息社会的今天,数学课程中一些过于"手工化"操作的"术"的地位在不断降低,分析问题、解决问题的数学思想方法及近现代数学知识越来越受到青睐,概率与统计、极限与微积分、逻辑代数等正在不同程度地出现在不同层次的中学数学教学内容之中。

其次,政治、思想文化也影响着学校的数学课程,是制约数学课程的基本因素。一方面,教育为政治服务,同时也正日益成为改变现存社会价值的手段;另一方面,"作为人类理性活动集大成的数学,作为文化的一个有机组成部分的数学,其生命力、特征和实质,都深深植根于人类文明、文化之中,对人类文化有着深刻的影响。"[①]数学课程本身就是人类文化的重要组成部分。不顾本国文化背景和国情,机械照搬别国的数学课程和教材,必然会造成"消化不良"。

(二) 数学因素

随着数学科学的发展,新的数学理论将不断充实到中学数学课程中,推动数学课程的发展。也就是说,数学科学自身的发展直接影响着学校数学课程的内容与结构,是影响数学课程的众多因素中最革命、最活跃、最直接的因素。20世纪数学的发展变化以及学校数学课程随之发生的变化可以有力地说明这一点。

一个世纪以前,德国数学家康托创立了集合论,经过发展,20世纪集合论成为数学最基本的语言。集合论初步的知识作为我国中学数学课程内容已有20多年的历史,对于初等函数、方程、初等几何等的学习起了非常重要的作用。再有,计算机与数学的不断融合,引起了数学研究方法的变化,也引起了人们对数学认识的变化。如今用归纳、实验的手段发展数学和学习数学得到了大力提倡。学校教育中,数学实验课程应运而生。

(三) 教育因素

教育方面的发展也有力地推动着数学课程的发展。主要表现在:(1)新的教育理论或开拓性的工作会成为课程发展的动力。例如,20世纪60年代布鲁纳提出了"结构主义"的课程理论,从理论上为"新数"运动的产生奠定了基础。可以说任何时期的课程改革都无不带有时代最新教育理论的印记。(2)教师作为课程的实施者,其知识水平和教学水平也影响、制约着数学课程的发展。"新数"运动失败的原因之一就是师资水平跟不上。课程设计中,不仅要根据教师的知识水平相应地确定课程内容,而且要根据教师的教学水平在课程体系的安排上作适当的调整。(3)学生作为课程的直接服务对象,其知识水平、思维水平、认知兴趣等也会影响和制约数学课程发展。"新数"运动中,知识体系过于抽象化和形式化,超出了学生的思维发展水平,使得课程目标难以达到,最终导致课程改革以失败告终。

---

① 丁石孙,张祖贵.数学与教育[M].长沙:湖南教育出版社,1989.

二、我国数学课程的改革与发展历程

我国数学课程的产生和发展经历了漫长的历史,但真正得到迅速发展,是在 1949 年中华人民共和国成立以后。60 多年来,我国数学课程经历了多次重大变革,大致可以将其划分为以下六个阶段。

(一) 全面学习苏联

新中国建立后,在人力、物力有限的情况下,移植是发展的一条捷径。受国际政治环境的影响,教育部门就以全面学习苏联为指导思想,着手制定全国统一的中学数学教学大纲。

1952 年以苏联中小学数学大纲为基础,制定了《中学数学教学大纲(草案)》。1954 年和 1956 年教育部又两次对这份大纲进行了修订,制定了《中学数学教学大纲(修正草案)》,与此同时,人民教育出版社以苏联十年制学校的数学课本为蓝本,编译成我国中小学数学教材。

 案例 2-1

> **1952 年《中学数学教学大纲(草案)》(节选)**
>
> 教学目的
> 中学数学教学目的是教给学生以数学的基础知识,并培养他们应用这种知识来解决各种实际问题所必需的技能和熟练技巧。教师在讲授教学的过程中,要贯彻新民主主义教育的一般任务:形成学生辩证唯物主义的世界观,培养他们的新的爱国主义以及民族自尊心,锻炼他们的坚强的意志和性格。

值得肯定的是此阶段对教学目的的规定,使我国数学教学明确了为社会主义建设服务的方向,加强了数学基础知识、基本技能的教学和思想品德的教育。特别是建立了大纲和全国统一的数学课程体制。例如在修正草案中指出:"中学数学教学的目的是教给学生有关算术、代数、几何和三角的基础知识;培养他们应用这些知识解决各种实际问题的技能和技巧,发展他们的逻辑思维和空间想象力;在数学教学过程中,贯彻新民主主义教育的一般任务,形成学生辩证唯物主义的世界观,培养他们新的爱国主义及民族的自尊心,锻炼他们的坚强的意志和性格。"

(二) 教育大革命

由于"大跃进"和国际数学教育现代化运动的影响,全国掀起了群众性的教育革命的热潮。1958 年中共中央提出了"教育为无产阶级政治服务,教育与生产劳动相结合"的教育方针和"教育必须改革"的号召,破除迷信,解放思想,发动群众,有不少数学家、数学教育家、大学师生和广大中小学数学教师参加,对数学教学的目的、任务、大纲和教材、数学课程现代化等问题展开了热烈讨论,提出了各种改革方案,进行了各种数学教学改革实验。1960 年 2 月在上海举行的中国数学会第二次代表大会,可以认为是 1958 年数学教育改革运动的高潮和总结。这次大会的中心议题之一是根本改革各级各类学校的数学教育问题。

在这次大会上,北京师范大学数学系中小学数学教育改革研究小组提出了《对于中小学数学教育内容现代化的建议》(以下简称《建议》),为改变中小学数学教材"内容贫乏,陈腐落后;脱离政治,脱离实际;孤立割裂,繁琐重复"的状况,主张"(1)数学教学体系必须为社会主义服务,特别是为现代化生产和尖端科学技术服务。因此数学必须讲授某些近现代数学知识,如解析几何、数学分析、概率论与数理统计等。加强对学生计算能力的培养及计算工具的使用。(2)数学教材必须有严谨的理论体系,这个体系应体现理论联系实际的精神,尽量做到数与形的结合,概念与计算的结合,消除人为的对灵活有力工具与恰当运算方法的限制,打破原来各分科的界限,新教材的系统以函数为纲来整理。(3)数学教材的分量和难易程度应符合学生的学习水平和认知能力发展的客观过程,概念尽量从实际引入,由具体到抽象,由浅入深,并注意通过培养训练及早为接受较难概念做好准备。"《建议》还提出以函数为纲,把原来的算术、代数、几何、三角、解析几何等课的材料结合在一起,处理成为统一的数学。

这次大会前后各地提出了各种各样的改革方案,编写了大纲与教材。其中最有影响的是北京师范大学中小学数学教育改革研究小组编写的《九年一贯制学校数学教材》,该教材难度提得过高,比如微分方程是学生力所难及的,把欧几里得几何作为陈旧落后的典型加以删减,对几何体系完全否定,予以废除,也是过分的。但改革中也有一些好的经验、成果,如强调函数,在中学数学课中增加解析几何的内容,把方程与函数和图像联系起来等。①

(三)调整、巩固、充实、提高

为了纠正1958—1960年出现的"左"的毛病,中共中央、国务院决定对国民经济进行"调整、巩固、充实、提高"。教育工作在贯彻"八字方针"中,从1961年到1963年也对教育事业进行了大幅度的整顿,认真总结了全面学习苏联和教育大革命的经验教训,1961年和1963年教育部先后两次修订了中学数学教学大纲。

在1961年大纲基础上编制的1963年《全日制中学数学教学大纲(草案)》,第一次明确提出要"培养学生正确而且迅速的计算能力、逻辑推理能力和空间想象能力"(三大能力)的要求。根据这个大纲,人民教育出版社编写了十二年制中小学数学教材,包括代数、平面几何、立体几何、平面三角、平面解析几何,从1963年开始使用。当时普遍认为这是新中国成立以来编写得最好的一套教材。和1956年的统编教材相比,书中增加了平面解析几何,适当加深、拓宽了数学各科的内容。例如,初中几何增加三角初步知识,高中代数增加了概率初步知识、行列式。增加的内容比较适合我国国情,使我国中学数学教学质量得到稳步提高。

案例 2-2

1963年《全日制中学数学教学大纲(草案)》(节选)

教学目的

使学生牢固掌握代数、平面几何、立体几何、三角和平面解析几何的基础知识,培养学生正确而且迅速的计算能力、逻辑推理能力和空间想象能力,以适应参加生产劳动和进一步学习的需要。

---

① 丁尔陞.我国中小学数学课程发展的思考[J].数学通报,2002(5):1—7.

第2章 数学课程理论及发展

视窗 2-4

> 1963年《全日制中学数学教学大纲(草案)》是一个阶段性的、比较成功的大纲。它不仅从正反两个方面反映了新中国成立以来数学课程的广泛研究成果,而且它也是中国数学教育经过三个时期的模仿(先学日本,又学美国,最后学苏联)之后的独立研究成果。它在比较全面、比较深入地综合了各家之长的基础之上,依据我国的教学实践,初步形成了自己的特点和风格。因此,它不仅支配了60年代前半期的全国中学数学教育,而且在事实上也对以后历次大纲的制订和课程改革产生深远的影响。

(四)"文化大革命"时期

1966年到1976年这十年"文化大革命"中,数学教学遭到破坏。这段时间没有统一的教学大纲,虽然各省市组织编写了一些教材,但实用主义严重,大大削弱了基础知识和基本技能的培养,数学教学质量和知识水平降低到新中国成立以来的最低程度。

(五)四化建设的新时期

1976年粉碎"四人帮"以后,我国开始进入社会主义四个现代化建设的新时期。为了适应新时期社会主义现代化建设的需要,数学教学必须赶上时代的要求。通过对先进国家的数学教学大纲和教材的分析研究,1978年制定了《全日制十年制学校数学教学大纲(试行草案)》,并据此编写了全国通用的数学教材。这份大纲对数学教学内容的确定提出了"精简、增加、渗透"的六字方针,即:(1)精简传统的中学数学内容。应从传统数学内容中精选参加工农业生产和学习现代科学技术所必需的基础知识,删去传统数学中用处不大的内容。(2)增加微积分以及概率统计、逻辑代数等的初步知识。(3)把集合、对应等思想适当渗透到教材中去。在内容的体系安排上,把代数、几何、三角、解析几何、微积分、概率统计等内容综合成一门数学课,采用混合编排的体系。在数学教学的程度上,初中数学讲完二次函数、二次不等式以及解析几何的一部分(直线与圆),高中数学提高到微积分、行列式、概率、逻辑代数的新水平。但由于增加了新内容,部分教师的水平一时跟不上,对数学合科教学也不太适应,而且学生负担过重。为此,中央决定把中学学制由五年改为六年,代数、几何分开编排。

案例 2-3

> **1978年《全日制十年制学校数学教学大纲(试行草案)》(节选)**
>
> 教学目的
>
> 使学生切实学好参加社会主义革命和建设以及学习现代科学技术所必需的数学基础知识;具有正确迅速的运算能力、一定的逻辑思维能力和一定的空间想象能力,从而逐步培养学生分析问题、解决问题的能力。通过数学教学,向学生进行思想政治教育,激励学生为实现四个现代化学好数学的革命热情,培养学生的辩证唯物主义观点。

由于我国幅员辽阔,各地经济、文化发展极不平衡,针对1978年的大纲与教材与此不相适应的情况,为了大面积提高数学教学质量,对数学教学内容又做了多次调整。1983年11月,原教育部颁发了《高中数学教学纲要》,提出两种教学要求:基本要求与较高要求。在基本要求中又区分为必学内容和选学内容,还编写了甲种本和乙种本两种教材,试行课程设置与教学要求多层次的改革试验,开始迈出了数学教学区别化的步伐,实行数学课程统一性和灵活性相结合。

1986年4月12日,全国人大六届四次会议通过了《中华人民共和国义务教育法》,我国于1986年7月1日开始实行九年制义务教育。国家教委随后制订了义务教育的教学计划和各科教学大纲。

1986年11月,国家教委按照"适当降低难度,减轻学生负担,教学要求尽量明确具体"的三项原则制定过渡性的《全日制中学数学教学大纲》。将微积分初步、概率、行列式和线性方程组改为选学内容。理论要求有所降低,例如对方程、不等式同解原理,不要求学生判别两个方程或不等式是否同解。对习题的难度也做了规定。

1988年1月,国家教委制定《九年制义务教育全日制初级中学数学教学大纲(初审稿)》,在数学教学的目的方面实现由升学教育向公民素质教育这一根本性的转变,为数学课程改革指出明确的方向。在内容方面强调知识面要宽些,难度要适当降低些,要求也越来越明确具体。国家教委按这个义务教育数学教学大纲组织编写了适应不同地区(沿海、内地)、不同学制("六、三制""五、四制")的五套数学教材。经过近5年的研究和实验,1992年根据实验结果对大纲和教材进行了修改,颁布了《九年制义务教育全日制初级中学数学教学大纲(试用)》,在教学目的、教学内容和教学方法等各方面都有新发展。

案例 2-4

> **1992年《九年制义务教育全日制初级中学数学教学大纲(试用)》(节选)**
>
> *教学目的*
>
> *使学生学好当代社会中每一个公民适应日常生活、参加生产和进一步学习所必需的代数、几何的基础知识和基本技能,进一步培养运算能力,发展逻辑思维能力和空间观念,并能够用所学知识解决简单的实际问题。培养学生的良好个性品质和初步的辩证唯物主义的观点。*

为了与九年制义务教育课程计划衔接,国家教委于1994年3月启动《全日制普通高级中学数学教学大纲(供实验用)》,其中的教学目的部分延续了义务教育初中数学教学大纲的提法,在目的的水平层次上提高了要求。该大纲于1996年5月颁布试行,并编写了教材。从1997年9月开始在江西、山西和天津进行试验。这个新大纲精简了内容、更新了部分知识、讲法和技术手段,增加了灵活性而且重视数学应用。比如删减了幂函数、指数方程、对数方程、部分三角恒等变形公式、反三角函数、三角方程、立体几何中的面积与体积计算等,增加了简易逻辑、平面向量、空间向量、概率统计、微积分初步等。实行三种不同的要求,高中一、二年级的教学内容和教学要求相同,作为共同的基础。高中三年级分三种不同的水平,即文科、实科、理科三种水平,打好分流基础。

其后,2000年、2002年对两个大纲进行了修订,在教学目的部分增加了"培养创新意识"的内容,并把"逻辑思维能力"修改为"思维能力"以体现数学教学不仅可以培养逻辑思维能力而且可以培养"非逻辑思维能力"(例如直觉思维、发散思维、想象、猜想、合情推理等与发现、创新能力相关的所谓能力)。

经过近50年的改革与实践,特别是四化建设新时期的发展,我国数学课程已进入独立发展的阶段,虽然仍有"学习苏联"的痕迹,但是毕竟建设起了符合我国国情的中学数学课程体系。

(六)走向新世纪

进入新世纪以来,随着技术革命的加快,经济全球化的推进,人才竞争的加剧,世界各国都在积极推进数学课程和教学改革。为建立一个现代化的基础教育课程体系,教育部基础教育司于1999年3月正式组建了"国家数学课程标准研制工作组"。工作组着手进行数学课程标准的研究和起草工作。2001年和2003年,教育部分别颁布《全日制义务教育数学课程标准(实验稿)》和《普通高中数学课程标准(实验)》,拉开了新一轮数学课程和教学改革的大幕,数学课程和教学改革走上了新的发展阶段。

视窗 2-5

> 在课程论中,课程标准也就是教学大纲。但是,因为课程外延相对较大,所以提课程标准,有利于将更多的必要教育要求融进课程标准。事实上,传统的数学教学大纲恰恰局限于教学的目的要求、知识要求、能力要求和德育要求等方面,在这些方面要求又似乎过于具体,反而有时限制了数学教师的创造性。

以上两个《标准》以"人人学习有价值的数学;人人都能获得必需的数学;不同的人在数学上得到不同的发展"为出发点,用"数学文化""数学创新"的观念制订数学课程,突出数学内容的本质,突出了基础性和选择性。把教学内容分为"数与代数""空间与图形""概率与统计"三个大板块。《标准》还明确提出了数学探究、数学建模和数学文化等新的学习内容,以培养学生提出问题、分析问题和解决问题的能力,养成应用数学的意识和习惯,体会数学的科学价值、应用价值和人文价值。

案例 2-5

《全日制义务教育数学课程标准(实验稿)》(节选)
第二部分 课程目标
一、总体目标
通过义务教育阶段的数学学习,学生能够:
● 获得适应未来社会生活和进一步发展所必需的重要数学知识(包括数学事实、数学活动经验)以及基本的数学思想方法和必要的应用技能;
● 初步学会运用数学的思维方式去观察、分析现实社会,去解决日常生活中和其他学科学习中的问题,增强应用数学的意识;
● 体会数学与自然及人类社会的密切联系,了解数学的价值,增进对数学的理解和学好数学的信心;
● 具有初步的创新精神和实践能力,在情感态度和一般能力方面都能得到充分发展。

课程标准的颁布,极大地促进了数学教育工作者教育思想观念的转变,大范围引导了教学改革和人才培养方式的转变,得到中小学数学教师的广泛认同。随着改革的深入推进,也发现了一些需要进一步提高与完善的地方。如容量偏多,难度偏大;有些具体内容体现循序渐进的梯度不够;学段间的衔接有待加强等。课程标准有待修改完善。

2010年,中共中央国务院印发了《国家中长期教育改革和发展规划纲要(2010-2020年)》,明确提出与时俱进,推进课程改革的任务要求。基于上述背景,教育部委托基础教育课程教材专家工作委员会组织开展了义务教育课程标准的修订与审议工作。

2011年12月28日,在总结数年来全国课改实验的基础上,国家教育部正式颁发了2011年版的《义务教育数学课程标准》(以下简称"新课标"),并于2012年秋季开始实施。新的课程标准终于在实验稿的基础上开启了破冰之旅,颇有力度地扭转了曾坚持近60年的"双基""双能"传统课程目标导向。从"双基"到"四基"、从"双能"到"四能",新课程目标在原来的"双基"基础上增加了"基本思想"和"基本活动经验",在原来的"两能"基础上增加了"发现和提出问题的能力",从更多方位拓展了数学基础教育的内涵,在更高层面增加了数学课程教学的价值,让课程标准的内容、精神和理念都更好地反映了数学教育教学的本质。

案例 2-6

《全日制义务教育数学课程标准(2011年版)》(节选)

第二部分　课程目标

一、总目标

通过义务教育阶段的数学学习,学生能:

● 获得适应社会生活和进一步发展所必需的数学的基础知识、基本技能、基本思想、基本活动经验;

● 体会数学知识之间、数学与其他学科之间、数学与生活之间的联系,运用数学的思维方式进行思考,增强发现和提出问题的能力、分析和解决问题的能力;

● 了解数学的价值,提高学习数学的兴趣,增强学好数学的信心,养成良好的学习习惯,具有初步的创新意识和科学态度。

与实验稿相比,新课标主要有以下一些变化。①

1. 数学观

新课标认为数学是研究数量关系和空间形式的科学,是作为对于客观现象抽象概括而逐渐形成的科学语言与工具,是人类文化的重要组成部分,数学素养是现代社会每一个公民应该具备的基本素养。实验稿认为,数学是人们对客观世界定性把握和定量刻画、逐渐抽象概括、形成方法和理论,并进行广泛应用的过程,数学作为一种普遍适用的技术,有助于人们收集、整理、描述信息,建立数学模型,进而解决问题,直接为社会创造价值。相比之下,新课标的描述更为通俗、简明。

2. 课程基本理念

新课标将实验稿的"人人学习有价值的数学,人人获得必需的数学,不同的人在数学上得到不同的发展"改为"人人都能获得良好的数学教育,不同的人在数学上得到不同的发展",并分别从数学课程、课程内容、教学活动、学习评价与信息技术等五个方面进行陈述。其中,"课程内容"是新增的,"教

---

① 朱黎生.《义务教育数学课程标准(2011年版)》修订了什么[J].数学教育学报,2012(3):7—10.

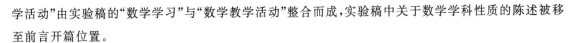

学活动"由实验稿的"数学学习"与"数学教学活动"整合而成,实验稿中关于数学学科性质的陈述被移至前言开篇位置。

3. 课程设计思路

包含"学段划分""课程目标"与"课程内容"等三个部分内容,其中,"课程内容"分别对"数与代数""图形与几何""统计与概率""综合与实践"等部分的主要内容作了说明,接着又对"数感""符号意识""空间观念""几何直观""数据分析观念""运算能力""推理能力""模型思想""应用意识"和"创新意识"等关键词给出具体的描述。在实验稿里,"图形与几何"原称"空间与图形","综合与实践"原称"实践与综合应用"。

4. 课程目标

新课标将实验稿的"双基"发展为"四基",将"双能"发展为"四能"。新课标认为,数学教学要在学生掌握"基础知识"、训练"基本技能"的过程中引导学生领悟数学"基本思想"、积累数学"基本活动经验",在培养学生"分析和解决问题的能力"的同时还要培养学生"发现和提出问题的能力"。课程的另一个目标是:数学教学要帮助学生养成"认真勤奋、独立思考、合作交流、反思质疑"的学习习惯。

5. 课程内容

新课标统一使用了规定的课程目标术语进行规范的表述,对四个模块的教学要求进行了较多改写,增补或删减了许多内容,从总体上看,各模块的知识内容都有所减少,教学的要求也有所降低。比如,"图形与几何"第三学段内容在结构上发生较大变化:实验稿是从"图形的认识""图形与变换""图形与坐标""图形与证明"等四个方面展开的,而新课标则是从"图形的性质""图形的变化""图形与坐标"这三个方面展开,其中"图形的性质"是原来的"图形的认识"与"图形与证明"两部分的整合,内容减少了,也相对变容易了。

6. 实施建议

与实验稿相比,新课标不再分学段,而是按教学建议、评价建议、教材编写建议、课程资源利用和开发建议等几项内容进行阐述。"实施建议"在强调重视学生在学习活动中的主体地位的同时,更明确地指出,数学教师在课堂要发挥主导作用,应成为学生学习活动的组织者、引导者和合作者,并分别给出能体现教师的"组织""引导"和"合作"作用的各个方面,认为"好的教学活动,应是学生主体地位和教师主导作用的和谐统一。"

7. 附录

新课标增添了多个可以帮助教师理解课程标准的实例,并给出教学设计思路和教学过程建议。

从课程标准内容的整体变化情况看,为了让学生的数学文化素质能更好地适应新世纪社会发展,新课标在修订中进一步认清了国际数学基础教育发展的主流形势,清醒地认识到我国当前数学基础教育存在的主要缺陷与不足,立足于调整培养目标的主旨,调整课程内容,力争使数学的教育教学能更加关注学生活动经验,更加重视数学基本思想的概括与感悟过程,以更好地反映数学学习的本质特征;改变培养模式,力争使数学的教育教学能重视培养发现问题与提出问题的能力,突出数学"问题解决"的内在含义,削减常规、机械的重复训练,以实现数学教学方式的根本变革;改进实施建议,力争使数学的教育教学能更加重视学生兴趣爱好的培养与智慧潜能的发掘,更着重于创新探索与实践应用能力的培养,以增强学生持续发展的动力和终生学习的愿望。

视窗2-6

> 　　工业经济时代的学校教育模式的功能或价值可以概括为这样一句话,即把受教育者培养成为生产者和劳动者,成为生产和消费的工具。学校教育孜孜以求的是如何最大限度地发挥其经济价值。20世纪50年代,出现了人力资本理论。其专注于经济增长、不顾人的发展的教育模式在历史上曾经发挥过积极作用。然而,在当前的知识经济时代,这种教育模式的弊端引起了越来越多的有识之士的关注,要求对教育进行改革的呼声越来越高。越来越多的人认识到,如果不着手对基础教育课程进行改革,将严重影响国家的经济和社会发展。世界各国之所以不约而同地进行基础教育课程改革,其原因也在于此。
> 　　同过去时代在经济发展、国力增强等方面的社会发展主要依赖于自然资源或物资力量相比较,具有高度科学文化素养和人文素养的人,对于21世纪人类发展则具有越来越关键的意义。

　　从上述我国数学课程与教学的发展历史,以及对课程与教学目标、内容等的简单回顾与分析可以看出,数学课程与教学改革总是在曲折中前进的,改革中存在许多永恒的课题。在进行新一轮数学课程与教学改革的背景下,回顾我国数学课程与教学的发展历史,更能给我们一些启示。

三、我国数学课程改革与发展的趋势

　　我国数学教育建设中形成了较为完善的"应试教育"体系,数学课程更多体现的是工具价值,数学课程的改革首先应该是价值取向的变革。数学课程改革与发展要对数学的教育价值的挖掘、现代教育技术对数学课程的冲击与影响以及数学课程理论的元研究等方面予以充分重视。

(一)突出学生的主体性地位

　　"做数学"是目前数学教育的一个重要观点,它强调学生学习数学是一个经验、理解和反思的过程,强调了以学生为主体的学习活动对学生理解数学的重要性,认为"做数学"是学生理解数学的重要条件。

　　数学课程将更加看重学生的学习主体性地位以及数学学习的过程性和活动性,它必然要求改变那种注重传授的单一的教学方式,需要更多地采用那些能使师生互动以及学生之间能交流合作、自主探索的方式。

　　从各国的课程看,除问题解决的课程方式仍受到重视外,其他更多样化的活动方式进入数学课程将是必然趋势,如综合活动、数学实验、数学欣赏以及探究性课题等。

(二)与现代教育技术相结合

　　信息社会的标志是以电子计算机为核心的信息革命,这场革命影响着社会、经济、文化等方面。计算机对数学产生了深刻的影响,包括计算机技术在内的现代科学技术的发展,无疑将极大地影响数学教育的现状。学校的数学教学条件将会得到进一步改善,数学教育开始进入信息化的时代。

　　近年来,世界各国纷纷将信息技术应用于数学教育,十分重视计算机辅助教与学的研究与实施。各种现代意义上的数学教学已经出现:结合具体数学内容编制各类软件,借助计算机快速、形象与及时反馈等特点配合教师教学,使教师的指导与学生的主观能动性得到更好的发挥;充分利用计算机网络的人机交互作用,并从ICAI(智能型计算机辅助教学)到MCAI(多媒体计算机辅助数学),不断提升计算机辅助教学的水平。随着数学教学中技术含量的提高,电脑、网络技术等已成为学生学习手段之一,学生可以自己通过各种现代化手段和媒介获得信息,进行数学思考活动。

因此,21世纪的数学课程如何与现代教育技术进行整合,如何发挥多媒体技术的优势,将是我国数学课程改革的一大趋势。

(三) 课程组织上的融合

与不同的课程理论流派相对应,在课程组织上曾呈现不同流派,有所谓学科取向的课程组织观,有历史和社会取向的课程组织观等。实际上,课程组织的核心问题是序的问题,也就是课程是以学科自身的逻辑为主来安排,还是以学科发展的历史顺序来安排,还是按照学生的经验及兴趣的发展来安排。以前,我们的大部分教材是以学科自身的逻辑为主来安排的。现在,经较长时间的讨论和摸索,新教材更加关注学科发展的历史和学生的自身发展。

以上各方面在课程实施过程中协调统一也是课程发展的重要趋势之一。

随堂讨论

1. 你认为数学课程设计中应考虑哪些问题?
2. 分析我国20世纪90年代数学课程的特点。
3. 新世纪我国的数学课程改革有哪些特点?

本章总结

本章阐述了对课程理解的有代表性的几种观点,以及现代课程的类型;在此基础之上,分析了数学课程的含义,介绍了数学课程论研究的主要内容;最后,在对影响数学课程发展的因素的分析,以及对新中国成立以来数学课程发展的历程回顾的基础之上,指出了数学课程发展的趋势,希望借此对理解与把握当前数学课程改革发展的正确方向有一定的帮助。

扩展阅读

[1] 丁尔陞.现代数学课程论[M].南京:江苏教育出版社,1997.

[2] 丁尔陞,唐复苏.中学数学课程导论[M].上海:上海教育出版社,1994.

[3] 李海东.我国数学课程与教学的历史发展及其启示[J].课程·教材·教法,2008(10):89—92.

[4] 曹一鸣.十三国数学课程标准评介[M].北京:北京师范大学出版社,2012.

[5] 吕世虎,叶蓓蓓.1949—2011中国中学数学课程目标发展演变的特征分析[J].数学教育学报,2012(5):5—9.

[6] 陈行,黄翔.寻求课程总目标的一致性——基于《义务标准》与《高中标准》的衔接研究[J].数学教育学报,2012(3):60—62,102.

[7] http://www.pep.com.cn.

思考与练习

1. 你是如何理解数学课程的?
2. 数学课程论的研究内容有哪些?
3. 影响数学课程发展的因素有哪些?
4. 数学课程改革与发展的趋势是什么?
5. 我国数学教学目的的发展变化的情况和特点是什么?
6. 我国义务教育阶段数学课程标准提出的数学课程的基本理念是什么?你是如何理解的?

参 考 文 献

[1] 吴文侃.比较教学论[M].北京:人民教育出版社,1999.
[2] 王光明.数学课程与评价基本理论及其发展[M].北京:中国工人出版社,2001.
[3] 苗蕴玉."课程"相关概念辨析[J].教学与管理,2012(5):92—93.
[4] 涂荣豹,王光明,宁连华.新编数学教学论[M].上海:华东师范大学出版社,2006.
[5] 周春荔,张景斌.数学学科教育学[M].北京:首都师范大学出版社,2001.
[6] 丁石孙,张祖贵.数学与教育[M].长沙:湖南教育出版社,1989.
[7] 丁尔陞.我国中小学数学课程发展的思考[J].数学通报,2002(5):1—7.
[8] 丁尔陞.现代数学课程论[M].南京:江苏教育出版社,1997.
[9] 朱黎生.《义务教育数学课程标准(2011版)》修订了什么[J].数学教育学报,2012(3):7—10.

第3章 数学教学论的基本问题

本章概要

数学教学论是普通教学论的重要分支学科,既有一般教学论的普遍特征,又有显著的数学学科特色和研究范畴。本章我们选取的内容是在各科教学论范畴下都会涉及的内容,包括:数学教学原则、数学教学方法、数学教学过程。本章更多地关注数学教育教学中的实际问题,并将数学知识和教育学、心理学等相关学科有机结合,突显数学教育教学实践的原则和方法。这三部分内容探讨了数学教学应该遵循的原则;原则指导下有哪些常用教学方法,如何选择教学方法;数学教学过程的本质特征,如何在过程中运用方法渗透思想。

学习目标

通过学习,你能够:

1. 了解数学教学原则的内涵及关于数学教学原则的现代研究。
2. 了解数学课堂教学中有哪些常用的教学方法,知道在选择教学方法时应考虑哪些要素。
3. 认识数学教学的过程属性,知道影响数学教学过程优化的几个要素。

关键术语

◆ 数学教学原则　　◆ 数学教学方法　　◆ 数学教学过程

引　子

以下的观点或疑问你是否也听到过?

- 数学教师是讲数学的,只要懂得数学就一定能够上好数学课,何必学数学教育?
- 我从小学一年级就上数学课,怎么上数学课还能不知道?
- 教育学就那么几条规律,我都知道了,数学教育还会有什么新花样?

数学教师是一种职业,是一种需要特殊培养的专业人士。数学教学也需要进行科学的研究,取得深刻的理性认识。对于一位数学教师而言,只凭自己的经验或只掌握数学学科知识是远远不够的。

第1节　数学教学原则

数学教学原则是指导数学教学的一般性原理,是进行数学教学活动应遵循的基本要求,认识和把握数学教学原则能有效地开展数学教学。

一、数学教学原则概述

教学原则是人们根据对教学规律的认识而制定的,来自于教学实践,又指导教学实践。它与教学规律不同,教学规律是客观存在的,而教学原则带有主观色彩。不同的人对教学规律的主观认识不同就可能总结出不同的教学原则。那么什么是数学教学原则?与一般意义上的教学原则相比,数学教学原则有哪些特殊性呢?

(一)什么是数学教学原则

对于数学教学原则的一般概念,数学教育界的看法是比较一致的。普遍认为,数学教学原则是数学教学工作必须遵循的基本要求和指导原理,是数学教学规律的反映,是千千万万数学教育工作者的经验总结。它是在基本教学论原则的指导下,根据教育目的、教学规律、数学的特点以及学生学习活动的规律等确立的。因此,数学教学原则并不等同于数学教学规律,也有别于数学教学经验。数学教学规律是客观存在的,是不以人的意志为转移的,是合乎实际的、正确的,而数学教学原则则带有强烈的目的性、实践性和主观性。正因为这样,所以才会出现名目繁多的数学教学原则,同时有些教学原则或许还是错误的。

(二)对现有各种教学原则提法的评述

我国古代数学思想丰富璀璨,教学原则确切朴实,如因材施教、循序渐进、启发诱导、教学相长等。在近现代,教育家陶行知还提出了"教学做合一"的原则,这些教学原则对当今的教学仍具有深刻的影响。目前,纵观国内外能看到的数学教育理论著作和教材,几乎找不到两本对各条数学教学原则的名称提法相同或相近的书籍。名称各异的数学教学原则不下几十条。20世纪80年代初,数学教育界对"具体与抽象相结合原则"与"严谨性与量力性相结合原则"这两条普遍认可。但进入90年代以来,这两条原则受到了质疑,特别是第二条原则,张奠宙先生等人撰文提出其提法不够准确。数学学科的特殊性,要求数学教学原则必须有鲜明的数学特点。目前的数学教学原则体系,往往只是把一般教学论的教学原则简单地"移植"为数学教学原则,或者对一般教学论的教学原则作数学说明而已,即仍旧停留在一般教育原则的层面上。20世纪90年代以后,人们开始对数学教学原则进行反思及体系开发研究,取得了丰硕的研究成果。①

二、数学教学原则研究的历史与沿革

数学教学原则的发展经历了引进移植、审视与反思、体系的开发与研究的多样化三个阶段。②

(一)引进移植阶段

这一阶段又可以分成直接引进国外相关理论和教学论与数学学科教学论相结合两个阶段。

1. 直接引进并翻译苏联和西方的数学教学原则理论

这种类型的数学教学原则体系很少反映出数学教学的特性。它往往是将国外学者对于一般教学论中的教学原则的论述直接翻译到数学教学中,只是把一般教学论中的教学原则在数学教学中的具

---

① 戚绍斌.关于数学教学原则的研究及其思考[J].数学教育学报,1999(5):21—25.
② 李伟军.数学教学原则研究20年:回顾与前瞻[J].内蒙古师范大学学报自然科学(汉文)版,2004(6):222—226.

体应用作了说明。例如,波利亚的3条原则,即主动学习原则、最佳动机原则和阶段性循序原则;苏联斯托利亚尔的6条原则,即教学的科学性、掌握知识的自觉性、学生的积极性、教学的直观性、知识的巩固性和个别指导。斯托利亚尔将"教学的科学性,教学的积极性,教学的直观性",这些一般教学论的原则直接列为数学教学原则,没有反映出数学教学的"个性特点",具有明显的缺陷。

2. 教学论与数学学科教学论相结合

这一阶段是在一般教学原则基础上的数学化改造过程,通常都是在一般教学原则的指导下,根据数学教学目的、教学规律、数学的特点等确立若干条数学教学的一般原则。对数学教学原则的阐述比较注重于经验的论述,应用大量的例子来说明数学教学中为什么要遵循这些原则。这一阶段最有代表性和影响力的是十三所院校协作出版的《中学数学教材教法》(总论)中所提出的数学教学原则体系。书中提出了四条数学教学原则:严谨性与量力性相结合的原则;抽象与具体相结合的原则;理论与实际相结合的原则;巩固与发展相结合的原则。它在提出这四条教学原则之前,先简要介绍了一般教学论的教学原则,在论述这四条数学教学原则时,主要结合了数学的特点(如严谨性、抽象性等)及数学教学的规律等,说明了为什么要遵循这些数学教学原则,同时应用数学例子说明如何遵循这些原则进行教学。这种体系的应用对数学教学有很强的指导性和可操作性,值得提倡,但还应将其个性化具体化。

(二)审视与反思阶段

审视与反思包含对已有研究体系的思考与质疑和关于数学教学原则体系科学性标准的思考两个主要方面。

1. 对已有研究体系的思考与质疑

在数学教学原则构建中,对直接将教育学中的教学原则简单平移提出了质疑。张奠宙在其所著《数学教育学》中指出:适合一般教学的原则在数学教学原则中不应重复提出,数学教学原则应反映数学教学的特点和规律。为此,他提出3条具有浓厚数学气息的数学教学原则:现实背景与形式模型互相统一的原则,解题技巧与程序训练相结合的原则,学生年龄特点与数学语言表达相适应的原则。学者及研究人员对一些具体的数学教学原则的内容与表述提出辨析与争鸣。例如"理论与实际相结合"原则,带有"移植型体系"的缺陷,不能很好地反映出数学教学的特殊性;是实事求是这条思想路线的组成部分,不宜直接搬来作为一条教学原则;要想依此确立数学教学原则,还应将其个性化、具体化。[1] 对严谨性与量力性相结合的原则,张奠宙认为,此条没有指出数学抽象的特点,没有指出严谨性适用的范围,在中学阶段应允许不严谨的数学存在,现今的中学根本做不到充分严谨,而一味讲严谨,并不能给数学教育带来多少好处。

2. 关于数学教学原则体系科学性标准的思考

当今数学教育界,由于各自的出发点不同,因此提出了许多不同的数学教学原则体系,名目繁多,不一而足,如何进行规范和评价呢?首要问题便是要确定一个判断标准。张楚廷提出了判别数学教学原则是否合理的5条标准,即:适对性、完备性、相容性、独立性、简练性。[2] 这是对这一问题的有价

---

[1] 戚绍斌.关于数学教学原则的研究及其思考[J].数学教育学报,1999(5):21—25.
[2] 张楚廷,等.数学教学原则概论[M].桂林:广西师范大学出版社,1995.

值的思考,为后继者提供了理论支持。所谓适对性,其主要含义是指对所讨论的问题的范围、内涵要有一定的界定,要有针对性,要适当,要对口。显然,"移植型体系"是不符合这条标准的。还有许多体系中的原则也不符合这条标准。完备性标准是指数学教学过程中一些基本要求都应当在数学教学原则体系中得到反映。其实,任何一个教学原则体系想做到绝对的完备都不可能,因此,称为"相对完备性"标准更为准确。所谓相容性标准,是指体系中各条原则不能相互矛盾,任何一条与其他各条都要相容,任何一条包含的要点也要求彼此相容。所谓独立性标准,是指体系中各条原则应相对独立,不重复,不重叠,任何一条不为其他一条或若干条所替代、包含。所谓简练性标准,指的是不要将过于一般化的内容列入体系中来,也不要将过于具体的内容列入其中,应使体系中的原则条文尽可能简练和经济。

(三)体系的开发与研究的多样化

经过20世80年代大规模的移植引进和内视与反思,进入90年代后期,呈现出从新的高度与深度构建数学教学原则的态势,主要体现在以下两个方面。

1. 数学教学原则体系的开发

曹才翰提出的结构体系说认为,数学教学原则有层次之分,他把教学原则分成目的性层次、准备性层次和科学性层次。之后,张楚廷、周春荔等也提出了结构层次的数学教学原则。杜玉祥等提出的阶梯层次结构数学教学原则体系,是结构体系说的新发展。层次结构体系的提出是我国学者理性反思与自我开发的理论体系,它最大限度地吸收了一般教学论的成果,结合数学教学活动,形成了相互联系、相互制约的统一体,呈现了合理科学的特征,是我国学者的开拓性成果。

视窗 3-1

> 杜玉祥等人提出的阶梯层次结构数学教学原则体系,它的第1层次有5个一级原则:方向目的原则、教师教的原则、学生学的原则、师生合作原则、技术策略原则。在每个一级原则之下又对应着5个二级原则,如教师教的原则有:组织辅导原则、课型区别原则、教知识与教做人统一原则、以科研促教改原则、不歧视差生原则。在每个二级原则之下又对应着不等的三级因子,这些因子可以变动,成为一个稳定而又动态的层次结构体系。这一体系给教师的主动性发挥留下了空间。①

2. 探讨确立数学教学原则的依据

张楚廷在《数学教学原则概论》中谈了数学自身的特点、数学教学目的、数学教学过程等与数学教学原则的关系问题。喻平在《数学教育学导引》其中"数学教学的基本原则"一章中以专节的形式简要论述了确立数学教学原则的主要依据:数学教学目的、数学教学规律、数学的特点和学生学习数学的心理、思维等特点。值得注意的是,许多数学教育学论著在确立本身的数学教学原则体系时都注意到了教学目的、教学规律及数学的基本特点等方面的依据,但许多人还不能很有效地吸收现代数学学习论、数学学习心理学、数学思维方法论等方面的优秀成果,将它们作为确立数学教学原则的重要依据。

---

① 杜玉祥,马晓燕.数学教学原则体系构建研究[J].中学数学教学参考,2002(11):1—4.

另外,现代教学技术的发展,如计算机辅助教学,也会对数学教育产生深刻的影响。数学与文化、哲学、语言的关系也是相当密切的,我们也可从中找到一些确立数学教学原则的依据。显然,这方面的研究在我国还是相当薄弱的,应该引起足够的重视。

三、数学教学原则的现代研究

(一)突出数学特征的教学原则体系探讨

建立数学教学原则体系,需要考察数学知识的发生过程,找出数学认知规律,总结数学教学的实践经验,为数学教学提供客观规律性的认识。另外,如前所述,还应该有效地吸收现代数学学习论、数学学习心理学、数学思维方法论等方面的优秀成果,将它们作为确立数学教学原则的重要依据。

张艳霞等[①]撰文指出,有关数学学科的特征,已经从"抽象性、严谨性和广泛应用性"的粗疏描摹,向更加精细的方向前进。仅仅说"抽象"是不够的,数学是一种模式,学习数学是学习数学化的过程;仅仅说"严谨"也不够全面,数学是形式化的科学,数学教学则必须适度形式化,即形式化和"非形式化"的统一;只是说数学有广泛应用性,未免空泛。数学是一种模型,数学活动的重要方式是数学建模,数学呈现形式是符号语言表达的数学问题。数学教学研究的成果表明,数学学习是再创造的过程。数学是"做"出来的,学生通过做题,找到知识之间的内部联系,整体地看待数学,提炼其中的数学思想方法,形成数学思维品质,并服务于社会现实需要。因此,就数学教学的实际过程而言,数学教学原则可以概括为:学习数学化的原则,适度形式化的原则,问题驱动的原则和渗透数学思想方法的原则。

张奠宙教授等人提出的三条数学教学原则:现实背景与形式模型互相统一原则;解题技巧与程式训练相结合的原则;学生年龄特点与数学语言表达相适应的原则。这三条数学教学原则同样是具有浓郁数学气息的数学教学原则。这种类型的体系因为充分反映了数学的特点,深刻反映出数学思维和方法的规律,对数学教学有很强的指导性,因此已逐渐被许多数学教育工作者所接受。但其弱点也是明显的,首先它只考虑数学教学方面的要求,而不能反映出数学教育总目的方面的要求;另外对数学教学中非智力因素方面的心理要求考虑也欠少。

(二)具有时代特征的多样化的研究视角

这种多样化的研究几乎与追求数学教学原则的科学化同时展开,其中包括:①数学创新教育教学原则的探究;②微观教学原则的研究,如数学教学中的结构性教学原则的研究;③民族教育中的数学教学原则研究;④教学模式下教学原则的研究,如中学数学创新教学模式教学原则的研究;⑤建构主义下数学教学原则的思索等;⑥国外数学教学原则与我国数学教学理念的比较研究,如美国数学教学原则与我国数学教学理念的比较,这些研究具有强烈的时代精神,丰富了我国的数学教育理论,是对数学教学原则的深化和发展。

---

① 张艳霞,等.数学教学原则研究[J].数学教育学报,2007(2):24—27.

视窗 3-2

数学教学原则[①]

1. 学习数学化原则

按照我们的理解,帮助学生学习数学化,就是学会用数学的观点考察现实,运用数学的方法解决问题。

当我们面对一个情景,如果是一个小学生,必须会区分该情景究竟是"加法"问题,还是"减法"问题;一个中学生则要看得出这是方程问题呢,还是函数问题?也许它是一个概率问题,或者可以归结为一个几何问题。

接着,还要判断这个问题是否有解,如何解,解答是否符合实际,不断调整和反思。这种数学化的学习和单纯记忆"知识点"、背诵题型、搞题海战术的教学是不同的。

将这一原则运用在课堂教学上,就是要正确设定教学目标,突出所教内容的数学本质,显示课程所具有的数学价值。举例来说,如果这堂课的内容是"方程概念",那么"含有未知数的等式叫方程",虽然在教科书上用黑体字标出,但它不是本节课的重点,这句话并没有提高你的"数学眼光",增强数学化的能力。其实,方程概念的实质是"为了寻求未知数,在已知数和未知数之间建立起来的一种等式关系。"学生有了这样的数学化观念,就能将许多现实问题列为方程,做到数学化。

2. 适度形式化原则

数学的形式化包括"符号化、逻辑化和公理化"三个层面。数学是符号化的形式化语言。用一套表意的数学符号,去表达数学对象的结构和规律,从而把对具体数学对象的研究转化为对符号的研究,并生成演绎的体系,这就是数学的形式化。从小学开始,加减乘除符号、等号的使用,交换率、分配率的表达,应用题列等式,都是符号教学数学的重要内容。进入初中阶段,文字代表数,式的运算,列方程,建立函数关系,几何证明的书写,符号表示起关键作用。高中阶段以上,则需要使用集合语言,对数、指数、正弦、余弦等符号,以及微分、积分、向量、矩阵等运算符号。这些符号的学习,与方块汉字的识字教学有许多共同之处。

3. 问题驱动原则

在以往的数学教学原则中,没有提到"问题驱动"的含义,乃是一个重大的缺失。我们需要强调的是,在各门科学中,数学主要以"问题"的方式呈现。数学问题可以直接来源于现实情景,也可以人为地编制数学问题。这是因为数学研究的对象是"思想材料"。例如,合数、素数的概念,在现实生活中找不到原型。哥德巴赫猜想(一个充分大的偶数可以表示为两个素数之和)并非从自然现象中得来。

正因为数学是由问题驱动的,所以数学教学也必须用问题驱动。以一元二次方程为例,先是提出一个实际问题,归结为一元二次方程求解;接着是解决 $x=a$ 的特殊问题,用"配方"方法将一般问题归结为特殊问题;然后形成解决一般问题的求根公式,通过判别式分析问题;最后,用韦达定理得出根与系数的关系,全面地、完整地解决一元二次方程的求解问题。问题贯彻始终,问题构成线索,问题驱动教学。

4. 渗透数学思想方法原则

以往数学教学原则中提到的"理论与实践相结合""巩固与发展相结合",提法并没错,只是没有体现数学特点。此外,这两条原则又过于笼统,符合数学特点的理论是什么?数学教学中什么是"发展",又如何发展,原则都没有体现,因而在数学教学实践中就很难把握和运用。在我们看来,数学教学中要阐发的数学理论,

---

[①] 张艳霞,等.数学教学原则研究[J].数学教育学报,2007(2):24—27.

其核心就是数学思想方法。把大量的数学解题实践提炼为数学思想方法,是数学教学中理论与实践相结合的基本要求。此外,所谓巩固,是指掌握数学的基本知识和基本技能,其中包括进行数学化的基本知识,符号化、逻辑化和形式化的基本技能,以及解常规数学问题的基本能力。至于发展,则是要能够探究和解决非常规数学问题,并在大量的数学实践活动中,从整体上把握数学内部的联结,理解和运用数学思想方法。教材对数学思想和方法的渗透、展现是借助于数学知识、技能这些载体进行的。数学思想方法,要不断地渗透、提炼和融入教材的内容。将上述两条数学教学原则具体化,提炼数学思想方法的要求也就显得很自然了。

随堂讨论

怎样正确认识数学教学的原则?

第2节 数学教学方法

数学教学中要想完成既定的教学任务,实现预期的教学目标,就必须讲究科学的教学方法。要想成为一名合格的数学教师,一方面,应该了解数学教学方法的变革情况及其理论依据;另一方面,要学会熟练运用各种数学教学方法,善于运用现代化的教学手段,从而最有效地实现数学教学目标。

一、数学教学方法

(一) 什么是数学教学方法

对数学教学方法的本质理解,我们赞同曹一鸣等人的观点,认为关键取决于对数学教学过程中师生地位、作用的认识理解。[①] 在近代和现代教育史上争论激烈的两派就是"教师中心论"和"学生中心论"。"教师中心论"否定学生的主体地位,倡导"外塑论";"学生中心论"则把学生的发展视为一种自然的过程,认为教师不能主宰这一过程,教师的作用只是在于引导学生的学习兴趣,满足学生的个人需要,而不是直接干预学生的学习。这两派的观点是在师生双方地位和作用上的两种极端观点,将教与学的关系看成一种直接的、简单的教育者与受教育者的关系。事实上,在教学活动中,教和学两者是相互依存、相互作用的关系。数学教学方法就是在这一活动过程中为达到数学教学目标,完成数学教学任务而采取的教与学相互作用的活动方式的总称。

当前对数学教学方法的概念界定比较一致,即认为教学方法是师生为达到教学目的而相互联系的活动方式,是由许多具体的教学方式和手段所组成的一个动态体系。这些活动方式的目的是为了使学生掌握知识和技能,培养学生的创新精神和实践能力,发展学生的个性品质。它表

---

① 曹一鸣.数学教学论[M].北京:高等教育出版社,2008.

现为教师教的方式、学生学的方式、教师教书和育人的方式,以及师生交流信息、相互作用的方式。

教学方法主要有下面几个特点:

(1) 教学方法反映了"教"和"学"这一双边活动的相互作用关系。

(2) 教学方法是为了达到教书和育人的目的而进行的一种有规则的活动方式。

(3) 教学方法是由各种教学方式组成的。

视窗 3-3

> 教学方式和教学方法不是同一概念。一般而言,教学方式是教学方法的细节。例如讲授法是教学方法,讲授法可以有五个教学环节:复习思考—引入新课—讲授新课—巩固练习—布置作业。随着课程改革的深入,目前讲授法有一些新的变化,即原来的五个环节变成了下面的五个环节:复习思考—创设情境—探究新课—巩固反思—小结练习。无论采用哪种教学环节组织课堂,教师都可以叙述某个事实、解释某种现象、论证某个命题、推导某个公式等,而这里的叙述、解释、论证、推导等就是讲授法的一些教学方式。

(二) 中学数学教学常用方法

理解和掌握数学教学中常用的教学方法的特点,有助于正确地加以选择和运用。教学实践创造出来的数学教学方法种类很多,至今还没有一个较为理想的分类框架,不同的学者运用了不同的分类标准,使分类问题显得十分复杂。本章由于篇幅所限不可能一一概括,建议读者可参看曹一鸣主编的《数学教学论》一书。

教学方法是决定教学成败的关键因素。教学既是科学又是艺术,它需要结合当前的教学内容和学生实际进行创造性设计和实践。科学的运用教学方法,其实质就是用最短的时间,最大限度地发挥学生的智慧潜力,高效率、高质量地完成教学任务。一堂数学课一般要运用多种教学方法,并形成合理的组合。本节选择在中学数学教学实践中比较常用的几种方法进行介绍。

1. 讲授法

讲授法是教学史上最主要、最常用的教学方法,是教师对教材内容进行系统分析后,通过简明、生动的语言向学生传授知识的方式。教师向学生单向传递信息,学生主要以观察、思考、聆听等手段进行学习。从教的方面看,它是一种传授的方法,从学的方面看,它是一种接受性的学习方法。

人们很容易将学生的接受学习看做是机械被动的学习,"填鸭式""满堂灌"成为讲授法的代名词。事实上接受学习也可以是有意义的,能启发学生积极思考,激发学习热情,同时还能充分利用时间,提高课堂效率。另一方面,就学校的教育而言,系统掌握学科知识仍然是教育教学的根本目标之一。离开了知识,能力的培养将成为空中楼阁。讲授法是实现"双基教学"的主要方法。

实际教学中,讲授法可以表现为讲述、讲解、讲演等不同形式,如对一个数学概念的发展进行讲述;对一种数学方法应用进行解释和说明等。

案例 3-1

> **泰姬陵的传说**[①]
>
> 泰姬陵坐落于印度古都阿格，陵寝用宝石镶饰，传说陵寝中有一个三角形图案，以相同大小的圆宝石镶饰而成，共有 21 层。这个图案一共花了多少宝石？（演示课件，呈现图案）即求：$S_{21} = 1 + 2 + 3 + \cdots + 21$，是一个等差数列求和问题，考虑高斯的首尾配对法，但是数列是 21 项，奇数项，意味着配对下来，中间会剩余一项，如果可以探索出一种方法既可以用到高斯的首尾配对法的思想，又不受项数奇偶性的限制来求和，问题会迎刃而解。

讲授法的优势较明显，具有省时、高效的特点，能使学生在短期内获得大量数学知识。但也有它的局限性，教师在运用讲授法时要注意以下几点。

（1）讲授要有启发性

讲授法与启发学生思维、创设问题情境、促进学生思考并不冲突。讲授要有启发性，有目的地设置疑问并引导学生解决疑问是讲授的主要线索。教师在讲授的过程中提出问题，并给学生以如何探究数学问题的示范，可以培养学生的数学思维能力。

（2）讲授要使得学生的接受学习有意义

要使得接受学习成为有意义的学习过程，关键在于了解学生已经知道了什么。教师的作用就是在学生已有的知识结构与新知识之间建立一座桥梁。这就是人们经常说的"备课要备学生"，而不是单纯地备教材。了解学生的实际情况，在学生的知识及能力基础上组织新知识的教学才能使得教师的讲授成为生动的、有意义的。另外，教师在运用讲授法时，通常需要对教材内容进行处理和加工，并综合运用各种媒介将知识呈现给学生。因为教材编写顺序与学生掌握知识的顺序或知识发生发展的顺序并不总是一致的，因此教师对教学的设计更能提高学生学习的效率。

视窗 3-4

> **什么是有意义接受学习**[②]
>
> 奥苏伯尔的有意义言语学习理论关于学习类型的划分，即将学习按两个维度区分为接受学习与发现学习、有意义学习与机械学习，认为有意义接受学习应当成为学校学习的主导方式，并提出了与流行见解不同的观点，认为它们之间是相互独立、互不依存的。发现学习不一定有意义，而接受学习在适当条件下完全可以产生有意义的过程和结果。奥苏伯尔指出，所谓有意义的学习就是以符号为代表的新知识与学习者认知结构中已有的适当知识建立非人为的和实质性的联系。其中，"非人为的联系"是指新、旧知识的结合应具有客观合理的联系；"实质性联系"是指本质而非字面的联系。例如，错误地把 $\sin(x+y)$ 写成 $\sin x + \sin y$，与 $a(x+y) = ax + ay$ 加以联系，就是人为的、字面性的联系。奥苏伯尔强调，影响有意义接受学习的最重要的心

[①] 覃倩. "等差数列前 n 项和公式"教学设计及其分析[J]. 吉林省教育学院学报, 2012(10):29—33.
[②] 王延文, 王光明. 数学教学理论与实践[M]. 天津：天津科学技术出版社, 2004.

理因素是学生已有的认知结构,学生原有的知识状况是决定新的学习的最重要的因素。他指出:"如果我不得不把全部心理学还原为一条原理的话,那么我将会说,影响学习的最重要因素是学生已经知道了什么,根据学生原有的知识状况进行教学。"他所提出的同化论为教师分析新知与学生原有知识之间的关系,并依据原有知识的性质进行教学提供了理论依据。

2. 问答法

问答法是指教师根据学生的已有认知基础和当前的学习需要提出问题,学生在问题的引导下积极、主动地思考,并通过对话的方式回答问题,在"问"与"答"的过程中探究新知、得出结论、获得新知的方法。古希腊的苏格拉底的"产婆术"就是采用问答法进行的,因此问答法也被称为启发式谈话法。

问答法中的"问"可以提供思维的某种特定信息,诱使学生围绕"问"的内容展开思考,使学生始终处于紧张的学习状态之中,唤起和保持学生的注意力和兴趣;"答"可以促使学生回忆和巩固所学知识,并将已有的现状反馈给教师,有助于教师修正和调整进程。

案例 3-2

学习"菱形的性质"①

在学习"菱形的性质"时,教师可以给出以下三个问题:

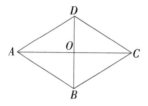

(1) 图(菱形)中有哪些等腰三角形?

(2) 对角线有怎样的位置关系?为什么?

(3) 找出图中相等的角。

将复杂问题分解成若干个符合学生认知规律的问题。

学生运用已有知识,通过探究就可以解决上面的三个问题。

教师在此基础上,引导学生很自然地归纳得出菱形的性质。

问答法的要点是教师要透彻理解教材,掌握教材重点、难点和关键点,精心设计"问题系统"。问题要围绕教学目标且充满内在联系,同时还要考虑到不同层次学生的能力及需要,避免简单机械的问答。教师应该不问或少问"对不对"或"是不是"的问题,多以"为什么"来开启学生的思维。

3. 练习法

练习法是在教师的指导下,让学生通过独立作业掌握基础知识和进行基本技能训练的一种教学

---

① 徐海,黄秦安,王斌.浅谈中学数学"问题式"教学法[J].教学实践研究,2011(11):247—248.

方法。常用于解答习题,也可用于学习新知识。用于学习新知识时,教师不要直接讲解教材,而是引导学生阅读教材,然后再指导学生进行讨论、练习、总结等。

练习法是一种很好的巩固与应用数学知识的手段和途径,能帮助学生内化新知识,巩固旧知识,提高对知识技能的掌握和熟练程度。练习法也是教师获得学生反馈信息的方式。但同时运用练习法也要注意以下一些问题。

第一,练习要有明确的目的性,帮助学生做好对相应的知识技能的理解和运用准备。

第二,练习要注意循序渐进,在难度、综合性等方面逐步提高,应当先易后难、先单一后综合。

第三,合理安排练习的题量,题目太少达不到巩固的效果,过量的练习不仅浪费时间,而且可能导致学生的厌烦心理。

第四,练习要采取多样化的形式,除纸笔练习外还可以使用操作性、实践性的练习。

第五,要及时对练习进行评价,及时评价和反馈对增强学习效果有很重要的意义,一方面可以启发学生总结思想方法,另一方面可以指出错误以及分析错误原因,不将问题留在学生的头脑中。

二、数学教学方法的改革与发展

随着课程改革的不断发展,教学方法的改革得到日益加强,改革规模也越来越大,出现了一些新颖的数学教学方法。在龙敏信主编的《数学课堂教学方法研究》中汇集了24种教学方法;在周学海编著的《数学教育学概论》中,谈及了13种教学方法;在孙各府、郑素琴等编著的《数学教育学原理》中,则论及了17种现代教学方法;张奠宙主编的《数学教育研究导引》中,指出了11种主要的教学方法;崔克忍、鲁正火编著的《数学教育导论》中,简介了8种教学方法;张双德、王呈义等编著的《数学教育学》中,介绍了8种教学方法;胡炯涛著的《数学教学论》中,收录了8种教学方法。综合起来,体现共同的特点是不仅重视知识的传授、技能的训练,而且重视开发智力、发展能力,培养学生创新意识和实践能力。

视窗3-5

数学课堂教学的24种教学方法[①]	
(1) 尝试指导,效果回授法。	(2) 自学辅导式教学法。
(3) 读读、议议、练练、讲讲八字教学法。	(4) 三环节二次强化自学辅导教学法。
(5) 指导、自学、精讲、实践教学法。	(6) 三教四给教学法。
(7) 四段式教学法。	(8) 自学、议论、精讲、演练、总结教学法。
(9) 自学、议论、引导教学法。	(10) 启发式问题教学法。
(11) 引导探索教学法。	(12) 研究式教学法。
(13) 纲要信号教学法。	(14) 格式化教学法。
(15) 层次教学法。	(16) 低起点、多层次教学法。

---

① 龙敏信.数学课堂教学方法研究[M].昆明:云南民族出版社,1994.

(17)程序教学法。	(18)合作学习教学法。
(19)辐射式范例教学法。	(20)单元教学法。
(21)数学解题教学法。	(22)目标递进教学法。
(23)目标教学法。	(24)发现式教学法。

（一）现代教学方法简介

1. 自学辅导教学法

这是中国科学院心理研究所在总结"程序教学法"的基础上提出来的。是注重调动学生的学习积极性、培养学生自学能力的一种教学法。这种方法的教学过程大体分为以下四个阶段。

第一阶段——领读练习阶段。该阶段的目的在于培养学生的阅读习惯和一定的独立学习能力。在教师的引导下，学生通过粗读扫除字词障碍；通过细读概括段落大意；通过精读钻研关键字。"三读"后，学生应基本理解有关知识，并能继续独立做相关练习，完成练习后，教师核对答案，学生进行自检，进一步理解有关知识。

第二阶段——启发自学阶段。目的在于让学生适应自学方式，逐步养成自学习惯。教师备课时，要备两个提纲，一个是"启发自学提纲"，另一个是"小结检查提纲"。上课时，学生在两个提纲的指导下自学，做习题，核对答案和自检。其中，学生有30～35分钟是不受干扰的，其独立学习，潜移默化地培养学生自学习惯。

第三阶段——自学辅导阶段。这一阶段是中心环节，目的在于巩固学生的自学习惯，增长自学能力。教师在课上首先只介绍教学目的、学习任务和注意事项，主要是学生独立阅读，做练习，对答案，做小结，归纳各部分知识点之间的逻辑关系，鼓励学生发现问题和提出问题，教师给予个别辅导。

第四阶段——教学研究阶段。目的在于最大限度地增强学生的独立性，促使他们养成良好的自学习惯，形成较强的自学能力和自己研究的本领。具体在课堂教学中，学生要将阅读、自学、做练习、自查和写小结等变为自觉自动化的学习方式，成为学生的良好习惯。教师只是创设问题，引导学生深入钻研教材和各部分内容之间的逻辑联系。

这种教学法体现出学生学在前，教师导在后；教师把教集中在导上，教为学服务。这样有利于因材施教，培养开拓型人才。

毋庸讳言，由于种种原因，教师从始至终使用该教学方法，让学生达到第三、第四阶段，确有一定难度。但在信息社会，知识爆炸、终身教育和终身学习的时代，培养学生的自学能力有很重要的现实意义。自学辅导教学法给予我们最大的启示在于——作为教师要相信学生有自学潜能，自学能力在课堂教学中是能够培养的。

案例 3-3

"圆与直线的位置关系"的自学程序设计[①]

(1) 确定自学主题。"直线与圆的位置关系有几种?""直线与圆心的距离与直线与圆的位置关系之间有无联系?有什么样的联系?"

(2) 学生自学。学生通过自学教材、动手制作或上机操作几何画板,独立思考和验证自己的认识。

(教师可适时指导,如:直线和圆心的距离与圆的半径有什么关系?它们的大小关系和直线与圆的交点之间有什么关联?)

(3) 互相交流。同桌或小组之间交流讨论各自的自学成果。得出结论:若 $d=$ 直线到圆心的距离;$r=$ 圆半径,则 $d>r$ 相离;$d=r$ 相切;$d<r$ 相交。

(4) 练习应用。提供具体的联系,进一步验证和应用所得的结论。

(5) 讲评总结。教师突出图形语言与代数语言的转化思想的讲评,让学生学会从数量角度思考问题的方法。

2. 程序教学法

程序教学法是美国教育心理学家斯金纳于 20 世纪 50 年代设计的一种自动化教学方法。后来经人们不断地改进和改造,发展成为利用教学机器或特定教材的程序教学法。其基本步骤为:

(1) 根据教学目的、学生的实际情况将教材分成若干部分;

(2) 针对每一小部分知识,循序渐进地提出一系列问题;

(3) 学生回答问题;

(4) 根据学生回答问题的情况,决定是否进行下一步学习。

由于程序教学法能面向每一名学生,实现自主学习,再加上计算机的普及与发展,程序教学法将在数学教学中发挥重要作用。但这种教学法适用于什么样的教学内容,与学生情感教育之间是什么样的关系等,均是需要深入研究的。

3. 引导探究类教学方法

这种类型的教学方法包含多种教学方法,名称各异,如发现法、探索法、引导发现法和活动法等,均以培养探究和创新能力为重点。但因教法功能相似,我们只选择发现式教学法予以简介。

发现式教学法的主要倡导者是美国教育心理学家布鲁纳。他认为,教学应当从儿童的好奇、好问、好动的心理特点出发,在教师的引导下,围绕着一定的问题,依据教师和教材所提供的材料,让学生自己发现问题、主动获取知识。

运用发现式教学法进行教学具有很大的灵活性,没有固定不变的模式可以套用,但通常可以按下述一般步骤进行[②]:

(1) 创设问题情境,激发学生学习的积极性和主动性;

(2) 寻找问题答案,探讨问题解法;

[①] 曹一鸣.数学教学论[M].北京:高等教育出版社,2008.
[②] 吴华,等.数学课程与教学论[M].北京:北京师范大学出版社,2012.

(3) 完善问题解答,总结思路方法;

(4) 进行知识综合,充实和改善学生的知识结构。

案例 3-4

> **探究性课题教学的一个创新设计**
>
> 求 $(1+x)(1+2x)(1+3x)\cdots(1+nx)$ 展开式中,含 x 一次幂的项的系数。①
>
> 首先要明确多项式相乘的法则,理解其展开式中各项的构成规律;其次要明确其展开式中出现 x 一次幂的各种可能情形。如第一个括号取 x 时,其余括号内必须都取 1(常数项),将得到 x 的一次幂等。因此一般学生经恰当分析不难得出本题所求的系数为:$1+2+\cdots+n=n(n+1)/2$。由于平常已有一定的训练基础,本题仍属于一个"常规问题"。但本题却是一个值得很好发挥的好题材,蕴含着极其丰富的思维空间,千万不可错过这一完善学生认知结构的绝好机遇。
>
> 拓展思维 1:如何求展开式中 x^2 项的系数?这将"再创思维空间",引发学生新的认知冲突,有效地吸引学生参与到探索思考、分析求解之中。
>
> 拓展思维 2:如何求展开式中 x^3 项的系数?(视时间可作为"课外思考题")
>
> 拓展思维 3:(可作为"课后作业题")
>
> (1) $(x+1)(x+2)\cdots(x+10)$ 展开式中含 x^9 的系数是多少?含 x^8 项的系数又是多少?
>
> (2) $(x+1)(x+2)\cdots(x+n)$ 展开式中含 $x^{n-2}(n\geqslant 3)$ 项的系数是多少?
>
> 这里通过多项式结构与形成的变化,学生的思维能力与认知结构屡受考验,深刻地考查与锤炼了学生的转化化归能力、独立思考能力及其创新思维能力,极大地促进了学生有效地参与到学习过程中来,并积极有效地建构出新知识。

4. 单元教学法

单元教学法是根据教材内容的划分而创立的教学方法,它是根据知识的整体结构和学生水平,把教学内容组织和划分为若干教学单元,并按教学单元分段进行教学的方法。其中单元的组织和划分一般要根据具体教学内容的难易、联系以及学生的认识水平进行,单元可大可小,但都要能反映出知识的形成和发展过程。其特点是使学生的学习内容和学习活动保持完整。

单元教学法的具体教学过程分为四个步骤②。

(1) 自学探究

教师对本单元的学习目的、方法进行简短的提示和引导后,让学生阅读教材,提出问题展开论证。

(2) 重点讲解

教师简要地讲解本单元的重点、难点和易混淆之处。

(3) 综合训练

学生在模仿教材做一般性练习的基础上,着重研究那些综合性、技巧性的练习。

---

① 蒋海瓯.给足思考时间架设思维空间引发学生有效参与教学过程[J].数学教学通讯,2007(12):10—11.
② 吴华,等.数学课程与教学论[M].北京:北京师范大学出版社,2012.

（4）总结提高

在学生对本单元进行整理与归纳的基础上，教师给予深化、提高，即由学生的"自我总结"过渡到师生的"共同总结"。

单元教学法的优点在于学生获取的知识较系统，有利于培养学生的自学研究能力和良好的自学习惯。

(二) 现代数学教学方法改革的特征[①]

1. 学生主体作用和教师主导作用相结合

现代教学方法既重视学生的主体地位，又肯定教师的主导作用。有人认为，现代社会强调创新能力，教学中就要把培养学生的主动学习精神放在首位，教师的地位只能是"数学学习的组织者、引导者与合作者"，这样的认识是有失偏颇的。实际上，即使是积极主张发现法的布鲁纳，在重视学生自主发现的同时，也特别强调教师的主导作用。他曾指出，学生发现活动的引起、维持和达到教学目的都有赖于教师的指导。皮亚杰也说过，认为儿童不需要指导，单凭自己就能意识到问题所在，准确、清楚地提出问题，这是非常荒唐的。一段时间以来，建构主义观点非常盛行，"学生不是空着脑袋走进教室"、"学生有自己对世界的看法"、"学习过程是学生的主动建构过程"等被广泛传播，更有极端建构主义者认为教师的任何指导都是对学生主动建构活动的干扰。但是随着教学改革实践的深入，人们越来越认清了这些观点的偏颇，重新向强调学生主体与教师主导相结合、发挥师生两个积极性回归。现代教学方法普遍强调创设问题情境、引导学生尝试探究、组织学生交流、开展变式训练、归纳概括、反思等步骤，就是为了更好地体现教师的主导和学生的主体作用。

2. 教学实践与学习理论相结合

按教学方法的本义，教学理应包括教的方法和学的方法两个方面。但长期以来，注重教法有余，而对学法的研究不够，把学习规律应用于实际教学就更显不足。实践证明，忽视学法，教法也就失去针对性，其效果也就被削弱了。现代教学论一方面批判传统教学"目中无人"，另一方面主张学生既是教学的客体又是学习的主体这一指导思想。在探讨教学方法问题时，加强了对学习方法的研究。这主要体现在如下几个方面：(1)以研究学生有效的数学学习方法作为创立现代教学方法的前提；(2)在教学方法的运用中，既有教法的要求，也有学法的要求，两者相辅相成；(3)以学生的思维参与度作为评价教学方法的基本标准。

3. 培养能力与重视非智力因素相结合

现代教学方法以发展学生的智力、培养能力和创新精神为出发点，人们认为，教学中强调学生独立自主地探究和发现，对于提高学生的智慧潜力具有重要作用。通过问题解决、探究性学习等，可以使学生体验探索新知的方法，使他们的创造力得到培养。而在实践中人们越来越发现，学生的数学学习成绩不仅受其智力与能力的影响，而且与其非智力因素的水平有密切关系。实际上，在数学学习活动中，乃至在数学能力的发展中，非智力因素都起着动力作用、定型作用和补偿作用，任何智力活动必然有情感活动相伴随。当然，智力因素与非智力因素之间的影响或作用是相互的而不是单向的，而且非智力因素只有与智力因素一起才能发挥它在智力活动中的作用。因此，教学中既要依靠和利用学

[①] 章建跃.数学教学方法的现代发展[J].中学数学教学参考,2008(3):13.

生的智力,又要培养和发展学生的数学学习情感。教学方法一旦触及学生的情感和意志领域,触及学生的精神需要,就能发挥高度有效的作用。实际上,学生对数学具有内在的兴趣,这是最好的动机。

现代教学方法强调非智力因素在教学中的作用,强调积极的教学学习情感体验在提高学生数学学业成绩中的决定性作用,强调创设生动、有趣的、对学生的智力具有挑战性的问题情境,用以激发学生的好奇心和学习热情,使学生兴趣盎然地投入学习,这是现代教学方法发展的重要特征。现代教学方法正沿着"苦学—乐学—会学"的道路发展。

4. 传统教法与现代教法相结合

尽管新的教学方法层出不穷,传统教学方法受到抨击和质疑,但传统教学方法并不能被完全取代。事实上,新教学方法不一定完美,传统教学方法也不一定落后。例如,强调学生独立自主探究的教学方法,长处是有利于培养学生的探索精神和创造性思维能力,但它耗时较多,课堂教学组织困难,与在短时间内掌握大量数学知识的学校教育目标有矛盾。因此,发现法、探究法等并不能成为学生学习的唯一重要方法,讲授法、问答法等也是必需的。人们在继承传统教学方法的过程中,也非常注意研究它们的缺点以及运用中的问题,对它们进行发展和创新。传统的教学方法,如讲授法、谈话法、练习法等的运用也与过去不同,已由主要是再现、重复,更多地变为要求有启发性、独立性,要有利于发展学生的数学能力。新的教学方法也在不断发展和完善。例如,使用那些强调学生自主探究、合作交流的教学方法时,为了使学生真正经历探究的过程,使交流活动真正有利于学生的数学理解,应强调"问题引导学习",通过恰当的问题情境(系列)引导学生的探究活动。

三、数学教学方法的选择

教学有法,但教无定法,我们应明确教学过程的复杂性,根据教学内容、学生情况、教师素质等来选择教学方法。[①]

(一)教学目的

教学目的是教学行动的指针,是选择教学方法的重要依据,任何教学方法改革都是有一定目标的,此目标必须与数学教学目的相一致。数学教学要培养学生的思维能力(包括逻辑思维和非逻辑思维)、运算能力和空间想象能力,要对学生进行爱国主义、辩证唯物主义观点教育,培养学生坚韧不拔的毅力、实事求是的工作作风、客观公正的态度等,这些均是教师选择教学方法的具体依据。

(二)教学内容

每一种课型如讲授课、练习课、复习课和讲评课等应有相应的教学方法。即使同一课型,因其内容不同,教学方法也可能会不尽一致。但目前绝大多数教学方法未研究其本身适用于什么样的教学内容,这倒给每一名数学教师提供了进一步研究的课题。

(三)教学条件和教师的能力

相同的教材内容、相同年级的学生,由于各学校的设备条件和教师本身能力高低不同,教学方法的选择与运用可能也会不同。首先,毋庸讳言,我国各地区经济发展状况不平衡。各个地区、各所学校硬件设施相差很多。条件较差的学校,将不可能运用现代化技术来开展教学方法改革实验。但需

[①] 王延文,王光明. 数学教学理论与实践[M]. 天津:天津科学技术出版社,2004.

要说明,加强素质教育的三个突破口的第一条就是加强薄弱校建设。学校教学条件差的状况,将很快改观。其次,教师本人的能力也是限定教学方法运用得是否成功的因素。例如,某教学方法是为了培养学生发现能力的,若教师没有数学发现经历,必将影响此教学方法功能的实现。但作为一名教师,切莫以教学能力低为借口,来拒绝一些先进的教学方法。教师应尽快加强自身修养,提高自身能力,才能成为一名称职的教师。

(四)学生知识基础及认知水平和年龄特征

运用先进、恰当的教学方法是为了使"教"与"学"达到和谐的统一,其中"教"也是为"学"服务的。那么,作为教师就要认识到并研究每一种教学方法与学生认知特点之间的相关性。

(五)教师的教学思想

在人的素质中,更为核心的是世界观和方法论。作为一名教师有什么样的教学思想,将决定他有什么样的教学行为。若一名教师教学思想保守、观念落后,他运用再先进的教学方法,那也将是旧瓶装新酒,穿新鞋走老路。现代教学方法是为素质教育服务的,作为一名数学教师应树立符合素质教育要求的教育观、学生观、差生观、评价观、数学观和数学教育功能观等。

教师在不断提高自身知识和能力等基础的过程中,综合考虑上述各种因素来选择和运用教学方法,是教学方法能否发挥其功能的根本前提。教师在考虑影响教学方法的因素时,顾此失彼、厚此薄彼,都将影响教学方法功能的发挥。也正因每一种教学方法都有种种"基础",所以在一个地区、一所学校行得通的教学方法,在另外一个地区、另外一所学校未必行得通。因此,先进的教学方法不能照搬,但要学习,特别是要学习其中蕴涵的先进教学思想。再根据自己学校、学生和教师的特点,将有关教学方法加以改进,就会实现"他山之石,可以攻玉"。

随堂讨论

1. 结合实践谈一谈,选择教学方法应考虑哪些因素?
2. 请举一实例说明,运用某种教学方法实现有效教学的过程。

第3节 数学教学过程

恩格斯说过:"世界不是一成不变的事物的集合体,而是过程的集合体。"教学也是一个过程,探寻教学基本规律,确立和实现教学任务,都离不开教学过程。数学教学过程是教师的教和学生的学的双边活动的统一,在这一过程中,学生掌握数学知识和技能,发展数学能力和态度,最终具备一定的数学思维。

一、数学教学过程的内涵及特征

"教育作为一种培养人的活动,是以过程的形式存在,并以过程的方式展开的,离开了过程就无法理解教育活动,更无法实现教育目标,过程属性是教育的基本属性。为什么人们经常批判'应试教育',就是因为'应试教育'忽视甚至无视教育的过程价值,而仅仅追求某种功利的目标,丧失了教育活动过程的丰富价值。"①

(一) 数学教学过程的内涵

郭元祥认为"人的任何活动都是一个过程,都是以过程的形式存在和发展的。所谓过程,按照过程哲学家怀特海的理解,就是事物各个因素之间在时间上和空间上构成的联合体而进行的内在的、复合的运动。过程是事物的存在方式,世界的本质就是过程的存在,离开了过程,事物不可能存在,也无法变化和发展,事物存在的过程就是变化和发展的过程。"

曹一鸣认为从不同的视角可对教学过程有不同的阐释。② 从认识论的角度来看,教学过程是指学生在数学教师指导下,从不知到知、从知之较少到知之较多,逐步掌握知识的过程;从心理学角度来看,教学过程是师生交往、共同发展的活动过程,等等。

概括起来,数学教学过程就是指数学教师组织和引导学生,系统地学习和掌握数学知识,进行积极的思维活动,形成良好的认识与发展相统一的育人过程。从结构上看,它是一个由教师、学生、教学目的、教学内容、教学方法、教学环境、教学评价等要素构成的多维结构;从性质上讲,它是一个由师生共同参与、共同发展,有目的、有计划地认识和交往实践的数学活动过程;从功能上看,它是一个具有数学知识传递、数学技能形成、数学能力培养、个性发展等功能的育人过程。

(二) 数学教学的过程特征

胡典顺等指出,近年来,数学教学过程一直是一线教师和专家不断研究的课题。在数学教育中,一系列新的教育话语涌现出来,经历、观察、感知、体验、参与、尝试、探究、反思、建构、生成等逐步成为教学中经常使用的术语。③ 这些术语反映了一定的数学教学思维方式和数学教学观,反映了对数学教学的一种过程性思维,以及对数学教学的过程特征的理解,总结为以下几点。

1. 数学教学是发展理性精神的过程

"数学的理性精神、公理化的思想方法、严谨求实求真的创新的作风,表现了人们勇于认识世界的坚定信念,表现了对真理的不懈追求,表现了人们以理性或以理性为基础的思维方法作为判断真假、是非的标准。"④事实上,数学给人的不只是知识和思想方法,数学是理性思维的典范。从而,数学教学过程的重点是培养和发展学生的理性思维,它不同于形象思维,也不同于物理和化学等学科中的实证思维。也许一个人一生中可能很少使用已学过的数学专业知识,但是他最大的收益在于掌握了数学的精神、思想和方法,提高了自己的理性思维能力。

2. 数学教学是形成合理的数学观的过程

数学教学过程决定学生怎样看待数学学习以及对数学本质的认识,如果在教学中要求学生只是模仿和记忆,只是训练和操作,那么学生就会把数学看成是:学数学就是做数学题;每个问题中所给出的条件对于这个问题的求解来说,一定是"恰好的";老师给出的每个问题都是可解的;每个问题都有唯一的正确答案;数学是枯燥的,与日常生活没有联系等。反之,如果注重教学过程,使学生理解知识

---

① 郭元祥.论教育的过程属性和过程价值——生成性思维视域中的教育过程观[J].教育研究,2005(9):3—8.
② 曹一鸣.数学教学论[M].北京:高等教育出版社,2008.
③ 胡典顺,徐汉文.数学教学的过程特征和过程价值初探[J].数学通讯,2007(23):1—3.
④ 李昌官.让数学教学闪耀理性的光芒[J].数学通报,2006(7):4—7.

的来龙去脉,寻找知识间的内在联系,建立完善的知识结构,那么学生就会逐渐地认识到数学知识是有着内部联系的整体和自身发展的规律,而这些又可以通过自己的努力去探索、尝试性地建立起来,这些观念将会使他们消除数学知识的神秘感,勇于探索,并善于寻找数学知识与现实世界的联系。

3. 数学教学是揭示数学思维的过程

"数学是思维的体操",没有任何一门学科能像数学那样为学习它的人提供大量进行思维训练的机会。数学思维过程往往表现为探究的过程、思考的过程、抽象的过程、预测的过程、推理的过程、反思的过程等。数学中的很多抽象概念常常以精炼的定义形式出现,略去了其形式过程,在教学过程中,应该使学生经历比较、抽象、假设、验证等一系列的概念形成过程。数学中的内容基本上是以"定理—证明—例题—习题"的模式来安排的,往往以最简约的形式给出,省去了复杂的探索过程。事实上,数学结论的发现与提出,经历了一系列曲折的过程,教学中应该注意引导学生经历定理发现的过程——实验、比较、归纳、猜想和检验等。同样,一种解题方法的得出并不是一蹴而就的,也要经历艰苦的探索过程。在教学中必须将问题解决的思路探索过程充分暴露在学生面前,使学生获得问题解决的思路和探索方法。

4. 数学教学是问题解决的过程

数学的真正组成部分是问题和问题解决,数学教学的核心就是培养学生解决数学问题的能力。正如波普尔所说,知识并非起源于观察,也非起源于理论,而是起源于问题。数学知识的发展就是从问题经由猜测和反驳的过程进入新问题的过程,数学是"做"出来的,没有一门学科像数学教学过程一样需要解决那么多的问题。事实上,无论是数学教育的目标还是数学素养的要求,都强调使学生具有识别问题、分析问题以及数学地解决问题的能力。

5. 数学教学是再创造和再发现的过程

弗赖登塔尔反复强调,学习数学的唯一正确方法是实行再创造和再发现,数学教师的任务是引导和帮助学生去进行这种再创造和再发现工作,而不是把现成的知识灌输给学生。学生的这种再创造和再发现与数学家作出发现的过程具有相同的性质,都具有创新的成分,只是程度上的差异。数学教学的再创造和再发现的过程也包含自主建构和个人体验的过程。在数学教学过程中,应该强调学生的自主活动,强调探究和交流,强调学生的亲身实践。只有这样,学生在教学过程中的智力参与才会大大提高,学生才可能深刻理解数学的精神和实质,所获得的知识才是有效的知识,同时也获得发现的快乐。

6. 数学教学是数学文化渗透的过程

数学中,大量表面看似枯燥无味的推理和计算,其中却蕴藏着内在的、深邃的、理性的美。著名数学家王元认为,数学美的本质在于简单,数学课程标准中也指出:"数学是人类文化的重要组成部分。数学是人类社会进步的产物,也是推动社会发展的动力。"从而数学教学过程中应该让学生体会数学的科学价值、应用价值、人文价值、美学价值,开阔视野,寻求数学进步的历史轨迹,认识数学发生和发展的规律,激发对于数学创新原动力的认识,提高自身的文化素养和创新意识。

二、数学教学过程的要素分析[①]

数学教学过程是由多种因素构成的一个复杂系统,主要因素是:学生、教师、教学目的、教学内容、教学方法、教学环境、教学评价。这七个要素制约着数学教学过程能否顺利开展,影响着数学教学的进程。

(一)学生

数学教学过程因为学生而存在,没有学生就没有教学活动。在数学教学中,学生既是教学的客体,又是学习的主体,是教学效果和教学质量的体现者。学生这个要素主要指学生的身心发展水平、个性特点、已有的数学知识结构、数学能力倾向和学习前的准备情况。

(二)教师

数学教师的职业特点表明,数学教师是数学教学目标的执行者,数学知识的传播者,学生学习数学的合作者,数学教学过程的组织者、引导者和调控者。虽然无人指导人们也可以进行学习,但这种自我进行的学习本质上不属于数学教学活动。数学教师这个要素主要指教师的思想和业务水平、个性修养、综合素质、教学态度、教学能力等。

(三)教学目标

依据什么进行数学教学过程?回答是教学目标。学校教育目的体现在数学学科即为数学课程教育目的,该目的落实在每一堂课上就形成了课堂教学目标。课堂教学目标决定着每一节课上数学教学的方向及质量,同时也是评价教学效果的依据和标准。而对于教学质量或教学效果的评价应以学生的学习动机、情感发展和能力发展等方面作为体现。

(四)教学内容

数学教学内容是体现培养目标和实现培养目标的主要因素。它是师生活动的载体,是教师引导学生学习的客观依据和信息源泉,是教学过程中教师和学生、学生和学生发生相互作用的中介。这里的教学内容指数学知识、技能、思想、方法、问题等方面内容组成的结构或体系。

(五)教学方法

教学方法是教师将知识信息有效地传授给学生,实现教学目标、改善教学效果的重要因素。教师根据具体的数学教学内容、教学环境、学生的身心发展水平和认知水平灵活地选用教学方法。它包括教师在课内和课外所使用的各种具体、显见或潜移默化的教学方法、教学艺术、教学手段和各种教学组织形式。

(六)教学环境

任何教学活动都必须在一定的环境下进行,教学环境限制或促进教师的教育期望和实际做法的转变。教学环境包括有形和无形两种,有形的教学环境包括教师的设备和布置是否齐全、合理等,无形的教学环境包括师生之间、生生之间的人际关系,校风、班风、课堂教学气氛等。这些环境条件是教学活动必须凭借的而又无法摆脱的,因此它也是教学活动的一个要素。

(七)教学评价

数学教学评价是检验数学教学效果和数学教学成果的要素。数学教学评价的目的是为了全面了

[①] 曹一鸣.数学教学论[M].北京:高等教育出版社,2008.

解学生数学学习的过程和结果,激励学生学习和改进教师的教学。评价是反映学生素质的变化状况,反映数学教学活动是否能进行的依据。

三、数学教学过程的优化

中学数学教学中并存着三种逻辑过程,即教师的教学过程、知识的发生发展过程以及学生的思维过程。当这三种逻辑过程协调同步时,教学就会进入一种和谐的境界,教者轻松,学者愉快,数学教学就会成为一种艺术享受,否则,就会导致教学失败,给教师和学生带来痛苦和压力。

人们普遍认为数学教学过程优化的基本精神就是讲究教学效率,即"高质量,低付出"。但是,不能简单地把"效率"理解为"花最少的时间教最多的内容"。教学效率不同于生产效率,它不是取决于教师教多少内容,而是取决于单位时间内学生的学习效果与学习过程综合程度的结果。笔者认为数学教学过程的优化就是要将教师教的过程、知识发生发展过程以及学习的思维过程协调统一,最终使得受教育者达到掌握知识、培养能力、获得良好的情绪体验的目的。

按目标管理的教学流程,可把数学教学过程的优化策略分为三个阶段[①]:教学的准备策略、教学的实施策略和教学的评价策略。

(一)教学准备中的优化策略

教学准备中的优化策略主要指教师在课堂教学前所要处理的问题解决行为,是教师进行教学方案设计时所要做的工作。它主要涉及形成数学教学方案所要解决的问题,即教师在准备教学时,必须确定数学教学目标。对教材进行分析、整合,准备教学材料、形成教学方案等,更多地体现为教师教的过程与知识发生发展过程的整合过程。

1. 教学内容的优化[②]

从学生认知规律的角度考虑,数学课程内容的选择要"贴近学生的实际,有利于学生体验与理解、思考与探索"。贴近学生实际的课程内容,主要是要符合学生认知发展水平和思维发展水平的实际和学生已有经验的实际,有助于学生体会数学与生活的联系,能为抽象的数学结果找到一个熟悉的生活原型,便于学生调用已有的生活经验理解抽象的数学结果。贴近学生实际的课程内容还要求我们能够基于班级学生的实际,对教材中的内容适度分解、整合、充实或更新。有利于学生体验与理解的课程内容需要创设活动的情境,引导学生通过实践等方式亲身经历数学结果的形成过程,让新的数学结果和已有的认知结构发生实质性的联系。有利于学生思考与探索的课程内容需要关注课程内容的思维含量,内容的思维水平应落在学生的"最近发展区",内容的呈现应体现"层次性和多样性",便于学生展开数学思维活动,实现富有挑战的探索性学习。课程内容的组织决定着理想的课程内容能否在课程实施过程中取得预期的教学效果。

十余年数学课程改革的实践与反思使我们认识到,数学课程内容的组织"要重视过程,处理好过程与结果的关系;要重视直观,处理好直观与抽象的关系;要重视直接经验,处理好直接经验与间接经验的关系"。

---

① 聂东明.数学新课程教学论[M].南京:南京大学出版社,2011.
② 王林,候正海.深刻理解课程内容优化数学教学过程[J].江苏教育研究,2012(4):8—12.

2. 教学设计的优化

好的教学设计是课堂教学过程优化的必需环节。① 教师面对的是富有个性,具有兴趣、爱好、特长的学生。学生作为一种活生生的个体,带着自己的知识、经验、思考、灵感参与课堂活动,如果教师以千篇一律的教学行为、统一僵化的教学策略和以不变应万变的教学模式去设计课堂,学生的创新就无从谈起了。我们设计数学课堂时,应更多地思考学生如何学,如何促进学生的发展。如面对数学概念、规律、实验,教师和学生应如何共同探讨、平等对话,即学生在课堂上如何讨论、如何交流、如何合作、如何获得结论;教师如何组织并促进讨论、如何评价和激励学生的学习热情和探究的兴趣等。

教学设计还应体现创造性,所谓创造性教学实质上是学生在教师的引导和帮助下经历创造性解决问题并求得自身发展的过程。教师为学生提供一些有结构的材料,这些材料本身就能刺激学生的好奇心和激发学生探索的兴趣,所以他们积极动手操作、实验、主动探索和发现,这样他们获得的知识不是空洞和抽象的,而是丰富和具体的,他们的观察力和探究能力因而得到了充分的发展。教师应为此设计、组织相应的使学生成为学习活动主体的应答性学习环境。

案例 3-5

"锐角三角函数的概念"

在"锐角三角函数的概念"的教学中,教师可以把三角函数概念的产生过程充分地展示给学生。② 如图 3-1 所示。

在计算"比值"的过程中,剖析概念的本质,明确概念的外延。

(1) 正弦函数是一个比值;

(2) 这个比是 $\angle \alpha$ 的终边上任意一点的纵坐标 y 与这一点到原点的距离 r 的比值;

(3) 这个比值随 $\angle \alpha$ 的确定而确定,与点在 $\angle A$ 的终边上的位置无关(这一点可以利用相似三角形的原理来说明);

(4) $|y| \leqslant r$,所以这个比值不会超过 1。

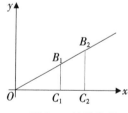

图 3-1 计算比值

以上就是正弦函数概念的本质属性。教师在启发学生认识、理解上述本质属性的同时,要引导学生通过探索、交流发现:$\angle \alpha$ 的终边上的一点 $P(x,y)$ 一旦确定,就涉及 x、y、r 这三个量,任取其中两个量就可以确定一个比值,这样的比值有且只有 6 个。因此,基本三角函数只有 6 个,这便是三角函数的外延,在初中,我们仅学习其中的 4 个。

---

① 吴和贵,朱维宗,陈静安.新课标下的数学课堂教学过程的优化[J].数学通报,2007(3):16—18.
② 李树臣.数学教学过程化的 4 个常用策略[J].中国数学教育:初中版,2010(6):2—5.

(二) 教学实施中的优化策略

教学实施优化的策略应体现由重知识传授向重视学生发展转变;由重视教师的教向重视学生的学转变;由重结果向重过程转变;由统一规格教育向差异性教育转变。包括如何组织教学,采取怎样的教学法才能适应学生思维发展的需要等。①

1. 教学组织方式的优化

课堂教学的灵活开放以及重视学生的"自主、探究和合作"的学习方式的转变是数学课堂教学过程优化的可靠保证。

一堂好课,往往是师生的双边活动恰到好处的结果。优化课堂教学过程,就是努力寻找主导与主体的最佳结合。教学是一个动态过程,只有通过教师与学生之间的信息联系和信息反馈,才能实现其控制与调节,正确处理好主体与主导的关系,以达到预期目的。一个充满生命活力的课堂,必定是教师在围绕学生发展精心设计的基础上,充分运用自己的教育智慧,保持课堂的灵活性和开放性,发挥学生的主体性,让自己融入课堂,与学生一道共同"生成"课堂。这就要求师生之间、学生之间产生一种互动,进而激发学生的学习兴趣,活跃课堂气氛,发挥学生的主体意识和主观能动性,使学生从具体问题的分析过程中得到启发,从而更好地优化课堂教学,改善课堂教学效果。

数学教学中,教师应运用数学本身的魅力激发学生探究、求知、创新的欲望。

2. 教学方法的优化

课堂教学手段的多样化是课堂教学过程优化的强有力的补充。

"认真听讲、积极思考、动手实践、自主探索、合作交流等,都是学习数学的重要方式。"在采用示范、讲解、演示、说明等教学方式时,需要关注学生能否有意义地接受;在采用动手实践、自主探索的教学方式时,需要协调好学生主动性和教师指导性之间的关系。教学方式没有好坏之别,只有适切与否,需要根据教学内容特点和学生的实际需要,灵活组合多种教学方式,提升每一种教学方式的内在品质。为了进一步改善课堂教学生态,发展学生的创新意识和实践能力,在课堂教学过程中,还要特别注意面向全体学生,尊重学生差异,重视运用启发式教学,培养学生的自主学习能力。②

面向全体学生,关注差异。面向全体至少体现在两个层面:一是机会均等,即面向全体的课堂应努力关注每一个学生;二是差异发展,即面向全体的课堂必然关注差异,应努力适应并促进每一个学生的个性化发展,让每一个学生在各自原有的基础上得到尽可能大的发展。

运用启发式教学。启发式教学主要是指教师从学生已有的知识经验出发,创设"愤悱"的问题情境,启迪学生主动思维。运用启发式教学,要重视学生学习动机的激发,变过多的讲授为学生动手实践、自主探索,给学生留有较大的思维空间,重视采用生动直观的教学手段帮助学生积累丰富的感性经验,并由此逐步上升到抽象层面的数学认识。

培养学生的自主学习能力,在教学过程中需要给学生提供自主阅读书本、思考和讨论问题、回顾和反思知识形成过程的机会,从而掌握基本的数学学习技能及基本的数学学习方法。

---

① 吴和贵,朱维宗,陈静安.新课标下的数学课堂教学过程的优化[J].数学通报,2007(3):16—18.
② 王林,候正海.深刻理解课程内容优化数学教学过程[J].江苏教育研究,2012(4):8—12.

案例 3-6

高中数学"不等式"一章的复习课①

采用结构式讨论法,基本模式是:(1)知识结构的整体梳理,弄清知识的来龙去脉和它们之间的内在联系;(2)学生以书面形式呈现自己对整体知识的报告,并随机地让一名学生报告自己对数学学习的理解和操作情况,即学生个人报告;(3)学生自由发表自己的观点,形成良好的讨论空间;(4)错误分析,旨在避免正确的解法或答案是最重要的,而对他们的错误进行分析的目的是:了解学生思维的方法,找出他们的错误是逻辑上的还是知识的误用,或者知识和逻辑的不够完整,并注意到学生的错误反应是否存在着某种模式,更重要的是对学生的错误进行分析能够指导教学;(5)教师呈现典型问题分析和解题方法研究,特别是追求思路的自然性和简洁性;(6)让学生自己认为哪些信息对于找到正确的解题方法是关键的;(7)对认知任务进行评价。若用此方法复习"不等式",则只需 12 学时。

(三)教学评价中的优化策略

现代教师所面临的挑战,要求教师更新教学评价观念,随时对自己的工作及专业能力的发展进行评估,树立终身学习的意识,保持开放的心态,在实践中学习,不断对自己的数学教学和学生的学习水平进行研究、反思、评价,从而对自己的知识与经验进行重组,以适应不断变革的新形势。关于教学评价的问题,我们将在"第 7 章 数学教学评价"中进行集中论述,读者可参看第 7 章,这里不再赘述。

随堂讨论

高效数学课堂教学过程有哪些特征?

本章总结

数学教学论涵盖的问题有很多,其中教学原则、教学方法、教学过程等是探讨课堂教学中的理论、原则及方法的重要内容。数学教学原则是数学教学工作必须遵循的基本要求和指导原理,是数学教学规律的反映,是千千万万数学教育工作者的经验总结,带有强烈的目的性、实践性和主观性。教学方法是师生为达到教学目的而相互联系的活动方式,是由许多具体的教学方式和手段所组成的一个动态体系。方法的使用受教学原则的指导,反过来,方法也反映了原则。而不管是原则、规律还是方法都是在数学教学过程中体现和运用的。

扩展阅读

[1] 李伟军.数学教学原则研究 20 年:回顾与前瞻[J].内蒙古师范大学学报自然科学(汉文)版,2004(6):222—226.

[2] 郭昀,张伟.建构观下的数学教学原则[J].曲靖师范学院学报,2004(3):64—66.

---

① 乔希民,顾光辉.设计适合学生的高效率数学教学方法[J].中学数学教与学(初中读本),2005(3):57—59.

[3] 王延文,等.数学教学理论与实践[M].天津:天津科学技术出版社,2004.
[4] 刘尊革.对新课标下数学教学过程的认识[J].哈尔滨职业技术学院学报,2011(3):59—60.
[5] 李树臣.数学教学过程化的4个常用策略[J].中国数学教育:初中版,2010(6):2—5.

思考与练习

1. 什么是数学教学原则?与教学原则相比,数学教学原则应凸显哪些学科特征?
2. 中小学数学教学实践中有哪些常用的数学教学方法?以某一种教学方法为例,分析它的特点及优势。
3. 浅析数学教学过程的特点及规律。
4. 为什么说数学教学要注重过程属性及价值?

参 考 文 献

[1] 戚绍斌.关于数学教学原则的研究及其思考[J].数学教育学报,1999(5):21—25.
[2] 李伟军.数学教学原则研究20年:回顾与前瞻[J].内蒙古师范大学学报自然科学(汉文)版,2004(6):222—226.
[3] 杜玉祥,马晓燕.数学教学原则体系构建研究[J].中学数学教学参考,2002(11):1—4.
[4] 张艳霞,等.数学教学原则研究[J].数学教育学报,2007(2):24—27.
[5] 曹一鸣.数学教学论[M].北京:高等教育出版社,2008.
[6] 吴华,等.数学课程与教学论[M].北京:北京师范大学出版社,2012.
[7] 蒋海瓯.给足思考时间架设思维空间引发学生有效参与教学过程[J].数学教学通讯,2007(12):3—8.
[8] 章建跃.数学教学方法的现代发展[J].中学数学教学参考,2008(3):13.
[9] 郭元祥.论教育的过程属性和过程价值——生成性思维视域中的教育过程观[J].教育研究,2005(9):3—8.
[10] 胡典顺,徐汉文.数学教学的过程特征和过程价值初探[J].数学通讯,2007(2):1—3.
[11] 李昌官.让数学教学闪耀理性的光芒[J].数学通报,2006(7):4—7.
[12] 聂东明.数学新课程教学论[M].南京:南京大学出版社,2011.
[13] 王林,候正海.深刻理解课程内容优化数学教学过程[J].江苏教育研究,2012(4):8—12.
[14] 吴和贵,朱维宗,陈静安.新课标下的数学课堂教学过程的优化[J].数学通报,2007(3):16—18.
[15] 李树臣.数学教学过程化的4个常用策略[J].中国数学教育:初中版,2010(6):2—5.
[16] 乔希民,顾光辉.设计适合学生的高效率数学教学方法[J].中学数学教与学(初中读本),2005(10):57—59.

第4章 学习理论在数学教学中的应用

本章概要

学习理论是教育学和教育心理学的一门分支学科,是描述或说明人类和动物学习的类型、过程和影响学习的各种因素的学说。学习理论是探究人类学习本质及其形成机智的心理学理论。它重点研究学习的性质、过程、动机以及方法和策略等。本章主要介绍皮亚杰智力发展的阶段理论、奥苏伯尔的有意义言语学习理论、布鲁姆的目标教学理论加涅的认知累积理论、建构主义的基本观点以及人本主义的学习观,并阐述这些学习理论在数学教学中的应用。

学习目标

通过学习,你能够:
1. 了解皮亚杰智力发展理论及其在数学教学中的应用。
2. 了解奥苏伯尔的有意义言语学习理论及其在数学教学中的应用。
3. 了解布鲁姆的目标教学理论及其在数学教学中的应用。
4. 了解加涅的认知累积理论及其在数学教学中的应用。
5. 了解建构主义的基本观点及其在数学教学中的应用。
6. 了解人本主义的学习观及其在数学教学中的应用。

关键术语

◆ 学习理论　　◆ 数学教学　　◆ 教学启示

引　子

数学教育的对象是学生,他们是数学教育活动的主体。学生获得数学知识、掌握数学技能、发展数学能力,以及养成良好的数学素养,都是在不断的数学学习过程中逐步完成的。现代数学教育理论的最大突破点就在于它认识到:在讨论"教的规律"之前,首先必须了解"学的规律",即研究学生是"如何学习数学的"问题。数学学习论在数学教育中处于基础的地位,它为科学地编写教材,科学地教学提供心理学依据。

第1节　皮亚杰智力发展阶段理论及其在数学教学中的应用

一、代表人物

让·皮亚杰(J. Piaget,1896—1980),瑞士心理学家,是当代最著名的儿童心理学家和发生认识论专家。皮亚杰毕生研究儿童的思维活动,他把生物学、数理逻辑、心理学、哲学等方面的研究综合起来,对儿童关于现实、因果、时空、几何、各种物理量的守恒等概念的形成和心理运算的起源与发展进行了大量的实验研究,建立了自己的结构主义的儿童心理学,形成了自己的一套完整的科学体系,在国际上受到广泛重视。其主要贡献在发展心理学领域,著有《儿童的数的概念》《儿童心理学》等。

皮亚杰(1896—1980)

二、皮亚杰关于智力发展的基本观点

(一)关于智力发展的四个阶段

智力发展的阶段理论在皮亚杰的整个理论体系中占有重要的地位,他对不同儿童年龄本质的研究,给教师带来很大的帮助。皮亚杰借助数理逻辑中"运算"的概念,将人的智力发展分为四个有顺序的阶段。每个阶段都有自己独有的特征,表现出与前面阶段不同的认知能力,表现了儿童适应环境的一种新方式。

皮亚杰认为:阶段出现的先后顺序固定不变,不能跨越,也不能颠倒;每一阶段都有独特的认知结构,这些相对稳定的结构决定儿童行为的一般特点;认知结构的发展是一个连续构造的过程,每个阶段都是前一阶段的延伸,在新水平上对前面阶段进行改组形成新系统。

1. 感觉运动阶段

这是智力发展的第一阶段,它从人的出生一直延续到大约两岁。这一阶段儿童的特点是只有动作活动而缺乏思维活动。婴儿的学习包括发展和组织他的身体上和智力上的活动,使它们成为规定完善的行为顺序,我们称之为"图式"。

2. 前运算阶段

这一时期大约从2岁到7岁。在前一阶段发展的基础上,该阶段各种感觉运动图式开始内化为表象或形象图式。由于出现了语言,使得儿童可以频繁地使用表象符号来代替外部事物,重现外部活动。

这一阶段儿童认识活动的特点有以下几种。[①]

(1)相对的具体性

这一阶段儿童借助于表象进行思维活动,还不能进行形式运算。

---

① 朱智贤,等.思维发展心理学[M].北京:北京师范大学出版社,1986.

（2）不可逆性

不可逆性具体表现为：第一，关系是单向的，不可逆的，不能进行可逆运算；第二，还没有守恒结构（"守恒"为皮亚杰用语，指儿童到七八岁以后，在物体某些外形改变的情况下，仍具有认识物体的某些特征，如数、量、体积、重量等的能力，是不变的能力）。

（3）自我中心性

儿童站在他的经验的中心，只有参照他自己才能理解事物，他也认识不到自己的思维过程。

（4）刻板性

具体表现为：一是在思考眼前问题时，其注意力还不能转移，还不善于分配；二是在概括事物性质时，还缺乏等级的概念。

皮亚杰将此阶段的思维称为半逻辑思维，与感知运动阶段的无逻辑、无思维相比，这是一大进步。

3. 具体运算阶段

这一阶段是从7岁延至十二三岁，甚至延得更长。其思维是由前一阶段很多表象图式融化、协调而成的。它的特点是出现了具体运算的图式，儿童能在同具体事物相联系的情况下，进行逻辑运算。同时思维中出现了守恒和可逆的概念（如数量守恒），因而可以进行群集运算。

这一阶段之所以称为具体运算阶段，是因为心理学发现，这一阶段的儿童的思维活动只能把逻辑运算应用到具体的或观察所及的事物上，还不能把逻辑运算结合各种变换形式运用于词语和抽象概念中去。在这个时期快结束时，能够进行归纳和演绎推理。

4. 形式运算阶段

这一阶段是从12岁到15岁。形式运算，就是命题运算思维，这是和成人思维接近的、达到成熟的思维形式。在这个阶段，他们不需要依赖于具体运算，去描述和说明智力的抽象作用。青少年能够对抽象的问题运用逻辑法则进行推理，即具有根据假设进行推理的能力，能进行归纳和演绎推理，而且能够用推理的方法进行论证。这一阶段青少年能够理解和运用复杂的概念，如比例运算（像天平两端重物质量与臂长之间的关系等）、概率运算（从随机取样中估计某种特定事物出现的可能性）、排列和组合等，而且他们能够想象无穷大和无穷小。

（二）四个核心概念

皮亚杰认为，智力的本质是适应，即主体在与外界发生作用的过程中，不断地进行自我调节以对付外界的"适应性运动"。在其著作中，智力、思维、认识、心理是同义语，都是指儿童最初的认识机能或心理机能。他指出："智力乃是最高形式的适应，乃是把外物不断同化于活动本身和这种同化的图式顺应于事物本身之间的一种平衡状态。"[①]可见，皮亚杰的智力发展理论涉及图式、同化、顺应和平衡四个方面的概念。

1. 图式

图式是皮亚杰理论中的一个核心概念。图式就是动作的结构和组织，这些动作和组织在相同或类似的环境中由于不断重复而得到迁移或概括。个体之所以对刺激做出这样或那样的反应，是由于个体具有同化这种刺激的某种图式，因而做出相应的反应。儿童最初的图式叫"遗传性图式"，是先天

---

① 崔录，等. 现代教育思想精粹[M]. 北京：光明日报出版社，1987.

具有的本能动作,在适应环境的过程中,这些原始的图式不断变化、丰富和发展起来了。

案例 4-1

> 例如,"三角形"的图式就包含了我们熟知的特征,如三条边、封闭的、二维的及其表象"△"等信息。因此,图式实质上是一种关于知识的认知模式。

2. 同化

同化就是环境因素纳入机体已有的图式或结构之中,以加强和丰富主体的动作。皮亚杰指出:"同化作用就是有机体把外界元素变成完善的结构的整合作用。"同化不能引起图式的发展与质变,是一种量变过程。

案例 4-2

> 例如,"平行四边形"这个概念通过"两组对边分别平行"这一同化点,被纳入原认知结构"四边形"中去,使"平行四边形"从属于"四边形",我们便说"平行四边形"这个概念与"四边形"这个认知结构产生同化。

同化是改造新内容使之与原有认知结构相吻合,作为数学教师,我们应该创造更多的机会,让学生以同化的方式学习。数学知识抽象性、系统性的特点,要求学习者对自己的知识结构要进行整合、处理,找到知识与知识之间的联系,形成认知结构。

案例 4-3

> 高中学习"集合的交"这一概念时,联系初中学过的"两条直线的交点""方程组的解集"等概念,可以使得新概念同化到已有的相关概念中去,同时,也使得学习者对以前所学习的知识有更深入的理解,让学生看到知识之间的内在关联。

3. 顺应

顺应是与同化相对而言的,顺应就是改变主体动作以适应客观变化。当主体原有的动作图式不能同化新的刺激时,主体就要调整或改变原有图式以适应环境的变化。皮亚杰指出:"我们称之为顺应作用的,是由它所同化的因素所引起的同化图式或结构的变化而来的。"如果新知识在原有的数学认识结构中,没有与之密切联系的适当知识,那么以同化的方式来进行学习是困难的。因为同化是通过与相关旧知识建立联系来获得新知识的意义的。这时必须要对原有数学认识结构进行改组,使之与新知识内容相适应,从而把它纳入进去,这个过程叫做顺应。简言之,就是改造学习者的认知结构以适应新学习内容的需要。例如,学生学习非欧几何的相关知识就是顺应的过程。

案例 4-4

初中学习平面几何,在界定"平行线"时是这样表述的:在同一平面内,永不相交的两条直线互为平行线。但在高等数学中的平行线的定义是相交于无限远的两条直线为平行线,因为理论上是没有绝对的平行的!学生对于"相交于无限远点"这一概念的理解只能是顺应。

视窗 4-1①

数学家们对欧氏几何中"平行线理论"的争论长达两千多年。在欧氏几何中,"过直线外一点有且只有一条直线与已知直线平行"。罗氏几何讲"过直线外一点至少存在两条直线和已知直线平行"。那么是否存在这样的几何"过直线外一点,不能做直线和已知直线平行?"黎曼几何就回答了这个问题。

黎曼几何是德国数学家黎曼创立的。他在1851年所作的一篇论文《论几何学作为基础的假设》中明确提出另一种几何学的存在,开创了几何学的一片新的广阔领域。

黎曼几何中的一条基本规定是:在同一平面内任何两条直线都有公共点(交点)。在黎曼几何学中不承认平行线的存在,它的另一条公设讲:直线可以无限延长,但总的长度是有限的。黎曼几何的模型是一个经过适当"改进"的球面。

同化和顺应在认识过程中是相辅相成、缺一不可的。同化是顺应的基础,顺应是同化的发展。

4. 平衡

平衡是指同化和顺应两种活动之间的平衡。对于新的信息,儿童已有的图式如能成功地进行同化作用,会获得认识上的暂时平衡;如不能成功地进行同化,则会对原有图式进行调整,通过顺应作用,创立新的图式会同化新的信息,从而达到认识上的新的平衡。也正是在平衡—不平衡—平衡……的不断变化发展过程中,儿童的智力得到由简单到复杂、由具体到抽象的发展。

案例 4-5

儿童学习加法,理解数与数相加,得到的结果代表总数,在其认知结构中建立了概念并达到平衡。在学习减法时,出现了与之前思维方式相逆的过程,打破了认知结构中已有的平衡,表现为很难理解,解决问题困难。随着学习的深入,儿童知道减法是加法的逆运算,其实质还是加法,这时候认知结构中新的平衡又建立起来。

(三)影响智力发展的主要因素

皮亚杰认为,影响儿童智力发展的因素主要有四个,即成熟、经验、社会环境和平衡。

1. 成熟

这里说的成熟即生理成熟,主要是神经系统的成熟。皮亚杰认为,成熟是心理或思维发展的基础,它提供了思维发展的可能性。比如,让6岁儿童理解什么是图论是不现实的,因为该阶段儿童的神经系统发育还不能提供抽象思维的可能性。

---
① http://baike.baidu.com.

2. 经验

经验包括物理的经验和数理逻辑的经验两种形式。物理经验是来自外部的物体经验,是指在对对象采取行动时,由对象中抽象出来的对对象本质的认识。物理经验是重要的,但它不能决定心理的发展。数理逻辑经验是指主体的认识活动是按照自己的经验重新组织起来的,自己所完成的那些智力活动。

3. 社会环境

它包括社会生活、文化教育、语言等,这同样是一些必要条件。皮亚杰认为,社会环境对人的影响比经验的影响要大得多,特别是文化教育,可以促进或推迟智力的发展。

4. 平衡

平衡也即调节,它是发展中的最主要因素,是不断成熟的内部组织和外部环境的相互作用。这种平衡是动态的,在这一动态过程中,儿童的智力结构得以不断地变化和发展。

三、皮亚杰理论在数学教学中的应用

皮亚杰认为,学习要有准备。只有当学生具有真正的逻辑思维时,他才能学习抽象的东西。学生不具备必要的认识能力的学习是超越阶段的学习。这种学习只不过是口头上的学习,学生没有真正地理解。研究和掌握皮亚杰的理论体系,把其关于完成各种学习任务中所需的智力准备的研究成果应用于数学教学中去,对深化课堂教学有着重要的指导意义。

(一)要让学生理解地学习数学

皮亚杰认为,新的知识只有纳入原有的知识结构中才能被吸收。同化和顺应是认知结构发展的两种方式,同化和顺应也是使新知识和已有认知结构发生联系的过程,从根本上说,也是内化、理解的过程。

理解地学习对数学学习来说尤为重要。在最近的几十年里,心理学和教育学关于诸如数学等复杂学科的研究,已经牢固地建立起了概念理解在知识和活动学习中的重要地位。精通数学意味着把在一种情境中学得的数学知识灵活地、适当地应用在另一种情境中。概念理解与事实性知识和程序熟练是精通数学的重要成分,这三者的结合相得益彰。学生如果没有理解地记忆事实性和程序性的知识,将不知道怎样使用他们所知道的知识,并且这种学习常常是经不起检验的。理解地学习,还能令后继学习更容易,当学生把新知识和已有的知识用有意义的方式联系起来的时候,数学学习将更有意义并且容易记忆和应用。

(二)直观化教学适合具体运算阶段的学生

根据具体运算阶段的特点可知,处于这一阶段的学生,虽然能较正确、系统地阐述概念,但要他们运用数学符号和语言符号解释和运用概念还有困难。因而,许多学生不能解答应用题,而只能凭借记住模式和尝试错误解答。他们不能给出有意义的数学术语的定义,而仅仅能机械地记住定义。因而,数学符号和运算,包括形式运算,对许多处于这一时期的学生来说,都是用记忆连接符号和符号演算的法则,而很少理解这些代数式的意义。直观化教学、举实例、形象化教学等适合具体运算阶段的学生,教师可以根据情况予以运用。

视窗 4-2

> 初中学生喜欢通过图表、模型和其他具体手段进行学习,他们需要把新的抽象概念跟具体现实和他们自己的经验联系起来。在初中平面几何的入门教学中,教师宜通过具体实例引入新课题。关于原理和概念的教学,借助直观和实验是很好的教学策略。初中平面几何应以非公理化和直观的形式出现,只有待学生智力真正发展到形式运算阶段,才能够运用几何的形式证明。

(三)要正确对待智力发展缓慢的学生[①]

依据智力发展的阶段性,初中生恰恰处于具体运算和形式运算两个阶段的交错时期,他们中的一些人仍然处在具体运算阶段,另一些人则刚刚进入形式运算的初级阶段,在智力上还不具备为构造形式的数学证明所必需的智力结构,有些学生还看不出原理的例证和原理的证明两者之间有什么区别,而往往把说明某个原理的实例当做是该原理的证明。例如,以某些特殊的例子说明一般原理的成立。因而,广大数学教师,特别是初中数学教师,应当充分认识到这一事实:人们在智力上成熟的年龄是不同的,许多学生还处于具体运算阶段,了解学生在这一时期的智力特点,提供适合具体运算的学习策略,设计相应的教学活动,才能帮助学生逐步进入形式运算阶段。而把年龄较大智力才成熟的学生简单地看做是智力迟钝的人,则是不正确的。

(四)要让学生在活动中学习数学

皮亚杰认为,智力源于动作,在动作中所获得的知识在同化与顺应的过程中,通过自动调节其内部平衡而逐渐完善成不同水平的心理结构,因而,他非常强调操作。如果仅给予学生以语言指导,而忽视学生实际动手操作,那么学生并不能很好地掌握数学概念和原理,更不能建立起相应的认知结构。而皮亚杰的儿童认知发展的阶段理论,又可以帮助教师理解儿童认知发展的共性和差异,使他们能为儿童设计适合其发展阶段的活动,使其保持对学习活动的积极参与。这正如数学课程标准(义务教育阶段)所要求,数学课程"不仅要考虑数学自身的特点,更应遵循学生学习数学的心理规律,强调从学生已有的生活经验出发,数学教学活动必须建立在学生的认知发展水平和已有的知识经验基础之上。"这就是说,数学教学活动要以学生的发展为本,要把学生的个人知识、直接经验和现实世界作为数学教学的重要资源。数学内容、学生经验和学生心理发展水平(心理发展的阶段性)是构建数学学习活动必不可少的因素。

(五)学生数学认知成绩差要从多方面找原因

根据皮亚杰影响智力发展的多因素说,学生数学认知成绩差,不应仅从数学学习内部找原因,而应从多方面找原因。譬如,如果学生对一些经济名词、科学术语不理解,或题意都不懂,数学认知成绩再好,也可能不能够顺利解决某些数学应用题。[②]

我们在强调皮亚杰智力发展阶段理论对数学教学的积极意义的同时,也应认识到其片面的地方。譬如,他在分析影响智力发展的因素时,过低地估计了社会、文化教育、语言等在儿童心理

---

① 王光明,曾峥.数学教与学基本理论及其发展[M].北京:中国工人出版社,2001.
② 王光明,曾峥.数学教与学基本理论及其发展[M].北京:中国工人出版社,2001.

发展中的作用,把儿童智力的发展看成是自行扩展的过程。他认为,教育虽然能加速或延缓儿童智力的发展,但与机体自行建造结构的自发性相比,它是次要的。这些都是皮亚杰理论片面的地方。对此,我们主张在数学教学中,应通过具体的实例或实验,不断应用、充实和完善这一理论,更好地为教学改革服务。

随堂讨论

教师应如何对待智力发展缓慢的学生?

第2节 奥苏伯尔的有意义言语学习理论及其在数学教学中的应用

一、代表人物

大卫·奥苏伯尔(David Ausubel,1918—2008),美国教育心理学家,认知心理学的代表人物,1976年获美国教育心理学分会授予的桑代克奖,提出了有意义言语学习理论。这一理论为课堂教学提供了心理学依据,它包含一个导致有意义学习的有效的讲解过程。其主要著作有《教育心理学:认知观点》《学校学习:教育心理学导论》《有意义言语学习心理学》等。

大卫·奥苏伯尔
(1918—2008)

 视窗4-3

> 奥苏伯尔的代表作《教育心理学:认知观点》主要讨论了学校学习的本质、成果以及评价诸方面,同时,对认知结构变量、发展、智能、练习、动机、人格、教学材料、社会以及教师等影响学习的成分进行了深入的探讨。①
>
> 奥苏伯尔著述甚丰,仅就心理与教育学科而言,主要著作有:《儿童发展的理论与问题》(1958,合著)、《自我发展与人格失调》(1952)、《有意义言语学习心理学》(1962)、《教育心理学:认知观点》(1968)、《学校学习:教育心理学导论》(1969)等;主要论文有:《有意义言语学习和保持的归属理论》(1962)、《组织者:一般背景与序列化言语学习》(1962)、《认知结构与有意义言语学习的促进作用》(1963)、《发现学习在心理与教育上的局限》(1964)、《学习理论和课堂实践》(1967)等。

二、奥苏伯尔理论的主要内容

奥苏伯尔根据课堂学习中知识的来源和学习过程的性质,将学习划分为"机械—意义""接受—发现"两个维度,并提出了与流行见解不同的观点,认为它们之间是相互独立、互不依存的。其发现学习

---

① 孔凡哲,曾峥.数学学习心理学[M].北京:北京大学出版社,2009.

不一定有意义,而接受学习在适当条件下完全可以产生有意义的过程和结果。因为学生的知识主要来自接受性学习,而不是自动或独立发现得来的,因而这样的划分有着重要的理论意义。为了更好地理解上述学习类型,有必要先了解一下认知结构与数学认知结构的含义。

(一)认知结构与数学认知结构的含义

认知结构是教育心理学中的一个重要概念。所谓认知结构,是指学生头脑中的知识结构,它不仅是全部的知识,而且还有组织这些知识的特征和方式。具体到学生的数学认知结构,它应包含三方面的内容:(1)数学理论的内化;(2)数学技能的形成和内化;(3)数学活动经验的逐步积累。"内化",就是新旧学习材料的内容有机地结合。所谓"有机",是指事物构成的各部分互相关联协调,而具有不可分的统一性,就像一个生物体那样,即建立起非人为的实质性联系。其中的"数学活动经验"又包含两方面内容:(1)对具体数学理论或数学技能的应用背景和条件的概括。例如,学生掌握了"换元法"的具体步骤,他就获得了这一技能,而在什么条件下应用换元法更为有效,就是一种活动经验。(2)对数学活动中一般活动方式、方法的概括。例如,遇到一个数学难题,先要干什么,后要干什么,再要干什么等,也是一类数学活动的经验。

奥苏伯尔认为,认知结构里原有知识的可利用性、概括程度、分化程度、稳定和清晰性以及同新材料的可辨别程度等组织特征,是影响知识的学习和保持的很重要的认知变量。

(二)对学习类型的划分

1. 机械学习与有意义学习

奥苏伯尔指出,所谓有意义的学习就是以符号为代表的新知识与学习者认知结构中已有的适当知识建立非人为的和实质性的联系。其中,"非人为的联系"是指新旧知识的结合应具有客观合理的联系;"实质性联系"是指本质的而非字面的联系,指用认知结构中内部语言来表达、理解新知识时确实是同一知识的不同表达方式。例如,学生学习算数根概念时,同其认知结构中的方根、非负数、开方、绝对值等概念建立起联系,就是非人为的联系。而对于同一等腰三角形底边上的中线与高线及顶角平分线的联系就是实质性的联系。

机械学习的实质是形成文字符号的表面联系,学生不理解文字符号的实质。因此,非人为性和实质性是衡量一种学习是机械学习还是有意义学习的标准。

案例 4-6

> 例如,学生学习两角和正弦公式时错误地写成 $\sin(x+y)=\sin x+\sin y$,就属于人为的联系。再如学生记忆一些公式或定理时并不理解其意义,只是死记硬背就属于机械学习。

2. 接受学习与发现学习

接受学习是指新学习的内容是以定论的形式呈现给学习者的。这种学习任务不涉及学习者方面的任何独立的发现,只要求他们将材料内化,并且结合到其认知结构中去,以便日后某个时期可以再现并运用。

在数学教学中,接受学习又有着其特定的意义。①

首先,数学知识内容一方面指结论性的数学知识(也称为数学理论),如概念的定义、定理的文字叙述和逻辑证明的文字表达、方法规则的程序等;另一方面,它还包括围绕着数学理论而进行的一切数学活动。

其次,由于数学理论与一定的系统相关联,因此,把数学理论以定论的形式呈现给学生,绝不是仅仅孤立地呈现"结论",而是要把数学理论连同它的来龙去脉呈现出来。

第三,从总体上讲,数学理论不是以学生自己的发现为主要方式的,所谓"不涉及学习者方面的任何独立的发现",实际上是指不涉及学生方面的外部发现活动,但这并不意味着学生的内部活动也不存在任何发现过程。

发现学习是指学习的内容不直接呈现给学习者,所呈现的只是一些提示性的线索,学生则需要进行独立的或有指导的发现,然后内化到认知结构中。

(三) 有意义接受学习的条件

奥苏伯尔认为,通过努力完全可以使接受学习成为有意义学习的过程,但为了避免机械学习的出现,需要满足以下几个条件。

奥苏伯尔在其代表作《教育心理学:认知观点》一书的扉页上写到:"如果要我用一句话说明教育心理学的要义,我认为影响学生学习的首要因素,是他的先备知识。研究并了解学生学习新知识之前具有的先备知识,配合之以设计教学,从而产生有效的学习,就是教育心理学的任务。"②

根据奥苏伯尔的学习理论,要进行有意义的数学学习须具备以下三个条件。

第一,学习材料本身应有逻辑意义,必须符合非人为的和实质性的标准。在学校教学中,学生学习的教材知识一般应符合这一条件。这里,要很好发挥学习材料的逻辑意义,既取决于学习材料的性质,又取决于教师组织介绍数学课题的方式。

第二,学习者的认知结构中必须具备适当的知识,以便与新知识进行联系。

第三,学习者必须具备有意义学习的意向,即学习者具备积极主动地把符号所代表的新知识与其认知结构中原有适当观念加以联系的倾向。如果一个学生对待学习任务的态度,是想去理解学习材料,并且把新的学习和先前的学习联系起来,那么这个学生就很可能以一种有意义的方式去学习新的材料。

上述三个条件,第一个条件是外部条件,第二和第三个条件为学生的内部条件。其中,第二个条件为认知因素,第三个则属于情感方面的因素。在学校教学中,最难处理的是第二个条件。奥苏伯尔强调,学生原有的知识状况是决定新的学习的最重要的因素,他指出,"如果我不得不把全部心理学还原为一条原理的话,那么我将会说,影响学习的最重要因素是学生已经知道了什么,根据学生原有的知识状况进行教学。"他所提出的同化论为教师分析新知识与学生原有知识之间的关系,并依据原有知识的性质进行教学提供了理论依据。

(四) 概念学习中的几种同化模式

奥苏伯尔的有意义言语学习理论,又称为认知同化理论。所谓同化,就是将新知识、新材料归入

---

① 王延文,王光明.数学教学理论与实践[M].天津:天津科学技术出版社,2004.
② 孔凡哲,曾峥.数学学习心理学[M].北京:北京大学出版社,2009.

已有的认知结构之中。一般来讲,对学生如何获得概念的解释有两种:其一是皮亚杰的适应理论,其二是奥苏伯尔的有意义言语学习理论。这两派理论都认为概念学习是学生在已有的认知结构基础上进行的。新概念的获得主要依赖于认知结构中原有的适当观念,通过新、旧概念之间的联结进行有意义学习,形成更为分化的认知结构。奥苏伯尔继承了皮亚杰的同化概念来解释其有意义学习的实质,并赋以它新的内容。他明确指出,概念学习是有意义学习的核心,概念同化是学生获取概念的最基本方式,从而同化是概念学习的核心和关键。其同化理论既可以解释从高位到低位的分化,又可以解释知识由低位到高位的不断概括化,还可以解释知识在横向上的融会贯通。它对培养学生形成良好的认知结构提供了更为具体的内容,有着一定的实用价值。

数学概念学习中经常应用以下几种同化模式。

1. 下位学习模式

把新知识归属于认知结构的适当部位,并使之相互联系的过程称为类属过程,通过类属过程获得有意义的学习就是下位学习。下位学习的情况很多,同化论提出了派生下位学习和相关下位学习两种模式,它们在数学概念学习中有着不同的应用。

派生下位学习模式是指,新概念被同化后,原有的上位概念并没有发生质的变化,但具有更强的概括性、包容性和广泛的可迁移性。

案例 4-7

> 例如,学生已经学习了平行四边形、菱形、矩形的概念,再来学习梯形的概念。学习者能够将梯形这一概念同化到"四边形"这一知识结构中去,同时梯形的学习并没有对"四边形"这一上位概念的认知造成影响,只是在概念的丰富性及包容性等方面产生了变化。

在相关下位学习中,上位概念必须在实质上做适当调整,才能同化新概念,而新概念被同化后,原有概念便得到进一步的扩展、深化。例如,在学习复数概念时,我们知道实数的许多性质及法则都可以运用到复数的情形,但它们又有着本质的不同,我们必须对实数概念做适当调整才能同化它。在调整和同化的同时,数的概念也得到了扩展和修改。

因此,在这一学习模式中,我们既要帮助学生找到同化新概念的固定点,又要通过具体实例,引导学生发现它们间的不同点,以利于新概念获得特殊意义,使新、旧意义分化。

案例 4-8

> 例如,学习了平行四边形、菱形、梯形等四边形的概念,再来学习"凹四边形",则学习者必须对已有认知结构中"四边形"这一上位概念进行实质上的调整。同化新概念后,原有概念得到进一步的扩展,即四边形包括"凸四边形"和"凹四边形"两种,之前学习的几种类型属于"凸四边形"。

2. 上位学习模式

如果新概念在概括程度上高于原有观念,这种学习便称为上位学习。在这种学习模式中,教学的目的是为了让学生获得概括程度更高的一个上位概念,同时也规定了学习的内、外部条件。内部条件是学生先具备准备知识,即新概念的几个特例。外部条件是由教师或教科书所呈现的概念的定义及其本质属性。显然,当教学目的和外部条件确定后,教师就必须有意识地组织或创造学习的内部条件,然后运用指导发现的策略引导学生去积极思维,从概念的各种肯定及否定例证中找出概念的本质特征,确定其非本质特征,在原有观念的基础上形成新的上位概念。

3. 并列结合学习模式

当新概念与认知结构中原有概念在有意义学习中可能产生联合意义时,这种学习便称为并列结合学习,在并列结合过程中,教师必须引导学生把新概念与已有认知结构中的某些概念联系起来,通过概念间一定形式的并列结合使新概念获得意义。例如,函数图像就是函数式与几何图形的并列结合,三角函数就是几何与代数的并列结合等。

三、运用同化规律指导数学概念教学

(一)分析教材结构,把握同化模式,在系统中学习概念

课堂教学中我们所遇到的数学概念是多种多样的。因此,在概念教学中,应首先搞清新概念与已有概念体系及整个知识系统的逻辑关系,搞清新概念的来龙去脉及学生的认识发展规律,进而把握新概念学习的同化模式。

视窗 4-4

在平面几何入门教学中,学生遇到的新概念很多,这时就需要对教材的知识结构进行全面的分析,厘清概念间的逻辑关系。只有搞清了众多概念间的层次关系,才能根据同化模式来选择易于学生同化新概念的教学程序和方法,这是有效地进行概念教学的前提。

在分析和把握教材的过程中,每位教师都会对教材进行重新整合,使得教学过程及内容更有利于学生进行概念同化。

案例 4-9

"函数"一节在内容的选择与排列上并不完全符合同化理论的要求,它没有注意到从"运算"到"关系"的飞跃;它不是以"函数"的定义为中心,向学生明确指出寻求"关系"的目标、方向,而是孤立地讲解函数表示方法及有关例题,从而导致学生对概念的理解只能停留在字面的含义上,这无助于新的认知结构的建立和巩固。根据上位学习的同化规律,我们对函数概念教学提出如下建议:充分认识变量概念,创造学习的内部条件;当学习的内部条件满足之后,就要运用指导发现的策略,引导学生对给出的实例进行分析、比较、抽象、概括,把函数概念的关键特征组合成与学生经验有关的问题,使学生对函数概念的认识由泛化到分化再到综合,使函数的特征完全能被原有的观念所同化,从而掌握新的上位概念——函数,并同时形成认识变量关系的新的认知结构;在抽象、概括出函数概念之后,还要贯彻同化理论提出的渐近分化的原则,通过探索函数概念的各种表示法及各种具体函数,逐步深化对其本质特征的理解,使新的认知结构更加巩固。

(二)巩固和完善新的认知结构,深化概念教学

通过同化过程,学生对概念的掌握只是处在理解和辨认的水平上,如何引导学生主动地将抽象概念和数学符号应用到实际问题中去,将概念的掌握提高到应用乃至创造的水平,是完善数学知识,巩固新的认知结构,深化概念教学的重要阶段。在应用数学概念的过程中,应注意以下几点。

1. 对新概念的练习应是适时的

新的认知结构是不稳定的、模糊的,尚有还原的趋势,及时地应用新概念,认识上的错误方能及时得以纠正,才会增强知识的稳定性和清晰性,同时也避免了思维定式所产生的消极影响。

2. 对新概念的练习又应是有目的性的

它不是盲目地将有关题目堆积在一起,而应针对学生掌握概念的薄弱环节,将新旧概念、容易混淆的概念结合在一起练习。

3. 对新概念的练习还应是分层次的

特别是对于某些重要数学概念的掌握应分层次进行。一般说来,在学完一个新的重要概念之后,应选择一些比较简单的练习用以增强学生对概念的理解,然后由浅入深,由易到难,逐步配备一些较为复杂的题目,以培养学生应用概念分析和解答问题的能力,逐步深化学生对新概念的理解,从而进一步巩固和完善新的认知结构。

随堂讨论

1. 结合数学学科特点谈谈奥苏伯尔有意义言语学习理论的应用。
2. 在讲授立体几何球的性质教学内容时如何应用此理论?

第3节 布鲁姆的目标教学理论及其在数学教学中的应用

一、代表人物

本杰明·布鲁姆(Benjamin Bloom,1913—1999),美国当代著名心理学家、教育家,曾担任芝加哥大学教育系教育学教授、美国教育研究协会会长、国际教育评价协会评价和课程专家。他的突出贡献是教育目标分类学和掌握学习理论。掌握学习理论引起我国广大教育工作者的广泛关注,教育目标分类学已深入影响到教学计划与大纲的设计、考试方案的取舍、教学内容和教学方法的选择等教学的诸多方面。其主要著作有《人类特性的稳定性与改变》和《教育目标分类学》等。

本杰明·布鲁姆
(1913—1999)

二、目标教学理论的主要内容

布鲁姆掌握学习理论以"只要条件适当,人人都能学好"为基本构想,以各种

能力存在差异的学生个体组成的集体为实体,以教学目标的达成度为准则,以形成性测验为主要手段,以班级集体教学为基本教学形式,通过反馈、矫正等步骤设计教学过程,从而使绝大多数学生达到既定教学目标,这是一种有关教与学的乐观主义理论,是一套行之有效的个别化教学实践策略。

(一) 教育目标的分类

布鲁姆掌握学习理论的核心思想是"为掌握而教,为掌握而学"。他认为,在掌握学习理论的指导下,教学应是群体教学并辅之以每个学生所需的频繁的反馈与个别化的矫正性帮助。教师应当根据学生实际,为所学知识的掌握下定义、为学生定向,制定具体的实施程序,并给以形成性评价和矫正。"为掌握而学",就是为既定目标而学习,学生不但可以达到认知的目的,而且对于学习的有效性、学习态度、兴趣与自我概念的发展都具有重要的影响。

布鲁姆的教育目标分类涉及认知领域、情感领域和动作技能领域,其认知领域教育目标分类包含以下几个层次。

1. 知识

知识是指对特定要素的回忆或识别。它应该包含:(1)具体的知识,即对具体的、独立的信息的回忆;(2)处理具体事物的方式方法的知识,即有关组织、研究、判断和批评的方式方法的知识;(3)学科领域中的普遍原理和抽象概念的知识,即有关把各种现象和观念组织起来的主要体系和模式的知识。比如对专业术语、公式、定理、法则等的简单回忆,它可以通过背诵获得。

2. 领会

领会是初步的理解,是指最低层次的理解。它包含以下三种心理过程:(1)转化,即改变语言表达或交流形式,但保留交流内容的严谨性和准确性;(2)解释,即对交流内容的说明或总括,对材料的重新整理排列,或提出新观点;(3)推断,即根据交流中描述的条件,在超出既定资料之外的情况下延伸各种趋向或趋势。

比如对专业术语,对公式、定理、各种法则等的记忆是用不同于原来的语言,用自己的语言准确地加以描述。

3. 应用

应用是指在某些特定的和具体的情境里使用抽象概念,只是对所学知识的初步运用,而非综合的、创造性的运用。这些抽象概念可能是以一般的观念、程序的规则或概括化的方法等形式表现出来的,也可能是那些必须记住的和能够运用的专门性的原理、观念和理论。比如用二元一次方程组解答工程性质的应用题。

4. 分析

分析是指将交流内容分解成各种组成要素或部分,以使有关概念层次清楚,或使概念间的联系表达清楚。它包括:(1)要素分析,即识别交流中包含的各种要素;(2)关系分析,即分析交流内容中各要素与组成部分的内在联系与相互关系;(3)组织原理的分析,即分析将交流内容组合起来的组织、系统排列和整体结构。

比如解题时分析未知数是什么？显见的条件有哪些？隐含的条件有哪些？条件是否充分？条件之间是什么关系等？

5．综合

综合是指把各种要素和组成部分组合成一个整体。它包括：(1)进行独特的交流，即提供交流条件，以便把观念、情感或经验传递给别人；(2)制订计划或操作步骤，即指制订一项工作计划或提出一项操作计划；(3)推导出一套抽象关系，即确定一套抽象关系，用以对特定的资料进行分类或解释；或者从一套基本命题或符号表达式中演绎出各种命题和关系。

例如，根据椭圆、双曲线、抛物线的定义可以将圆锥曲线统一定义为"到一定点的距离和到一条定直线(不经过定点)距离的比值是一个常数的点的轨迹"，比值的取值范围不同形成了不同的曲线，这就是综合。

6．评价

评价是指为了特定目的对材料和方法的价值作出判断。它包括：(1)依据内在证据来判断，即依据诸如逻辑上的准确性、一致性来判断交流内容的准确性；(2)依据外部准则来判断，即根据挑选出来的或回忆出来的准则来评价材料。

例如，评价数学高考试卷，一方面从试卷是否符合考试大纲的要求、是否无科学性错误、是否符合常模参照测验的要求(其中包括难度、区分度、信度与效度)等方面进行评价，另一方面从编制试卷不同题型的技术规范性方面进行评价。

(二)目标教学理论的基本观点

1．学生观

目标教学的本质特点，就是有效地帮助大多数学生实现教学目标。布鲁姆坚信"人人都能学习，人人都能掌握"这一教学信念。布鲁姆学派的心理学实验指出了学生能力倾向呈正态分布：大约有5％的学生居于分布的上位，大约有5％的学生由于各种各样的缺陷，诸如有碍于学习音乐的听觉缺陷等，跟不上学业，居于分布的下位，但是占90％以上的学生的能力倾向差异不过是一种学习的速度差异(Rate of Learning)。根据这种分析，他指出：只要提供足够的时间和适当的帮助，95％(5％的优等生加上90％的中等生)的学生都能够学习各种学科，并达到应掌握的水平。

2．差生观

差生观是学生观的重要方面，它在目标教学中具有特殊的地位。布鲁姆指出：世界上任何一个人所能够学会的东西，几乎所有的人也能学会——只要向他们提供了适当的前期和当时的学习条件。因而决定了避免差生出现的根本措施是：对学习过程中的失误要及时地进行揭示和补救。如果差生已经出现，也要通过揭示和补救学习过程中的失误，逐步消除积累，逐步实现转化。

3．教育观

目标教学的教育观认为，为了适应社会发展的需要，必须使所有的儿童都得到最充分的发展。学校的教学，就是提供能使每个学生达到他可能达到的最高学习水平的学习条件，并帮助他们寻找个性完美发展的方向和道路。布鲁姆指出："许多世纪以来，世界各地的教育强调一种选拔功能，教师与行政人员的许多精力都放在确认教育计划的每个阶段应淘汰的学生。而只有约10％的学生被认为是由于天资或教养而能适应高等教育的严格要求。"目标教学的教育观所要求的是把注意力从10%的尖子生那里转移到90%以上的学生上面来,使他们都能根据自己的天赋和基础得到最充分的发展,成长为能够适合社会发展需要的各种类型和各个层次的人才或天才。

4．评价观

目标教学的评价观与传统教育的评价观也有着本质的区别。传统教育评价的主要功能就是给学生划分等级,为选拔和淘汰提供依据。这实际上是以牺牲绝大多数青少年的个性发展为代价,来换取少数学生个性发展的优越条件。与此相反,目标教学的评价观认为,教育评价的主要功能是改善学生的学习。它强调诊断性评价和形成性评价,特别是形成性评价。诊断性评价是为因材施教提供依据,使课程、教材和教法都能适合学生的基础和个性。所谓形成性评价是指在教育活动过程中为不断了解活动进行的状况以便能及时对活动进行调整,进而提高活动质量进行的评价。简单地说,就是通过对某教学单元进行目标分析,然后列出目标纲目分析表,再根据分析表中的每个评价目标来准备评价项目,作为达成目标教学的教学参照指标。形成性评价使师生及时获得反馈信息,并采取适合于各个学生的矫正措施,这是目标教学对整个教学过程进行目标控制的关键环节。

三、目标教学理论对数学教学的启示

自1986年以来,我国关于目标教学的讨论及实验开展得非常迅速,涉及的内容范围也是多方面的,主要包括:对目标教学的意义、教学目标的制定和实施、"优生"及"差生"的发展、教学中的反馈—矫正系统等方面进行了卓有成效的研究。概括起来,有以下几个方面的成绩。

(一)促进了教育观念的改变

布鲁姆强调,只要方法得当,绝大多数的儿童都可以学习各个学科,并达到掌握的程度。这一观点在很大程度上改变了以往教师对"差生"的评判。建立全体的学生观,正确认识教学过程中"差生"出现的原因,分清层次并及时采取补救措施,都对"差生"转化起到了积极作用。

在教学管理上,逐步从分数管理转变为目标管理,减少了盲目性和主观性,使学生真正成为课堂的主人;在教学法处理上,逐步从只备教法转变为既备教法又备学法,提高了课堂教学效率;在信息反馈上,从不及时的单向终结性反馈转变为教学过程中的及时的双向反馈,突出了对学生能力的培养。可以说,目标教学为教育观念注入了具体的内容。

(二)改进了教学目标的制定

教学目标是教学的出发点也是教学的指南和评价的依据。数学传统教学目标的要求表述过于笼统,如"了解""理解""掌握"等。而布鲁姆的教学目标分类理论强调目标的明确性、有序性,有利于实现对教学过程的系统控制。经过两次修订(分别在1994年和2001年),目标教学论者希望目标分类可以指导学生的学习,同时为老师提供切实的教学辅助。在2001年颁布的新的课程标准中目标教学论者提出了"知识与技能""过程与方法""情感态度与价值"的三维目标。这一提法也借鉴了布鲁姆教学目标分类的思想,而这一确定教学目标的方法影响和主导了数学教学很长时间。

案例 4-10

> **圆的方程(第1课时)——圆的标准方程**
>
> 教学目标
> 1. 知识目标:(1)在平面直角坐标系中,探索并掌握圆的标准方程;
>   (2)会由圆的方程写出圆的半径和圆心,能根据条件写出圆的方程。
> 2. 能力目标:(1)进一步培养学生用解析法研究几何问题的能力;
>   (2)使学生加深对数形结合思想和待定系数法的理解;
>   (3)增强学生运用数学的意识。
> 3. 情感目标:培养学生主动探究知识、合作交流的意识,在体验数学美的过程中激发学生的学习兴趣。
> 〔选自天津第四中学杨赫梁老师关于《圆的方程(第1课时)——圆的标准方程》的讲课稿设计.〕

2011年版义务教育阶段数学课程标准中,对数学学习的总目标的提法有了新的阐述,即,"知识技能""数学思考""问题解决"和"情感态度"。这一提法更加科学更加全面。

视窗 4-5

> 布鲁姆的教育目标分类理论在过去的40年中在教育界内获得了广泛的应用,它的广泛应用正说明了它填补了一项空白。但随着心理学研究的新发现,新的心理学理论的提出,出版该目标分类一书的出版社觉得有必要让人们重新注意到布鲁姆教育目标分类理论的价值所在,而且作为一个开放的理论,有必要吸收新的心理学成果。于是在40年之后有了修订布鲁姆教育目标分类理论的想法。1994年由朗曼出版社引头,安德森(L. W. Anderson)和索斯尼克(D. R. Krathwohl)组织了一支杰出的作者队伍,对布鲁姆教育目标分类学进行了批判分析,并反思了教育目标分类学对教育理论与实践所作出的贡献,出版了《布鲁姆教育目标分类学——40年的回顾》一书,该书实际上是在为1956年由布鲁姆主编的《教育目标分类学》的修订做准备。7年之后的2001年终于出版了《面向学习、教学和测评的分类理论——布鲁姆教育目标分类学修订版》一书。该书的出版标志着布鲁姆教育目标分类学随着心理学理论的发展实现了新的改进。
>
> (选自王瑞霞.布鲁姆教育目标分类学的新发展及其教学意义[D].上海:华东师范大学,2007.)

(三)改进了教学方向,提高了课堂效率

目标教学有三个特点:一是注意目标导向,增强了教学的方向性,课堂中始终以教学目标为评价教学要求的尺子,以教学目标作为教与学的方向,以教学目标作为教师选择教法的依据,大大提高了教学的针对性;二是注重启发引导,增强了教学的深刻性;三是注意评价反馈,增强了教学的实效性。这三个特点促进了课堂教学效率的提高。

(四)对目标分类理论的应用应突出数学学科特点

不能认为将布鲁姆的教育目标分类学套上数学的内容,配以数学的例子就大功告成了。这里一方面要触及数学科学本身的特殊性,另一方面也必须同时考虑数学学习的特殊规律。数学的范畴不

仅覆盖着形形色色、丰富多彩的各种静态的知识点,还应该包含着变化无穷的动态的技能;数学中要有概念的形成也要有技能的培养,既有知识,又有能力,不仅要获得最终的结论,还需要掌握产生结论的过程;特别是环绕"问题解决"为中心的能力的培养,这里既强调学生必须学会"数学的思维",又着重学生必须面对"现实的数学",要能运用数学的头脑、方法来处理各种现实的情境。因而对学生认知发展的研究不应像行为主义者那样只局限于可见行为,而应进一步深入,从认知、情感以及活动等多方面寻找联系,掌握规律。

关于数学认知领域教学目标的层次分类问题。由于数学内容及其认知过程的复杂性,所以简单地把某一内容划分为知识、理解、应用等水平是一种机械的做法。在进行层次分类时,我们应该注意到以下三个问题:首先,要进行正确水平层次分类,使这种分类不是单纯依赖于数学内容,而首先要考虑其在学习过程中的地位;其次是层次性,即考虑同一内容的认知结构层次时,基本层次目标要使全体学生能达到,知识延伸层次只对学有余力的学生作要求;第三,数学教师可以根据自身教学实践的体会,来决定知识内容难易及水平层次,使目标在比较、分析中不断完善。

随堂讨论

结合目标教学理论谈谈如何对待数学学困生。

第4节　加涅的认知累积理论及其在数学教学中的应用

一、代表人物

加涅(R.M.Gagne,1916—2002),美国佛罗里达州大学的教育心理学教授,著名心理学家、信息加工学的代表人物。1974年获桑代克教育心理学奖,1982年又获美国心理学会颁发的"应用心理学奖"。加涅的学习理论是在行为主义与格式塔心理学学派两者的理论基础上,结合现代信息论的观点和方法逐步建立起来的。他认为,"学习是人的倾向或能力的改变,这种改变能够保持,而不能把它单纯地归之于生长的过程。"他把学习看做是主体和环境相互作用的结果,学习的过程是信息的接受和使用的过程(类似于计算机的操作),学习者内部状况与外部状况是互相依存、不可分割的统一体。在这一认识前提下,他提出了关于信息加工的学习模式。其主要著作有《学习的条件》《教学设计的原理》等。

加涅(1916—2002)

二、加涅关于认知累积理论的基本观点

（一）数学学习的对象[①]

在加涅学习理论中所考虑的数学学习的"对象"，可以分为直接的和间接的两大类内容。数学学习的直接对象有事实、技能、概念和原理，即数学内容所能划分的四种类型；间接对象是数学学习的能力，包括学习的迁移能力、探究能力、解决问题的能力等。一般说来，数学学习论中所论及的学习对象是指直接对象。

1. 事实

数学事实就是数学中的数学符号以及那些固定不变的公式及法则等。它们能够通过背诵学习的各种技能来学会。

2. 技能

数学技能就是对学生进行的运算和步骤在时间和准确性等方面的要求。许多技能能够用成套的规则加以说明，或者由安排好顺序的所谓"算法"的具体步骤来详细说明。技能是通过适当形式的训练来得到的。

3. 概念

数学中的概念是一种抽象的观念，它所反映的是数学对象的本质特征，人们能够用它把对象和事件进行分类，并且能判断某些对象和事件是否属于这一抽象概念的范畴。在数学教学中，概念的抽象性是相对的。

4. 原理

原理是最复杂的数学学习对象。原理就是概念的顺序加上这些概念之间的关系。加涅在其《概念学习的分析》一书中指出：对一个概念的理解只是一种识别，也就是说，是若干个可选择中的一种选择；反之，对一个原理的理解则必须通过识别它的组成概念，并把这些概念相互联系起来才能做到。原理可以通过科学的探究过程，通过在解决问题中的应用等方面来获得。

（二）学习的四个阶段

加涅认为，学生心理的发展正是累积学习的结果。他把学习从低到高，从易到难划分为八类，而每一类的学习过程都按四个有次序的阶段出现在学习者身上即：理解阶段、习得阶段、存储阶段、提取阶段。

1. 理解阶段

理解阶段是学习者意识到在一种学习的条件下出现的一个刺激或一组刺激，并对刺激的特性进行注意和观察，然后把某一刺激从其他刺激中分化出来，或者把刺激的某些部分与其他部分区别开来。学习是每个学生本身的一个独特过程，因而，当一个教师讲一堂课时，每个学生的理解并不相同。这个阶段主要是学习者定向地吸收知识（刺激），有意识、有选择地运用视听知觉进行感知。

2. 习得阶段

习得阶段是获得与掌握所要学习的事实、技能或者原理的阶段，这是获得知识的重要环节。它要

[①] 王延文,王光明.数学教学理论与实践[M].天津：天津科学技术出版社,2004.

求明白、知晓知识的意义及结构规则,将知识类化、概括为普遍的原理,或者将一般原理解释、应用于个别事物和个别现象。

3. 存储阶段

存储阶段就是把获得的新知识和能力在记忆中保留下来的阶段。人类的存储能力就是记忆。记忆可分为短时记忆和长时记忆两类。

4. 提取阶段

提取阶段是唤起已经获得的、并储存在记忆中的信息的阶段。

目前虽然已经把人类学习的四个阶段(即理解、习得、存储和提取)编入到计算机系统的设计之中,但它的形式比出现在人类中的形式要简单得多。

(三) 学习的八种类型

1968年,加涅根据学习水平的高低以及学习内容的复杂程度把学习分成八类:(1)信号学习;(2)刺激—反应学习;(3)连锁学习;(4)词语联想学习;(5)辨别学习;(6)概念学习;(7)规则学习;(8)问题解决学习。

1. 信号学习

信号学习就是巴甫洛夫的经典性条件反射。它或者是由单个刺激引起的,或者是由唤起个人情绪反应的一个刺激的若干次重复引起的。例如,一个数学教师对一个学生的不适当的批评(如讽刺、挖苦等),也许就决定了他对数学的厌恶情绪。这里教师的言语是一种刺激,唤起了学生厌恶数学的反应。

2. 刺激—反应学习

刺激—反应学习,就是桑代克的工具性条件反射。这种学习也是一种信号学习,与信号学习不同的是,它是随意的学习,伴随着身体上的外显动作,而且常常需要强化刺激来实现。

3. 连锁学习

连锁学习是先前学习的两个或者更多的非词语刺激—反应行为的有序联系。加涅指出:"连锁的意思是,把一组个别的S—R联结成一个序列"(S—R是刺激—反应的简称)。他把非词语刺激—反应行为的顺序称为连锁学习,而把词语刺激—反应行为的顺序叫做词语的联想。

连锁学习的出现,要求学习者有先前学会这条链所需的每个刺激—反应的链环。像数学中的尺规作图,就需要学生具有使用直尺画线和圆规画弧的能力以及对几何模型的理解。其次,教师对所要求的行为提供奖赏和加以强化,也能促进刺激—反应学习和连锁学习。

4. 词语联想学习

词语联想学习是词语刺激形成链,也就是先前学会的两个或者更多的词语刺激—反应行为的有顺序的联系。最简单的词语联想就是把一个物体的外表和它的特征联系起来。数学学习中词语联想的学习是丰富的,在问题具体化的过程和把实际问题数学化的复杂心理过程中,都要求学生有丰富的数学词语的储备及联想能力。

词语对话是词语联想学习类型中最重要的应用。可以通过"出声想",互相讨论等方法,鼓励学生正确简明地表达事实、定义、概念和原理,以帮助学生提高数学词语的联想能力。

5. 辨别学习

当人们学会刺激—反应的联系之后,就可以将这些联系按顺序排列成更加复杂的学习行为的链。辨别学习就是区分不同链的学习,也就是去识别各种具体的和抽象的对象。辨别可分为单一辨别和多种辨别两种情况。辨别学习的运用与学习对象的特点有密切关系。例如,当把一种技能和问题与其他技能及问题分开学习时,学生很容易将技能与问题联系起来,并能正确地选用。但当连续、紧凑地教给学生一些相似、但稍微不同的技能,去化简、解答不同类型的问题时,就会干扰他们对问题类型的辨别。在教学中应注意合理地运用辨别学习,使学生在不断地辨析过程中,真正地掌握各种技能与方法。

6. 概念学习

概念学习是学习认识具体对象或者具体事件的共同性质,并且把这些对象和事件作为一类进行反应。从这一意义上看,概念学习是辨别学习的反面。辨别学习需要根据对象的不同的特性去区分它们,而概念学习则要把具有某一共同性质的对象分为若干个集合,并且对这个共同性质进行反应。

任何具体概念的获得,必须伴随着需要预先具备的刺激—反应链、适当的词语联想以及区分特性的多重辨别。在数学概念教学中,应注意以下几点要求:第一,提出概念的各种不同的例子以促进概括;第二,举出不同的但和概念有关的例子帮助辨别;第三,提出不是概念的例子以促进辨别和概括;第四,要避免提出一些共同特性,而又可能会干扰对概念例子进行适当分类的概念例子。

7. 法则学习

法则学习是以一系列的行动(反应)对一系列条件(刺激)做出反应的能力,它是促进人类既有效又连贯的活动的一种突出活动类型。数学学习中的大部分内容就是法则学习。

关于如何进行法则教学,加涅1970年在《学习的条件》一书中提出了5个步骤的教学程序:把希望在学习完成时的操作形式告诉学习者;用向学习者提问的方式,要使他恢复记忆(回忆)以前学习过的构成这些法则的一些概念;用言语陈述(提示),引导学习者按适当的顺序把法则编成概念的锁链;用提问的方式要求学习者"说明"这个法则的一个或更多的具体例子;用供选择的,但对以后教学有用的适当的问题,要求学习者陈述这一法则。

8. 问题解决学习

问题解决学习是法则学习的自然扩展。它要求学习者以独特的方式选择多组法则,并且把它们综合起来加以运用,它将导致建立起学习者先前不知道的更高级的一组法则。

加涅提出,解决现实世界中的问题需包括五个步骤:以一般形式提出问题;重述为可运算的表述方法;提出条件和假设(它们也许是攻克问题的关键);检验假设和运算过程,得到一个解或一组可选择的解;决定哪一个可能的解最合适,或者检验说明单一的一个解是正确的。

加涅认为,不同的学习是从机体不同的状态开始,而以不同的操作能力结束。区别不同学习形式的重要标志是其最初的学习状态。一般说来,连锁学习和词语联想学习需要刺激—反应学习作为前提;辨别学习需要刺激—反应学习、连锁学习、词语联想学习作为前提;概念学习需要辨别学习作为前提;法则学习需要概念学习作为前提;问题解决学习需要法则学习作为前提。信号学习虽然是重要的,但并不被认为是任何其他七种学习的前提。

加涅把信号学习、刺激—反应学习、连锁学习和词语联想学习作为学习的基础形式,总称联想学习。在联想学习的基础上,出现了五种学习结果,即言语信息、智力技能、认知策略、运动技能和态度。

在对学习层次进行更深入的研究之后,加涅于1971年又把学习的八个层次压缩为六个层次,即连锁学习、辨别学习、具体概念学习、意义概念学习、规则学习、高级规则学习。1977年后,他又把学习层次提炼为五个层次,即联结与连锁学习、辨别学习、概念学习、规则学习、高级规则学习。

三、加涅理论对数学教学的若干启示

(一)数学概念的学习,必须以简单的学习类型为基础

案例 4-11

> 获得"圆"概念的第一步可能是学习说词"圆",作为自身产生的刺激—反应连锁;然后学生通过获得个体言语联想,学会区别作为"圆"的几个不同对象;下一步,学生可以学习辨别圆与其他图形(如正方形、三角形)。让学生充分观察各种情形下的"圆"是很重要的,以便他们能识别复杂对象中的圆。当能自发地从不熟悉的内容中区分圆时,他们就获得了圆的概念。

在教授新数学概念时,做到下述几点是重要的:提供大量不同的概念实例以促进概括;提供不同但又与概念相关的实例以帮助辨别;提供概念的非实例以激发辨别和概括;避免提供具有干扰概念分类特征的实例。

案例 4-12

> 首先,如果所有的三角形实例都是相同的种类,如所有例子都是锐角三角形,那么学生可能不会识别钝角及直角三角形。因而就不可能抽象概括出三角形概念;第二,如果学生不能举出其他几何图形的例子,如梯形、圆,那么他们辨别一些具有共同特征的不同对象可能就有困难;第三,提供非三角形的平面图形,并加以讨论,以帮助学生区分三角形的特征和与三角形有差异的其他对象的特征;第四,如果呈现的三角形实例碰巧是红色,那么一些学生可能把红色的性质与三角形的概念联系起来,从而不能识别非红色的三角形实例。

(二)学习应具有层次性

知识的认知过程是循序渐进和逐渐积累的过程,这是加涅学习理论中蕴含的一个重要观点。从分类中可以看出,不同类型的学习,反映出不同层次的认知水平,但各个层次不是脱节的、并行的,而是连续的、有序的、互补的,体现了从易到难、从简到繁、从具体到抽象的过程。例如,高级规则学习以简单规则学习为先决条件,简单规则学习以概念学习为先决条件,概念学习又以辨别学习为前提条件。根据加涅的观点,数学概念、定理、法则的学习是不同的,它们有层次之分,这是对传统数学教学观点的补充和发展。

(三)帮助学生有效地学习,使预期的学习结果得以实现

在加涅关于学习过程的信息加工模式中,提出了"预期事项"和"执行控制"两个重要的因素。"预

期事项"是指学习者的学习目标和学习态度,"执行控制"是学习者的认知策略。加涅认为,教学就是依据预期的不同学习的结果,创设或安排适当的内部条件和外部条件(如恰当地安排学习材料,注意感性认识到理性认识的转化等),帮助学生有效地学习,使预期的学习结果得以实现。教师的教应从学生的学出发,而且要落实到学生的学上,教学的手段和教学方式要有利于促进学生的学习;教师要依据学习的层次精心组织好教材,重视教学反馈作用,并在此过程中注意引导学生直接探索和钻研教材。①

(四)数学教师应努力提供能激起学生愉快情感的无条件刺激

信号学习是不随意的学习,不易由学习者控制,但能对学习者的行为产生相当大的影响,因此信号学习需要引起教师的充分重视。作为一名数学教师,应当努力提供无条件刺激或提供积极的、未预料到的刺激,以唤起学生的愉快情绪,促进和中性信号的积极联系。为使学生喜爱数学,作为数学教师,应该努力提供能激起学生愉快情感的无条件刺激,并且要求他们把这些愉快的感觉与数学课中产生的神经信号相联系。因此,作为数学教师应采取措施使数学课堂充满生机,调动学生积极性,在教学中以鼓励为主,批评点到为止,对待差生采取激励策略,开展改革考试与评价方式的实验。

随堂讨论

结合加涅对数学学习对象分类特点谈谈一元二次方程求根公式属哪种对象?

第5节 建构主义的基本观点及其在数学教学中的应用

一、代表人物

建构主义是现代认知主义的进一步发展,心理学家皮亚杰和布鲁纳等被认为是这一学说的奠基者。美国数学教育家戴维斯(D. Davis)等是较早将其引入数学教育领域的人。建构主义具体到数学教学,强调"学习数学的最好办法是做数学"。

二、建构主义的理论内涵

视窗4-6

> 对于数学教育来说,建构主义是一种研究范式,它反对行为主义,重点关注测量和动机模式以及刺激所生成的结果水平的研究方法,并从全新的视角,即孩子的眼睛、心灵和手,创造出一种考察数学教育的方法;它反对绝对认同作为课程范围和顺序的唯一指南的"标准数学结构",并重视理解学生解题策略和方法的丰

---

① 王延文,王光明.数学教学理论与实践[M].天津:天津科学技术出版社,2004.

富性;它也是扎根于实践当中的,因为它旨在解决教师所关注的两个重要问题:(1)学生过度发展解题程序而淡化对概念的理解;(2)学生在回忆和迁移到新任务时所遇到的论证困难。①

(一)建构主义的基本观点

建构主义最基本的含义是关于认识活动的本质分析,对学习的建构过程作出了更深入的解释。他们十分重视已有的知识经验、心理结构的作用,强调学习的主动性、社会性和情境性,对学习和教学提出了许多新颖的观点。

1. 人的所有知识都是被主体建构出来的

人的认识本质是主体的"构造"过程,即主体借助自己的认知结构去主动构造知识。因此,知识是不能教会的,教师传递的只是信息,信息只有通过学习者的主动建构才能变成其认知结构中的知识。个体主动建构的基础是已有的知识与经验,即主体借助自己的认知结构去主动构造知识。

2. 建构活动具有社会性

人们的认识活动总是在一定的社会环境中完成的,因此,建构活动是具有社会性的。建构活动强调生生互动,以及学生要从动手实践中获得知识。

3. 人与人之间传递的只是信息而非意义

对接受者来讲,要对信号加以重新解释,重新构造其意义。因此,"我懂了"只表示接受者认为"通得过",并不意味双方所理解的意义完全一致。

(二)建构主义的学习观

建构主义认为,知识不是通过教师传授得到,而是学习者在一定的情境即社会文化背景下,借助其他人(包括教师和学习伙伴)的帮助,利用必要的学习资料,通过意义建构的方式而获得。学习不是简单的信息积累,更重要的是新旧知识经验的冲突以及由此而引发的认知结构的重组。国内外学者的调查都表明,每个学生带着他原有的认知结构来学习,而未能同化新的信息,或是说,新的信息未能与长时记忆中原有的信息成功地建立联系,从而达到有意义的理解,这是造成教学工作达不到理想结果的重要原因之一。

案例 4-13②

美国加州大学的维特罗克等人在中小学数学、科学和阅读等教学中对学生学习过程的大量研究表明,学习不仅包括结构性的知识,而且包括非结构性的背景经验。学习者总是以其自身的经验(包括正规学习前的非正规学习和科学概念学习前的日常概念)来理解和建构新的知识或信息。我国学者的调查也表明,儿童在入学前大部分都会数数,但并非所有的儿童都了解数的实际意义,如拿出三个物体让他们数时,他们不会将自然数与物体一一对应,却脱口而出地数出 1、2、3、4、5,说是 5 个。又如,让他们数数时,往往出现数到 39 又回到 20 跳到 50 这一类现象。至于问及 41 与 29 哪个大,常常有许多儿童会毫不犹豫地说 29 大。

---

① 徐文彬,喻平,孙玲.数学教育中建构主义三十年的发展与反思——早期发展的理论来源及其主导地位的确立[J].数学教育学报,2009(12):13—15.
② 李雪芬.建构主义与数学教学[J].辽宁教育行政学院学报,2007(5):159—161.

(三)建构主义的教学观

在建构主义者看来,知识并不是自动获得的,而是学习者建构起自身的理解而形成的。这就启发我们:在组织教与学的活动时,必须使学生的思想受到充分挑战,以使学生们能建构起新的知识。①

建构主义提倡在教师指导下以学习者为中心,既强调学习者的认知主体作用,又不忽视教师的主导作用。教师是意义建构的帮助者、促进者,而不是知识的提供者和灌输者。教师的作用从传统的传递知识的权威转变为学生学习的辅导者,成为学生学习的高级伙伴或合作者。

1. 教师应当成为学生学习活动的促进者

(1) 教师应当努力调动学生的学习积极性

好的教师不是在教数学而是能激发学生自己去学数学。只有当学生通过自己的思考建构起自己的数学理解力时,才能真正学好数学。例如教师在讲授勾股定理时,让学生通过对图形的割、补、拼、凑等亲自观察和动手操作,发现了直角三角形三边之间的数量关系。这样不仅使学生认识了勾股定理,熟悉了用面积割补法证明勾股定理的思想,而且更重要的是培养了学生的数学思维能力和自我探究的习惯,激发了学生学习数学的兴趣。

(2) 教师应当充分发挥重要的"导向"作用

教师的主导作用体现在他是数学建构活动的设计者、组织者、参与者、指导者和评价者,这给教师提出了更高的要求和标准。

2. 教师应当深入地了解学生真实的思维活动

教师应以学生为本,了解学生的认知结构(知识基础和认知策略水平等)及学生的感性认识水平。选择适当的经验素材、教材内容,设置有助激发学生自主参与的问题情境,做好这一系列的设计工作。在课堂上与学生交互参与问题的解决,并起组织指导的作用。学生的自主参与必然可能带来一些教学设计之外的情节,或者说是教师没有意料到的学生的认知反应行为。教师对此的主导要求就更高,需要有教学机智,同时必须保护学生的学习积极性。作为一门学科的教学,数学教师有责任通过教师对学生认知行为的评价和指导学生对自己的认知结构的评价来整合学生自己的认知结构。

3. 教师应高度重视对学生错误的诊断与纠正

在教学中,教师首先要把自己的主观经验赋予一定的客观形式,才能进行经验的传递。而且教师应慎重对待学生在学习过程中发生的错误。

先前教师往往把学生在学习过程中产生的各种不同于"标准观念"(或"标准作法"等)的观念(或做法)看成是完全错误的,从而也就必须彻底地予以纠正。与此相对照,建构主义者认为对此应采取更为理解的态度,并力图去发现其中的积极成分。并且对于前面所说的各种不同于标准的观念(或法则)事实上根本不应被看成"错误观念",而应正名为"替代观念"。

4. 教师要善于引起学生观念上的不平衡(认知冲突)

例如,数学归纳法的教学中教师可以设计如下问题:我们前面已经学习了不等式的证明,下面我们一起来研究不等式:$2^n > 2n+1$ 是否成立,对哪些自然数成立?试证明你的结论。对这个问题的探究有助于学生从有关自然数的命题的证明中引发用有限的方法解决无限的问题的矛盾冲突、激发重

---

① [美]戴尔.H.申克.学习理论:教育的视角(第三版)[M].韦小满,等译,南京:江苏教育出版社,2004.

组证明方法的认知冲突。问题设置的立意在于学生积极主动建构数学归纳法。

5. 教师必须为学生的学习活动创造一个良好的学习环境

建构主义者认为应该给学生一个合适的情境设计,给学生留有一隅观察、想象、假设、验证的空间,使学生真正进入主体角色。教师必须创设一种良好的学习环境,学生在这种环境中可以通过实验、独立探究、合作学习等方式来展开他们的学习。

三、建构主义在数学教学中的应用

视窗4-7

> 从整体上来讲,建构主义对数学教育产生了重要影响,它促使学生进入活动的前沿,并提出了一些真实性问题,这些问题主要涉及如何有效利用资源、语言、文献和概念,这些都是学生需要学习的。它也产生了许多实践成就,从课程到新的计数工具,并且也记录了学生思考教师需要知道什么的重要内容。由于这个理论,我们意识到必须重点关注学生是如何更加清醒地意识到他们相信什么和知道什么,以及在与他者的互动中这理论是如何被完善和发展的。我们关于教师作用的观点也已经发生转变,并意识到教师作为刺激者、指导者、辅助者和批判者——在促进学生发展基本的推理能力过程中所起到的重要作用,在学生完成这些不同主题的学习时,这些推理能力是数学的标志。此外,数学教育心理学在建构主义理论的发展过程中起到了重要作用,它促使建构主义理论成为一项全球性的事业。①

(一)促进了数学教学组织形式的变革

建构主义者认为,每个人都以自己的方式理解事物的某些方面,学习过程要增进学习者之间的合作,使其看到那些与自己不同的观点,完善对事物的理解。

教师的作用应该是利用数学外部学习环境,促使学生进行交流、协作、对话等互动性活动;在互动中一旦发现他们对数学概念的建构与数学概念本质之间存在差异时,他们便会修正自己的思维方式、方法、解题策略,以便与数学的本质趋同、吻合。因此建构主义促使合作学习、小组探究等教学组织形式越来越多地应用在数学课堂教学之中。

案例4-14

> 初中几何中三角形的外心是指三角形三边中垂线的交点,也即到三个顶点距离相等的点。对于这一知识,学生经常出现的问题和错误是:(1)不会找外心;(2)因为三角形外心是三角形三边中垂线的交点,所以有很多学生想当然认为外心到三边距离相等。为了避免这一错误,发挥"过三点的圆"这一节内容的多方面教育功能,可以设计如下游戏。教师将班里的同学分成若干小组,每组提供一枚针,三个三角形硬纸片,分别为锐角、钝角和直角三角形,三角形的三个顶点涂成红颜色。首先让学生拿出锐角三角形硬纸片和针,针任意扎在硬纸片内部,用力旋转它,问同学看到几个圆(由红色顶点运动轨迹所形成),接着组内同学讨论为什么

---

① 徐文彬,喻平,孙玲.数学教育中建构主义三十年的发展与反思——主要成就与未来发展[J].数学教育学报,2010(6):1—5.

是三个?针扎在何处是两个?扎在何处是一个?为什么?是一个时,把此点起名为外心的道理是什么?此时,既需要尝试,又要动脑、动手、动口。然后,让每组同学拿出直角三角形硬纸片,组间竞赛,看哪一个组能比较快地让三角形旋转后出现两个"圆"、一个红色的"圆",要求不能盲目尝试,而是先动脑,后动手。最后,让同学拿出钝角三角形纸片,让同学想办法和讨论及动手实践,如何使此三角形纸片旋转后,顶点运动的痕迹(轨迹)是红色的圆?这时,不仅要先动脑,而且要运用发散思维,组内同学又合作,并且还要动手实践。实践证明,通过这个游戏,学生对本课内容掌握不仅牢固、准确,而且每一名学生都积极参与。更令人欣喜的是,针对最后一个问题,学生提出很多创造性的方法。学生也普遍认为这样的数学活动课有益、有趣。①

(二)通过数学活动,建构数学概念

概念学习一直是数学教学研究中的重点内容,皮亚杰、奥苏伯尔等人都对概念同化进行了专门的论述。杜宾斯基等人在20世纪80年代针对数学学习的特点,在建构主义背景下提出了APOS理论,他认为数学概念学习要经历"操作""过程""对象""概型"四个阶段。从这一提法也可以看出,建构主义强调学生在学习数学概念的过程中不应是外界信息刺激的被动接受者,而是知识意义的主动建构者。所以,对于数学概念,也应让学生通过一定的数学活动来理解和掌握,而不能通过直接传授使学生被动接受。

 案例4-15②

例如,多数教师在讲授"三角形的高线"概念时,将定义直接传授给学生,即结合图形向学生说明:从三角形的一个顶点向它的对边所在直线作垂线,顶点和垂足之间的线段叫做三角形的高线。讲述时所画图形中的高线也往往在三角形的内部。因此,有些学生虽能熟记定义,但没有真正理解定义,在钝角三角形中作不出钝角边上的高线,也不知道直角三角形直角边上的高线所在的位置。针对这种情况,笔者指导学生设计了一个数学活动情境:首先,让学生画一个钝角三角形并分别从所画三角形的各个顶点向它的对边所在直线作垂线。学生在画图过程中可以相互交流、讨论,教师巡回检查,必要时与部分学生交流和讨论。待学生画出图形后,教师给出"三角形的高线"的定义,并提出:在钝角三角形中有几条高线?其中哪些边上的高线在三角形的内部?哪些边上的高线在三角形的外部?经师生共同讨论总结得出结论。其次,让学生画出直角三角形各边上的高线并讨论以上问题。通过以上数学活动,使学生最大限度地参与到探究新知识的过程中,使他们主动建构数学概念,达到深刻理解的目的。

(三)建构主义理论对数学教学设计的影响

建构主义的核心思想是主张对知识的自主"意义建构",通过建构获取经验,同时又凭借经验再行建构。知识的建构不是直接教学的结果,在教学过程中,学生能否理解知识、获得知识的关键在于通过教师的引导和启发,以及学生能否主动地对自己知识结构进行重新建构。由此,可以把建构主义的数学教学模式概括为:以学生为中心,在整个数学教学过程中教师起设计者、组织者、促进者和评价者

---

① 王光明,曾峥.数学教与学基本理论及其发展[M].北京:中国工人出版社,2001.
② 王德瑞.建构主义理论在数学教学中的应用[J].卫生职业教育,2013(3):59—60.

的作用,利用情境、协作、交流等学习环境充分发挥学生的主动性、积极性和首创精神,最终达到使学生有效地实现对所学数学知识的意义建构。① 在数学教学设计的过程中人们则会以创设情境、学生活动、交流互动等形式组织教学。

 案例 4-16②

> 关于导数定义的教学,首先介绍物体运动的平均速度的计算,指出匀速直线运动是一种理想状态,并提出问题:非匀速直线运动的物体在某一时刻的即时速度如何计算?然后简要地介绍牛顿在研究物体运动时,建立了微积分学,解决了物体运动的速度与加速度的计算,激发学生的学习兴趣。设计情境问题:已知物体沿着直线运动,运动方程为 $s=s(t)=5t^2+13$,其中 s 为路程(单位:米),t 为时间(单位:秒),那么,物体在 $t_0=1$ 时的即时速度是多少?
>
> 其次,组织学生活动。引导学生思考物体在某一时刻的即时速度如何求解?利用相关的力学知识及已学过的数学知识能否得到问题的解呢?
>
> 最后,学生在主动思考、自己动手及教师引导下发现学习导数概念的重要性及如何求导数。

第 6 节 人本主义的学习观及其对数学教学的启示

人本主义心理学是 20 世纪 50 年代末 60 年代初兴起于美国的心理学理论,被称为心理学的第三势力。主要发起者是 A. H. 马斯洛(A. H. Maslow,1908—1970),近年来,影响较大的代表人物是 C. R. 罗杰斯(Carl Ransom Rogers,1902—1987)。

人本主义心理学是从一些从事心理学应用的工作者——临床心理专家、社会工作者和心理咨询工作者的研究中产生的。人本主义心理学家反对行为主义心理学过于关注"严格"的实验方法,简单地将对白鼠、鸽子、猫和猴子的研究结果应用于人类学习,忽视了人之所以成为人的实质性的思维能力和情感体验等,他们主张采用精神分析学等经常采用的个案研究方法,但关注和研究的是健康的人,而不是关注有情绪障碍的人。

一、代表人物

C. R. 罗杰斯,美国心理治疗学家,人本主义心理学创建者之一。先后当选美国应用心理学会主席、美国心理学会主席、美国心理治疗家学会主席等。1956 年获美国心理学会杰出科学贡献奖,1972 年获美国心理学会杰出专业贡献奖。他开发了体验性学习理论,主张培养能够适应变化和知道如何学习的人。他倡导以学生为中心的教学模式,强调过程的学习方式,建立新的师生关系,教师要以真诚、关怀和理解的态度对待学生。其主要著作有《咨询与心理治疗》《受辅者中心治疗》

C. R. 罗杰斯

---

① 周述岐. 数学思想和数学哲学[M]. 北京:中国人民大学出版社,1993.
② 徐金魁. 建构主义学习理论在数学教学中的应用[J]. 和田师范专科学校学报(汉文综合版),2007,vol 27(2):17—181.

《论人的成长》《学习的自由》等。

二、罗杰斯理论的基本观点

（一）关于学习的分类

罗杰斯将学习分为两类：一类是类似于心理学上无意义音节的学习，该类学习只涉及心智（Mind），不涉及情感或个人意义，是枯燥乏味的学习。他批评该类学习是一种"在颈部以上（From the Neck up）"发生的学习。在他看来，现代教育的悲剧之一，就是认为唯有认知学习是重要的。另一类是意义学习。所谓意义学习是一种涉及个人意义（使个体的行为、态度以及个性发生变化）的学习。由此看来，罗杰斯关于意义学习（Significant Learning）的认识不同于奥苏伯尔关于意义学习（Meaningful Learning）的认识，罗杰斯关注内容与个人之间的关系，而奥苏伯尔强调新旧知识之间的关联。

罗杰斯强调学习应是左右脑协调并用的。因为左脑一般是以逻辑的、线性的方式发挥作用的，它是按逻辑一步一步地思考问题，注重构成整体的部分和细节；它只接受确切的和清楚的内容；它处理的是观念和概念。而右脑是以非逻辑的、跳跃式的方式发挥作用的；它是以直觉跳跃式地思考问题，注重整体和形式；它注重的是审美而不是逻辑；它能直接洞察事物的本质；它往往伴随情感的体验。罗杰斯认为他的意义学习把逻辑与直觉、理智与情感、概念与经验、观念与意义等结合在一起。因此，他的意义学习能够促使左右脑协调并用。

（二）罗杰斯的学习观

罗杰斯关于学习的认识是多方面的，在此仅选择一些与数学学习较为密切的认识，予以简要介绍。

1. 人生下来就有学习的潜能

罗杰斯认为：人类具有学习的自然倾向或学习的内在潜能。教学的任务就是创设一种有利于学习潜能发挥的情境，使学生的学习潜能得以充分发挥。

有研究发现[①]，在加工信息的过程中，人们就表达了学习的内在潜能。记忆研究中的生存优势现象就说明了这种特点。对学习材料进行"生存加工"，其提取正确率最高，这种现象称之为生存优势效应。这是近年来研究者发现的一种非常稳定的现象。人们用自然选择理论来解释这种现象。自然选择（Nature Selection）理论来源于进化心理学。它认为自然界会发生很多变化，而处于狩猎—采集环境中的祖先的大脑为了适应这种变化也会做出相应的改变，从而，更容易解决环境中出现的问题，而这种改变会遗传到我们现代人身上，并使人们拥有一套处理狩猎—采集环境中问题的认知适应工具（Toolkit of Cognitive Adaption），即生存优势效应的产生是自然选择的作用。目前其他领域的很多研究都支持由自然选择产生的认知适应的继承性。如，儿童学习语言的能力是生来就有的。语言本身具有太多复杂的语法规则而不能仅仅来自日常生活中的学习；婴儿似乎生来就具有再认和记住面孔的能力，并且具有对捕食者的恐惧（如蛇）。这说明人类确实具有学习的自然倾向和内在潜能。

2. 学习应该是对学习者有用、有价值的经验的学习

罗杰斯认为，学生的有意义学习发生在他们认识到学习内容的意义和好处时。一般说来，学生感

---

① 刘希平，等.生存优势效应的理论解释[J].心理科学，2013,36(1):240—244.

兴趣并认为是有用处、有价值的经验或技能比较容易学习和保持；而那些学习者认为是价值很小或效用不大的经验或技能往往容易遗忘。

3. 最有用的学习是学会如何学习

罗杰斯认为，在学习过程中，重要的不是获得知识，重要的是获得学习的方法或经验。在罗杰斯看来，促进学习的最有效的方式之一，是让学生从做中学，并从中学会如何学习。

4. 合作学习和探索训练是促进自由学习的两种有效方法

罗杰斯认为，同伴教学、分组学习、交朋友小组等合作学习方式，是促进学习的一种有效方式。作为教师，应鼓励学生进行探究活动，并创设有利于培养学生探究精神的环境，而且，他还指出，教师要鼓励学生从事科学探索，自己必须有这方面的经历和体验。

5. 倡导学习者自我评价

罗杰斯认为，创造性才能只有在自由的氛围中才会形成和发展。教师要认识到，要想使儿童成为一个独立自主的人，必须从小就给他机会，不仅让他有机会自己判断，允许他犯错误，而且还要让他自己评价这些选择和判断的结果。当然，自我评价的方式可以是各种各样的。学生用何种方式开展自我评价并不重要，重要的是学习者感到自己有责任去追求特定的目标。否则，学习者过分依赖他人，很可能与创造力无缘。

三、罗杰斯的学习观对数学教学的启示①

罗杰斯的学习观应该说对数学教学内容、数学教学方法以及数学教学评价均是有深刻启迪的。在此仅就"人生下来就有学习潜能"的观点谈谈对数学教育的启迪。罗杰斯强调学生具有发自内心的生长潜力，教师的任务不只是教给学生知识，更重要的是为学生设置良好的学习环境，让学生自行学习。尽管片面地强调学生固有的潜在个性，而无视社会环境对人的影响，给人一种变相遗传论的感觉。但是，在我国对之关注不够，所以重视它则有积极的一面，即教育的意义绝不能是压抑学生的潜在个性，而应是积极创造条件，予以开发，数学教育也不例外。我们认为，在数学课程中，至少应关注和开发学生的如下个性。

（一）问题意识

不争的事实是，孩提时代的儿童，经常提许许多多的问题，包括令人啼笑皆非的问题。即人生下来就有探索大自然奥秘的好奇心，但在片面追求升学率的教育下，好奇心往往被好胜心所代替，与生俱来的"问题意识"随之被压抑。发问使人进步，发问和答案一样重要。确实，提出问题，是人的创造性思维的开始，从这个意义上讲，提出问题比解决问题更重要。因此，我们要保护学生的问题意识，并想方设法予以开发。

数学教育的基本目标不仅包括解决问题的能力，而且包括培养学生提出问题的能力，而问题解决恰恰忽略了后者。创设情境，让学生大胆提出问题，或在例题教学中以及做练习过程中，一题多变，鼓励学生不唯书、不唯师，都有利于开发学生的"问题意识"。

---

① 王光明，曾峥. 数学教与学基本理论及其发展[M]. 北京：中国工人出版社，2001.

(二)主动学习潜能

罗杰斯认为,人类具有学习的自然倾向或学习的内在潜能。人类学习是一种自发的、有目的的、有选择的学习过程。教学任务就是创设一种有利于学生学习潜能发挥的情境。在我国经常谈到培养学生的自学能力,一些教师对此积累了宝贵的经验。但是,一些教师并没有认识到学生具有自学潜能,更多的是被动地培养,而不是主动地开发,致使"导学"流于形式。因此,在低年级,与其说培养学生的自学能力,还不如说开发学生的主动学习潜能,这样会有益于教师转变观念,进而影响到他们的教学。在数学课程中,以现实背景导入数学知识,或创设一些问题空间,引发学生的认知冲突,增加一些趣味数学内容,穿插一些数学美、数学史和数学家奇闻逸事等人文主义教育内容;在教学中,教师相信学生的潜能,注意科学"导学",均有利于开发学生的主动学习潜能。

有教育工作者指出:"有趣的思考胜过千言万语的赞美。学习成绩高的学生,并不是预期会得到好的奖赏,而是将学习当成一趟有趣的发现之旅,不断地发现学习的乐趣。"这一思想对于我们开发学生主动学习潜能具有借鉴意义。

(三)元认知意识

心理学家维果茨基也曾指出:"自我意识的发展是过度年龄的精髓和主要成果。"其中,元认知意识就是一类重要的自我意识。但是,在数学教学中,"题海战术"和"熟能生巧"观念的不良影响,使学生的元认知意识受到了不同程度的压抑。有研究发现,学生的元认知水平是随着年龄增长而提高的。刘希平等[①]利用三个实验,分别考察了儿童在"速度定向""准确性定向"以及"速度加准确性定向"三种任务定向下学习时间分配决策水平的发展。三个实验均采用3×3混合设计,选择小学2年级、小学4年级、小学6年级学生各24人为被试,提供难度不同的三种材料,考察在限定的时间内儿童在三种材料间进行的学习时间分配的发展。结果:(1)在三种任务定向下,儿童的学习时间分配的决策水平均随年龄增长而提高。(2)不同的任务定向要求对不同年级儿童学习时间分配决策的影响不同。(3)在本实验条件下,儿童学习时间分配策略的使用,经历了三个阶段:第一个阶段,不使用策略;第二个阶段,使用策略但效果不稳定;第三个阶段,使用策略且有稳定效果。利用学生元认知水平的发展特点组织教学,是提高学习效率的可操作的手段。郑毓信先生曾谈到:"我们在此仍可抬出熟能生巧的大旗,即是认为只要多多解题,解题能力就会自发地得到提高;但是,从教育的角度看,我们在此显然又更明确地指出努力发展学生元认知能力的目标,并在这一方向上做出自觉的努力。"

(四)创造潜能

培养学生的创造力,首要的是要相信学生的创造潜能,并予以开发。邵瑞珍先生指出:"在历史上,创造力被认为是极少数人的天赋,与多数人无缘,这种观念将创造力神秘化了。"罗杰斯认为:"创造过程是与生产新异产物联系的具有个人独特性的活动过程。"以上观点肯定了大多数人都具有创造潜能,为教育上提出的"为创造性而教"树立了信心,也提供了理论依据。

因此,数学教育的一个目的应在于充分挖掘学生的这些潜能,创设相应条件,使其得到有效的培养与充分的发挥。在数学课程标准中,也提出教师应摒弃单纯认为数学技巧等于数学创造的观念,开发学生的问题意识,注意数学思想、方法的渗透,引入高质量的开放题,开发学生的元认知,适时引导

---

① 刘希平,方格.不同任务定向下小学儿童学习时间分配决策水平的发展[J].心理学报,2006(3):859—866.

学生感受数学美,帮助学生构建良好的认知结构,提供小组交流的材料与作业等措施均有助于开发学生的创造潜能。

随着"以人为本"呼声的日益提高,对人的潜能和潜在个性的开发日益受到重视。但是,开发学生的潜在个性的教育功能尚未充分发挥出来。"进入21世纪,我们必须进一步通过教育,全面地发掘人的潜能;而教育的这一功能的充分发挥,也自然有助于人的地位的不断提升。"愿在新的数学课程中,关注学生潜在个性的挖掘与开发,全方位实现为人的可持续发展奠定基础的总体目标。

本章总结

本章介绍了皮亚杰智力发展的阶段理论、奥苏伯尔的有意义言语学习理论、布鲁姆的目标教学理论、加涅的认知累积理论、建构主义的基本观点以及人本主义的学习观,并阐述这些学习理论在数学教学中的应用。揭示数学学习的内在规律,有利于教师采取积极有效的教学方法,提高数学教学的质量。因此,必须加强对数学学习理论的研究。

扩展阅读

[1] 孔凡哲,曾峥.数学学习心理学[M].北京:北京大学出版社,2009.

[2] 王延文,王光明.数学教学理论与实践[M].天津:天津科学技术出版社,2004.

[3] 徐文彬,喻平,孙玲.数学教育中建构主义三十年的发展与反思——早期发展的理论来源及其主导地位的确立[J].数学教育学报,2009(12):13—15.

[4] 徐文彬,喻平,孙玲.数学教育中建构主义三十年的发展与反思——主要成就与未来发展[J].数学教育学报,2010(6):1—5.

思考与练习

1. 皮亚杰关于智力发展的四个阶段主要特点及其在数学教学中的启示是什么?
2. 如何将奥苏伯尔的有意义言语学习理论应用于数学教学中?
3. 加涅的认知累积理论中哪些观点对你的教学会产生积极的影响?
4. 如何将建构主义基本观点融入数学教学中?

参 考 文 献

[1] [美]B.S.布鲁姆,等.教育目标分类学[M].罗黎辉,等译.上海:华东师范大学出版社,1987.

[2] 孔凡哲,曾峥.数学学习心理学[M].北京:北京大学出版社,2009.

[3] 曹才翰,章建跃.数学教育心理学[M].北京:北京师范大学出版社,1999.

[4] 李庆奎,杨骞.关于数学建构性教学的认识与思考[J].数学教育学报,2001(1):16—18.

[5] 王俊邦.认识建构与中学数学课堂教学模式[J].数学教育学报,2000(3):15—19.

[6] 王光明,曾峥.数学教与学基本理论及其发展[M].北京:中国工人出版社,2001.

[7] 王延文,王光明.数学教学理论与实践[M].天津:天津科学技术出版社,2004.

[8] 徐文彬,喻平,孙玲.数学教育中建构主义三十年的发展与反思——主要成就与未来发展[J].数学教育学报,2010(6):1—5.

[9] 徐文彬,喻平,孙玲.数学教育中建构主义三十年的发展与反思——早期发展的理论来源及其主导地位的确立[J].数学教育学报,2009(12):13—15.

[10] 刘希平,等.生存优势效应的理论解释[J].心理科学,2013,36(1):240—244.

[11] 刘希平,方格.不同任务定向下小学儿童学习时间分配决策水平的发展[J].心理学报,2006(3):859—866.

第5章 数学教学设计

本章概要

数学教学设计是依据数学课程标准的要求,研究数学教学过程中相互联系的各部分的问题和需求,确立教学目标,分析学生特点,选择适用方法和步骤,以实现学习目标,并评价教学成果的计划过程。本章分析数学教学设计的理论依据,研究数学教学设计的相关问题。

学习目标

通过学习,你能够:

1. 了解数学教学设计的含义及其理论依据。
2. 掌握进行数学教学设计的要求和步骤。
3. 会依据不同教学目标进行数学教学设计。

关键术语

◆ 数学教学　　◆ 教学设计　　◆ 教学目标　　◆ 教学过程

引　子

教学是一项以帮助人们的学习为目的的事业,是以促进学习的方式影响学习者的一系列事件。没有教学,学习也能够发生,但教学对学习的影响常常是有益的。要使教学有效,则它必须有计划,这就意味着,教学是以某种系统的方式设计的。教学设计旨在激励或支持个别学生的学习,帮助学生的学习必须是有计划的而不是随心所欲的,它所帮助的学习应使每一个学生更接近于最适合运用自己的才能、享受生活和适应物质和社会环境的目标。①

第1节　数学教学设计的理论依据

一、学习与教学的理论

教育学原理、心理学、教学论、学习论等都是做好数学教学设计的理论依据。

我们可以从如下角度理解学习理论与教学理论的关系,一种合适的学习理论并不是改进教

---

① 加涅,布里格斯,等.教学设计原理[M].皮连生,译.上海:华东师范大学出版社,2004.

学的充足条件,但是一种合适的教学理论必须建立在有关的学习理论的基础上,即一种学习理论可能无法直接告诉我们如何进行课堂教学,但能为我们提供一个发现一般教学原理的最切实可行的起点。

教学理论并不是学习理论简单和直接的应用,我们不能把教学理论看做是学习理论的直接派生物。学习理论可以为有效的教学理论提供一般的防线,教学理论的形成,还需要进行许多补充性的研究,以说明学习理论不涉及一些实际问题和新的教学变量。

二、教学设计原理

加涅和布里格斯是20世纪70年代认知性教学设计理论的代表人物。由加涅和布里格斯共同写作出版的《教学设计原理》是一本展示当代心理科学与学校教育相结合的典范之作。该书从教学角度提供了整个教学设计原理的宏观框架,并且它还深入到了教学设计的每一个环节,为教师提供了许多有益的建议。"教学设计的努力必须满足理智上令人信服的质量标准,而且这些标准又需基于人类学习领域的科学研究和理论。"作者思考和提供了若干保证教学细节得以遵循合理而正确方向的理论框架,为具体的教学过程的实施提供理论上的支持。

视窗 5-1

> 《教学设计原理》已经有第5版中译本,第五版在秉承前四版的核心思想(即学习分类和教以学为基础)的同时,又体现了鲜明的时代特色:一个突出之处是反映了数字时代的信息技术(主要是计算机和互联网)对教学设计的影响;另一个特色是从系统的角度提出了教学系统设计的若干模型。该书从更全面的角度刻画了教学设计的整个过程,分析了建构主义者的哲学与实践相联系的问题,在学生行为表现的测量和教学系统的评价部分反映了这些领域的新发展等。

三、数学学科特点

在20世纪90年代以前,人们普遍认同数学学科具有抽象性、严谨性和应用的广泛性的特征,张奠宙先生提出关于数学学科的特点分析,无疑是划时代的见解,即:数学对象是思维材料的形式化抽象;数学思维是策略创造和逻辑演绎的结合;数学语言是通用、精确、简约的科学语言。

有关数学学科的特征,已经从"抽象性、严谨性和广泛应用性"的粗疏描摹,向更加精细的方向前进。仅仅说"抽象"是不够的,数学是一种模式,学习数学是学习数学化的过程;仅仅说"严谨"也不够全面,数学是形式化的科学,数学教学则必须适度形式化,即形式化和"非形式化"的统一;只是说数学具有广泛应用性,未免空泛。数学是一种模型,数学活动的重要方式是数学建模,数学呈现形式是符号语言表达的数学问题。[①]

在数学学习中,学生要发现知识之间的内部联系,培养数学技能和能力,提炼数学思想方法,淬炼

---

① 张艳霞,龙开奋,张奠宙,等.数学教学原则研究[J].数学教育学报,2007(2):24—27.

数学思维品质,形成适应现代社会需要的数学素养。

做好数学教学设计要考虑的因素很多,但学习与教学的理论、教学设计原理、数学学科特点等是应首要考虑的理论基础,是做好数学教学设计的前提条件。

随堂讨论

1. 你认为影响数学教学设计的主要因素有哪些?请举例说明。
2. 阅读加涅、布里格斯等著,皮连生译的《教学设计原理》第一部分"教学系统绪论",谈一谈对你的启发。

第2节 数学教学设计类型

视窗5-2

数学教学设计,是从事数学教学工作的一项十分必要的教学技能。陈光立在《新课程高中教师手册(数学)》中提到,教学设计是以获得优化的教学效果为目的,以学习理论、教学理论及传播理论为理论基础,运用系统方法分析教学问题和需求,研究教学对象,选择教学内容,确定教学目标,设计解决问题的步骤,选择适应的教学策略和教学资源,建立解决教学问题的策略方案,试行解决方案,评价试行结果和修改方案的过程。

根据教学目标不同,数学课的教学设计可以从新授课、练习课、习题课、复习课、测验课、讲评课、实践课等角度进行划分;根据教学任务不同,数学课的教学设计可以从课堂导入、课堂提问、课堂讲授以及课堂小结等环节进行划分,不同的环节都有各自的设计目标;根据不同的数学能力培养目标,数学课的教学设计可以基于数学运算能力的培养、数学空间想象能力的培养、数学逻辑推理能力的培养、运用数学知识分析和解决实际问题的能力的培养进行划分等。此外,还有很多数学教学设计的划分类型,教学设计应该和不同的教学目的、培养目标相匹配,由此来促进教师的教和学生的学。

一、基于不同数学教学任务的设计

(一)数学课堂导入的设计

课堂导入,就是选择和运用适当的方法,如回忆旧知、问题情境、数学活动等,引导学生快速进入教学情境的教学活动。

有效地导入新课,是课堂教学中一个重要环节。在当今教育背景下,教师应该紧密联系学生的生活实际,从学生的生活经验和已有的知识经验出发,创设生动有趣的情境,引导学生展开观察、操作、猜想、推理以及交流等活动,使学生通过数学活动,掌握基本的数学知识和技能。因此,在教学中,教师应该创造能够使学生产生认知冲突、困惑、矛盾情绪体验的情境,在新旧知识之间建立起一座桥梁,促使学生积极主动地学习新知识。

（二）数学课堂提问的设计

课堂提问,就是通过开门见山的问、创设情境的问、穷追不舍的问,把学生的观察、记忆和思维活动引到本节学习主题上来,教师的课堂提问是激起求知欲和引发学生思考问题的前提条件。

简单地讲,数学具有抽象性、严谨性和应用的广泛性特征,数学的概念、公式、法则等对于多数初学者来说并不容易理解。在数学课堂教学中,课堂教学成败与否、课堂效率的高低,不仅依赖于教师的学识水平、语言表达能力、评价艺术等,更重要的在于教师的组织教学能力,而最为关键的还是"问题"二字。教师在课前应该充分预设每一个教学环节的引领性问题,并根据学生在课堂上不断生成的新问题进行调整、重组,灵活机动地组织教学。

视窗5-3

> 教师的组织教学能力是提高教育教学水平、出色完成教学任务的关键,教师高超的组织教学能力能将教师的教与学生的学两个方面的积极性充分发挥出来。教师的组织教学能力主要表现为设计能力、施教能力、控制能力和应变能力。

（三）数学课堂讲授的设计

课堂讲授是教师运用教学语言,系统地向学生传授科学知识,传播思想观念,发展学生的思维能力,发展学生的智力的教学过程。

视窗5-4

> 讲授法是讲述、讲解、讲读和讲演方法的总称。数学教学中,教师对所研究的对象或事实材料生动、形象的叙述和描述叫做讲述。对数学概念、数学原理等进行的解释、分析和讨论叫讲解。教师在讲述、讲解的同时,配以演示的方法,对某一数学背景、数学建模做深入广泛的叙述和论证,以形成概念、导出规律,并进行分析论证,得出科学的结论,叫做讲演。教师在讲述、讲解、讲演的过程中结合指导学生阅读数学教科书叫做讲读。

讲授法是教育史上历史最悠久的教学方法之一,是数学教学中运用最广泛的一种传统的主要教学方法,是教师向学生传授知识的重要手段。课堂讲授则是教学设计中十分关键的一个环节。在课堂上,教师运用智慧,通过语言、借助意识信号,动用情感、意志、性格和气质等个性心理品质,系统地向学生呈现教材、阐明知识联系、促进知识理解、传授知识和开发智力,这就是课堂讲授。

在课堂讲授的过程中,有以下几点需要注意。

1. 注重学生创造性思维能力的培养

传统的教育以传授科学知识为主,关注的目标更多的是学生学到了多少知识,因此教学方式倾向于知识的灌输,致使以往的讲授法,也只重视传授知识,不重视发挥学生的自主性,不重视培养学生的创造性思维能力,为了使学生学到更多的知识,教师在课堂上尽量全面、细致的把知识直接"塞"给学生,其结果必然使学生处于消极被动的学习状态,无法和自身已有的知识有机地融合在一起。

2. 将课堂"以教师为中心"转变为"以学生为主体"

传统的讲授法是以教师为中心的,教师在课堂上以知识的权威和专家的身份出现在学生面前,采取"一言堂""满堂灌"的方式传道、授业、解惑。学生只能被动地听、机械地记,传统讲授教学过程中,学生很少有根据自己的理解发表看法与意见的机会。新课程理念下,我们需要改变这种教学氛围,在课堂上树立"以学生为主体"的观念,采取互动式教学模式,让学生积极地投入教学活动中,建立起民主平等、相互尊重、教学相长的新型师生关系,充分发挥学生的自主性、能动性和创造性,逐步培养具有创新精神、创造意识和创造能力的高素质人才。这就要求教师在课堂讲授的过程中,应该做到加强师生交流和生生交流,鼓励学生大胆猜想,展示个性,发掘潜能。

3. 精心选择和组织讲授内容

教师应该根据课程教学目标和基本要求,精选出教材中最适合课堂讲授的内容。讲授内容的目的要明确,重点要突出。抓住难点和关键点,注重原理性、思想性和科学性,不要讲那些学生自己完全能看懂的东西。同时,教师应该对要讲的教学内容有二度消化的过程,教师应该对教学内容加以提炼和加工,以精练、清晰、准确的语言讲授给学生。教师应该广泛收集相关知识信息,在讲授过程中注重知识与社会、生活之间的联系,通过列举学生熟悉的生活实例,激发学生对数学的兴趣和认识,帮助学生加强对知识的理解和掌握,也要注重对学生情感、态度与价值观的培养。

4. 提高讲授效果

语言表达效果是判断运用讲授法成功与否的重要标志。如果教师讲授时语言能够深入浅出、情真意切、声情并茂,就会给学生智慧的启迪,还能使学生得到心灵的震撼和美的享受。在基础教育改革蓬勃发展的今天,我们更应该深刻地认识到,数学教学方法中的讲授法,不再是教师用一支粉笔和一张嘴,按照数学教科书中的叙述,在课堂上"照本宣科",学生只是做记录的过程。教师应该以饱满的激情,富于感染力的语言,来达到唤起学生情感共鸣的目的。课堂讲授应该避免面面俱到、平铺直叙的讲授,而是应该以点带面、以简驭繁,追求省时高效,在最需要讲授的地方重点地面向全体学生讲一讲、说一说。

5. 课堂讲授应与计算机辅助教学有机结合

随着计算机技术的广泛应用,计算机辅助教学正以较快的速度走进每一个课堂,多媒体课件在教学中发挥了越来越重要的作用。多媒体凭借其图文合一、声像并举、动静相辅的直观形象有利于学生认识数学的本质,激发学生对数学的学习兴趣,弥补了传统教学手段的诸多不足。所以,教师在教学中,应该注重课堂讲授与计算机辅助教学的有机结合,形象、直观、适度地设计好多媒体课件,不断提高教学效果。

6. 课堂讲授与学生自主性学习相结合,作业与实践活动相结合

现代教学过程中,教师的课堂讲授应该与学生的自主学习相结合,一是教师根据教学目标和内容,要求学生在课前首先查阅相关资料,做好预习,使学生发现疑问,带着问题来聆听教师的讲授。二是教师的讲授应该留白,避免过于完整全面、点滴不漏,要从完全讲授过渡到不完全讲授,要留下部分

内容让学生思考、补充,为学生留下思维和想象的空间。此外,现代数学课程强调从"知识与技能""过程与方法""情感态度与价值观"三个维度对学生的科学素质进行全面的教育与培养,对学生的评价也不再是以书面考试结果作为唯一的依据,而是学生的终身学习过程,因此,课外作业应该与学生的调查、动手实践、合作交流等活动相结合,使学生通过实践,加深对教师讲授内容的理解和掌握,并在实践中学会知识的运用。

视窗 5-5

> 教学活动是师生积极参与、交往互动、共同发展的过程。有效的教学活动是学生学与教师教的统一,学生是学习的主体,教师是学习的组织者、引导者与合作者。数学教学活动,特别是课堂教学应激发学生兴趣,调动学生积极性,引发学生的数学思考,鼓励学生的创造性思维;要注重培养学生良好的数学学习兴趣,使学生掌握恰当的数学学习方法。

(四)数学课堂小结的设计

课堂小结是课堂教学环节中的重要一环,不仅可以帮助学生掌握知识和技能,还可以促进数学认知结构的发展,培养数学思想方法和能力。

教育心理学告诉我们,在课堂教学接近尾声之际,一方面正是学生精力开始减弱的时刻,这个时候,学生开始疲劳,记忆力开始下降;另一方面,每堂课的结尾都存在着后摄效应,也就是"故事的结尾往往是最容易被记住的"。一个好的课堂小结应该能体现下列教学功能:课堂小结是对知识的总结和概括,而不是对课堂教学内容的简单摘要与重复;是对规律的高度概括而不是简单的一带而过;是寄予学生学习期望而不是意味着又挨过了一节课。

对教师而言,课堂小结是对"教"的一种回顾。当我们进入课堂小结这一环节时,当我们面对学生提问"今天有何收获"时,学生在思考,教师也应当回顾"这堂课我教会了学生什么"。作为教学工作的组织者、引导者、合作者,我们是否完成了教学目标,是否促进了每一位学生的发展。在此时,课堂小结犹如一面镜子,折射着这堂课,亦或暗淡、亦或闪耀着明亮的光辉。对学生而言,课堂小结是对"学"的一种深化。虽然是简短的几分钟结语,对学生而言,却是对"学"的一种深化过程。它可以帮助学生从总体把握知识、理解知识、运用知识,培养学生善于思考、归纳总结的能力,激发学生乐于学习,积极参与的热情。

课堂小结形式多样,常见的类型有以下几种。

1. 知识梳理型小结

这是一种常见的小结方式,教师利用一节课结束前的几分钟,简明扼要地对本节课的内容进行归纳总结。一方面可以让学生回忆所学知识的内容,并帮助学生加以梳理,辨清知识之间的联系与区别,加深对知识的掌握与理解;另一方面,进一步强调教学重点和难点,以促进其认知结构的建立和完善,从而提高学生运用知识、解决问题的能力。

视窗 5-6

根据教学内容的不同,课堂小结可以采取不同的方式。

1. 概括式小结

例如,初中几何中的"三角形全等的条件",可把三角形全等的条件列出来,使学生对三角形全等的条件有一个全面的、系统的了解,让学生在证明三角形全等时知道有哪些条件可选,从而提高证明三角形全等的能力。

2. 问题式小结

通过提问的方式,将课堂上的所学知识串联起来,形成系统结构。例如,在教学"认识三角形"时,可问:这节课我们学习了什么内容?你知道了三角形的哪些知识?然后针对每一个知识点加以提问,学生逐一解答。

3. 对比式小结

教师将本节课所授的内容和其类似的课进行比较小结,抓住它们的相同点和不同点,使学生对本节课的教学内容和其类似的内容得到区分,加深学生对本节课堂所学的内容的理解。

2. 互动性小结

可先让学生比收获,教师加以补充,再谈疑惑,教师解答,然后提建议。教师和同学针对自己的情况有则改之,无则加勉。这样一节课下来,同学们基本都能消化当堂课内容。这样小结的方式,不仅可以激发学生的求知欲,而且可以培养和发展学生的概括能力。

二、基于不同数学课程类型的设计

(一)数学新授课的教学设计

新授课的教学目标是传授数学基础知识,同时促进学生思维的发展和能力的提高。这里所说的数学基础知识对于学生而言应该是新知识,而数学中的新知识一般情况下包括数学概念、命题、法则、公式等。新授课的教学设计一般可以归纳为引入新知识、探讨新知识、明确新知识、巩固新知识和应用新知识几个环节。

1. 引入新知识

好的开始是成功的一半,因此,引入新知识是十分重要的一个环节。这个环节通常采用创设问题情境的方式,这里的问题情境可以是学生熟悉的生活中的实例,也可以是基于学生已有的知识,或者其他学科的相关知识,等等。教学情境是教学的突破口,情境创设不仅有助于学生在不自觉中达到认知活动和情感活动的有机融合,而且可以使学生的情感和兴趣始终处于最佳状态,使学生全身心地投入学习之中;不仅有助于反映新旧知识之间的联系,便于学生对知识进行重组和创造,而且易帮助学生知识的同化和顺应,有助于点燃学生头脑中的思维之火。

2. 探讨新知识

探讨新知识就是在教师的引导下,学生独立探索和小组讨论与交流。新课程强调学生是学习的主人,教师是学生学习的促进者、良好学习环境的营造者,学生应该从被动学习转化为主动学习。因此,探讨新知识这个环节,就需要教师的引导和启发,让学生主动探索、发现新知识。

 视窗 5-7

> 《普通高中数学课程标准》中指出:学生的数学学习活动不应只有接受、模仿和练习,而应该是主动探索、动手实践、合作交流等方式。

3. 明确新知识

明确新知识就是在学生探讨的基础上,师生共同总结,将新知识明确下来。概念的明确包括:第一,正面揭示概念的本质属性,准确地给概念下定义;第二,充分揭示概念的内涵与外延;第三,分清容易混淆的概念,讲清概念的确定性和某些概念的发展与深化;第四,除了文字语言的表述之外,也要注意符号语言、图形语言的表达。

 视窗 5-8

> 概念的内涵是指概念所反映的这类事物的共同的本质属性的总和。概念的外延是指概念所反映的这类事物的全体。内涵可以看做是概念质的方面,外延则可以看做是概念量的方面。

4. 巩固新知识、应用新知识

巩固新知识就是将新学习的知识纳入已有的认知结构,获得新的认知结构。新知识的巩固,既需要从正面加强认识,也需要从反面或侧面烘托,使学生从多个角度认识新知识,培养学生思维的灵活性。

应用新知识就是将新知识运用到具体的问题情形中,进一步加深学生对新知识的理解,这个环节需要注意,问题的选择不要过于复杂。

 视窗 5-9

> 同课异构就是根据学生实际、现有的教学条件和教师自身的特点,进行不同的教学设计,意思是同一节的内容,由不同老师根据自己的实际、自己的理解,自己备课并上课。由于老师不同,所备所上的课的结构、风格,所采取的教学方法和策略各有不同,这就构成了同一内容用不同的风格、方法、策略进行教学的课。听课的老师就通过对这些课的对比,结合他们所取得的效果,找出他们的优点和不足,然后反思自己上过这节课所经历的过程或没上过的为自己准备上这堂课进行第二次备课。

(二)数学习题课的教学设计

做练习是巩固与应用数学知识的重要手段和途径。数学是一门高度抽象的学科,学习数学不做一定量的题目就很难达到理解和巩固知识的目的。这里所说的题目既包括数学题,也包括利用数学知识解决其他学科和生产生活中的问题。近年来特别强调数学知识在实际生活、生产实践中的应用,所以应用问题受到广泛重视,尤其是在生产生活中的问题。学生对数学基础知识的掌握,对数学方法的理解,对知识的灵活运用,都体现在解题的能力上,习题课的教学是中学数学教学中培养学生能力、开发其智力的重要途径之一。

习题课应该以学生为主体,培养学生将所学知识运用于解题之中的能力,达到理论与实践的统一。习题课的目标是巩固所学知识、深化数学概念和规律,活化数学知识,形成技能与技巧,培养学生的迁移能力和运用数学的能力。习题课的教学环节一般包括复习、练习、总结、布置作业四个环节。这里需要注意的是,习题课上的习题与新授课上的练习的目的是不完全相同的,新授课上的练习重点是巩固新学习的知识,而习题课上的习题的侧重点则是培养学生的迁移能力和运用数学解决问题的能力。因此,习题课上的练习题目要经过精心选择,要有综合性和典型性,不能使用"题海战术"。解题通常有四个阶段:审题(分析理解题目中的条件,研究问题的结论),拟定解题方案(要有理性思维和预见性),执行方案(执行过程中要不时地调控解题),回顾反思。这四个阶段都是十分重要的。教师在准备习题课的时候,应该精选题目,使每一道题都发挥作用,引导学生按照正确的解题步骤进行,培养学生严谨的数学思维。

视窗 5-10

美籍匈牙利数学家乔治·波利亚(George Polya,1887—1985)致力于解题的研究,为了回答"一个好的解法是如何想出来的"这个令人困惑的问题,他专门研究了解题的思维过程,并把研究所得写成《怎样解题》一书。这本书的核心是他分解解题的思维过程得到的一张"怎样解题"表。这张解题表包括"弄清问题""拟定计划""实现计划"和"回顾"四大步骤的解题全过程,这四大步骤可使我们对解题的思维过程看得见,摸得着。

(三)数学复习课的教学设计

复习课的教学目标是巩固和加深所学基础知识,使之系统化,完善数学认知结构,进一步提高数学能力。复习课的重点是复习,练习可有可无,但综合程度要更高,它是针对一个单元或几个单元来设计的。华罗庚先生主张读书应该有一个"由薄到厚,由厚到薄"的过程,平时的学习,是由薄到厚的过程,复习就应该起到由厚到薄的作用。

复习课上的复习,如果学生的基础较好,能力较强,教师可以只给出复习提纲,由学生独立复习或者小组协作复习;相反,如果学生基础较差,那么教师就可以多设计一些问题,引领学生进行复习,慢慢地放手由学生自己复习。不管怎样,教师都应该设法调动学生的学习积极性,让学生主动参与到复习中来,这样才能达到复习课的目的。

复习课应该从掌握知识和渗透数学思想方法两个角度来准备,一般可以包括以下几个环节:知识梳理、知识反馈、基本数学思想方法、典型例题、课堂练习及作业,其中任何一个环节都不容忽视。

复习课要引导学生将所学的知识进行梳理和联系,使学生对有关知识及其内在联系有更清晰的认识,从而形成良好的知识结构。通过对知识的梳理和归纳,使掌握的知识形成系统和结构;通过对运用知识解决问题的分析和比较,掌握基本的数学思想和方法;通过对各种数学方法的概括和提炼,感悟基本的数学思想。

(四) 数学讲评课的教学设计

讲评课是测试后教学的一种课型,试卷的讲评最好是在学生自己订正之后再进行,这样既给学生独立思考的时间和空间,能让学生自己对试题进行再思考,又能使学生在讲评过程中更加集中精力听讲并思考,免得学生拿到试卷之后都在看分数或议论失误,影响讲评课的教学质量。讲评课的目标是总结学习情况,提出存在问题并给予分析和纠正。

讲评课上教学的基本流程是:先解决学生中普遍存在的问题,分析错误原因,帮助学生正确掌握知识和方法,同时揭示其中所蕴含的数学思想;然后学生之间交流一下好的解题方法,达到优化学生思维品质的目的;接着由教师对试卷上考查的重点知识、重要方法进行变式训练,使学生牢固掌握基础知识,熟练基本方法;最后对本部分的知识、方法进行归纳总结,提升学生的认识水平,构建学生良好的知识结构。讲评课是师生教学双方的一个"反馈—矫正"的过程,既要"讲",也要"评"。"讲"——既要讲考查的知识点,又要讲答题思路、解题策略、思维方式以及书写的规范。"评"——既要评"不足"、评"误解"、评"学生数学学习中存在的问题",同时也要提出改进建议,指导学生学习,又要评"学生解题中的亮点",评"优秀的学生"、评"进步大的学生",要评出信心,激发动力,培养学生对数学的积极感情,使学生得到可持续发展。

视窗 5-11

> 《普通高中数学课程标准》中提到,对学生数学学习的评价,既要关注学生知识与技能的理解和掌握,更要关注他们情感与态度的形成和发展;既要关注学生数学学习的结果,更要关注他们在学习过程中的变化和发展。评价的手段和形式应多样化,要将过程评价与结果评价相结合,定性与定量相结合,充分关注学生的个性差异,发挥评价的激励作用,保护学生的自尊心和自信心。教师要善于利用评价所提供的大量信息,适时调整和改善教学过程。

三、基于不同数学能力培养的设计

(一) 为培养数学运算能力而做的教学设计

数学运算能力是一项基本的数学能力,许多解决数学问题的好设想、好思路,往往都需要通过一定的运算才能体现出它的价值。

视窗 5-12

> 运算能力主要是指能够根据法则和运算律正确地进行运算的能力。培养运算能力有助于学生理解运算的算理,寻求合理简洁的运算途径解决问题。

数学运算通常是指数值的计算和数式的变换。运算的种类有代数运算、几何运算、分析运算和逻辑运算等。中学数学运算的具体内容包括数的计算、式的恒等变换、方程和不等式的变形、几种初等函数的运算和求值、几何量的测量和计算、初等几何变换以及统计的初等计算等内容。这些内容是学习数学的基础,也是学习其他学科和解决实际问题不可缺少的条件。由此可见,运算能力主要包含两部分:一是对具体数字进行运算的能力;二是对数式进行变换的能力。对于运算能力的基本要求,首先是运算要正确,即弄懂运算的法则,学会有关法则的运算,在运算中不出差错;其次是运算要迅速,就是要做到合理、简捷,选择最优的运算途径。

培养学生的运算能力,有助于学生的分析能力、推理能力的提高,同时能把复杂问题简单化,可以减少计算的步骤,提高解题速度,使学生解题和运算过程更加科学化、合理化。提高学生的运算能力,其实是培养学生良好习惯的一个过程,而学生计算能力的强弱直接关系到他们学习数学的兴趣和效果。

(二) 为培养数学空间想象能力而做的教学设计

空间想象能力主要是指学生对客观事物的空间形式进行观察、分析、抽象思考和创新的能力。它不仅是认识现实世界空间形式不可缺少的能力因素,也是形成和发展创造力的源泉,因此,培养和发展学生的空间想象能力是立体几何教学中的重点,也是教学中的难点。

视窗 5-13

> 空间观念主要是指根据物体特征抽象出几何图形,根据几何图形想象出所描述的实际物体;想象出物体的方位和相互之间的位置关系;描述图形的运动和变化;依据语言的描述画出图形等。

空间想象能力是新课标赋予立体几何课程教学的主要目的。在教学上,力求做到使学生能将空间物体形态抽象为空间几何图形,能从给定的立体图形想象出实体形状以及几何元素在空间的实际位置关系,并能用语言符号或式子表达出来且能正确解题。空间想象能力具体包括以下几个方面:(1)熟悉基本几何图形(平面或空间),并能找出其概念原型,能正确地画出实物、语言或数学符号表述的几何图形;(2)能分析图形中的基本元素之间的位置关系及度量关系,明确几何图形与实物空间形式的区别与联系;(3)能借助于图形来反映并思考客观事物或用数学语言表达空间形状和位置关系;(4)能对画出的图形或头脑中已有的形象进行分析、组合,从而产生新的空间形象并能判断其性质。

(三) 为培养数学逻辑推理能力而做的教学设计

数学具有严谨逻辑性的特点,逻辑推理能力应该是学生必须具有的基本数学能力之一。数学中的逻辑推理能力是指正确地运用思维规律和形式对数学对象的属性或数学问题进行分析综合、推理证明的能力。

视窗 5-14

> 推理能力的发展应贯穿于整个数学学习过程中。推理是数学的基本思维方式,也是人们学习和生活中经常使用的思维方式。推理一般包括合情推理和演绎推理,合情推理是从已有的事实出发,凭借经验和直觉,通过归纳和类比等推断某些结果;演绎推理是从已有的事实(包括定义、公理、定理等)和确定的规则(包

括运算的定义、法则、顺序等)出发,按照逻辑推理的法则证明和计算。在解决问题的过程中,两种推理功能不同,相辅相成;合情推理用于探索思路、发现结论;演绎推理用于证明结论。

在实际教学中,应该注重培养学生的逻辑推理能力,进而提高其解决问题的能力。教师要深挖教材内涵,采用多种有效的教学手段,激发和培养学生的学习兴趣。在培养学生的观察实验能力的同时,逐步培养学生的分析、综合、归纳、逻辑、推理等方面的能力。

(四)为培养运用数学分析和解决实际问题的能力而做的教学设计

分析和解决问题的能力是指能阅读、理解对问题进行陈述的材料;能综合应用所学数学知识、思想和方法解决问题,包括解决在相关学科、生产、生活中的数学问题,并能用数学语言正确地加以表述。它是逻辑思维能力、运算能力、空间想象能力等基本数学能力的综合体现。

视窗 5-15

分析和解决问题的能力,对形成理性思维,发展智力和创新思维起着基础性作用。分析和解决问题的能力是指能阅读、理解对问题进行陈述的材料;能综合应用所学数学知识、思想和方法解决问题,包括解决在相关学科、生产、生活中的数学问题,并能用数学语言正确地加以表述,建立恰当的数学模型,利用对模型的求解的结果加以解释。它是逻辑思维能力、运算能力、空间想象能力等基本数学能力的综合体现。

分析和解决实际问题的能力包括审题能力,合理应用知识、思想、方法解决问题的能力以及数学建模能力。在新课程下,为了更好地进行教与学,就必须与时俱进,改进教学方法,更要改进学生的学习方式,倡导自主、合作、探究的学习方式,鼓励学生大胆创新与实践,营造开放、自主的学习环境,以学生为主体,发展创新思维,让学生大胆地把个性展现出来,使学生得到和谐、全面的发展。

视窗 5-16

模型思想的建立是学生体会和理解数学与外部世界联系的基本途径。建立和求解模型的过程包括:从现实生活或具体情境中抽象出数学问题,用数学符号建立方程、不等式、函数等表示数学问题中的数量关系和变化规律,求出结果并讨论结果的意义。这些内容的学习有助于学生初步形成模型思想,提高学习数学的兴趣和应用意识。

同时指出,应用意识有两个方面的含义:一方面,有意识利用数学的概念、原理和方法解释现实世界中的现象,解决现实世界中的问题;另一方面,认识到现实生活中蕴含着大量与数量和图形有关的问题,这些问题可以抽象成数学问题,用数学的方法予以解决。在整个数学教育的过程中都应该培养学生的应用意识,综合实践活动是培养应用意识很好的载体。

随堂讨论

请结合本节教学内容,完成下面的教学设计简案。

1. 阅读高中数学教材人教 A 版必修一《1.3.1 单调性与最大(小)值》(第一课时),选择适当的方式设计课堂导入环节。

2.《义务教育数学课程标准》中提到,数感主要是指关于数与数量、数量关系、运算结果估计方面的感悟。建立数感有助于学生理解现实生活中数的意义,理解或表述具体情境中的数量关系。请你结合实际案例,分析在培养学生数感方面的教学策略及教学建议。

第3节 数学教学设计过程

一、数学教学内容分析

(一)分析要点

教学内容分析主要包括下列几项:教学内容是什么,属于何种课型,包含哪些知识点,在编写上有什么意图与特点;本节教学内容在教材、单元中所处的位置、所起的作用及与前后知识之间的联系。

教材分析是教学准备活动。会运用所学学科专业知识和教育理论知识进行教材分析,是教师必备的基本能力,教材分析应准确、简明、目的性强,语言有严密的逻辑性,层次清楚。

(二)案例

在本节中,案例部分我们将以天津师范大学张颖同学参加"第四届东芝杯·中国师范大学理科师范生教学技能创新大赛"所做《圆锥曲线的光学性质及其应用教学》教学设计为例进行说明①。

【教学内容分析】本节课节选自人民教育出版社出版的 A 版数学选修 2-1 第二章《圆锥曲线与方程》阅读与思考:圆锥曲线的光学性质及其应用。

人们已经证明,抛物线有一条重要性质:从焦点发出的光线,经过抛物线上的 点反射后,反射光线平行于抛物线的轴,探照灯也是利用这个原理设计的,应用抛物线的这个性质,由光路可逆性,也可以使一束平行于抛物线的轴的光线,经过抛物线的面的反射集中于它的焦点,人们应用这个原理设计了一种加热水和食物的太阳灶,在这种太阳灶上装有一个旋转抛物面形的反射镜,当它的轴与太阳光线平行时,太阳光线经过反射后集中于焦点处,这一点的温度就会很高。

针对抛物线的这一重要光学性质,我们特别设计了一个实验:为便于操作,我们用放大镜来进行研究,放大镜的镜面正是一个抛物面,太阳光线通过放大镜凸面,经过折射集中于焦点处,可在焦点处放置火柴,太阳光较强时可点燃火柴。

---

① 张颖在"第四届东芝杯·中国师范大学理科师范生教学技能创新大赛"中获得二等奖。

> 让学生观察实验,从而完成了对新知识从感知到认识与理解的探究过程,最终完善了对新知识的认知结构。激发学生的求知欲望,调动学生学习的积极性。

二、学生情况的分析

(一)分析要点

1. 身心发展特征

人的身心发展具有顺序性、阶段性、不均衡性、个别差异性。无论是人的认知还是人格的发展都是有阶段性的,遵循阶段性特点,施加合理的影响是学校教育追求的目标,基础教育各科课程正是以学生在各阶段身心发展的特征为依据设计的,但同一年龄阶段的人,也还存在着群体差异(男女性别差异)、个体差异(同一方面发展速度和水平不同;不同方面的发展差异,个性、心理倾向不同等)。

我们似乎已经认识到人的身心发展具有个别差异,但是在教育中却常常是不顾个别差异。个性上的差异更是不能允许表现,常常被视做异端,予以压制或纠正。

人的发展是不同的,在数学教育中应区别对待学生,不用同一把尺子去衡量不同的人,不合尺度并不是有问题,或者是数学学习困难者,具体地分析和对待发展中的学生,从每一个儿童的发展特点出发进行教育。

视窗 5-17

> 一个人的心理过程与个性特征,从他出生直至死亡,都在不断地变化着。在教育心理学中,身心发展主要是个体从出生到成年期间所发生的积极的心理变化,是个体在成长期间对客观现实的反映活动不断扩大、逐步提高和完善的过程。

2. 学生已有数学认知结构

学生已有数学认知结构,是学生头脑里的数学知识结构,它包括数学知识及其在头脑里的组织方式与特征。如有关向量及四则运算的认知结构,一方面要反映向量的概念和性质、向量四则运算的意义及运算法则等知识内容;另一方面更要体现学生在头脑里对这些知识内容的接收、编码、储存、提取等一系列活动的组织方式。学生个体的数学认知结构是在后天的学习活动中逐步形成和发展起来的,不同主体对知识内容的理解和组织方式不同,数学认知结构是有个体差异的。数学教师了解、分析学习者的心理特征和认知差异,准确把握教学班级整体数学思维发展水平,是合理设计和高效施教的前提。

视窗 5-18

现代认知心理学研究告诉我们,学生学习数学的过程实际上是一个数学认知过程,在这个过程中学生在老师的指导下把教材知识结构转化成自己的数学认知结构。"所谓数学认知结构,就是学生头脑里的数学知识按照自己的理解深度、广度,结合着自己的感觉、知觉、记忆、思维、联想等认知特点,组成的一个具有内部规律的整体结构。"

(详见:曹才翰,蔡金法.数学教育学概论[M].南京:江苏教育出版社,1989.)

(二) 案例

【学生情况分析】课程面对的学生群体是市属重点高中高二学生,他们已经学习过椭圆、双曲线及抛物线等圆锥曲线的基本知识,掌握程度较好。学生对圆锥曲线的学习有较大的兴趣,但是在动手操作与小组合作学习等方面,发展不均衡,有待加强。

三、编制数学教学目标

(一) 分析要点

1. 教学目标

教学目标是教学活动的出发点和归宿,是优化数学课堂教学的前提和保证。因此,教学目标要依据数学课程标准对教学内容的要求来确定,要明确、具体,一般按基础知识、基本技能、数学能力和思想教育等几个方面来确定。

2. 教学重点

教学重点要以学生现有知识水平和思维能力为基础,根据数学教学目标和教学内容来确定,要求准确无误。

3. 教学难点

难点是理解本节课教学重点的障碍,有时也和重点相同。处理好难点才能突出重点,数学课堂教学效果才会显著。

4. 教学关键

教学关键是解决问题的"隘口"。数学教材分析不透,就打不通道路,无法正确理解和解决问题,只有抓住关键才能有正确的解题思路。

(二) 案例

1. 教学目标

(1) 了解抛物线的光学性质,通过数学实验活动,加深学生对抛物线光学性质的理解。

(2) 让学生进一步感受解析法及数形结合的思想,引导学生的思维由问题开始,使学生学会数学思考与推理,学会反思与感悟,逐步培养学生发现问题、探索问题、解决问题的能力。

(3) 学会运用抛物线的相关知识解决实际问题,体会抛物线在生活中的应用,学会在生活中用数学的方法去解释生活中的问题。

(4) 通过学生在活动中的探索、交流,体验成功与提升的喜悦,培养学生的合作意识,激发学生学习数学的兴趣,通过对问题的讨论,培养学生清晰地表达自己的思维过程与科学求真精神。

2. 重点难点

重点:抛物线的光学性质,用待定系数法求抛物线的方程,领会抛物线方程中 P 的几何意义。

难点:建立数学模型,灵活运用抛物线的光学性质解决实际问题。

四、设计数学教学方案

(一) 设计要点

1. 规划整堂课的程序及时间安排

主要是扼要交代与本节相联系的上下节内容,说明本节所属课时,主要包括:各个环节是如何组织、过渡的,即如何导入新课,如何认定与展示目标、传授知识,如何进行能力的培养、德育的渗透,如何突破重难点,如何进行练习小结、反馈矫正及作业布置。

从以上的分析可知,前面学生起点能力分析、教材分析、教学目标分析,都是为教学程序的设计做铺垫,而教学程序则是在前面分析的基础上进行综合,形成一个科学的、可行的教学方案。

2. 本节课教学所选择的教学方法、教学方法

说明其来源、采用的理由及所要达到的效果,如果选用多种方法,要阐述哪些教法为主、哪些为辅。

选择教法时,要考虑本课教学过程中要贯彻什么教学原则,采用什么教学模式,在设计文稿中应做出必要的解释和说明。在确定教学方法时还要考虑到该课内容特点(是陈述性知识、程序性知识还是策略性知识)、学生认知状况及自身素质等。教学方法的选用、设计是否得当、灵活、实用,直接影响着课堂教学效果,它最能体现教师的素质水平。

3. 教具和学具准备

这里主要是指准备本节教学所用的教具和学生所用的学具。

(二) 案例

1. 设计思想

1. 指导思想

《数学课程标准》明确指出"有效的数学学习活动不能单纯地依赖模仿与记忆,动手实践、自主探索和合作交流是学生学习数学的重要方式"。并且把过程性目标确定为"经历""体验"和"探索"三个方面。要倡导积极主动、勇于探索的学习方式,数学教学应从学生的生活经验和已有的知识背景出发,向他们提供充分的从事数学活动和交流的机会,让他们在自己的生活中寻找数学、发现数学、探究数学、认识数学和掌握数学。

2. 理论依据

建构主义学习理论认为,个体的学习不是在一片空白或完全相同的背景下进行的,其已有知识经验、信念、个性、情感等都不同程度地参与其中;学习不仅是个体的活动,而且也是在与他人的交互作用中实现的,

是一种与他人互助合作的社会活动。所以，建构主义不仅强调在"学习共同体"中成员之间交流合作的重要性，还强调了学习的主动性、真实性、社会性、情境性和多元性。

杜威的"教育即生活"理论也昭示了教育的生活意义。因此，在新课程背景下的课程应与学生的生活、经验相联系，将教学内容纳入学生与自然的关系、学生与社会的关系、学生与自我的关系以及学生与文化的关系中，引导学生在习得书本知识的同时，形成对待生活世界中各种问题的良好的情感、态度和价值观。

本节课教学从学生熟悉的生活中投篮时篮球的运动轨迹、桥梁的拱形、喷泉的纵截面等图片出发，让学生感知抛物线的重要应用。此外，结合教材第75、76页的阅读材料进一步研究抛物线作为圆锥曲线的特殊光学性质。

2. 教学方法

从数学的角度对日常生活中出现的问题进行研究，引导学生如何对日常所观察到的现象提出数学问题，运用数学方法、数学思想，主动解决问题，并对提出的问题进行延伸，注重学生主动探索、自主学习、亲身体验、合作交流。

以实物教具和多媒体课件为依托，课件可增强课堂教学的直观性、趣味性，促进学生积极思维，能够在动态演示过程中化解教学难点，突出教学重难点。教学中采用实验探索、类比法。

实验探索：借助物理实验验证抛物线的特殊光学性质，给学生直观展示。

类比法：通过实物教具的演示，由椭圆和双曲线焦点的相关性质，类比出其光学性质。类比法使得学生对于教材容易接受，可减轻学生负担。

3. 教学流程

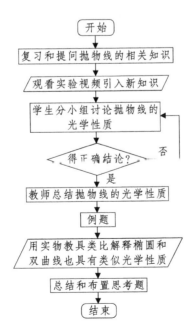

4. 教学过程设计

教学环节	教师活动	学生可能活动	设计意图
（一）复习	【设问】 1.抛物线的定义 2.焦点在 x 轴正半轴上时抛物线的标准方程 3.焦点在 x 轴正半轴上时抛物线的焦点坐标 4.焦点在 x 轴正半轴上时抛物线的准线方程 【演示】选取不同坐标系时抛物线的不同标准方程及其规律。	配合老师回忆抛物线的相关知识，回答老师的提问	"温故"，引导学生回忆前情，尽快进入抛物线的学习状态，以便"知新"
（二）创设情境，概括性质	【演示】创设实验情境 [实验器材介绍] 1.火柴 2.放大镜 【实验设计思想】 我们研究到的放大镜的镜面正是一个抛物面，太阳光线通过放大镜凸面，经过折射后将通过焦点处，可在焦点处放置火柴，太阳光线较强时焦点处高温达到燃点可点燃火柴。 经过教师引导，学生产生了强烈的实验愿望，有了较强的学习兴趣。 【设问】为什么会出现这种现象？ 【引导】打开教材第75、76页，阅读《圆锥曲线的光学性质及其应用》一文，分小组讨论抛物线具有什么光学性质？ 教师巡视，观察学生讨论情况。 【授课】汇总学生的讨论结果，总结抛物线的光学性质。 【板书】抛物线的光学性质：从焦点发出的光线，经过抛物线上的一点反射后，反射光线平行于抛物线的轴。 由于光路可逆性，可知一束平行于抛物线轴的光线经过抛物面的反射集中于它的焦点。	观察和思考 阅读教材，分小组讨论抛物线的光学性质。 整理笔记	打破数学课上死板教学的常规模式，将物理、化学学科知识引入数学课堂，创设实验情境，使得理科课程知识得到紧密结合，让学生学以致用。 培养学生观察概括的能力和语言的表达能力。

(续表)

		思考和讨论	
（三）趁热打铁，学以致用	设置与抛物线光学性质有关的典型例题，简单提示，让学生自主完成，如遇困难鼓励学生互相交流。 【例1】某种碟形太阳能热水器的外形示意图如图1，其中 F 为加热点；碟形反射壁是抛物线绕对称轴旋转而成的曲面；抛物线以 cm 为单位的设计尺寸如图2，为了达到最佳加热效果，F 应距碟底多少 cm？ 【提示】以碟形内壁底为原点，抛物线的对称轴为 x 轴，开口方向为 x 轴的正向，建立坐标系。 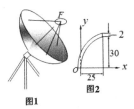 图1　图2 【例2】已知探照灯的轴截面是抛物线 y^2，如图所示，表示平行于对称轴 x 轴的光线于抛物线上的点 P、Q 的反射情况，设点 P 的纵坐标为 $a(a>0)$，a 取何值时，从入射点 P 到反射点 Q 的光线的路程最短？ 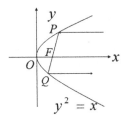 【提示】由抛物线的光学性质，知光线 PQ 必过抛物线的焦点。由题意可设出抛物线标准方程和 P 点的坐标 (a^2,a)。	例1解题思路：设出抛物线的标准方程，因为 $(25,30)$ 在抛物线上，代入数据易求得焦点坐标，由题意，焦点横坐标即为所求。 例2解题思路： （方法一：定义法） 先求直线 PQ 的方程，将直线 PQ 的方程与抛物线标准方程联立求得 Q 点的坐标。 由抛物线定义有 $\|PQ\|=\|PF\|+FQ$，整理化简 $=\left(a-\dfrac{1}{4a}+1\geqslant 1\right)$ （方法二：数形结合法） 因为抛物线过焦点的所有弦中最短的是通径，所以当 PF 与 x 轴垂直时从入射点 P 到反射点 Q 的光线的路程 PQ 最短。	培养学生自主探究与合作交流的意识。组与组之间质疑、论证，分享团体协作的乐趣。 加强坐标法的应用技能，培养学生善于观察、发现、探究的科学生活精神。 培养学生联系众多知识点分析实际问题的能力。

(续表)

			鼓励学生一题多解,不断优化解题思想。考查学生是否能灵活运用所学的重要结论,注意图形在解题过程中的作用,渗透数形结合的思想。
(四)总结规律,触类旁通	【演示】使用实物教具演示椭圆、双曲线和抛物线,类比抛物线解释椭圆和双曲线所具有的光学性质,并展示圆锥曲线在生活中的广泛应用,激发学生的探索兴趣,引导学生课下延伸学习。 【小结】焦点对于圆锥曲线的特殊意义,焦点就是光线的聚集点,这说明圆锥曲线与光有着紧密的联系。 【作业】电影放映机上聚光灯泡的反射镜的轴截面是椭圆的一部分,灯泡在焦点 F_2 处,且与反射镜的顶点 A 距离为 1.5cm,椭圆的通径 $\|BC\|$ 为 5.4cm,为了使电影机片门获得最强的光线,片门应安装在另一焦点处,求灯泡和片门的距离。 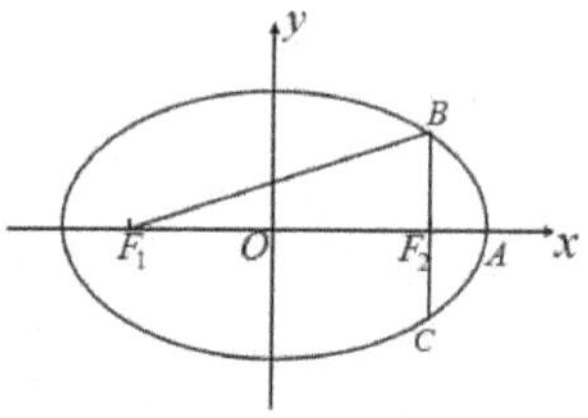	思考椭圆和双曲线也应具有光学性质,具体应该是什么性质?在生活中又是如何应用的呢?	培养学生联系和探究的能力。

五、数学教学方案评价

(一)评价要点

我们这里给出教师作为教学设计者进行自我评价的要点。

1. 目标评价

教师在进行数学教学设计时,就应该依据对教学目标的理解,分析教学方案是否符合教学目标的要求,通常我们看到的详细教学设计是通过设计意图来阐释对这一方面的解读的,也就是教师自身对方案的最初评价是伴随着教学设计一起写出的。

2. 过程评价

教学设计在执行活动中,应随着教学过程考察预设目标的达成水平,研究教学设计是否引发生性资源,以及这些对完成教学目标所起到的作用如何?数学教师如带着这些问题聚焦课堂、审视教学设计,就会对促进教学效率提高有益。

3. 结果评价

一个数学教学设计成功与否,最终要以学生是否得到应有的发展为评判标准,总结性评价是以预先设定的教学目标为基准,对评价对象达成目标的程度即教学效果做出评价,注重考查学生掌握数学学科知识的整体程度,概括水平较高,测验内容范围较广,常在学期中或学期末进行,次数较少。

视窗 5-19

> 教学评价是指以教学目标为依据,制定科学的标准,运用一切有效的技术手段,对教学活动的过程及其结果进行测定、衡量,并给以价值判断。教学评价的两个核心环节:对教师教学工作(教学设计、组织、实施等)的评价——教师教学评估(课堂、课外)、对学生学习效果的评价——考试与测验。评价的方法主要有量化评价和质性评价。[①]

(二) 评价的作用

通过教学评价,能使教师和学生知道数学教学过程的结果,及时地提供反馈信息。教学评价对于数学教与学的作用都是非常重要的,简单归纳如下。

第一,教师获得评价的反馈信息,能及时地调节自己的教学工作,能使教师了解自己的教学方法和教学过程组织中的某些不足,诊断出学生在学习上存在的问题与困难;可使教师明确教学目标的实现程度,明确教学活动中所采取的形式和方法是否有利于促进教学目标的实现,从而为改进教学提供依据。

第二,学生获得反馈信息,能加深对自己当前数学学习状况的了解,确定适合自己的学习目标,从而调整自己的学习。

第三,教学评价还能起到激发学生数学学习动机的作用,研究表明,经常对学生进行记录成绩的测验,并加以适当的评定,可以有效地激发并调动学生的学习兴趣,推动课堂学习。

视窗 5-20

> 【高中知识】数学归纳法:设 $\{P_n\}$ 是一个与自然数相关的命题集合,如果
> (1) 对命题 $\{P_n\}$,n 取第一个值 n_0(例如 $n_0=1$)时命题成立;
> (2) 对命题 $\{P_n\}$,假设当 $n=k(k\in \mathbf{N}^*,$且 $k\geqslant n)$时结论正确;
> 推导出当 $n=k+1$ 时结论也正确。
> 由(1),(2)可知,命题 $\{P_n\}$ 对于从 n_0 开始的所有正整数 n(或自然数)都成立。
> 【初中知识】勾股定理:"如果直角三角形两直角边分别为 a、b,斜边为 c,那么 $a^2+b^2=c^2$"。

---

① 教学评价的基本概念. 百度文库:http://wenku.baidu.com/view/c134120703d8ce2f006623c7.html.

请结合本节教学内容及视窗5-20提供的线索,完成下面的教学设计简案。
1. 写出数学归纳法引入部分的教学设计,要求有情境问题或者其他辅助教学手段。
2. 阅读初中教科书,写出勾股定理第一课时的教学设计。

第4节 数学教学设计案例

一、关于"导入设计"的典型案例

(一) 案例:《指数函数的图像及其性质(第一课时)》的导入环节

【案例背景】本节课是人教A版《普通高中课程标准实验教科书·数学(1)》,2.1节《指数函数及其性质》的第一课时,这部分是在学生系统学习了函数概念,基本掌握了函数的性质的基础上进行研究的,是学生对函数概念及性质的第一次应用。

● 创设情境、提出问题

师:设每张白纸厚度为1mm,那么1张,2张,3张,4张,…,50张的厚度是多少?

师:将一张厚度为1mm的白纸对折1次,2次,3次,…,按这样的规律50次以后纸的厚度是多少?

(学情预设:学生可能说很多或能算出具体数目。)

师:公布事先估算的数据,其厚度超过地球到月球的距离,已知地球到月球的距离约为380000km。

(设计意图:用一个看似简单的实例,为引出指数函数的概念做准备;同时通过与一次函数的对比让学生感受指数函数的爆炸增长,激发学生学习新知的兴趣和欲望。)

师:将以上两个问题中的纸张数、折叠次数分别用x表示,厚度用y表示,则y与x之间的关系分别是什么?

学生很容易得出 $y=x(x\in N^*,N\leq 50)$和$y=2^x$ ($x\in N^*,N\leq 50$)

【案例分析】教材在之前的学习中给出了两个实际例子(GDP的增长问题和碳14的衰减问题),已经让学生感受到指数函数的实际背景,但这两个例子背景对于学生来说有些陌生。本节课的情境导入环节从学生熟悉的问题入手,从学生的"最近发展区"入手,设计了一个看似简单的问题,由此通过超乎想象的结果来激发学生学习新知的兴趣和欲望。

(节选自天津市六十六中学的张淑芬老师《指数函数的图像及其性质》的教案.)

(二) 案例:《平行四边形的性质(第二课时)》的导入环节

【案例背景】本节课是选自人教版数学八年级下册第19章《四边形》§19.1.1平行四边形的性质的第二课时。"平行四边形对角线互相平分"是本节课的核心内容,是进一步学习特殊的平行四边形的基础;同时,本节课是对平行线与三角形有关知识的巩固和深化;其内容是训练学生推理论证、发展学生合情推理与演绎推理的良好素材。

- 复习引入

什么叫做平行四边形,表示方法是什么?我们上节课学习了平行四边形的边和角的哪些性质?想一想平行四边形还有其他性质吗?请大家先看一个小故事。

- 激趣设疑

一位饱经沧桑的老人,经过一辈子的辛勤劳动,到晚年的时候,终于拥有了一块平行四边形的土地,由于年迈体弱,他决定把这块土地分平均给他的四个孩子,你觉得应该怎样分?为什么?

学生活动:此时,学生的积极性被调动起来,努力试图寻找答案,每个小组同学应该都会有不同的答案。

教师乘机提问:为什么面积相等?

【案例分析】本节课的导入环节分为两部分,第一部分是复习引入,先让学生复习学过的知识,由此启发学生对于"新问题"该如何解决;第二部分是设置问题情境,以一个学生感兴趣的故事为情境,激发学生的好奇心和求知欲,调动学生的积极性,再适时地提出问题,启发引导学生寻找答案。

〔节选自天津市六十六中学的于岚老师《平行四边形的性质(第二课时)的教学设计》.〕

二、关于"新授课设计"的典型案例

(一) 案例:《算法案例(第一课时)》引入教学过程设计片段

【案例背景】本节课是人教 A 版《普通高中课程标准实验教科书·数学(3)》,1.3 节《算法案例》的第一课时。本节课通过设计问题串引导探究和计算机辅助教学,在探究与交流中解决问题,启发学生主动思考,动手操作来达到对知识的发现和接受,并形成初步的算法应用技能。

- 创设情境,提出问题

思考:18 与 30 的最大公约数是多少?你是怎样得到的?

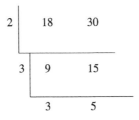

所以,18 与 30 的最大公约数是 2×3=6。

追问:8251 与 6105 的最大公约数是多少?

师生活动:教师提问,学生回顾小学求最大公约数的方法。由问题 8251 与 6105 的最大公约数是多少引出以前所学方法的局限性,并寻求新的方法。

【设计意图】从学生熟悉的 18 和 30 的最大公约数着手,符合学生的认知规律,并通过求 8251 与 6105 的最大公约数受阻,引出新的方法。

● 启发引导,逐个突破

1. 制定策略

问题1:你们打算如何求8251与6105的最大公约数?

师生活动:师生共同讨论,达成共识,将大数化小(利用除法或减法)。

【设计意图】引导学生思考新的方法。在共同研究新方法的过程中,不仅让学生掌握新方法的原理,而且让学生学到难化易的研究策略。

2. 探究辗转相除法

问题2:对于8251与6105这两个数,注意到$8251=6105\times1+2146$,那么8251与6105这两个数的公约数和6105与2146的公约数有什么关系?为什么?

【设计意图】引导学生理解原理,突破难点。

问题3:又$6105=2146\times2+1813$,同理,6105与2146的公约数和2146与1813的公约数相等。重复上述操作,直到_____可得到8251与6105这两个数的最大公约数。

(全解:$8251=6105\times1+2146$

$6105=2146\times2+1813$

$2146=1813\times1+333$

$1813=333\times5+148$

$333=148\times2+37$

$148=37\times4+0$

则37为8251与6105的最大公约数。)

以上我们求最大公约数的方法就是辗转相除法,也叫欧几里得算法,它是由欧几里得在公元前300年左右首先提出的。

(设计意图:从具体的两个数求最大公约数着手研究,符合学生的认知规律。)

【案例分析】本节课是算法案例的第一课时,授课对象是高一下学期的学生。在本节课之前,学生已经学习了简单的算法,对算法有了初步的认识,对用算法解决问题的方法和过程有了一定的了解和认识。对于算法案例的学习有借鉴、迁移的作用。作为新授课,本节课采用的是问题链式的探究式教学,尊重以学生作为教学主体的教育理念,通过层层设问,启发引导学生主动发现、探索新知识,同时,将所学知识以不同的形式呈现出来,也体现了数学多元表征的教育原理,最终提高了新授课的课堂教学效率。

〔节选自天津市滨海新区汉沽一中刘帅老师的《算法案例(第一课时)教学设计——问题链式探究式教学设计》.〕

(二)案例:《等边三角形》讲授教学过程设计片段

【案例背景】等边三角形是人教版八年级上册第12章第3节,学生是在已经学习了轴对称图形和等腰三角形有关知识的基础上,经历"猜想——证明"、建立符号意识、空间观念,初步形成几何直观;通过合情推理探索思路发现结论,运用演绎推理证明结论,提高学生的推理、论证能力;此外,本课是后续学习四边形、圆等几何综合知识的基础,在教材中起着承上启下的作用。

问题与情境	师生行为	设计意图
1. 精导善引，交流体验 ● 活动1 类比等腰三角形的性质探究等边三角形的性质。 |	等腰三角形	等边三角形
轴对称图形		△ABC
性质	等腰三角形两底角相等。等腰三角形顶角平分线、底边中线、底边上高互相重合。	| 性质： 等边三角形每个角相等，都等于 $60°$ 练习：如图，$BP = PQ = QC = AP = AQ$ 求：$\angle BAC$ 的度数。 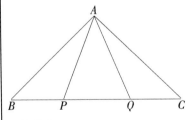 ● 活动2 类比等腰三角形的判定方法探究等边三角形的判定方法。 |	等腰三角形	等边三角形
轴对称图形	如果一个三角形有两个角相等，那么这两个角所对边相等。			学生口述，教师板书。 学生叙述理由。 关注： (1) 学生是否主动做出判断。 (2) 学生是否能利用等腰三角形的性质推出等边三角形的性质。 (3) 学生是否类比等腰三角形判定方法猜想等边三角形的判定方法。 学生口答。 用几何画板演示等腰三角形当腰和底相等时，得到等边三角形。 当有一角为 $60°$ 利用几何画板的测量工具，得到等边三角形。 关注： 学生是否利用分类讨论。	让学生通过经历、感受探究的过程，积累数学活动经验，类比是认识新事物的方法。 进一步感受等边三角形到等腰三角形是特殊到一般。 让学生进一步体会结论的正确性，证明的必要性，证明过程的严谨性。 及时巩固等边三角形的性质。 培养学生分类讨论的思想、合情推理的能力。

【案例分析】本案例按照"创境亮标,引出新知——精导善引,交流体验——新知应用,提升点拨——反馈检测,归纳整理"的结构安排来展开的,以学生为主体,让学生通过对旧知识的回顾来引出对新知识的思考,依托问题引导,学生主动发现学习,强化及时反馈,借助合作交流学习方式,采取归纳整理、纠错汇总、试后满分等措施,实现师生有效互动。"导"体现在导标、导问、导法;"馈"体现在反馈、矫正、积累。

(节选自天津市滨海新区塘沽区第六中学曹娟老师的《等边三角形》的教学设计.)

三、关于"问题解决能力培养设计"的典型案例

(一)案例:《实际问题与二次函数》教学过程设计

【案例分析】本节课是人教版九年级下册第 26 章第 3 节内容,本节内容是在学过二次函数的图像与性质、求解二次函数解析式、用函数观点看一元二次方程之后利用二次函数解决实际问题的内容,再次强化了方程与函数的联系,进而培养学生初步具有建模意识并有意识运用数学知识分析、解决实际问题,是二次函数知识的再升华。

教学过程	教师活动	学生活动	设计意图及资源准备
情境导入	教师利用幻灯片请同学解决问题: 济南建邦大桥有一段抛物线形的拱梁,抛物线的表达式为 $y=ax^2+bx$,小强骑自行车从拱梁一端 O 沿直线均匀穿过拱梁部分的桥面 OC,当小强骑自行车行驶 12 秒和 24 秒时拱梁的高度相同,则小强骑自行车通过拱梁部分的桥面 OC 共需多少秒? 引导学生审题,找出有关二次函数已知,结合找到的已知简要说明已知的图像性质,并利用函数图像和性质解决问题。	根据老师的引导,回顾二次函数的图像特征(轴对称性)和相关性质(对称轴的推导方法的)。	对本节课将要利用二次函数的对称性及其他性质进行必要的复习,达到温故知新的目的。
	教师利用幻灯片	学生分组讨论交流,以组为单位,代表发言。	通过对文字信息的提取,达到对问题环境的初步感知,并初步建立小组内成员间良好的合作关系。

探究新知	探究:如图中抛物线形拱桥,当水面在 l 时,拱顶离水面2m,水面宽4m,水面下降1m,水面宽度增加多少?引导学生通过研读文字,找出文字条件。		
	问题: 1. 这两个问题都以拱桥为背景,并都配有图形,但图形呈现的方式上有什么不同?这对解题有什么影响?你能设法解决这个问题吗? 2. 你能从函数的角度表述题中交代的已知和问题吗? 3. 根据相应的函数条件,请利用函数知识解决问题? 教师关注指导学生以组为单位,讨论确定抛物线在坐标系中位置;分工完成构建图像模型、记录方案及共同利用函数解决问题的过程,并适时地加以指导。	观察两幅图形,并发现函数图像比实际图片在解问题时更为实用的特点,尝试构建坐标系和函数模型解决问题。利用手中胶片上的坐标系和抛物线形之间位置的变换,作出符合题意的图像,并解答问题。	通过观察,培养学生比较、分析能力,引导学生结合图像分析问题,培养学生养成数形结合的分析习惯。通过讨论、合作探究、分工协作的方式,培养学生之间的交流协作能力,并逐渐形成一定的自主探究的学习方法。
	听取学生讲解各组的解决方案和结果(板书学生公认最优答案)。	利用课件讲解、展示各组分析结果,并评出最佳方案。	鼓励学生动手操作并敢于发表自己的见解,从而激发学生学习数学的兴趣。
知识小结	1. 解决实际问题时我们总会经历如下过程。 实际问题 →建模→ 数学问题 →求解→ 数学问题解 → 原问题解 2. 说说你的学习经验和收获。	1. 学生观察幻灯片 2. 自由发言	通过梳理解决实际问题的方法,加深学生对建模思想的认识。
应用反馈	练习	学生独自完成建模即可。	检查学生本节课知识的吸收效果。
布置作业	使用两种不同的方法求解反馈练习的问题		

【案例分析】本案例采用情境创设和探究引导的教学策略,采取自主探索和合作交流的教学形式,从学生熟悉的生活实例出发,将生活中具体问题抽象为数学问题,然后予以解决,最终用数学问题的结论解释实际问题。这充分体现了数学的应用作用,有助于培养学生的应用意识和对数学的学习兴趣。案例设计遵循了建构主义学习观,通过教师的引导,让学生主动交流、发现、总结,培养了学生运用数学知识解决实际问题的能力。

(节选自天津市第六十六中学夏春玺老师关于《实际问题与二次函数》一课的教学设计.)

(二)案例:一节中考复习中的试卷评析课的教学片段

【案例背景】本节课是中考复习中的一节试卷讲评课,初三学生虽然有了一定的基础知识、基本技能、基本思想和基本活动经验,有了一定的数学思考和问题解决能力,但是,这些知识还是杂乱无章的、没有形成一定的知识脉络;他们的思维还是浅层次的、没有达到一定的深度和广度;他们的问题解决能力还是有局限的,没有实现由单一性向多元化的转变。所以,中考前的一模、二模复习,更应该重视学生问题解决能力的培养。

● 自读错题,分析原因

让学生检查自己的错题,分析错误的原因,独立解决会做的错题,不会做的错题做好标注,这样优生已经将大部分错题自行解决、中等生解决了较大一部分、学困生可能主要解决了第一列的问题。

(设计意图:让学生对自己的错误原因有一个综合的认识,明白哪些题是计算的粗心、哪些题是由于审题马虎、哪些题没有读懂、哪些题真正不会等,将粗心马虎的问题自己解决、不懂不会的问题进一步思考,让学生养成独立分析原因、独立解决问题的习惯。)

● 生生互动,合作学习

根据学生个人的错题分析,与本组同学自由讨论,重点解决中等生和学困生共同的问题,目的是让中下等学生能够解决基础问题。下面是一组同学针对16题的讨论过程。

(16)已知二次函数 $y=ax^2+bx+c(a\neq 0)$ 的图像如下图所示。

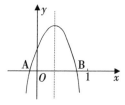

有下列结论:

① $ac>0$;② 方程的两根之和大于0;③ y 随 x 的增大而增大;④ $a-b+c<0$。

其中,正确结论的序号是 _____ 。

(把你认为正确结论的序号都填上)。

学生1:我知道①③④的对错,但是不知道②中"两根之和大于0"怎样判断?

学生2:方程 $ax^2+bx+c=0$ 可以看做是二次函数 $a-b+c>0$ 当 $y=0$ 时所对应的 x 值,即图像与 x 轴的交点A、B的横坐标,假设 x_1 是 y 轴左侧的点A的横坐标,x_2 是 y 轴右侧的点B的横坐标,很明显,$x_1+x_2>0$。

学生1：方程的两根就是函数与 x 轴交点的横坐标，但是为什么 $x_1+x_2>0$ 我还是不明白？

学生2：看图像，A 点距离 y 轴近，B 点距离 y 轴远，一个负数加一个绝对值比它大的正数，一定大于0。

学生3：我也可以根据图像举个特殊值：如 $x_1=-0.1,x_2=0.8$，就可以验证 $x_1+x_2>0$。

学生4：还可以这样做：根据一元二次方程的根系关系：$x_1+x_2=\dfrac{b}{a}$，因为图像上对称轴 $\dfrac{b}{2a}>0$，所以 $-\dfrac{b}{a}>0$，即 $x_1+x_2>0$。

……

由上面学生的对话我们可以看出：

这个过程是一个"生生交流互动、合作学习、共同成长"的过程，它的主要步骤是：(1) 学困生或中等生发现自己的问题并提出问题；(2) 其他学生帮助其分析问题；(3) 学困生或中等生进一步提出疑惑；(4) 其他学生再次分析问题（也可以采用其他解法），直至解决问题为止。

【案例分析】在这个过程中，学困生或者中等生发现问题、提出问题是关键，因为他们已经独立思考了，已经知道自己哪会哪儿不会，不再绝对地依赖老师或同学，而是有针对性地让同学帮他们分析问题、解决问题；其次，优生在给其他同学讲题时，会想方设法地让其他同学听明白，所以会调动自己所有的知识、所有的解决问题的办法（如上面的函数与方程的相互转化、图像法、特殊值法）为同学服务，在这个过程中，不仅巩固了优生的基础知识和基本技能，也大大提高了他们的数学思维能力、逻辑推理能力、语言表达能力。所以，"生生交流互动、合作学习"是一个生生共同成长的过程，它是培养学生问题解决能力的一个重要途径。

（节选自天津市滨海新区塘沽区第六中学申秀娟老师一节中考复习中的试卷评析课的教学案例.）

（三）案例：《正弦函数、余弦函数的奇偶性、单调性》学案设计片段

【案例背景】本学案是人教A版必修四的1.4.2《正弦函数的性质》中的奇偶性和单调性的教学学案。通过本节课的学习，使学生进一步熟练"五点法"作图，能根据图像得出正、余弦函数的性质，并能运用性质解决简单问题，让学生体会、运用数形结合、变量代换等思想，感受研究函数性质的一般思路与方法，培养学生的运算能力、逻辑思维能力以及运用数学知识解决问题的能力。

● 问题情境

1. 用五点法画出正弦函数、余弦函数图像。

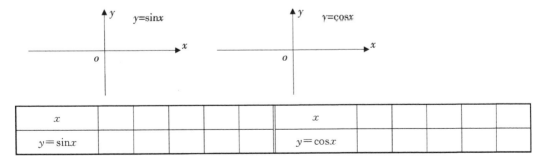

2. 复习回顾

正弦函数、余弦函数的性质

	$y=\sin x$	$y=\cos x$
定义域		
值域		
周期性		

3. 复习巩固

(1) 函数 $y=\sin\left(\dfrac{1}{2}x+3\right)$ 的最小正周期为 _____。

(2) 函数 $y=-2\cos\left(\dfrac{3}{2}x+\dfrac{\pi}{4}\right)$ 的最小正周期为 _____。

根据图像，你还能得到正弦函数、余弦函数的哪些性质？

● 建构新知

1. 图像的对称特征

(1) 奇偶性

$y=\sin x \begin{cases} \text{"形"的角度：} \\ \text{"数"的角度：} \end{cases}$ $y=\cos x \begin{cases} \text{"形"的角度：} \\ \text{"数"的角度：} \end{cases}$

练一练：以下是周期为 π 的奇函数是 _____。

A. $y=\sin x, x\in[0,2\pi]$ B. $y=\sin\dfrac{1}{2}x$ C. $y=\sin 2x$ D. $y=\cos\dfrac{1}{2}x$ E. $y=\cos 2x$

(2) 单调性

函数 $y=\sin x$ 在 _____ 上单调递增，

在 _____ 上单调递减。

函数 $y=\cos x$ 在 _____ 上单调递增，

在 _____ 上单调递减。

● 反馈练习

例 1：不通过求值，比较下列各组中两个三角函数值的大小（利用函数单调性）。

(1) $\sin\left(-\dfrac{\pi}{18}\right)$ 与 $\sin\left(-\dfrac{\pi}{10}\right)$ (2) $\cos\left(-\dfrac{23\pi}{5}\right)$ 与 $\cos\left(-\dfrac{17\pi}{4}\right)$

例 2：比较下列两个三角函数的大小。

(1) $\sin 250°$ 与 $\sin 260°$ (2) $\cos\dfrac{15}{8}\pi$ 与 $\cos\dfrac{14}{9}\pi$

例 3：求函数 $y=\sin\left(\dfrac{1}{2}x+\dfrac{\pi}{3}\right)$ 的单调递增区间。

变式练习：求函数 $y=\sin\left(\dfrac{1}{2}x+\dfrac{\pi}{3}\right), x\in[-2\pi,2\pi]$ 的单调递增区间。

● 思考题

1. 求 $y=\sin\left(\dfrac{\pi}{3}-\dfrac{1}{2}x\right)$ 的单调递增区间。

2. 观察正弦函数、余弦函数图像,除了奇偶性,还有其他的对称关系吗?

【案例分析】本案例以学案的形式呈现,配合的是《正弦函数、余弦函数的性质》中的一节课。教学目标是进一步熟练"五点法"作图,能根据图像得出正、余弦函数的性质,并能运用性质解决简单问题,以及体会、运用数形结合、变量代换等思想,感受研究函数性质的一般思路与方法。通过学生的实际观察、操作和运算,逐步分析出正弦函数、余弦函数的奇偶性和单调性的特征,再结合具体的例题、练习题来巩固对新知识的掌握,在这个过程中,体现了建构主义学习观,培养了学生的运算能力、逻辑思维能力以及分析和解决问题的能力。

(选自天津市第六十六中学张以欣老师关于《正弦函数、余弦函数的奇偶性、单调性》一节的学案的设计.)

随堂讨论

1. 你认为影响数学教学设计的主要因素有哪些,请举例说明?
2. 阅读"加涅,布里格斯等著,皮连生译的《教学设计原理》第一部分教学系统绪论",谈一谈对你的启发。

本章总结

本章从教学设计的理论依据出发,分析数学教学设计的基本问题。我们应该明确,数学课堂教学始于课前教师的备课,而数学教学设计是对课堂教学的整体构想,它规划了数学课堂教学的进程,实践中好的数学教学设计不一定能够实现好的教学,即一位数学教师用经典的设计去上课,效果不一定理想;而未经设计的数学教学却一定导致低效则是公认的事实。正因如此,做好课前准备,精心设计教学是取得好的数学教学效果的前提。

扩展阅读

[1] 加涅,布里格斯,等. 教学设计原理[M]. 皮连生,译. 上海:华东师范大学出版社,2004.
[2] 何小亚,姚静. 中学数学教学设计[M]. 北京:科学出版社,2008.
[3] 人民教育出版社网站. http://www.pep.com.cn/, 学科直达高中(初中)数学.

思考与练习

1. 数学课程的教学设计与数学教学中的备课有何区别与联系?
2. 结合本章内容,按照教学设计的基本环节,选择高中数学内容,完成一节课的教学设计。
3. 选定一个数学课题,查阅相关资料,对同一课题不同教学设计方案进行研究(同课异构),完成一篇比较分析的文章。

参 考 文 献

[1] 加涅,布里格斯,等. 教学设计原理[M]. 皮连生,译. 上海:华东师范大学出版社,2004.

[2] 何小亚.中学数学教学设计案例精选[M].北京:科学出版社,2011.
[3] 何小亚,姚静.中学数学教学设计[M].北京:科学出版社,2008.
[4] 李晓丹.基于"问题连续体"的初中数学教学设计研究[D].曲阜:曲阜师范大学,2012.
[5] 奚定华.数学教学设计[M].上海:华东师范大学出版社,2001.
[6] 伏文东.新课程背景下高中数学课堂教学设计研究[D].兰州:西北师范大学,2009.
[7] 包蕾.高中数学新课程教学设计模式研究[D].兰州:西北师范大学,2009.
[8] 许彩娟.归纳式的初中数学教学设计研究[D].沈阳:沈阳师范大学,2011.
[9] 张奠宙,宋乃庆.数学教育概论[M].北京:高等教育出版社,2004.
[10] 徐斌艳.数学课程与教学论[M].杭州:浙江教育出版社,2003.
[11] 曹一鸣,张生春.数学教学论[M].北京:北京师范大学出版社,2010.

第6章 数学教学实施

本章概要

概念教学,数学思想方法的渗透,以及问题解决教学训练,都是数学教育实践中的重要内容。本章分三节分别论述了这三个模块的内容。其中概念教学中加入了 APOS 理论的介绍与分析;在问题解决教学这一节介绍了当前研究的新进展和新成果;最后在数学思想方法部分重点介绍了中学教学中常用的几种类型。本章提供了大量的案例以便读者更好地加以理解。

学习目标

通过学习,你能够:

1. 了解数学概念的特征,理解数学概念教学的重要性,掌握数学概念教学的基本方法。
2. 理解问题解决的含义,了解当前数学问题解决研究的进展及前沿,掌握问题解决教学的基本策略。
3. 认识数学思想方法教学的重要性,进而对"数学到底要教给学生什么"有更深刻的理解。

关键术语

◆ 数学概念　　◆ 概念教学　　◆ 问题解决　　◆ 数学思想方法

引　子

《全日制义务教育数学课程标准(2011 版)》指出:教师首先要把学生看成是发展中的人,关注学生的全面和谐发展。每个学生都有发展的潜力,要充分体现人人都能获得良好的数学教育,不同的人在数学上得到不同的发展。由此,作为数学教育工作者,我们应不断地思考:数学要教给学生什么?怎样教?

第1节　基于 APOS 理论的数学概念教学

概念教学举足轻重,数学概念的基础性、工具性,使数学教师倾向于让学生在运用概念中深化对概念的理解,教学过程往往被简约,似乎大容量就带来了学习的高效率。事实上,数学学习往往具有很大的隐蔽性,会求解运算并不一定意味着真正的理解,教学环节的缺失给学生概念建构的丰富与全面带来了影响。

一、概念教学的意义[①]

数学概念是反映数学对象的本质属性和特征的思维方式。数学公式、定理、法则都反映了数学对象和概念之间的关系。如果数学概念没掌握好,就不可能理解相关的数学公式、定理、法则。所以,数学概念是数学基础知识的基础。

从课程论的研究观点看,数学课程的结构单位是数学概念,数学概念形成数学课程的知识结构,这个知识结构又是拥有数学知识与进一步学习数学知识的基础。概念形成的主要渠道是教学,通过数学教学促进学生形成良好的数学认知结构,并为进一步学习新概念创造条件。

数学思维的主要形式和活动过程是数学概念、判断和推理,思维活动的核心与基础就是概念。数学概念教学的质量直接影响学生数学思维能力的形成,深入理解数学概念的过程也会促进抽象逻辑思维的发展,同时也促进了数学思维能力的提高。

数学概念教学是素质教育的重要内容,不容忽视。概念教学贯穿于数学教学过程的始终。复习课、新授课、练习课的教学都离不开概念教学。因此,随着新一轮课程改革的推行,概念教学不仅不能减弱,而要更自觉地、有意识地、科学地进行。

二、数学概念的分类及其特征

(一) 数学概念及其分类

1. 概念及本质

数学概念是人类对现实世界空间形式和数量关系的概括反映,是建立数学法则、公式、定理的基础,也是运算、推理、判断和证明的基石,更是数学思维、交流的工具。[②] 数学概念反映的是数学对象的本质属性,本质属性是指一个特定数学对象,在一定的范围内保持不变的性质,而可变的性质则是"非本质属性"。那么,如何才是把握了概念的本质属性呢?

视窗 6—1

函数概念的本质属性[③]

什么是函数的本质属性?因为函数是一种映射,所以把握函数的本质,其实就是要弄清楚映射的本质特征。当说到函数 $f(x)$ 时,就是指映射 $f:x \to f(x)$,其中 x 是定义域中的元素,$f(x)$ 是值域中的元素,意思是映射"f"把定义域中的元素"x"变成了值域中的元素"$f(x)$"。"映射"是两个集合之间满足"随处定义且单值定义"的对应关系。"随处定义"是指原象集合的每一个元素 x 都有象 $f(x)$;"单值定义"则是指每一个元素 x 只有一个象 $f(x)$。满足这两个条件,那么这个对应关系就是一个映射,它对映射的形式没有任何规定。于是"单值定义"和"随处定义"就是映射的本质特征。由于函数就是"数集到数集上的映射",因此"数集到数

[①] 聂东明.数学新课程教学论[M].南京:南京大学出版社,2011.
[②] 邵光华,章建跃.数学概念的分类、特征及其教学探讨[J].课程教材教法,2009(7):47—51.
[③] 涂荣豹,宁连华.数学概念本质的把握[J].数学通报,2001(11):19—20.

集上的对应关系""随处定义"和"单值定义"就是函数的本质属性。至于对应关系的形式,其实并不是函数的本质。

认识到"数集到数集上的对应""随处定义"和"单值定义"是函数的本质特征,是函数不变的性质,除此以外的一切都是可变的,那么函数的表达形式就是可变的。函数 $f(x)$ 的表达形式可以是独立的解析式,也可以是其他的形式,如数表形式、图像形式、箭头形式等。无论函数关系用什么形式表示,只要具备函数的本质特征,它就是函数。

2. 数学概念的分类

对数学概念的分类虽表述方法不同,但其实质是一样的。曹一鸣认为,从概念形成过程的方式不同可分为自然概念和科学概念两种。[1] 自然概念的形成主要是从大量具体实例中抽取出某类事物的一般特征、发现规则,从而获得概念。科学概念是通过提出有关某类事物共同特征的假设,并检验这个假设的方式来获得概念。无论是自然概念还是科学概念,它们都必须是一类数学对象的本质属性的反映。邵光华等认为[2],数学概念来源于两方面:一是对客观世界中的数量关系和空间形式的直接抽象;二是在已有数学理论上的逻辑建构。相应地,可以把数学概念分为两类:一类是对现实对象或关系直接抽象而成的概念,这类概念与现实如此贴近,以致人们常常将它们与现实原型混为一谈、融为一体,如三角形、四边形、角、平行、相似等都有这种特性;另一类是纯数学抽象物,这类概念是抽象逻辑思维的产物,是一种数学逻辑构造,没有客观实在与之对应,如方程、函数、向量内积等,这类概念对建构数学理论非常重要,是数学继续发展的逻辑源泉。

以上是我们对数学概念这一总体进行分类的方法,当我们想要对某一个具体的数学概念进行分类时,则是将概念的外延划分为若干个类别,这些类别的全体包括了概念的本质属性反映的数学对象的全体,而每个类别之间又是相互不交叉的。

视窗 6-2

三角形概念分类

三角形概念按照"有没有两边相等"的标准可以分为"等腰三角形"和"不等腰三角形"两大类。

视窗 6-3

概念的内涵和外延[3]

每个概念都是其内涵与外延的统一体,即概念所描述的对象或关系的集合——概念的外延;与这个集合所固有的并且只有这个集合才具有的特征性质——概念的内涵。例如,"等价关系"这个概念是所有的等价

---

[1] 曹一鸣.数学教学论[M].北京:高等教育出版社,2008.
[2] 邵光华,章建跃.数学概念的分类、特征及其教学探讨[J].课程教材教法,2009(7):47—51.
[3] 王延文,王光明.数学教学理论与实践[M].天津:天津科学技术出版社,2004.

关系(如集合的相等、命题的逻辑等价、图形的全等或相似、平面内两条直线平行等)与这些关系的特征性质(反身性、对称性和传递性)的统一体。

一般地,我们用集合 $\{x|p(x)\}$ 表示一个概念的外延,而其中 $p(x)$ 就是这个概念的内涵。

概念的内涵和外延是概念的逻辑特征。研究、学习和理解概念的目的就是确定和把握其外延、内涵以及它们之间的关系。

概念的内涵严格地限定了概念的外延,反过来概念的外延也完全确定了概念的内涵。它们一脉相承又相依而变。例如,如果扩大"平行四边形"的内涵(不妨添加"对角线互相垂直"),那么它的外延马上就缩小了(仅剩下正方形或菱形);如果缩小这个概念的内涵(只要一组对边平行),那么它的外延便扩大了(包括梯形在内)。概念的内涵要用定义来揭示,外延常用分类加以明确。借助定义和分类可以把单个的概念组成相互关联的概念体系。

按照概念外延之间的包含关系,概念之间存在如下关系。

(1) 从属关系,即概念的外延之间存在包含与被包含关系,外延大的叫属概念,外延小的叫种概念。例如,平行四边形与矩形之间构成了从属关系,其中,平行四边形为矩形的属概念,矩形为平行四边形的种概念。

(2) 同一关系,即两个概念的外延完全相同。例如,等腰三角形底边上的中线和底边上的高线的外延都是同一条线段。

(3) 交叉关系,即两个概念的外延部分重合。例如菱形与矩形两个概念的外延之间就是交叉关系。

(4) 全异关系,即两个概念的外延间没有任何一部分重合。全异关系又分为矛盾关系和反对关系。在同一属概念之下的两个种概念,如果具有全异关系,而且它们的外延之和等于属概念,那么这两个概念的关系称为矛盾关系。例如,在实数属概念下,有理数和无理数构成了矛盾关系。在同一属概念之下的两个种概念,如果具有全异关系,而且它们外延的并小于属概念,那么这两个概念构成反对关系。例如,在三角形属概念下,锐角三角形和钝角三角形构成了反对关系。

(二) 数学概念的特征

对数学概念特征的认识,不同人采用了不同的视角。如有人根据数学内容表现出来的基本特征分析数学概念的特征;有人从数学内容的"二重性"出发总结概念的特征;也有人从数学学科的角度分析中学数学概念的特征。以下对不同观点进行简要介绍,以供读者参考。

1. 数学概念特征与数学内容特征一致

曹一鸣将数学概念的特征总结为四个方面,基本上与数学内容所体现出来的特征一致。[1]

(1) 抽象性特征

数学概念反映的是一类事物的本质属性,它排除了具体的物质形式,抽象出内在的、本质的属性。这种抽象可以是多层次的、多极的抽象,因此数学概念具有抽象性。

(2) 符号化特征

数学概念往往是用特定的数学符号来表示,表现出概念的形式化。

---

[1] 曹一鸣.数学教学论[M].北京:高等教育出版社,2008.

(3) 系统性特征

数学概念之间往往存在着某种逻辑关系。这种逻辑关系又使得数学概念系统化,进而公理化。

(4) 简明化特征

数学概念可以借助于符号化的语言,使得一类事物的本质特性用某些简明的形式展示出来。

2. 数学概念具备"二重性"①

(1) 判定特征

概念具有判定特征,指依据概念的内涵,人们便能判定某一对象是概念的正例还是反例。

(2) 性质特征

概念的定义就是对概念所指对象基本性质的概括,因而具有性质特征。

(3) 过程性特征(运算过程或几何操作过程)

有些概念具有过程性特征,概念的定义就反映了某种数学过程或规定了操作过程。如:分母有理化。

(4) 对象特征(思维的细胞,语言交流的词汇)

概念是一类对象的泛指,如三角形、四边形、复数、向量等概念都是某类对象的名称,泛指一类对象。

(5) 关系特征

有些概念具有关系特性,反映了对象之间的关系,如垂直、平行、相切等,都反映了两个对象的相互关系,具有关联性、对称性。

(6) 形态特征

有些概念描述了数学对象的形态,从形态上规定概念的属性特征,如三角形、四边形、三棱锥等概念都具有形态特征,它们给人留下的多是直观形象,用于判断时多从形态上先识别,根据形态就可大致判断是概念的正例还是反例。

3. 中学数学概念的特征②

中学数学概念经过教学法加工以后,带有另外一些特征。

(1) 确定性

考虑到中学生的知识水平与认识能力等因素,中学数学中出现的数学概念,其定义往往不是数学科学中的严格定义,因此有些概念的表述并不严谨。尽管如此,中学数学中的每个概念在数学科学中都有其确定的内涵,且在每套教材中,数学概念的定义都是完全确定的。

(2) 层次性

这主要指数学概念外延上的层次性。需要指出的是有些概念间的层次性是外显的,如实数是有理数和无理数的上位概念;而有些概念之间的层次性是内隐的,如函数是数、代数式、数列等许多数学概念的上位概念,学生需要在教师指导下反复对其领悟才能体会到。

---

① 邵光华,章建跃.数学概念的分类、特征及其教学探讨[J].课程教材教法,2009(7):47—51.
② 王延文,王光明.数学教学理论与实践[M].天津:天津科学技术出版社,2004.

(3) 发展性

在数学教学中，要充分考虑到学生认知、理解力等方面的原因，所以，数学教材对个别概念的处理不是绝对严密的。例如，依据中学数学教材给出的函数定义，就不能解释清楚为什么函数能用图像来表示。

(4) 理想性

数学概念是一类数学模型，也具有理想性特征。同时，为了建立数学体系，常常要在实际的研究对象中，引入"理想"的元素，这也是理想化的一种方法。例如，虚数作为"理想"中的元素，引入代数学后，使得简单的方程 $x^2+1=0$ 有解。

三、数学概念学习的两种方式

无论是早期的行为主义者，还是20世纪50年代后崛起的认知心理学家，对概念的分类、概念学习的类型及心理机制、概念学习的影响因素等与概念教学密切相关的一系列问题进行了系统而深入的研究。其中认知心理学家布鲁纳、奥苏伯尔和加涅等人对概念学习过程的开创性研究使人们对概念学习的认识跨入了一个新时代。综合已有研究，可以将数学概念的学习方式总结为两种：概念形成和概念同化。

（一）数学概念的形成

数学概念的形成是指人们对一类数学对象中若干不同的例子进行反复的感知、分析、比较、抽象、归纳概括出这类数学对象的本质属性而获得概念的方式。

当事物的关键特征可以由学生从大量的同类事物的不同特征中独立发现时，这种获得概念的方法就叫做概念的形成。概念形成的心理过程如下[①]：辨别刺激模式（即同类事物的不同例子）；通过比较、类比等方法找出共同属性；通过抽象、检验确认本质属性；概括形成概念。

下面以"矩形"概念为例，阐述概念形成的过程。

案例 6-1

"矩形"概念的形成过程

1. 提供各种实例，如桌面、墙面、黑板等，以及抽象图形，如图 6-1 所示。

图 6-1 四边形

2. 通过观察、比较、类比等方法，概括实物的共同特征，结合图 6-1 中的图形①和②找出"矩形"的共同属性：四边形；两组对边分别相等；两组对边分别平行；四个角都是直角等。

---

① 曹一鸣.数学教学论[M].北京：高等教育出版社，2008.

3. 确定本质属性,提出关于本质属性的几种假设,如:(a)两组对边分别相等且一个角是直角的平面四边形为矩形;(b)两组对边分别平行且一个角是直角的平面四边形为矩形;(c)两组对边分别平行且相等的平面四边形为矩形;(d)四个角都是直角的平面四边形为矩形等。通过检验发现满足(c)的四边形可能是图形③,因此(a)、(b)、(d)可以作为矩形的本质属性并依此判断一个四边形是否为矩形。

4. 概括形成矩形的概念。

(二) 数学概念的同化

数学概念的同化,是指利用数学认知结构的已有概念,与新概念建立联系,从而掌握新概念的本质属性来掌握新数学概念的方法。

随着年龄的增长,学生的认知结构中积累了大量的概念,概念同化逐渐成为他们获得概念的主要形式。概念同化属于接受学习,因此,要使学生有意义地同化新概念,学生的认知结构中必须具有同化新概念的适当知识,在此基础上学生还必须积极主动地使这种新概念与他原有认知结构中有关的旧知识发生相互作用,改造旧知识,使新概念与原有的认知结构中的有关知识进一步分化和融会贯通。就中学生而言,学生的认知结构中具有同化新概念的知识是主要的条件。

概念同化的心理过程如下:阅读数学概念的定义;以旧观念来明确数学概念定义的内涵和外延;区分和联系新旧数学概念;概括新数学概念。

下面以"菱形"概念为例,说明概念同化的过程。

案例 6-2

"菱形"的概念同化

"菱形"定义:有一组邻边相等的平行四边形叫做菱形。

1. 学习这一概念可以通过阅读概念定义,辨认定义中哪些是已有概念,哪些是新概念,新旧概念之间存在哪些关系。

2. 学生对旧概念如"四边形""平行四边形""相邻两边的长度"等进行回忆,并找到新概念定义的内涵及外延:一组邻边相等的特殊平行四边形是内涵;所有满足该条件的特殊平行四边形就构成了菱形的外延。

3. 在新概念与旧概念之间建立联系。学生将菱形与平行四边形概念进行比较,发现菱形是已学的平行四边形的一种,于是将菱形这一概念纳入原认知结构中,并赋予新概念一定的意义。

4. 通过辨析新概念的例子与非例子,概括并强化菱形的定义。

四、APOS 理论内涵及在概念教学中的应用

美国教育家杜宾斯基针对数学学科提出了 APOS 学习理论,其概念建构的层次性观点为数学概念教学应逐层渐进提供了理论基础,并且具有现实的可操作性。研究如何将 APOS 理论与传统教学中成功的变式教学和双基教学有机结合,完善数学概念的教学方法,提高教学的有效性,具有积极的现实意义。

（一）APOS 理论内涵

杜宾斯基等人在 20 世纪 80 年代针对数学学习的特点，在建构主义背景下提出了 APOS 理论。APOS 分别是由英文"操作"（Action）、"过程"（Process）、"对象"（Object）、"概型"（Scheme）的第一个字母组合而成，该理论认为数学概念的学习需要经历这四个阶段。[①]

1. 操作阶段

操作阶段指一个具体事物转换为个人的感知的过程。活动是感知的源泉，也是思维发展的基础，通过"活动"让学生亲身体验，感受概念的直观背景和概念间的关系。

数学概念学习中学生的"操作"是广义上的活动。此处的"操作"既有具体的动作操作，如学习二面角概念时学生观看门的开合与墙位置的变化的活动。更普遍的，应该指头脑中的思维操作，比如学习等差数列时给出几列数列归纳提炼特点等。

2. 过程阶段

学生通过不断操作，对活动进行思考，在反思的基础上形成了内心结构，经历思维的内化和压缩过程，在头脑中进行自动化的建构，抽象出概念特有的性质，形成一个过程模式。"过程"阶段是概念学习的关键。

事实上，概念学习中的"操作"与"过程"阶段并没有明显的分界。在"操作"发生的同时，也发生着"过程"。"过程"阶段虽然并不显现，但是其短暂或缺失，都会影响学生的学习效果，甚至导致学生没有真正意义上的参与。如学习二面角概念时，折的纸片展示出一个二面角的几何造型，学生拉动一个半平面运动，感受到纸片的张合中角大小发生着变化，该如何去刻画这个三维空间的角的大小？"过程"中看不见的思考比显现的操作要更重要。

3. 对象阶段

将过程上升为一种意识，作为独立对象，提高上述抽象，认识到了概念的本质，对其赋予形式化定义和符号，使其达到精致化，成为一个具体对象。从数学角度来看，由过程到对象的转移就是为从更高层次进行研究开拓了现实的可能性。

学生经历多次"操作"和"过程"后，抽象概括出"对象"。此时，"对象"虽已形成，对概念也有了完整的形式化表述，但是学生与其原有的认知结构可能还处于一种分离的状态，所以，认识需要上升到"概型"阶段。如二面角的学习，学生概括出二面角平面角的形式定义，认识进入"对象"阶段。但关于如何求二面角，二面角与其他角的联系等并不清晰，对"对象"的认识还是孤立的，还必须在新的活动中进行新的概括。所以，"对象"又是新概括的起点。

4. 图式阶段

以操作、过程和对象为综合的心理图式，通过相应整合产生新的问题图式，嵌入个人的心智结构，个体的地位和认知水平在持续建构中已经上升到更高层次，完成了更高层次的加工和心理表征。

概念学习中的"概型"往往不能一次形成，一般一次"A—P—O—S"是不能形成完整的"概型"的。

[①] 程华. APOS 理论的内涵及其对中学数学概念教学的启示[J]. 教学与管理，2010(8)：65—66.

(二) APOS 理论在概念教学中的应用

APOS 理论从思维层次上反映出数学概念从具体操作行为到抽象的心理结构的过程性。可见，中学数学概念的教学应据此设计，经历逐层渐进的阶段，我们以"函数单调性概念"教学设计[①]为例，提出以下教学建议。

1. "操作"阶段：以感性材料为基础，注重适度性、典型性和有效性

"操作"的目的是启动思考，这一阶段要注意"操作"的适度性、典型性和有效性。"操作"阶段提供的感性材料数量过少或经验不典型，会直接影响"过程"阶段对概念本质特征的把握，对"对象"的提炼。但感性材料过度，又会费时，使学生产生乏味感。

案例 6-3

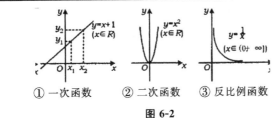

图 6-2

A——操作阶段

活动 1：用多媒体重复演示图像的动态变化过程，包括一次函数、二次函数、反比例函数（如图 6-2 所示）。

活动 2：挖掘生活中的数学元素，让学生列举生活中用图像描述上升或下降变化规律的事件。

2. "过程"阶段：运用问题串导引思维深入

"操作"只是为学生提供了思维的土壤，并不必然产生数学的思考。在"过程"阶段，需要教师用启发性、探索性、层进性的问题去引发、驱动学生对其"操作"自觉地思考。一般地，教师可以问，"你能得到什么""你是怎样得出来的""你为什么要这样做"等。让学生自己讲述，自己提问。使学生不仅会回答问题，逐渐地也能自己提出问题。可以以师生、生生间互动，以及与课本之间互动等形式进行。

P——过程阶段

活动 3：函数图像"上升"与"下降"的这一特征与变量 y 有什么对应关系？

活动 4：判断以上函数是增函数还是减函数。

活动 5：以下说法是否正确？

函数 $y=x^2(x\in \mathbf{R})$，取 $x=-1,2,3,4,\cdots$，相应地 $y=1,4,9,16,\cdots$，这样能不能说函数值 y 随 x 的增大而增大？能不能说函数 $y=x^2(x\in \mathbf{R})$ 是增函数？

3. "对象"阶段：运用数学化语言对对象进行形式化表达

在数学教学中，引导学生对课堂中的发现进行整理、补充和完善，并用简练的文字、符号或图形表

---

① 徐玉蓉,张维忠.基于 APOS 理论"函数单调性概念"教学设计[J].中学教研(数学),2008(11):21—22.

示发现的结论。在"对象阶段",教师可引领学生将函数单调性作为一个新的对象来认识,对其进行形式化、工具化的表达。

O——对象阶段

活动6:怎样用数学化的语言来表述"增函数"与"减函数"?

1."x增大""y增大""y减小"如何用数学语言来表述?

2.x与y的依赖关系"随"如何用数学语言来表述?

3.将隐含的"任意"符号化。

活动7:反思辨析,深化概念。

4."概型"阶段:以多样化的操作活动,丰富完善概念

"对象"阶段学生掌握的概念形式只是初步的,对其实质的含义还不清晰,教学中需要用多样、多次新的"操作""过程",促使学生的认识从"对象"上升到"概型"阶段。

S——图式阶段

活动8:给出一些具体的函数表达式,让学生用函数单调性的定义判断函数的单调性。

教师在引导学生用定义进行判断时,概括出定义证明函数单调性的一般步骤:任取—作差—变形—定号。

 随堂讨论

1. 浅析概念教学在数学教学中的重要意义。
2. 结合APOS理论分析数学概念教学的过程。

第2节 数学问题解决教学

1980年4月,美国全国教师联合会(NCTM)公布了一份名曰《行动的议程——对20世纪80年代学校数学的建议》(*An Agenda for Action——Recommendations for School Mathematics of 1980's*)的文件。该文件提出:"20世纪80年代的数学大纲,应当在各年级都介绍数学的应用,把学生引进问题解决中去","数学课程应当围绕问题解决来组织","数学教师应当为创造一种使问题解决得以蓬勃发展的课堂环境。"很快,"问题解决"受到世界各国数学教育的重视,并作为数学教育改革的主导思想之一。"问题解决"意在培养学生解决实际问题的能力和创造力,激发学生学习数学的兴趣,使其备受世人关注。

问题解决是人类高级思维活动的过程和高级形式学习的过程。问题解决教学是针对传统教育弊端提出的一种教学模式。该模式强调把学习设置到复杂、有意义的问题情境中,通过学生独立或合作方式来解决问题,学习隐含在问题背后的科学知识,形成问题解决技能,最终达到发展思维品质、培养良好个性、促进学生全面成长的目的。它是一种能克服传统教学弊端适应社会发展的有效教学模式。

一、数学问题解决教学概述

（一）数学问题解决的内涵

1. 问题的含义

问题（特指数学领域）是指数学上要求回答或解释的题目，需要研究或解决的矛盾。在日常数学教学实践中，人们把结论已知的题目也称为题，是指：为实现教学目标而要求师生解答的问题系统。重点在"要求回答或解释的题目"，包括一个待计算的答案、一个待证明的结论（含定理、公式）、一个待做出的图形、一个待判断的命题、一个待建立的概念、一个待解决的实际问题等。刘儒德认为中小学教育中的问题可分为三个层次：(1)学术性问题。传统教学中的问题绝大部分属于此类。该类问题的特点是定义良好，问题解决所需的知识不超出书本范围。(2)情境性问题。这类问题是基于真实情境创设的，要求学生在基于现实或幻想的情境中扮演这些角色。情境性问题通过激活真实世界的许多要素来让学生学习已有的课程。(3)现实生活问题。在现实情境中，发现问题是解决问题的第一步，往往也是最困难的一步。人在现实情境中面临的问题绝大多数结构不良，解决一个现实问题需要什么样的信息以及从何处获取这些信息往往是不明确的，解决办法通常要根据问题所在的情境作出相应变化，通常没有唯一正确的解决办法，往往需要群体力量和个体非认知因素方面的素质。可见，通过解决这类问题，学生可以获得强有力的学习经验。

2. 数学问题解决的含义及特点

目前，大多数教育学家和心理学家都赞同美国学者纽厄尔和西蒙（Newell & Simon）对问题解决所下的定义：问题是一种情境，在这种情境中个体知道想做某件事，但不能马上知道这件事所需采取的一系列行动。[①] 因此问题解决就是由一定情境引起的，按照一定的目标，应用各种认知活动、技能等，经过一系列思维操作，使问题得以解决的过程。

"问题解决"的含义是什么？不同学者的解释并不统一，归纳起来有以下几种情况[②]。

(1) 问题解决是一种心理活动。问题解决指的是人们在日常生活和社会实践中，面临新情境、新课题，发现它与主客观需要的矛盾而自己却没有现成对策时，所引起的寻求处理问题办法的一种心理活动。

(2) 问题解决是过程。美国全国数学管理者大会（NCSM）将"问题解决"定义为"问题解决是把前面学到的知识运用到新的和不熟悉的情境中的过程。"

(3) 问题解决是教学类型。应将"问题解决"的活动形式看做教和学的类型，不应将其看成课程所附加的东西。

(4) 问题解决是目的。"学习数学的主要目的在于问题解决。20世纪80年代以来，世界上许多国家都把提高学生问题解决的能力作为数学教学的主要目的之一。"

(5) 问题解决是能力。在1982年考克罗夫特（Cockcroft）报告中指出，"那种把数学用至各种情况的能力，叫做问题解决。"

(6)《国际数学教育辞典》指出，"问题解决"的特性是用新颖的方法组合两个或更多的法则去解

[①] 陈琦. 当代教育心理学[M]. 北京：北京师范大学出版社，1997.
[②] 王延文，王光明. 数学教育理论与实践[M]. 天津：天津科学技术出版社，2004.

决一个问题。

上述各种解释,在形式上似乎并不一致,但是我们应当看到它们所强调的共同的东西,即对"问题解决"不应理解为一种具体的技能,它是贯穿在整个数学教育过程中,应该被数学教育所体现的一条主线。"问题解决"在教学中为学生提供了一个发现、创新的环境和机会。在进行问题解决时,学生必须综合他所学到的东西,并将其运用到一种新的、困难的状况中去,这种解释着重考虑学生用以解决问题的方法、策略和猜想。"问题解决"为教师提供了一条培养学生解题能力、自控能力和应用数学知识能力的有效途径。将问题解决作为目的,充分体现出问题解决是数学教育的核心。这种观点将会影响到数学课程的设计和确定,并对课堂教学实践有重要的指导作用。

现在,世界上几乎所有的国家都已将提高学生问题解决的能力作为数学教育的主要目标之一,问题解决亦已成为国际数学教育研究的一个热点。《美国数学月刊》《数学教师》等杂志发表了大量有关的研究文章,美国、日本等国也有一些有关专著和文集出版,历次国际数学教育大会都将其列为讨论专题,足见人们关切的程度。在我国,对于问题解决的研究一直是重点及热点,同时在研究方法及内容上也有了新的进展。内容上不再局限于对解题策略的探讨,问题表征的方式、数学阅读能力,以及它们与解题能力之间的相关分析等研究越来越多;方法上开始借助更加精密的仪器,对数据进行更加精细的处理。如冯虹等人[①]采用$2\times2\times4$三因素混合实验设计,使用美国应用科学实验室(ASL)生产的504型台式眼动仪,对不同年级学生解比较应用题过程中的解题指标和眼动指标进行分析。结果表明:随着年级的增高,学生解题过程中的各种眼动指标之间的差异逐渐缩小;解题时数学成绩优生与差生的眼动模式差异显著,解一致性不同题目时的眼动指标差异显著。冯虹等人[②]采用$4\times2\times3$三因素混合实验设计,使用美国应用科学实验室(ASL)生产的504型台式眼动仪,对不同年级学生解代数应用题过程中的解题指标和眼动指标进行分析。结果表明:随着年级的增高,学生解题过程中的各种眼动指标之间的差异逐渐缩小;数学成绩优生在表征"关键信息"时的眼动模式与差生之间差异显著。岳宝霞[③]也曾对初中学生解代数应用题时所使用的信息区分策略进行了眼动研究,该实验以32名初中二年级学生为被试,以Tobbi 120眼动仪为工具,采用$2\times2\times2$的三因素混合实验设计,探讨了题目难度、冗余信息和数学成绩对学生采用的信息区分策略的影响,结果发现:不同成绩学生解题时使用不同的信息区分策略,低分组学生解较容易题目时会因题目是否含有冗余信息调整区分策略,但当题目难度增大时则不作调整;高分组学生会因题目难度及是否含有冗余信息调整区分策略。

(二)数学问题解决教学简介[④]

数学问题解决教学是一种就数学学习内容设计问题,或由学生提出问题,让学习者通过解决问题来获得数学知识的教学模式。它强调以数学问题解决为中心,在问题解决中进行数学知识的学习,强调多种学习途径相结合,强调社会性交流合作的作用,强调支持与引导等。

近年来,国外较受重视的数学问题解决教学模式有课题式教学(Project-Based Instruction)和基于问题式学习(Project-Based Learning)。课题式教学主张将课程内容设计为一个个学习单元,即课题

[①] 冯虹,阴国恩,安蓉. 比较应用题解题过程的眼动研究[J]. 心理科学,2007(1):37—40.
[②] 冯虹,阴国恩,陈士俊. 代数应用题解题过程的眼动研究[J]. 心理科学,2009(5):1074—1077.
[③] 岳宝霞,冯虹. 题目难度和冗余信息对代数应用题信息区分策略影响的实验研究[J]. 数学教育学报,2013(6):32—36.
[④] 庞国萍. 再论数学问题解决教学[J]. 玉林师范学院(自然科学),2002,vol.23(3):40—41.

(Project),每个课题围绕着一个具有启发性的问题展开,学习者通过合作、讨论来分析问题,搜集资料,确定方案步骤,直至解决问题。基于问题式学习强调把学习设置到复杂的、有意义的问题情境中,通过让学习者合作解决真实性问题,来学习隐含于问题背后的关系和机制,形成解决问题的技能,并发展自主学习的能力。在国内,由山东省临沂师范学院提出的"问题解决教学"的理论以及在该理论指导下构建的数学课程体系,也受到国内数学界的普遍关注。作为数学问题解决的一种教学模式,"问题解决教学"包括六个既相互联系又相对独立的环节:(1)课题划分;(2)设计问题系列;(3)明确学习任务;(4)分组讨论;(5)学生书面总结课题学习过程;(6)教师评价学生学习情况。

二、问题解决教学的理论基础

(一)信息加工理论中关于问题解决的研究成果

20世纪60年代,随着认知心理学的兴起,计算机被用来模拟人的问题解决过程,人类问题解决的心理和机制才被深入探讨。信息加工理论认为问题解决者、任务环境和问题空间三个概念是问题解决的基本构建。其中,研究代表人物是纽厄尔(Newell)和西蒙(Simon)。信息加工理论的问题解决研究可以分为两个阶段。

1. 对背景简单题目的研究

20世纪六七十年代,研究主要集中在知识贫乏领域,即集中在需要背景知识不多的问题上,如算术谜题、智力游戏等,并提出了几种通用的解决问题的策略。

2. 在知识丰富领域的研究

20世纪70年代后期起,可以看做第二阶段,研究集中在知识丰富领域,如代数、几何、物理、棋类、计算机程序设计等,研究包括专家知识的类型、新手与专家的差异、问题表征、结构不良问题,基于再认和直觉的问题解决策略等。

(二)建构主义对问题解决教学的启发

问题解决教学吸收了建构主义和情境认知的一些理论观点。这主要体现在,强调学生的自我知识建构,强调问题出现的情境,强调建构主义的教学观。数学问题解决是以思考为内涵,以问题目标为定向的心理活动或心理过程,是一种巩固所学知识、应用知识的活动,这种活动同样需要运用个体原有的知识经验,将当前问题情境同化到已有的认知结构中,若个体已有认知结构不存在可同化的图式,须对原有认知结构进行改组、扩展或分化,以顺应当前的问题情境,因此,数学问题解决也是一个建构过程。而建构过程的同化与顺应恰恰是数学学习活动和数学问题解决活动的交汇点,在这一点上,知识能在问题解决中获得,这也正是可置数学知识的学习于数学问题解决中的机制所在。[①]

三、数学问题解决的原则与途径

(一)问题解决的原则

在第三章中笔者提到,数学化型教学原则更加适应数学学科特点,可以更好地反映数学教学的规律。有研究者提出"问题驱动原则",认为"数学主要以问题的方式呈现……所以数学教学也必须用问

---

① 庞国萍.再论数学问题解决教学[J].玉林师范学院(自然科学),2002,vol.23(3):40—41.

题驱动"。国内已有的关于数学问题解决教学的研究中,从"理论基础""特点""模式""策略"等方面进行了探讨。对于问题解决教学原则比较一致的看法是:(1)淡化形式,注重实质;(2)创设问题情境,学生自觉学习;(3)根据教学问题解决层次,有效进行分类指导;(4)三个教学过程有机结合;(5)积极推进,循环上升。

以下有关加拿大数学教育中对问题解决的原则的探讨,或许能给我们一些启示。

 视窗 6-4

加拿大教育中强调的问题解决的原则[①]

加拿大高年级的每一册数学课本中,都有一节"问题解决的原则"(Principles of Problem Solving),集中讲述问题解决的要领。例如,10 年级的课本中,对问题解决是这样讲的:问题解决比使用公式解常规的练习题需要更多的创造力,在问题解决中,不存在取得成功的快速而容易的法则,下边的"仔细阅读—制订计划—动手求解—找到答案"模式,其实只是常识的归纳。

"仔细阅读"指花费足够的时间,充分理解题意,区分出相关和无关的信息,必要时可列表或画图来帮助理解。

"制订计划"指找出各种信息间的联系,看能不能由已知计算出未知,若各类信息间的联系不够明显,可考虑以下策略:

(1) 把信息分类。仔细考察所有信息,看看有没有重复的、矛盾的、无关的,剔除这些之后,剩下的信息对解题是否充分。

(2) 寻找合适的模式。看看能不能用已有的模式来解决现在的问题。

(3) 画一个图表或流程。图表能帮助组织思想,流程则可把问题分解成按一定顺序执行的若干步骤,使工作有条不紊地进行。

(4) 猜测、估计并反复核对。当找不出直接的解题办法时,可以作一些猜测和估计,反复核对并加以改进,不断向目标推进。注意归纳、类比等合情推理的作用。

(5) 找出恰当的顺序。在有些问题中,先做什么,后做什么是很重要的。

(6) 从结论出发逆推。

(7) 建立方程或公式。

(8) 先解一个类似的,但比较简单的问题,从中得到启发,再回到原来的问题。

(9) 考虑各种可能性。有时一个问题有几种情况,需要不同的方法分别处理。

(10) 制表。对某些问题,把数据制成表、图或网格有助于求解。

(11) 挖掘隐藏的信息。问题中的假设有时是很隐蔽的,需要反复推敲才能找出蕴含的信息。

(12) 充分利用过去的结论。在把一个新问题转化为过去已经解决了的问题后,就应充分利用已经得到的结论来处理。

(13) 引入辅助工具。例如代数中的辅助未知数和几何中的辅助线等。

"动手求解"指取得解答的过程,动手前要再次想想这样做是否有道理;若通向解答的途径不止一条,应优先考虑最熟悉、最有效、最易于执行的。

---

① 该内容选自陈维翰.加拿大的问题解决教学[J].学科教育,2001(10):45—49.题目为编者自拟.

"找到答案"不仅是把计算或推导结果简洁而清楚地表达出来,还应当把答案代回最初的模型或问题的原始形式中去检验。有时通过估计,也能根据常识判断答案是否合理。在检查的过程中,还可能发现更简单、更好的解法。还应考虑能否把解法一般化,推广到更大范围去解决类似的问题。

不难看出,加拿大中学课本中对问题解决的原则的理解非常接近波利亚(Polya)的提法。

(二) 问题解决教学的途径

数学问题解决教学,是教师通过创设数学问题情境,让学生经历发现问题、提出问题、分析问题、解决问题,从而获得解决问题经验和成功体验的过程。主要包括:创设问题情境,提炼数学问题,分析与解决问题,学生学习活动和教师指导五个方面。

1. 问题情境的设置[①]

首先要创设有效的问题情境,这是学习者自主探索的重要前提。问题情境的创设要贴近学习者的现实生活,符合学习者的最近发展区,并创设与学习有关的问题悬念,以此引导学习者独立思考,激发学习者对新内容的求知欲望,让学习者在最佳的探索状态下进行学习。因此,教师所设计的问题应具备以下几个特征:(1)尽量是开放、真实的问题。真实的问题使学生产生兴趣,学生会感到知识的产生和发展是自然的,数学与生活的联系是紧密的,促使知识的实际使用。如果问题的解法不唯一,则不同层次的学生都有可能由浅入深地给出不同层次的解答。(2)问题必须能引出与所学领域相关的概念、原理。因此,在设计问题时,首先要考虑教学目标和确定学生需要获得的基本概念和原理,由此出发来设计要解决的问题。(3)问题难度要适中。即要了解学生知识的起点行为,使学生通过努力能对已有知识、原则进行重新组合。由于每个学生的起点行为各不相同,因此班级教学和个别辅导相结合是一种很有效的方法。

案例 6-4

修剪草坪问题

一片草坪宽 10 米,长 20 米(图 6-3),剪草机的工作面为 0.5 米宽,要把这片草坪修剪一遍,是从一边出发,来回剪到对面快,还是从外圈出发,一圈一圈地剪到中心快?

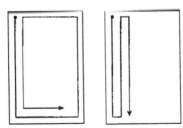

图 6-3 修剪草坪问题

〔原文详见陈维翰.加拿大的问题解决教学[J].学科教育,2001(10):45—49.〕

---

① 陈维翰.加拿大的问题解决教学[J].学科教育,2001(10):45—49.

2. 帮助学生提取问题,对问题进行正确表征

从问题情境中提出问题就是数学化的过程,学生在独立探索问题的过程中,常常难以建立起新旧知识间的联系,难以把握解决问题的思维方向,难以判断知识运用是否正确、方法选择是否有效等,因此在探索过程中,要注意观察学生的探索行为、思维方向,教师可给予必要的指导,帮助学生建立正确的数学模型。常用的提出问题的方法有以下几种。①

(1) 从推理方式角度考虑

思路1:根据数学情境中的信息或联系生活实际,猜想、归纳、类比,提出数量关系或空间形式的问题。

思路2:比较相近事物之间的关联,从而发现问题,寻找解决问题的方法。

(2) 从思考问题的方式考虑

遇到问题,多问几个为什么,为什么有这个结论?条件和结论有什么联系?怎样得到这个结论?改变问题的某个条件,看看结论有什么变化,或者改变结论,看看条件如何变化?把所得到的结论、公式、定理能不能推广、引申,得到更为一般的规律和事实?正面的问题,反过来思考会怎样?思考命题的逆命题是否成立,由结论能不能推出条件?

(3) 从操作活动过程中考虑

从学生动手操作、实验结果中分析、提出新问题;用学生奇异的解答或简便的解答,提出新问题;利用学生错误的理解,提出新问题,等等。

3. 分析与解决数学问题

这一阶段类似于波利亚"怎样解题"中的第二个及第三个环节,即拟定解题计划并解决问题,但这里更加强调的是教师"教"的环节。怎样引导学生寻求解题思路,如何指导学生进行探索活动,激励并引导学生在探究中学习呢?(1)鼓励学生通过观察、操作、类比、归纳等过程后大胆地提出猜想,同时又要注重引导学生对猜想进行严格论证;(2)留给学生独立思考的时间;(3)启发思维,鼓励学生向教师提出问题;(4)提倡解题策略多样化。

案例 6-5

等差数列的前 n 项和②

问题一:在 200 多年前,10 岁的数学家高斯在老师提出问题:$1+2+3+\cdots+100=$?很快地就算出了结果,这个故事大家应该也听说过,那么他是怎么算出来的呢?

(1) 高斯的这种算法用到了我们前面学过的等差数列的哪条性质呢?

(2) 上面的计算中有偶数个数相加,如果是奇数个数相加呢?

问题二:上面的算法即是求等差数列 $1,2,3,\cdots,100$ 前 100 项和的方法,受高斯算法的启发,你能否求出 $1+2+3+4+\cdots+n$ 的和呢?

---

① 曹一鸣. 数学教学论[M]. 北京:高等教育出版社,2008.
② 牛瀞萍. 高中数学问题解决教学的理论与实践探究[D]. 郑州:河南大学硕士学位论文,2012.

问题三:给出数列前 n 项和的定义:对于数列 $\{a_n\}$,我们称 $a_1+a_2+a_3+\cdots+a_n$ 为数列 $\{a_n\}$ 的前 n 项和,你能根据前面的算法求出数列的前 n 项和吗?

4. 安排学生活动

教师提出问题或者学生自己找出问题后,可以安排学生进行解题思路的探索。形式上大多采用个体探究与小组讨论相结合的形式。教师应强调集体工作(Teamwork),因为组内学生各自的思维特点、兴趣爱好、知识特长等可以实现互补。在小组讨论中,让每个学生都有表现自己的机会,差生也不至于因无法下手而放弃,小结时还可互相交流。

案例 6-6

来自加拿大数学课程中的一个问题解决教学组织案例[①]

教师向学生展示一幅迪斯尼世界中,位于 EPCOT 中心的地球馆的照片,问学生它像什么?学生都说它那带锥体皱纹的球状外壳恰似一个巨大的高尔夫球,教师说,这个球体的直径是 55 米,问它能不能装下美国和加拿大两国所有的高尔夫球?要求学生分成小组研究后,提出书面报告,报告中要说明资料来源,所作的假设和每一步的主要计算过程。解答这个问题的第一步,是取得美加两国现有高尔夫球的总数。学生们想了许多办法,最后是从商业年鉴中查出高尔夫球的年销售额,再从广告上摘录各地高尔夫球的零售价,算出平均价,求出今年的高尔夫球出厂总数,还要考虑高尔夫球的使用寿命和往年的余额。这种收集资料的办法,很接近于真实的商业调研了,对培养学生解决实际问题能力的作用是不言而喻的。接下来要计算体积了,因为大球装小球有空隙,也不是一件很简单的任务。有的小组查资料研究各种近似算法;有的小组则研究平面上大圆装小圆的情形,进行类比;还有的在篮球壳内塞满乒乓球再灌水,以求得大球装小球时容积的可用率等。

5. 教师的指导作用[②]

在问题解决教学中,学生是问题解决活动的主体,但教师仍起主导作用。教师通常扮演的是下面三种角色:(1)作为问题解决的"模型",将自己真实的解题过程展示给学生。(2)作为"外部监控者",其具体行为是在学生个别或小组解决问题时进行观察、询问和指导,组织班级学生对解题方案进行讨论。(3)作为学生问题解决的"助手",其具体行为是提出问题、设计任务,并要求学生去分析自己的活动表现,指明在解题中所用数学的特点,以及帮助学生合理地建构所用的数学知识。因此,在问题解决教学中,发挥教师的主导作用应特别注意:(1)提出的问题必须掌握一个合适的尺度,难度应处在学生思维水平的"最近发展区"。(2)把学生带入问题情境后,要给学生的探索、实践提供实践和机会,教师要"延迟判断"。(3)积极帮助学生靠自己以及小组的合作发现解决问题的策略,使不同水平的学生能在问题解决的过程中获得成功的体验。

---

① 陈维翰.加拿大的问题解决教学[J].学科教育,2001(10):45—49.
② 吴华,等.数学课程与教学论[M].北京:北京师范大学出版社,2012.

随堂讨论

在课堂教学中,组织问题解决活动应注意哪些问题?

第3节 数学思想方法的教学

一、数学思想方法的含义

数学思想方法是对数学的本质认识,是数学学习的一种指导思想和普遍使用的方法。数学思想方法的教学可以将数学知识的学习与能力的培养有机地联系起来。因此,重视思想方法的教与学是数学教育发展的必然,是现代社会对人才培养的要求。

(一) 数学思想和数学方法

自20世纪以来,由于数学基础学科中重大思想方法的出现,特别是数学公理化的形成以及数学基础理论研究的深入开展,人们渐渐关心数学各分支之间的内在联系,开始注意对数学思想方法本身的产生及其发展规律的探讨。许多著名的数学家都曾从事过数学思想方法理论的研究,并获得丰富的研究成果,这些成果为我们今天研究数学思想方法的教学提供了理论基础,为数学思想方法教学的顺利进行提供了可能。

自20世纪50年代以来,许多著名的数学家,尤其是长期从事教育工作的数学家,集中精力从事数学教育功能的研究,并获得了一系列理论研究成果,如波利亚所著的《数学与猜想》、米山国藏发表的《数学的精神、思想与方法》等。

进入20世纪80年代,数学方法论作为研究数学的发展规律、数学的思想方法以及数学中发现、发明与创新等法则的一门新学科,在我国数学界,特别是数学教育界获得了广泛重视。这期间,徐利治先生所著的《数学方法论选讲》与郑毓信先生所著的《数学方法论入门》等论著十分有意义,这些工作是奠基性和开创性的。这些工作直接推动了我国数学教育界开展数学思想方法及其教学研究。

进入20世纪90年代,随着教育改革的不断深入,国内许多专家、学者对数学思想方法及其教学的研究兴趣日益浓厚,又有许多新著出版,如张奠宙先生与过伯祥先生合著的《数学方法论稿》。不少报刊也刊登过许多有价值的论文。特别是1992年8月国家教委制定的"九年义务教育数学教学大纲"中明确数学思想方法是数学知识的组成部分后,引起了人们对数学思想方法教学的进一步重视,有关数学思想方法的教学研究也不断深入和拓广,解决了不少教学实际问题,极大地推动了我国数学教育改革的进程,并成为一项独具特色而又富有深远意义的研究课题。那么,到底什么是数学思想方法呢?

1. **数学方法**[①]

"方法"一词,起源于希腊语,字面意思是沿着道路运动。其语义学解释是指关于某些调节原则的

---

① 王延文,王光明.数学教育理论与实践[M].天津:天津科学技术出版社,2004.

说明,这些调节原则是为了达到一定的目的所必须遵循的。《苏联大百科全书》中指出,"方法表示研究或认识的途径、理论或学说,即从实践或理论上把握现实的、为解决具体课题而采用的手段或操作的总和"。美国麦克来伦公司的《哲学百科全书》将方法解释为"按给定程序达到既定成果必须采取的步骤"。我国《辞源》中解释"方法"为"办法、方术或法术"。从科学研究的角度来说,方法是人们用以研究问题、解决问题的手段和工具,这种手段和工具与人们的知识经验、理论水平密切相关,是指导人们行动的原则。中国古代兵书《三十六计》开篇就写道:"六六三十六,数中有术,术中有数。"说明古代的人们早已意识到数学与策略、方法之间的密切关系。我们认为,数学方法就是提出、分析、处理和解决数学问题的概括性策略。由于方法和技能都是解决问题的常用程序,因而方法一词在日常教学中常常与技能混为一谈。许多本应属于技能的具体操作,如公式法、配方法、割补法等也被纳入方法系列。我们认为,数学方法应该具有一定的抽象度,为分析、处理和解决数学问题提供策略,但一般不提供解决问题的程序。

2. 数学思想

在现代汉语中,"思想"解释为客观存在反映在人的意识中经过思维活动而产生的结果。《辞海》中称"思想"为理性认识。《中国大百科全书》认为"思想"是相对于感性认识的理性认识成果。《苏联大百科全书》中指出,"思想是解释客观现象的原则。"毛泽东在《人的正确思想从哪里来》一文中说"感性认识的材料积累多了,就会产生一个飞跃,变成了理性认识,这就是思想。"综合起来看,思想是认识的高级阶段,是事物本质的、高级抽象的概括的认识。我们认为,数学思想是数学中的理性认识,是数学知识的本质,是数学中的高度抽象、概括的内容,它蕴涵于运用数学方法分析、处理和解决数学问题的过程之中。

3. 数学思想方法

数学思想和数学方法是紧密联系的,一般来说,在强调指导思想时称为数学思想,在强调操作过程时称为数学方法。[1] 例如化归思想方法是数学研究问题的一种基本思想方法,在处理和解决数学问题时,总的指导思想是把问题转化为能够解决的问题,这就是化归思想。而实现这种化归,就是将问题不断地变换形式,通过不同的途径实现化归。例如,可通过一般化与特殊化的途径,通过合情推理(归纳、类比)的途径或通过恒等变形等途径去实现化归,这时就可称为化归方法。我们经常将数学的深层对象统称为数学思想方法。

(二)数学思想方法与数学知识

不论是数学思想、数学方法亦或是数学思想方法都是以数学知识为基础的,没有数学知识作为根基,数学思想方法就成了空中楼阁。

在中学数学中存在两种不同的研究对象,一种是中学课本中明确给出的概念、法则等,而另一种则是蕴于其中的知识,如数学思想方法等。我们称前者为表层对象,后者为深层对象。二者相辅相成,缺一不可。其中表层对象就是我们所说的数学知识,即教学大纲中明确规定的、教材中明确给出的基本概念、基本技能和基本方法。数学知识是数学思想方法的基础,只有较好地掌握和理解数学知识,才可能进一步学习和领悟有关的数学思想方法。中学数学知识有下列几种类型。

---

[1] 钱佩玲.数学思想方法与中学数学[M].北京:北京师范大学出版社,2008.

(1) 概念类：主要指数学的基本概念，如正数、负数、指数、一元二次方程、圆等。

(2) 逻辑类：如命题形式、判断、推理、证明等方面的知识。

(3) 结论类：如规则、公式、定理、推论等。

(4) 技能类：这类知识内容也很丰富，除了一般的基本技能外，还应包括平时称为方法的一些技能，如换元法、代入法、合并同类项法、因式分解法、判别式法、配方法等中学数学教材所明确指出的种种方法。

数学知识、数学方法、数学思想是数学知识体系的三个层次，它们互相联系、互相依存、协同发展。数学知识是解决问题的途径、手段，是数学思想的基础，也是数学思想发展的前提。数学思想是一类数学方法本质特征的反映和灵魂。数学思想是通过数学知识表现出来的。

二、中学基本数学思想方法简介

（一）符号与变元的思想方法[1]

从具体数字到抽象符号是数学的一次飞跃，掌握符号与变元的思想方法是初中数学乃至整个中学数学重要目标——发展符号意识的基础。从用字母表示数，到用字母表示未知元、表示待定系数，到换元、设辅助元，再到用 $f(x)$ 表示式、表示函数等字母的使用与字母的变换，是一整套的代数方法，列方程、解方程的方法是解决已知量与未知量间等量关系的一类代数方法。此外，待定系数法、根与系数的关系，乃至解不等式、函数定义域的确定、极值的求法等，都是字母代替数的思想和方法的推广。因此，符号与变元的思想方法是中学数学中最基本的思想方法之一。

案例 6-7

> $3a>a$；$-a<a$ 对吗？
>
> 对于初一刚开始学习代数的学生而言，经常会出现以上的认识偏差，原因在哪儿呢？就是符号与变元的思想方法没有建立好，没有掌握用字母代替数的思想。

（二）化归的思想方法[2]

化归思想方法简称为"化归"。化归从字面上理解就是转化和归结的意思，具体地说，就是把繁难、生疏的问题，通过一定的数学过程转化到简易、熟悉的问题上来，从而使原问题得以解决的措施、方法和手段。当说"化归思想"时，侧重指化归的意识；当说"化归方法"时，侧重指化归的策略和手段。中学数学处处都体现出化归的思想，如化繁为简、化难为易、化未知为已知、化高次为低次等，它是解决问题的一种最基本的思想。在具体内容上，加法与减法的转化、乘法与除法的转化、乘方与开方的转化以及添加辅助线、增设辅助元等都是实现转化的具体手段。因此，在教学中首先要让学生认识到，很多数学问题的解决虽然有很多方法和途径，但在这些方法中实质上最常用到的就是转化的数学方法，从而确信转化是可能的，而且是必需的。其次要结合具体教学内容进行有意识的强化训练，使

---

[1] 庞静.新课程改革中初中数学思想方法教学研究[D].大连：辽宁师大硕士学位论文，2008.
[2] 庞静.新课程改革中初中数学思想方法教学研究[D].大连：辽宁师大硕士学位论文，2008.

学生掌握这一具有重大价值的思想方法。

 案例 6-8

> 在求解分式方程时,运用化归的方法,将分式方程转化为整式方程,进而求得分式方程的解,又如求解二元一次方程组时的"消元",解一元二次方程时的"降次"都是化归的具体体现。以下例题如果不运用化归的思想方法,会使得解题过程变得非常复杂。
>
> 求函数 $f(x)=\sqrt{x^4-3x^2-6x+13}-\sqrt{x^4-x^2+1}$ 的最大值
>
> 将 $x^4-3x^2-6x+13$ 通过配方变形为 $(x^2-2)^2-(x-3)^2$,将 x^4-x^2+1 变形为 $(x^2-1)^2-(x-0)^2$,这样原函数方程就可以转化成 (x,x^2) 点到 $(3,2)$ 和 $(0,1)$ 两点间距离的差。一个求函数最大值的问题化归为求函数 $y=x^2$ 图像上的点到两定点距离差的最大值问题,大大简化了解题过程。

(三) 数形结合的思想方法

数学是研究现实世界的空间形式和数量关系的科学,也就是数与形。数与形是中学数学的主体,是中学数学论述的两大重要内容。数形结合思想方法是指在研究某一对象时,既分析其代数意义,又揭示其几何意义,用代数分析图形,用图形直观理解数、式中的关系,使数与形各展其长,优势互补,相辅相成,使逻辑思维与形象思维完美地结合起来。数形结合思想方法采用了代数方法与几何方法中最好的方面:几何图形形象直观,便于理解;代数方法的一般性、解题过程的机械化、可操作性强、便于把握。因此数形结合的思想方法是学好中学数学的重要思想方法。

辩证唯物主义认为,事物是互相联系并在一定条件下可以互相转化的。"形"与"数"既有区别又有联系,"坐标法"实现了它们之间的转化。华罗庚说过:"数缺形时少直观,形少数时难入微,……"。

(四) 分类讨论的思想方法

在解答某些数学问题时,有时会遇到多种情况,需要对各种情况加以分类,并逐类求解,然后综合得解,这就是分类讨论法。分类讨论是一种逻辑方法,是一种重要的数学思想,同时也是一种重要的解题策略,它体现了化整为零、积零为整的思想与归类整理的方法。有关分类讨论思想的数学问题具有明显的逻辑性、综合性、探索性,能训练人的思维条理性和概括性。根据数学本质属性的相同点和不同点,把数学的研究对象区分为不同种类的一种数学思想,分类思想是自然科学乃至社会科学中的基本逻辑方法,也是研究数学问题的重要思想方法,它始终贯穿于整个数学教学中。从整体布局上看,中学数学分代数、几何两大类,采用不同方法进行研究,就是分类思想的体现;从具体内容上看,初中数学中实数的分类、式的分类、三角形的分类、方程的分类、函数的分类等,也是分类思想的具体体现。对学习内容进行分类,降低了学习难度,增强了学习的针对性,在教学需要时启发学生按不同的情况去对同一对象进行分类,帮助他们掌握好分类的方法原则,形成分类的思想。

案例 6-9

> 分类时要注意(1)标准相同;(2)不重不漏;(3)分类讨论应当逐级进行,不能越级。
> 如当 a 取任意实数时,对 $|a-3|$ 的值的分类讨论:当 $a \geq 3$ 时 $|a-3|=a-3$
> 当 $a<3$ 时 $|a-3|=3-a$

案例 6-10

> 下面是中学数学中运用分类讨论法的几种常用情况。
> (1) 下定义问题。利用分类讨论法对概念的系统进行分类和小结,可以给一些概念下定义。
> 如定义绝对值 $|x|=\begin{cases} x & x \geq 0, \\ -x & x<0. \end{cases}$
> (2) 含绝对值问题。包括含绝对值的解析式的求解与化简,含绝对值的方程(组)、不等式(组)及函数的求解与运算等,如解不等式 $|\tan^2 x+\tan x-2| \cdot |\tan x+1|>0$。
> (3) 关系式推演引起值域变化的问题。例如,由乘转入除,由偶次乘方转入偶次开方,由指数运算转入对数运算;根据运算性质进行某些变换,如 $\ln x^2=2\ln x$ 中左右的变化、变元取值范围扩大等。
> (4) 由量变引起质变的问题。如,解析几何中有关二次曲线问题的讨论,有关函数增减性问题的分析等。
> (5) 变元在不同范围取值时的问题,如余弦定理的证明。
> (6) 具有多种可能性答案的问题,如某些解方程、不等式问题等。

(五) 函数与方程的思想方法

函数思想是指用运动、变化、联系、对应的观点考虑问题,把所研究对象中的已知量与变量间存在的一般性规律揭示出来,建立一种数学关系的思想方法。分析数学与实际生活中的数量关系,通过函数这种数量关系表示出来并加以研究,从而使问题获得解决的思想。方程思想就是从分析问题的数量关系入手,适当设定未知数,运用定义、公式、性质、定理和已知条件、隐含条件,把所研究的数学问题中已知量和未知量之间的数量关系,转化为方程或方程组等数学模型,从而使问题得到解决的思想方法。即把表示变量间关系的解析式看做方程,通过解方程或对方程的研究,使问题得到解决的思想。

函数思想方法,是指用函数的概念和性质去分析问题、转化问题和解决问题。它有别于前面所述的几种数学思想方法,它是内容与思想方法的二位一体。新课改中人教版初中数学中的正比例函数、反比例函数、一次函数和二次函数的知识分别安排在八、九年级的课程中,一改老教材安排在初三学段的学习,分散了教材的难点。但函数思想从七年级就已经开始渗透。例如七年级进行"求代数式的值"的教学时,通过强调解题的条件"当……时",渗透函数的思想方法——字母每取一个值,代数式就有唯一确定的值。这实际上是把后续知识函数问题的一种前置,既渗透了函数思想方法,又为函数的学习埋下了伏笔。又如用直角三角形边与边的比值定义的锐角三角函数;在平面直角坐标系中,用有序数对表示点的坐标等知识都体现了函数、映射、对应的思想方法。

 案例6-11

> 通过讨论矩形面积一定时,长与宽之间的关系;长一定时,面积与宽的关系;宽一定时,面积与长的关系,将静态的知识模式演变为动态的讨论。这样,实际上就赋予了函数的形式,在学生的头脑中就形成了以运动的观点去领会知识,这是发展函数思想的重要途径。

三、中学数学思想方法教学原则与策略

(一)数学思想方法的特点

与数学知识相比,数学思想方法具有以下特征。

(1) 抽象度高,数学思想方法比数学知识更富抽象特征。

(2) 隐蔽性强,数学思想方法蕴涵于数学知识中,掌握了数学知识,仍可能对思想方法知之甚少。

(3) 难以表达,数学知识可以通过符号、定义、定理、公式、图形等方式明确表示,而思想方法虽然对某些特点可以用简单的语言进行描述,但难以对丰富的内涵与众多的运用方式进行明确的表述,这就给学习带来了困难。

(二)数学思想方法教学的原则

1. 渗透性原则

在表层知识教学中,一般不直接点明所运用的深层知识,"而是通过精心设计的教学过程,有意识潜移默化地引导学生领会蕴涵其中的深层知识。"

2. 反复与明确性原则

学生通过表层知识的学习,对蕴涵其中的某些深层知识(如某个数学方法)开始产生感性认识,经过多次反复,在比较丰富的感性认识基础上,逐渐概括成理性认识,然后在运用过程中,对形成的深层知识进行验证和发展,加深了理性认识。从较长的学习过程看,学生是经过多次的反复,逐渐提高认识的层次,从低级到高级、螺旋式上升的。另外,深层知识学习与表层知识学习相比,学生之间领会和掌握的情况有更大的差异,所以有更大的不同步性,只是长期、反复、不明确地渗透,将会影响学生的认识从感性到理性的飞跃,妨碍学生有意识地去掌握和领会。渗透性和明确性是深层知识教学辩证的两个方面,因此,在反复渗透的过程中,利用适当机会,对某些方法适度明确化,应当是数学深层知识教学的又一个原则。

(三)数学思想方法教学的策略①

1. 挖掘教科书中的数学思想方法

一是认真分析和研究《新课程标准》、教科书,厘清和把握初中数学教科书的知识体系,结合各年级、学段的教师用书,明确《新课程标准》、教师用书、教科书中所隐含或呈现出来的数学思想方法;二

---

① 孙卫江.中学数学思想方法教学研究[J].甘肃联合大学学报(自然科学版),2012(1):51.

是挖掘各概念、知识网点间的内在联系,渗透"层次"教学,初中数学中渗透的数学思想方法分为了解、理解、掌握和灵活应用四个层面。在初中数学教学中,要求了解的方法有分类法、类比法;要求理解、掌握和灵活应用的方法有消元法、降次法、配方法、换元法、待定系数法、图像法、统计法。要求了解的思想方法有极限思想方法、微积分思想方法;要求理解、掌握和灵活应用的思想方法有数形结合思想方法、分类思想方法、化归思想方法、类比思想方法、方程思想方法、函数思想方法、建模思想方法、统计思想方法、概率思想方法等。

2. 在教学中重视数学思想方法的渗透

"数学思想方法是通过数学知识的载体来体现的,对于它们的认识不是一次完成的,而是需要一个认识过程,既需要教材的不断渗透,也需要教师的经常点拨,这样有利于学生感受和理解它们。数学思想方法对一个人的影响往往大于具体的数学知识,因此教学中应深入浅出地进行数学思想方法的渗透。"一是要在概念的教学中重视渗透数学思想方法,例如:在"绝对值"这一概念的教学时,我们若只是给绝对值下定义,学生理解起来就比较困难,学生即使记住了绝对值的定义,也无法真正理解它的内含;若渗透数形结合的思想方法,借助数轴来直观形象地揭示绝对值的意义,就可以帮助学生理解这个概念。二是要在定理、公式、法则的教学中重视渗透数学思想方法。数学定理、公式、法则等结论的形成分成两类:其一是经过观察、分析,用不完全归纳法或类比等方法提出猜想,然后再寻求逻辑证明;其二是从理论推导出发得出结论。因此,在定理、公式、法则的教学中不要过早给出结论,而应引导学生参与结论的探索、发现、推导过程,搞清其因果关系,领悟它与其他知识的关系,让学生亲身体验创造性思维活动中所经历和应用到的数学思想方法。

3. 归纳、提炼数学思想方法,培养学生综合运用数学思想方法解决实际问题的能力

初中数学思想方法分布在初中数学教科书各册的教学内容之中,以凹显方式融于知识体系。在教学中,我们应把挖掘出来的数学思想方法进行归纳总结,这种教学活动要纳入教学计划,有目的、有步骤地进行,同时也要让学生感悟、归纳、提炼数学思想方法的过程。对于某些数学问题,应尽可能地引导学生从多种渠道、多种途径中寻求答案,获得最佳方法;对于某些数学问题,可通过由简单到复杂、由特殊到一般的思维方式,引导学生大胆联想和猜想,获得新的发现;而对于一些条件、因素较多的数学问题,应引导学生系统、全面地分析,获得正确结论等。此外,还应引导学生解题后反思,优化解题过程,总结解题经验,提炼数学思想方法。例如:在"解一元二次方程"的教学中,学习了直接开平方法、配方法、公式法、因式分解法等数学思想方法,掌握了这些思想方法,应引导学生综合运用它们去解决相关的实际问题,从而培养学生综合运用数学思想方法解决实际问题的能力。

四、与中学数学现代化教学的关系

实现数学现代化教学的重要步骤之一,就是表层对象与深层对象相结合的教学。

(一)数学现代化教学必须以现代教学思想为指导

数学现代化教学应该充分调动学生的积极性和自主性,使学生身心获得全面发展。由于思想认识不同,教育目的有差异,虽然在形式上都很重视概念、过程、结论以及数学思想方法的教学,但因在不同教学思想指导下所采用的教学方法、教学手段有很大差异,所以会使得教学效果迥然不同。因

此,中学数学教学的整个过程始终不能偏离先进教学思想的指导。

(二) 数学现代化教学要求教师对数学有较深的理解

在传统教学中,有些教师甚至一些教学经验丰富的老教师,主要持"重结论"的观点,他们可以运用高超的教学技能、技巧,使学生迅速而准确地掌握数学结论和公式,满足于学生在各级考试中能取得较好的成绩,但不注意培养学生灵活运用数学知识,不重视提高学生的数学能力。这是对数学理解不深刻所致,是不符合现代化教学要求的。近年来不少数学教师通过对现代教学理论的学习,加深了对教学本质的理解,使学生理解和掌握数学的思想方法,掌握数学知识结构,从而提高了学生的数学能力。这是符合现代教学要求的。提高教师的数学理论水平,加强教师对数学深层知识的理解与掌握,是实现数学现代化教学的必要条件。

(三) 实现数学现代化教学要从渗透数学思想方法做起

实现数学现代化教学可以从实现中学数学知识与数学思想方法教学统一做起,同时从教学方法、教学手段、教学设备等诸方面入手,对教学进行大胆改革,吸收新的教学思想,采用新的教学方法、教学手段,努力争取使中学数学教学更符合现代化数学和素质教育要求。

本章总结

本章主要涉及概念教学、数学思想方法的渗透,以及问题解决教学训练三部分内容,所有内容都围绕着新的课程标准中提到的"教师应帮助学生理解和掌握数学基础知识、基本技能、发展能力"、"教学中要注意数学与日常生活的联系"、"要注意学生的应用意识"等内容展开。作为中小学数学教师,怎样组织数学教学实施才能更好地实现教学目的,培养学生能力是我们应持续思考的问题。

扩展阅读

[1] 钱佩玲.数学思想方法与中学数学[M].北京:北京师范大学出版社,2008.

[2] 吴华,等.数学课程与教学论[M].北京:北京师范大学出版社,2012.

[3] 王延文,王光明.数学教学理论与实践[M].天津:天津科学技术出版社,2004.

思考与练习

1. 简述数学概念教学的重要性。
2. 试以实例说明 APOS 理论在概念教学中的应用。
3. 什么是问题解决,什么是问题解决教学?
4. 怎样在日常课堂教学中贯彻问题解决的教学?
5. 怎样理解数学思想方法教学的重要性?
6. 如何在数学课堂教学中渗透数学思想方法?

参 考 文 献

[1] 曹一鸣.数学教学论[M].北京:高等教育出版社,2008.

[2] 邵光华,章建跃.数学概念的分类、特征及其教学探讨[J].课程教材教法,2009(7):47—51.

[3] 程华.APOS理论的内涵及其对中学数学概念教学的启示[J].教学与管理,2010(8):65—66.

[4] 徐玉蓉,张维忠.基于APOS理论的"函数单调性概念"教学设计[J].中学教研(数学),2008(11):21—22.

[5] 陈琦.当代教育心理学[M].北京:北京师范大学出版社,1997.

[6] 岳宝霞,冯虹.题目难度和冗余信息对代数应用题信息区分策略影响的实验研究[J].数学教育学报,2013(6):32—36.

[7] 庞国萍.再论数学问题解决教学[J].玉林师范学院(自然科学),2002,23(3):40—41.

[8] 陈维翰.加拿大的问题解决教学[J].学科教育,2001(10):45—49.

[9] 牛萍萍.高中数学问题解决教学的理论与实践探究[D].郑州:河南大学硕士学位论文,2012.

[10] 吴华,等.数学课程与教学论[M].北京:北京师范大学出版社,2012.

[11] 钱佩玲.数学思想方法与中学数学[M].北京:北京师范大学出版社,2008.

[12] 庞静.新课程改革中初中数学思想方法教学研究[D].大连:辽宁师大硕士学位论文,2008.

[13] 孙卫江.中学数学思想方法教学研究[J].甘肃联合大学学报(自然科学版),2012(1):51.

第7章 数学教育评价

本章概要

在各国的基础教育中,数学均是最重要、拥有最多教学时间的课程之一。鉴于数学教育质量在个体持续发展和国际竞争力中所起的重要作用,20世纪60年代开始,陆续有研究者致力于数学教育质量评价的研究,旨在了解学生数学知识的掌握程度和数学能力的发展水平,从而为教育者和政策制定者提供学生数学学习的有效信息,同时也为数学课程改革指明前进的方向。本章将在介绍已有研究的基础上,对数学教育评价的内涵及包括的具体内容进行详细介绍。

学习目标

通过学习,你能够:

1. 了解数学教育评价的内涵及数学教育评价的主要类型。
2. 理解数学课堂教学评价的含义,了解评价标准的制定方法,知道数学课堂教学评价有哪些评价要素。
3. 认识学生数学学习评价的重要性,掌握几种学业评价的量化方法。

关键术语

◆ 数学教育评价　　◆ 数学课堂教学评价　　◆ 学生数学学习评价

引 子

期末考试结束,孩子沮丧地和妈妈说:"妈妈,太糟糕了,我数学错了一道题,扣了一分。"如果你是妈妈,你将怎样回答?第一种:"怎么会错呢?下次得认真点儿,就差一分就是满分了,多遗憾呐。"第二种:"这次考试对你来说还不错,让你知道了自己还有哪些地方没有掌握。"可能大多数人会选择第二种,但是在实际生活中有多少人能做到呢?考试是进行教育评价的手段,但是一直以来人们把它当做是区分学生优劣的标准,学生、家长、教师人人盯着分数看,使得考试的功能异化。

第1节　数学教育评价概述

评价,简言之即对价值进行的判断,则数学教育评价就应该是对数学教育价值的判断。对价值进行判断的目的是要检验目标实现的程度、效果,促使目标的达成。数学教育评价是数学教育系统不可缺少的重要组成部分,是衡量数学教育成就、提高数学教育质量的重要手段,也是对现实数学教育的各个方面进行价值判断和被社会认可的依据。数学教育要从应试教育走向素质教育,关键是解决好数学教育评价问题,发挥它的导向作用。

一、数学教育评价的概念与作用

(一)什么是数学教育评价

1. 教育评价概念的形成与发展

数学教育评价的概念,建立在教育评价的基础上。教育评价概念的形成与建立,经历了较长时间的社会实践和变革。从教育评价发展史看教育评价概念的形成,可追溯到公元606年中国隋朝建立的科举制度,在1905年比纳、昂利(V. Henri)设计的智力测验方法及西蒙协助他们制成的"比纳-西蒙智力量表"以前,虽然没有"教育评价"名词的出现,但那时教育评价的含义被认为是为教育的"淘汰"与"选拔"服务的一种判定,这种思想一直延续了十几个世纪。

随着自然科学的发展,美国教育测验运动的兴起,学历测验、智力测验、人格测验相继问世。这一时期的基本观点是受桑代克"凡存在的东西都有数量;凡有数量的东西都可量化"的影响,从1915年至1930年这15年间,这个思想在美国是兴盛时期。这就是把教育评价说成"教育测量"(Edumetric)的历史根源。直到1929年美国的"进步主义联盟"(Progressive Educational Association,简称"PEA")成立后,专门成立了"评价委员会",由R. 泰勒教授负责,进行了"八年研究"(1933—1940年),在国际上首先出现了"评价"(Evaluation)这一名词。

泰勒在其领导的关于课程与教育评价的八年研究中证明,对于高级智慧技能的测量与对知识的测量不是一回事。如果高级智慧技能是教育的目标,那么这些技能就必须直接加以测量。在这一基础上,泰勒提出了以教育目标为核心的教育评价理论,即教育评价的泰勒理论,并明确提出了教育评价的概念,从而把教育评价与教育测量区分开来。教育评价学就是在泰勒研究的基础上诞生与发展起来的。

20世纪50年代和60年代早期,与泰勒评价模式相适应的技术得到发展。在评价中,泰勒模式的实施需要清晰地表述目标,向设计方案人员提供表述目标的技术就成为需要,于是就产生了教育目标分类学。1956年,布鲁姆(B. S. Bloom)和其同事对认知领域的教育目标进行了分类,它对完善学习和教育评价理论起了重要作用。一些研究者发现,目标分类学在实践活动中存在一些问题。因此,进一步提出探讨目标可行性与合理性;探讨对教育活动产生各种非预期的效应与效果的评价(因为任何教育活动既产生预期效果,又产生非预期效果);探讨用灵活、多变发展目标分类学来评价千变万化、富有创造性的学生。正是这些问题推动教育评价学的发展,教育评价应当是一种有序活动。进行评价时,首先,应根据社会经济大气候的需要对教育目标本身进行价值判断,即背景评价;其次,对教育方案、计划可行性、合法性及道德性进行评价,即输入评价;再次,通过系统地搜集、整理、分析、综合大量的反馈信息资料,来探索教育方案、计划实施过程中的潜在问题,并寻求解决办法,即过程评价;最后,通过调查而取得大量的定量性数据,并以此为根据来衡量完成定量目标的情况,即结果评价。

20世纪70年代以后,教育评价朝着理论与实践相结合的方向发展,更加注重实际效应。这是现代教育评价发展的一个主要特点。我国的教育评价理论研究起步比较晚,自80年代以来,特别是80年代中期以后得到空前发展。教育评价理论体系的重大变化是评价价值观,即如何看待评价。评价不仅仅是为给评价对象评定等级,而且更为重要的是促进其发展。

2. 数学教育评价的内涵

从发展的观点去看待数学教育评价,它的内涵至少包括以下几个方面:(1)数学教育未来的前景应服从于社会的重大变革,对未来新应用的冲击、社会经济因素的冲击数学教育应作出适应性的反应。因此,数学教育应把"计算机化纳入数学程序化"作为总体思想,强化数学过程,如观察、分析、分类、排序、抽象、符号化等思维过程是未来数学教育的核心。数学教育评价不仅研究过去、面对现实,还要定位于未来的数学教育发展,数学教育应适应未来社会发展,数学教育评价应包括观察、分析、分类、排序、抽象、符号化等思维过程的评价。(2)制定数学教育评价目标,除了考虑数学教育的未来之外,还要考虑目标的合理性、可行性以及学生是不断变化、发展的个体,学生富有创造性。(3)数学教育评价与数学教育目标的关系具有相互联系、相互促进的关系。一方面,评价离不开数学目标。这就意味着评价要全面、具体地分析影响教学目标的因素,并追求目标实现的过程,而不仅仅是为了达到目标;同时,还对产生非预期效果与效应,作出合理的、科学的评价;另一方面,通过评价,及时调整教学目标。(4)数学教育评价是一个连续的、动态的过程。这就意味着我们必须考察整个过程,而不是以僵化的方式评价学生。评价目的不仅仅是给学生评定等级,而是促进学生发展[1]。

传统的数学教育评价,是按照数学教育目标,对数学教育活动的效果、达到数学教学大纲要求的程度、学生数学学习成绩和数学能力发展水平进行科学评价的过程。这是一种在数学教育目标界定范围之内,侧重于数学教学活动过程及教学效果的数学教育评价概念。当前普遍接受的关于数学教育评价的内涵是:数学教育评价是全面搜集和处理数学课程与教学的设计与实施过程中的信息,从而作出价值判断、改进教育决策的过程。[2] 课程与教学的实施过程是以师生为主体展开的,因此,课堂教学、学生和教师都是数学教育评价的主要对象。

(二) 数学教育评价的作用

数学教育评价,对整个数学教育目标系统、数学教学活动系统的演化和发展,对数学教育评价自身的规范性、科学性都具有重要意义。首先,通过评价,能及时反映数学教育目标的不足或问题。数学教育目标是数学教育的出发点和归宿,但目标的产生或确定,总是带有浓郁的经验色彩,目标的正确性、合理性、可达性,只有通过预期目标和现实目标相比较方能得出结论。评价能及时发现存在的不足或问题,为数学教育目标的修正和完善提供依据。然而,传统数学教育评价忽视了这种作用。其次,通过评价来促进数学教学活动系统的演变和发展。数学教学活动开展之初,教师面临的首要问题之一是确定教学方案,拟定它的逻辑起点——学生是否具有接受当前数学教学内容的有关数学知识、经验和能力。起点达到与否,只有通过数学教育评价来诊断。数学教学活动开展的过程中,数学教育

---

[1] 王朝晖.数学教育评价的内涵及存在的问题[J].安庆师范学院学报(自然科学版),2004,vol.10(3):101—103.
[2] 马云鹏,张春莉.数学教育评价[M].北京:高等教育出版社,2003.

评价的作用主要在于及时提供有关的反馈信息。教师知道自己的教学效果,获得评价的信息反馈之后,能及时调节自己的教学工作,有效地组织、改进教学,为后继教育提供依据。学生获得评价的反馈信息,具有双重作用:一方面,增强自我意识,并被内化为学习的内部动力。通过评价反馈的信息,学生能正确认识自己和评价自己的数学学习情况,包括对待数学的兴趣、态度,学习数学的方式、方法,数学学习取得的成绩、存在的问题;从而进一步认识到自己在做什么以及这样做的结果是什么,产生强烈的改变现状的欲望,进而自觉调整自己的行为,成为数学学习发展的内部动力。另一方面,评价信息对学生的学习具有导向作用。研究表明,学生在学习时间和学习力量上的分配,常与预测考试中将出现的各类数学问题的概率成正比。这说明评价反馈的信息在鼓励学生有目的、有重点地合理复习所学内容。再次,数学教育评价活动的再评价,能够促进价值判断的公正性、方法的科学性和可行性;能够及时矫正评价中存在的问题,为评价作用的继续发挥创造条件。

二、数学教育评价的类型

数学教育评价按照不同的分类标准,可以有不同的形式,以评价的作用性质为准,把评价分为形成性评价、总结性评价和诊断性评价;以评价目的及服务对象不同,把评价分为连续性评价与离散性评价;按评价的价值标准分为相对评价、绝对评价和个体内差异评价。

(一)按照评价的作用性质分类

形成性评价(Formative Evaluation)与总结性评价(Summative Evaluation)是美国课程与教学评价专家斯克瑞文(M. Scriven)于1967年提出的两种评价类型。

1. 形成性评价

形成性评价是在课程开发或课程实施还在发展或完善过程中所进行的评价,其主要目的在于搜集课程开发或实施过程各个局部优缺点的资料,作为进一步修订和完善的依据。数学教育中使用形成性评价的价值在于,通过多种评价方式去促进学生在数学学习过程中不断取得各方面的进步。同时,形成性评价的信息对教师改进教学,调整教学目标、内容、计划有着十分重要的意义。

2. 总结性评价

总结性评价又叫终结性评价,是在课程开发或课程实施完成之后所施行的评价,其主要目的在于搜集资料,对课程计划的成效作出整体的判断,作为推广采用或不同课程计划之间比较的依据。在数学教育领域中的总结性评价,特指在某一阶段的教学与学习结束之后为检验效果而进行的评价,一般在学期末或某一门课程结束之后进行,比如期末考试、结业考试、毕业考试等都属于这种评价。这种评价的信息往往带有评估性质,它对于改进教师、学生的教与学没有太大的意义,更多的是用于一定层次的教育决策,如是否毕业,是否给予升学资格等。

3. 诊断性评价

与形成性评价和总结性评价相关的还有一种评价类型,即诊断性评价(Diagnostic Evaluation)。诊断性评价是在课程计划或教学活动开始之前,对需要或准备状态的一种评价,其目的在于使计划或活动的安排具有针对性。通过诊断性评价,可以了解:学生目前的数学学习基础如何?学生在数学学习上存在的主要问题是什么？学生是否有能力开始新的学习？这些信息有利于教师把握学生的数学学科基本学力状况,有针对性地调整教学计划。在布鲁姆的评价体系中,曾把诊断性评价、形成性评价、总结性评价作为达成预定教育目标的序列手段,在学生学习的不同时段施行,以促进预定行为目标的达成。这种评价体系曾在我国许多地区推行。

(二) 按评价目的及服务对象不同分类

按评价目的及服务对象不同,可以把评价分为连续性评价和离散性评价。①

1. 连续性评价

连续性评价是与有关的教学单元同时进行并与之相结合的,以个别学生在该单元期间的一般表现与成绩、活动水平与工作方式等为基础。评价的连续并不是说评价要持续不断地进行,只是它不包括限定时间完成的那种特定的评价活动。连续性评价的主要目的是将学生的表现告诉学生及其家长,以便帮助他们控制并调整学习活动;同时也向教师反馈教学的一般结果,以便及时做出必要的调整。

2. 离散性评价

离散性评价是在特定的评价活动基础上实施的,这些评价活动可以在课程与教学进行之前、之中或结尾进行。离散性评价可以是汇编家庭作业,或者经过一定设计的测验与考试,其主要目的是通过这些特定的测验或考试向家长、教师、学校提供信息,帮助其做出决策。因此,比较而言,连续评价是对学生的学习与发展更有价值的评价,而离散评价多服务于一些外在于学生的成员与组织的决策。在数学教育实践中,这两种评价往往是并存的。

(三) 按评价的价值标准的分类

按评价的价值标准进行分类,可以将评价分为相对评价、绝对评价和个体内差异评价。

1. 相对评价

相对评价是一种依据评价对象的集合来确定评价标准,然后利用这个标准来评定每个评价对象在集合中相对位置的评价。比如,将学生某次考试成绩或一段时间的成绩总评进行排名,或者说某一学校的数学教学在某地区表现突出等,都是运用相对评价的概念。相对评价的基本特征在于比较,比较的标准源自于特定的群体成员的水平。由于任何群体内的个体之间都存在差异,相对评价均可显示个体在群体中的相对位置。由于群体之间整体状况也存在差异(如重点中学与普通中学),所以在相对评价中一个群体内的评价结果不适于另一群体。

相对评价是为评定个体在群体内的位置而进行的评价,对评价对象如何改进活动状况不能提供实际的意见。

在相对评价中,无论评价对象实际水平如何,评价结果总有优中差的区别。由于人的能力存在差异,则处在差的位置的个体,有可能总是处在差的位置上,所以相对评价易使处于不利位置的个体丧失信心。

---

① 马云鹏,张春莉.数学教育评价[M].北京:高等教育出版社,2003.

2. 绝对评价

绝对评价指依据某种需要或要求设定评价标准的评价。例如,在数学教学活动中,教师以是否达到数学教学大纲的要求为评价标准进行评价,只要学生的学习结果达到大纲的基本要求即为合格。再如对学校基础设施的要求、对教师素质的要求等,均以是否达到某种标准进行评价。绝对评价由于标准固定,评价对象可以通过评价了解自己的学习结果与标准的差距,只要肯努力就会达到标准。

3. 个体内差异的评价

个体内差异的评价指以评价对象某一状况作为设定评价标准依据的评价。进行个体内差异评价,可以比较个体状况前后的变化,也可以对个体不同侧面相互比较。例如,某一学生一个阶段的数学学习水平与前一阶段数学学习水平比较,以前一阶段数学学习水平为标准评价学生的学习状况是提高或降低,以了解学生的能力特长与不足。

个体内差异评价可以使教师了解学生的进步情况、优点与不足,也可使学生对自己全面了解,并确定努力的方向。

三、国外数学教育评价发展

(一) 全美教育进展评价(NEAP)

全美教育进展评价(National Assessment of Educational Progress,简称 NAEP)作为连续、长期的中小学生学业成绩评价项目是目前美国国内唯一的学生成绩典型样本资料,其数学评价体系较好地体现了《美国学校数学课程与评价标准》中的理念,灵活地反映了当前数学教育目标和数学课程目标的变化,测评标准较详细地阐述了学生应掌握的数学内容和应达到的能力水平。[①]

视窗 7-1

> NAEP2005 年的数学评价框架反映最新的课程重点,并且课程目标的倾向性更加明显。它力图在数学内容以及了解和做数学的方法上保持适当的平衡,其评价框架主要集中于两个维度:数学内容(Mathematics Content),该维度与以往的数学内容维度基本一致,包括数的性质与运算、测量、几何、统计与概率、代数五个方面,其中计算能力作为解决测量、几何、统计与概率和代数各领域问题的基础技能得到了一定的关注。数学复杂性(Mathematical Complexity),该维度是建立在以往数学能力和数学素质维度基础之上的,它具体细化为低、中、高三个水平。每个水平均包括了解和做数学的方法,如推理、操作程序、理解概念和问题解决,而且每个水平都体现出较强的次序性,低水平要求学生理解基本的概念、解决简单的问题;高水平则要求学生学会推理、沟通稍复杂的概念,或是解决非常规的数学问题。

(二) 英国 Kassel 项目

20 世纪 80 至 90 年代,英国中小学数学教育情况受到社会各界的广泛关注和批评,相当一部分人认为本国学生的数学基础薄弱,数学应用能力不强。在此背景下,英国 Exeter 大学和德国的 Kassel

---

① 张华. 国外中小学数学教育评价研究述评及其启示[J]. 课程教材教法,2007(10).

大学于1993年联合发起了国际中学数学教育评价研究项目。该项目最初的目的是通过比较英格兰、苏格兰和德国中学生的数学学习成就,找到影响数学学习的相关因素,进而改进英国的数学教学。但随着研究的开展,越来越多的国家参与进来,希望了解本国数学教育的情况。该项目也在深入研究不同国家和地区的数学教育质量的基础上,尽可能地为学生发挥数学潜能提供有价值的意见和建议,帮助学生取得数学上的进步。

 视窗 7-2

> Kassel测试的内容主要根据英国国家课程教学大纲制定,包括潜能测试、数、代数、空间与图形、数据处理五个部分。潜能测试主要在初中一年级新生入学时进行,其余四个基础测试则分别在初中一、二、三年级进行追踪测查。此外,研究人员还通过国家、学校、教师、班级、学生调查表进一步收集相关的信息,对数学课堂教学的一些重要特征进行分析,并根据测试结果,对有显著进步的学校、班级乃至学生进行深入调研。由该项目提出的数学教育建议已在英国一百多个数学实验学校进行推广,为促进英国的数学教学改革、全面提高数学教育质量奠定了坚实的基础。

(三)国际教育成就评价协会组织的国际数学评价研究

如果说 NAEP 和 Kassel 对数学教育质量评价的出发点是分别服务于美国和英国本土,那么国际教育成就评价协会(International Association for the Evaluation of Educational Achievement,简称 IEA)自20世纪60年代以来组织的历次数学教育评价研究则是迄今为止影响面最广、受关注程度最高的数学教育评价项目,它对世界上多个国家和地区的数学教育均产生了重要的影响。

20世纪60年代,IEA组织了第一次国际数学研究(First International Mathernatics Study,简称 FIMS),主要评价8年级和12年级的数学教育质量,测查的内容包括数学学业成就、学生观念和教学背景的调查。该测查的结果虽然得到了极大的关注,但其中不乏批评的声音,最受非议的就是它忽略了数学课程的因素。著名的荷兰数学教育家弗赖登塔尔曾公开指出:FIMS 没能恰当地考虑学生是否学过那些要正确回答各种测试题必须具备的内容,即没能把课程作为一个变量。

IEA 在20世纪80年代初组织的第二次国际数学研究(Second International Mathernatics Study,简称 SIMS)旨在为各国教育系统更好地理解其数学教育的优势与不足提供客观的信息。与 FIMS 相比,SIMS 突出强调了课程因素,并提出了三种课程的概念:期望课程(测试所包含的所有数学分支的情况)、实施课程(数学教学的目标、影响教师决策的因素等)和获得课程(数学成就测验)。此次研究针对 FIMS 的不足进行了改进,测查的结果有助于教育者从国际化的视角审视各国数学教育的质量。

IEA 组织的第三次国际数学和科学教育研究(Third International Mathematics and Science Study,简称 TIMSS)的规模之大、历时之长是前所未有的。参与该项目的国家和地区达四十多个,继1995年开始测查之后,TIMSS 每四年推出一次新的测查,其对学生数学和科学的学业成就、教育实践和教育政策的考查结果已成为世界范围内评价数学和科学教育质量的主要信息资源。随着 TIMSS 的推进,其测评框架也逐步调整,2007年 TIMSS 官方网站中发布的评价框架主要从数学内容(Content)和数学认知能力(Cognitive)两个维度对数学学习质量进行评价。TIMSS 促使各国在国际比较研究中更清晰地认识到自身的优势与不足,为很多国家改进本国的数学教育质量提供了一定的依据。

案例 7-1

> TIMSS 研究结果最为引人眼球的是新加坡学生的突出表现,新加坡学生在 TIMSS 中的表现一直名列前茅。为此,不同国家的教育研究者、政策制定者、教育工作者及公众对新加坡数学教育给予了极大的关注,并急迫思考如何借鉴的问题。如,美国采取"引进新加坡数学教育"的直接借鉴方式,包括直接进口数学课程,希望借助新加坡的数学教育模式来提高美国儿童的数学成绩。时值我国新一轮数学课程改革之际,值得我们思考的是,深受中国传统文化影响的新加坡是以怎样的评价形式影响着其数学教与学的呢?对这一问题的细查或许能对我国数学学习评价改革有所裨益。①

(四)国际经济合作与发展组织主持的国际学生评价项目

国际经济合作与发展组织开发实施的国际学生评价项目(The Programme for International Student Assessment,简称 PISA)从一个全新的角度展开了对数学、阅读、科学等核心能力的测量评价。PISA 与 TIMSS 等基于学校数学课程基础上的评价有所不同,它基于"终身学习"(Lifelong Learning)的理念,认为数学素养是理解和运用数学的能力,以及对数学在每个人现在和未来的个人生活、职业生活和社会生活中的作用和需求的良好的判断能力。因此,PISA 立足于学生的未来发展,关注学生的发展潜能。它不是单纯地指向学生掌握数学课程内容以及达到数学教学目标的情况,而是同时吸收了校内课程和校外学习中的元素,关注学生在日常生活情境中应用数学技能和推理的能力。PISA 的目标是测量学生在接近初中毕业时(15 岁)能否在真实的生活情境中识别、提出并解决数学问题。

视窗 7-3

> 2003 年数学成为 PISA 的主要测评领域。PISA 力图从一个更广阔的视角对学生的数学素养进行考查。PISA 的评价框架主要包括三个方面:(1)数学内容(Content),它从一个更广泛的意义上理解数学内容,如变换和增长、定量推理、不确定性、从属关系等,其次才是与课程相关的内容。(2)数学过程(Process),它包括思考和推理、推论、交流、建模、提出问题和解决问题、表征、运用符号及规范的语言、使用辅助工具的能力,这八种数学能力又可细化为三个层级。第一,再现、定义、计算,即事实性知识、表征、等式的认识、符号和公式应用等。第二,解决问题过程中建立知识之间的联结和统整。第三,从数学角度进行思考、归纳等能力,即能明确情境中的数学特征并解决问题。(3)数学情境(Situations or Contexts),主要包括与个人生活、教育或职业、公共事物和科学有关的情境。从 PISA 的评价架构中可以看出,PISA 拓宽了评价的领域,将评价投向学生终身学习的能力,体现了更强的为国家决策服务的目的。有的国家已经针对测试结果提出了一系列

---

① 王兄. TIMSS 影射下的新加坡数学教育评价[J]. 外国中小学教育,2006(8):34—37.

的改革措施。综上所述,国外对学生数学教育质量的评价并不局限于学生对学校课程的掌握情况,已经拓展到学生面对实际生活挑战的能力。但是,国内目前为止尚未建立一套鉴于研究基础之上的数学教育质量评价体系。鉴于此,构建一套科学、客观的数学教育质量评价体系是当务之急的工作。

第2节 数学课堂教学评价

一、数学课堂教学评价的含义[①]

如前所述,"评价"原意为评论货物的价值。因此,从本质上来说,评价是一种价值判断的活动,关于这一点已达成共识。如任子朝、孔凡哲、刘志军、北京教科院基础教育教学研究中心课堂教学评价研制小组都认为,课堂教学评价是指以教育目标的实现(促进学生的全面发展)为终极目的,以教学目标和有关教学理论、理念为依据,运用可操作性的科学手段,对课堂教学诸因素及发展变化进行的一种价值判断活动。但是对于课堂教学评价的对象,人们理解的侧重点各不相同,归纳起来主要有以下几类:①评价教师;②评价学生;③评价教学过程及效果;④评价教师的"教"与学生的"学";⑤评价课堂教学活动整体。另外,马云鹏、孔凡哲、张春莉教授还指出了课堂教学评价与教师评价和学生评价的区别。大部分文献都是基于一般意义下的课堂教学评价来开展数学课堂教学评价研究的,仅有少数文献基于自己的理解给出了数学课堂教学评价的定义,基本上是在课堂教学评价的定义中,强调针对数学课堂进行评价。如"数学课堂教学评价是以一节(或几节)数学课堂教学为研究对象,根据评价标准,运用科学的测评手段,对教和学的效果进行价值判断的活动"等。孔凡哲认为数学课堂教学评价是对数学课堂教学效果,以及对构成课堂教学过程各要素(包括教师、学生、教学内容、教学方法和教学环境等)之间相互作用的分析与评价。

二、数学课堂教学评价标准的确定方法

(一) 数学课堂教学评价标准的确定

结合李俊扬等人对24个相关的典型文献的分析,总结出三种确定课堂教学评价的方法。

1. 定量方法

在教学评价标准中只给出了指标权重及其分值,据此可以依据一定的方法计算出评价所得分值。如青岛开发区学校的数学课堂教学评价量化表。该表中清楚地罗列了各个项目所占权重及每个等级所设定的百分制分值。

---

① 曹一鸣,等.我国数学课堂教学评价研究[J].数学通报,2011(8):1—4.

案例 7-2

2010年青岛开发区小学课堂教学评价表[①]

学校		班级		授课教师				
课题				听课时间				
评价项目	评价标准	参考评价等级				评分		
		优	良	中	差			
教学目标	1. 具有创新意识"三维目标"明确、全面、具体、适切。 2. 依据课标、教材及学生的实际,做到重点突出、明确具体。	10	8	6	4			
教学内容	1. 正确深入地解读教材,开发有价值的课程资源,积极利用课堂生成的资源,恰当安排教学内容。 2. 能驾驭教材,准确把握教学的重点、难点。	15	12	9	6			
教学过程方法	1. 过程组织严谨,思路清晰,时间分配合理。 2. 教学过程有实效,重视让学生经历知识的形成过程。 3. 正确处理教与学的关系,恰如其分地发挥教师的组织引导作用,让学生在积极主动的学习活动中学会学习。 4. 教学方式选择恰当,有利于学生对知识的主动建构和能力的主动发展。 5. 课堂练习容量恰当,具有层次性、针对性、开放性,反馈及时。 6. 课堂气氛活跃有序,师生关系和谐。 7. 注重学科特点,恰当运用多媒体等辅助教学手段。	20	16	12	8			
教师素养	1. 教师情感饱满,教态亲切自然。 2. 语言准确简练,善于激励、评价恰当。 3. 板书设计合理,书写工整,示范准确。 4. 善于组织教学,调控能力强。	20	16	12	8			
学生表现	1. 学生知识基础扎实,具有良好的学习习惯。 2. 积极参与教学过程,思维敏捷,善于提出问题,解决问题。 3. 学习兴趣浓厚,有积极的情感体验和进一步学习的愿望。	10	8	6	4			
教学效果	1. 全面实现预定的"三维目标"。 2. 学生在原有的基础上获得知识、能力、情感、态度等方面的发展。	20	16	12	8			
教学特色	1. 能够创造性地使用教材。 2. 教学环节具有独创性。	5	4	3	1			
简要记述						总分		

[①] 2010年青岛开发区小学课堂教学评价表. http://wenku.baidu.com/link? url.

2. 定性方法

在教学评价标准中没有确定权重,只能结合一定层次(或级别)进行定性评价,这种评价方法可以叫做定性的方法。笔者查阅资料发现,课堂教学评价标准更多的是等级制的,如福建省普通高中数学课堂教学评价表中对每个等级给出的分值是 A、B、C 等级制分数。

3. 定量与定性相结合的方法

既有评价得分,又有优点及特色、问题及建议等综合定性评价,属于定量评价与定性评价相结合。由此可以看出在进行数学课堂教学评价的时候,已经不再单纯追求量化的指标,而是日益注重定量评价与定性评价相结合的评价方法。

案例 7-3

中学数学课堂教学评价表[①]

日期_____ 班级_____ 执教人_____ 课题_____ 听课教师_____

评价维度			评课因素	权值	评课层次				对比因素
					优	良	中	差	
A 评析教师教学行为的 5 个维度(40 分)	A1 组织能力(15 分)	组织教材	对教材进行科学合理的调整、充实与处理	5					照本宣科,缺乏创新,重难点处理不妥当,教学目标不符合要求,脱离学生实际,教学过程与教学目标脱节
			突出重点、分散难点、抓住关键						
			教学目标全面、明确、恰当、落实好						
		组织教学活动	教学程序安排科学合理,衔接自然,符合学生认知规律,教学节奏科学协调	6					教学过程设计不合理,时间安排不恰当,内容空、难度过大或过小,节奏不协调,课内活动单调或只追求表现,形式,学生不能积极展开思维,无实效
			课内活动新颖实用,形式多样,重视组织学生有数学思考含量的"数学化"过程,能引发学生积极思维						
			教法及教学手段运用自如,教学有特色,与现代信息技术自然整合、运用恰当、注重实效						
		组织语言	教态亲切和蔼,语言清晰生动,文明规范	4					教态严肃呆板,语调平板,缺乏激情,不能感染和吸引学生;语言逻辑混乱,口齿不清
			能根据内容的起伏节奏和学生情感变化及时调整音调、音速,新颖别致,富有启发性和感染力						

---

① 中学数学课堂教学评价表. http://wenku.baidu.com/link?url=d80PE5d5MwmKOjopRoYbhlxTJFLaqjqoYp Vm8V0NIgned8xotp-vVYZpvCH2gy8YSyXLf2h1NlQy14rpllUrOCxagrOtFqGnUQsrLQSDmdW.

续表

A2 注意中心 (5分)	关注学生	注意力放在学生身上,关注不同层次的学生在参与学习的过程中思维与心智的发展状况	3				注意力放在自己的教案或自己的思路上,只顾自己唱主角,让学生为配合自己服务
	及时反馈	及时反馈与调节学生的活动	2				
A3 教学态度 (5分)	尊重信任	充分尊重和信任学生,以热情和宽容的态度善待学生	3				对学生冷淡,不耐烦,摆出权威架子,经常用指责的方式管理学生
	激励评价	注意捕捉合适的时机激励评价学生,有足够的热心和耐心帮助学困生	2				
A4 教学机智 (5分)	灵活调整	敏锐、快速地捕捉各种信息,根据学生需要灵活调整教学策略,保证主要目标完成	3				反应较迟钝,应变能力较差,不善于采取恰当的解决问题方法处理突发事件,不善于及时调整教学思路,不善于和学生沟通。
	恰当处理	课堂教学中的偶发事件,消除学生心理暂时形成的不利兴奋点,把注意力重新转移回来,使教学秩序恢复正常	2				
A5 教学境界 (10分)	面向全体	把握教学目标,正确处理基础和发展的关系;因材施教,使各种不同的学生的学习需要获得不同程度发展;保证学生参与学习的时空,促使每一个学生都有必需的学习机会和时间	4				不能有效调动学生积极性,只注意面向少数学生,把认知性任务当成课堂教学中心或唯一目的; 不重视创造友好、民主、平等的教学氛围,不激励学生主动参与学习,不重视学生个性特长得到充分发展
	全面发展	知识、技能、原理的阐述具有科学性,准确且恰当,有利于学生的数学素养的形成和发展;注重暴露思维过程,提高每个学生的抽象、符号变换、应用、思维、计算等基础能力;让每个学生都会用自身的情感体验主动参与学习数学	3				
	自主发展	从学生实际出发,数学设计符合认知规律,注重学生自行获取数学知识的方法,促使学生主动参与数学实践;注重学生的个性发展,培养学生的创造能力(如是否提出开放性问题?提供几种解答?怎样处理学生的解答?)	3				

续表

				分值					说明
B 评析学生学习活动的5个维度（60分）	B1 参与状态（14分）	参与形式	参与学习活动的形式多样适当，如师生谈话、合作交流、动手实践、自主探索	4					学生无精打采或只有少数学生在按老师要求学习，只重视练习阶段时学生的参与，学生参与学习的方式单一
		投入	形式是否积极参与教学的全过程	3					
		展开	不同层次的学生是否都能积极参与	2					
		深入参与	学生在参与学习中，师生、生生能进行深层次的思考和交流，即能进行实质性参与	3					
		拓展	学生不仅参与学，还参与教；不仅课内，而且延伸到课外	2					
	B2 情绪状态（10分）	气氛活跃	学生是否具有适度的紧张感和愉悦感	6					课堂气氛沉闷，学生情绪低落，学生注意力分散，课堂秩序较混乱
		及时反馈	学生能否善于自我控制，调节学习情绪，保持良好的注意状态	4					
	B3 交往状态（14分）	交流充分	能否构建师生、生生及媒体之间信息交流的立体结构，信息交流充分	6					师生配合不够，缺少民主，师生或生生之间，讨论的内容属浅层次、低水平或没有经过个体深思就匆忙展开合作讨论，或合作讨论不充分，刚一开始就草草收场，只追求表面形式，而无视实际效果
		有效合作	合作讨论的内容是否有思考性、有价值；是否有明确的分工，每人都有事可做；注重合作前的独立思考（多少时间？）；是否有足够的时间和空间展开合作讨论（多少时间？）	8					
	B4 思维状态（12分）	主动积极参与思考	能否引发大多数学生积极思考，展现出解决问题的强烈愿望，举手回答问题率80%以上，学生是否敢于提出问题，发表见解（这样的人次有多少？）	6					学生举手答题率较低，学生很少有发表见解的机会或对学生的质疑缺乏及时的深入的探讨，学生自主独立思考的时间很少
		思维得到深层次发展	学生提出的问题与见解具有挑战性与独创性（引发了学生主动创造？）（这样的人次有多少？）学生能否把握经过猜想和探索发现的结论作为新的思维素材，去努力探索新的发现（这样的人次有多少？）	6					

续表

B5生产状态（10分）	成就感	学生是否都能各尽所能，感到踏实和满足。学生是否保持一种积极进取的心态，有强烈的成功欲望，对学习更有信心和兴趣。	5		学生学习态度很被动或紧张，缺乏上进心、自信心；不积极参与思考或分析问题思路狭窄，不灵活；易受不良情绪干扰
	严谨感	学生能否调控自己学习的消极心理，调整不利于积极思维的思维定势、惰性、畏惧、自卑、闭锁等不良心理。	5		
综合评价	总分： 优点、特色：		优 90～100 / 良 75～89 / 中 61～74 / 差 60分以下		问题、建议：

（二）数学课堂教学评价的方法[①]

课堂教学评价的方法多种多样。在教学实践中常用的评价方法有：评语评价法、口头报告、言语随机评价、等级评价法、学业成绩报告单、量表评价法、档案记录等。而在教育研究领域，学者们常用的评价方法是调查评价法（观察法、访谈法、测验法、问卷调查法）、量表评价法、表现性评定等。可以看出，使用最广泛的评价方法是量表评价法。还有的研究者们对评价量表进行了改进，采用更有效的数据处理方法，使计算出来的数量值更合理，更客观地反映教学情况。如(1)"主成分和因子分析法"，其目的是找出少数几个变量（因子或成分）去描述具有相关性的多个指标。使得变量与因子之间的关系更明显、更简化。(2)"Fuzzy数学综合评价模型"，它是利用Fuzzy数学模型综合计算教师的课堂得分。(3)利用层次分析法计算各评价指标的权重，得到教学质量综合评价的数学模型，以解决教师课堂教学质量的综合评价问题。(4)"引进统计学方法进行发展性课堂教学评价"的思想。(5)运用系统工程方法进行课堂教学质量评价的办法。无论哪种方法，都应强调评价主体的代表性、评价过程的规范性、评价结果的客观性。

三、数学课堂教学评价的标准

数学课堂教学评价标准与指标的研究是中国数学课堂教学评价研究的核心内容，大量有关数学课堂教学评价的文献都涉及评价标准和指标的讨论。这些评价标准的讨论和构建过程，在一定程度上反映了人们对数学课堂教学评价的质量观和方法论的认识和实践。

[①] 曹一鸣，等.我国数学课堂教学评价研究[J].数学通报，2011(8)：1—4.

(一) 数学课堂教学评价标准的构建

视窗 7-4

一堂好数学课的标准[①]

中国对课堂教学评价的探讨,从20世纪50年代的听评课,一直到当前进行的课堂教学评价研究、评价标准与指标的确定都是首先根据教学理论,确立一堂好课的标准,然后从一堂好课的标准出发,逐步分解形成二级指标和三级指标,最终形成课堂教学评价的指标体系。一堂好数学课的标准有哪些?在百度网页中输入"数学好课",找到相关结果近两百万个,可见大家对数学好课标准的关注度非常高。相关文献对一堂好数学课的标准也有所讨论,其中许多专家的意见非常值得研究者思考。安淑华、吴仲和认为,数学教学的核心是让每一个学生参与到学习中去,以取得最大的学习效果并提高学生的数学能力。一堂好的数学课应该考虑:相关性、联系性、平衡性、有序性、多元性、评价性、创新性、互动性、反思性、公平性、责任性、有效性等诸多方面。王光明、王合义认为好课的标准体现在学生学习的主动性、有效的互动性、自行获取知识的实践性、学生真正的"理解性"、预备学习材料的良好组织性、学生学习的反思性。曹一鸣认为评价一节课的标准应体现在教学目的的确切性、学生学习积极性的促进性、对学生数学能力培养的重视性、教学方法的有效性、语言表达的流畅性、传授知识的系统性、寻找重点难点的准确性。任子朝、孔凡哲认为评价数学课堂教学应该关注是否:(1)围绕教学目标;(2)娴熟驾驭教材;(3)融洽的师生关系;(4)有效的教学;(5)以学习为中心组织教学;(6)关注学生个性与潜能;(7)改善教学手段和环境;(8)关注学生的情感态度和自信心;(9)关注教学基本功和教学特色。各个专家观点提示研究者:在"什么样的课是一堂好课"这一问题上,用不同的眼光、从不同的角度去评价,答案就会有所不同,这也正是大家对于"好课"的标准是仁者见仁,智者见智,"好课"的话题也常说常新的原因。不过,也能从各家观点中得出一些认识。

(1)"好课"是一个描述性的概念。确切地说,"好课"虽然有丰富的内涵,但并不是一个规范性概念,它主要是对课堂教学状态及成效的一种描述。

(2)"好课"是一种价值判断。由于评价主体的背景、观念、经历、价值观等存在差异,所以对同一堂课会做出不同的评价。

(3)"好课"是一个开放性的概念。随着时代观念的更新和教育自身的发展,对"好课"的要求也会有所不同。因为"好课"的概念是开放的,"好课"的标准是不断发展的,并没有一个终极性的"定论",但一堂数学好课肯定是一节效率很高的课。

总之,一节好的数学课应该尽可能地达成课程标准的各项目标。值得注意的是,在现在的数学课堂中,大家往往会认为如果一节课没有所谓的动手实践、自主探索、合作学习之类的活动,就不被认为是好课。在理论研究方面,一段时间以来,数学课堂教学评价的研究出现"高原"现象。究其原因,主要是源于教师的数学教育观、研究指导思想和方法论的问题。

什么样的课是一堂好课?哪些指标可以衡量课的优、劣或成功与否?这些问题都涉及如何制定数学课堂教学评价的标准问题。我国的数学课堂教学评价标准的研究目前还处于起步、发展阶段,数学课堂教学评价是一项复杂的与多种因素相关的系统工程,如何建立规范、科学、操作性强的数学课

[①] 李俊扬,等.数学课堂教学评价标准的研究与思考[J].数学教育学报,2011(10):24—25.

堂教学评价体系是数学教育研究者们一直在努力探索的问题。

从数学课堂教学评价标准形成的策略来看,可以分成两类。

一类是依据数学课堂教学的各个要素,把数学课堂教学分为教学目标、教学内容、教学方法、教学过程、教学效果等评价指标,然后进一步细分为若干二级指标,分别按每一二级指标(或只按一级指标)分 4 级或 5 级打分,如案例 7-2 所示。

另一类是依据数学课堂教学中的具体行为进行分类,把数学课堂教学分为教师教的行为和学生学的行为两个维度,每一维度又有若干评价指标分别计分,如案例 7-3 所示。

当然,除了上述两种较常见的构建策略外,也还存在其他结构的数学课堂教学评价标准,例如,任子朝等[1]提出的数学课堂教学评价表是从情意过程(教学环境、学习兴趣、自信心)、认知过程(学习方式、思维的发展、解决问题与应用意识)、因材施教(尊重个体差异、面向全体学生、教学方法与手段)、教学效果、教学基本功和教学特色 5 个方面进行评价。

(二)数学课堂教学评价标准的要素

在数学课堂教学评价中,最受关注的几个方面是教学目标、教学效果、教学内容、教学方法、教师素质、教学过程,学生行为也开始受到关注,此外教学特色虽然在评价表中出现的次数不多,但在综合评价的定性描述中是一个主要的方面。

1. **教学目标**[2]

教学目标作为选定教学内容和教学方法的依据,同时也是为学生明确学习要求和评价教学成效的重要依据,教学目标的确定应依据教学大纲、教材和学生的实际,一般应包括知识、能力和情感三个方面。在制定教学目标之前,教师要深入研究课程标准,认真钻研教材,准确把握教学的重点与难点,掌握本课知识与前后知识之间的内在联系,分清了解、理解、掌握和运用四个层次的具体要求,制定各课时的明确、具体的教学目标,以便于实施教学。教学语言的组织、总体的设计、例题的选择以及习题的配置等都要围绕教学目标进行,做到重点突出、难点分散。

2. **教学效果**

教学效果是衡量在课堂教学中是否落实了教学目标的重要依据,课堂教学效果的好坏直接影响到教学质量。评价课堂教学效果主要是看在课堂教学中学生学习是否积极主动;在教学中教师是否激发了学生学习数学的好奇心和求知欲;教师通过让学生独立思考是否达到了活跃学生思维的目的;整堂课的教学中师生配合是否协调,教学目标是否达标;从学生的接受和反馈情况来看,学生当堂知识掌握的合格率是否较高,等等。

3. **教学内容**

教学内容是课堂教学的核心,主要是指教师在课堂教学中完成教学大纲要求的情况、知识的深度与广度以及内容、轻重的安排处理等情况。对课堂教学内容评价的主要依据是从知识上是否具有科学性、思想性、教育性;内容的深浅度是否符合学生的实际,分量是否适中;整个教学内容是否围绕教学目标、反映教学目标;例题的教学及练习的选配是否合理;教学内容的安排是否注意了重点突出、难

---

[1] 任子朝,孔凡哲.数学教育评价新论[M].北京:北京师范大学出版社,2010.
[2] 张华.国外中小学数学教育评价研究述评及其启示[J].课程教材教法,2007(10):83—87.

点突破;学生在回答问题时是否有思考的时间和空间;在教学活动中是否渗透了数学思想方法,是否重视了知识的形成、发展过程等几个方面来进行的。

4. 教学方法

灵活的教学方法是课堂教学成功的保证。教学方法是多种多样的,每一种教学方法都有它的特点和适用范围。对教学方法的评价主要是指教师在课堂教学中所使用的教学方法是否符合学生的实际,是否有利于启迪学生的思维与发展学生的数学能力,课堂教学结构的设计是否合理,教学手段的使用是否恰当。例如,班级同学对知识掌握得较好时,可采用讨论、独立探究等方法,使学生获取更多的知识,增强更多的能力;若发现有的同学对知识的掌握不够好时,可采用讲授、启发、讨论等方法。

5. 教师素质

对课堂教学的评价绝不应忽略对教师素养的评价。一个教师的素养体现在教学的各个环节之中,包括教学目标的确定、教学内容的取舍、教学方法的设计、教学手段的应用。教师素质的外在表现形式往往是:教态是否亲切自然,普通话是否准确;数学语言是否科学、准确、简练、生动、严密,富有感染力;板书是否工整规范,具有系统性;是否具备驾驭课题、灵活运用教学方法的能力;是否具有较强的应变能力;是否能灵活运用教学辅助手段,等等。

6. 教学过程

数学教学是经历、感知、体验、参与、探究、反思、建构等的过程。目的的实现,方法的使用,内容的展开都须以过程为载体。因此,对数学课堂教学评价离不开对教学过程的分析。如:教学过程设计合理,时间安排恰当,衔接自然,符合学生认知规律,教学节奏科学协调,课内活动新颖实用,形式多样,重视组织学生"数学化"过程,能引发学生积极思维。

7. 学生行为[①]

课堂教学活动应当指向学生发展,这决定了学生在数学课堂教学评价中的重要地位,且相比他人而言,学生对教学效果及自我表现最有发言权。更为关键的是,培养学生的数学课堂评价能力对增进其自我反思与监控能力也十分关键。不少研究者纷纷表示,要在数学教学过程中关注学生的情感认同和交流参与度,培养学生的自我监控与反思能力,重视非智力因素的培养。如,有学者指出:"评价者要关注学生学习的全过程。通过评价引导学生掌握科学的学习方法、积极的学习态度和数学情感,培养学生自主学习的能力和素质。"还有研究者提出,应构建以学生发展为中心的数学课堂教学评价模式,这种新型的教学评价理念有别于传统的数学考试与数学课堂教学评价,旨在通过对学生数学学习过程的监控与评价,实现学习过程与结果的统一,减轻对数学考试结果的过度依赖,革除"见物不见人"的弊端。

由于不同的数学教育专家对数学课堂教学评价存在着认识上的差别,使得被评项目与指标权重的制定存在差异,难以统一。数学课堂教学评价指标体系及项目权重往往由数学教育专家根据经验直接拟定,在其确定过程中缺少师生参与,缺少与被评教师的事先沟通,较少考虑被评教师对评价结果的内在认同与接受,影响了数学课堂教学评价的实效;另一方面,这种构建评价指标体系的方法也

---

① 李芳,等.对数学课堂教学评价的再认识[J].教育科学研,2013(4):43—47.

缺乏数量依据,"与实际情况可能会有偏差,直接影响评判结果定性的准确度及其量化的精度"。因此,探究构建数学课堂教学评价指标体系的科学方法十分必要,这就需要借鉴其他学科乃至其他国家的好的做法。

案例 7-4

韩国数学课堂教学评价标准的特点[①]

韩国的数学课堂教学评价标准与我国近年的数学课堂教学评价标准有一些相似之处,如,都强调课堂教学系统连贯、检查先知、问题情境、变式教学、突出重点、多元表征、关注差异、教学机智、课堂小结、动手操作材料等教学资源准备充分等。当然,韩国数学课堂教学评价标准也有独到之处,具有以下特点。

1. 师生明确达成目标

韩国的数学课堂教学评价标准要求教师和学生都明确学习目标,共同努力达成目标。韩国课程与评价研究院(The Korea Institute of Carriculum and Education,简称 KICE)发布的数学课堂教学评价标准要求师生明确学习目标体现了数学课程改革新理念,如,教师应帮助学生建立数学知识与日常生活的联系,加强概念性理解,经历问题解决、推理、解释、反驳等数学过程,培养学生数学推理、数学交流以及积极的数学情感等。大田标准(2008 年韩国大田市教育局组织数学教学比赛制定的评价标准)也将学习目标作为重要的评价要素,占总分的 15%。评价学习目标,不仅考查教师教学内容、方法和时间的适当性,而且考查学生对学习目标的看法和理解;最后还通过教学目标的达成和学生的自我评价来综合考查学习目标的达成情况。

2. 教师重构数学内容

韩国的数学课堂教学评价标准强调教师应合理重构数学内容。KICE 标准将教师课前的教学准备情况作为评价教学的四大要素之一。教师如何运用教学理论,恰当、合理、创造性地重构数学内容是准备阶段的核心工作。韩国数学教师也非常重视重构数学内容,他们认为数学教学最重要的因素是重构数学内容的能力,这个因素比教学策略、学习环境、评价学生等因素更重要。大田标准中课堂重构也占总分的 10%。如:学习概念时,教师可以重构出一系列变式,从而让学生掌握数学概念的本质,形成概念性理解。教师在教学设计中,也可以设计学生活动,鼓励学生自己给数学概念下定义,而不是教师直接讲解概念。

3. 教师鼓励学生参与

韩国的数学课堂教学评价标准强调教师应鼓励学生参与活动,这体现了韩国数学课程理念。如,教师为关注学生未来的发展,应鼓励学生主动参与学习活动,培养学生的数学直觉、数学推理、数学交流、数学情感、创造性和个性等。KICE 标准为考查学生是否积极参与活动,从学习氛围和教学行为两方面来考度。大田标准也将学生活动作为重要的评价要素,占总分的 20%,大田标准是通过考查学生参与活动的主动性、对学习内容的理解性、学生的参与度、学生学习态度的培养来评价学生参与活动的情况。

[①] 秦华,曹一鸣.当前韩国数学课堂教学评价标准及其启示[J].教育科学研究,2013(2):62—66.

4. 教师重视提问反馈

韩国的数学课堂教学评价标准强调教师应重视提问和反馈。如：KICE 标准和数学教师们都强调教师应掌握各种有效提问的策略，大田标准还通过教师是否能提出适当的、各种水平的问题，问题质量是否较高等来具体体现提问是否有效。KICE 标准除了强调教师应具有有效提问策略以外，还强调教师应具有评价学生的策略和对学生进行及时反馈的策略。大田标准把提问作为评价教学的重要因素，占总分的 10%。

5. 课堂内外评价教学

KICE 标准不仅评价教师在课堂内所表现出的教学技能，还评价教师课堂之外的素质。如，教师应具有丰富的数学专业知识、学校数学知识和数学教学知识；在课前，精心备教材、备内容、备学生、备教具；在课中，体现熟练的教学技能；在课后，积极参加各种教研活动，增进专业化发展，增长教师知识，提高教学质量，形成良性循环。

第 3 节　学生数学学习评价

学生数学学习评价是指有计划、有目的地收集学生在学习数学新知、运用数学的能力和对数学的情感态度与价值观等方面的有关证据，并根据这些证据对学生的数学学习状况或某个课程或教学计划做出判断的过程。①

《基础教育课程改革纲要（试行）》中明确指出，建立促进学生全面发展的评价体系。评价不仅要关注学生的学业成绩，而且要发现和发展学生多方面的潜能，了解学生发展中的需求，帮助学生认识自我、建立自信，发挥评价的教育功能，促进学生在原有水平上的发展。这就要求我们探索新的数学学习评价方法，削弱以往评价的甄别和选拔功能，关注每一个学生的全面发展。

一、数学学习评价的目的和类型

（一）数学学习评价的目的

《全日制义务教育数学课程标准（2011 年版）》中指出，评价的主要目的是为了全面了解学生的数学学习的过程和结果，激励学生的学习和改进教师的教学。因此，应从学生和教师两个角度去分析和解释数学学习评价的目的。

1. 数学学习评价激励学生的学习

从学生的角度出发，数学学习评价表现为以下两个目的。

首先，数学学习评价对学生在数学学习中取得的成就和进步进行评价，明确学生数学学习努力的方向。学习评价首先要做的是收集学生在数学学习中的相关信息，将学生的学业成就和进步信息反馈给学生。这里所说的反馈信息，不应该是一个简简单单的分数，而应该是包括学生在数学学科中各内容维度和能力维度的具体表现情况的报告单。在肯定学生学习所取得的成就的基础上，诊断学生

---

① 全美数学教师理事会.美国学校数学课程与评价标准[M].人民教育出版社数学室，译.北京：人民教育出版社，1994.

在学习中存在的困难,帮助学生发现解题策略、思维方式上的不足,进而有针对性的进行练习和强化。传统的教学和评价方式过于关注学生解答的答案是否正确,而忽略了解题过程的思考过程。新课程改革就是要转变这种应试教育下只追求分数的做法,全面了解学生的数学学习历程,评价学生的知识掌握程度、思维过程、解题策略、推理方法以及学习习惯。强调学生以自己为参照,以超越自己为目标,将数学学习的过程细化到可操作的每一小步,促进学生自我导向地、反思性地、独立地学习,引导学生自主地、有针对性地扩展优势,弥补不足;让学生认识到即使没能完美地解答某一个数学题目,但是在解题过程中表现出的某些思维闪光点和独到的推理方法都是十分值得肯定的。

其次,数学学习评价不仅要评价学生的学业成就,还应该评价学生对数学的情感态度与价值观。学习态度和学习动机在某种程度上比学业成就更重要,它往往关系着学生在数学学科领域内的发展潜能,直接影响学习过程。传统的学习评价方式以纸笔测验为主,评价结果表现为考试得分,加之成绩排名,使大多数学生为了考试而学习,忽略了数学学习的乐趣,对学习产生恐慌和焦虑的心理,必然会带来消极的学习体验。新的学习评价方式要求评价学生对数学的情感态度和价值观,它可以是问卷调查也可以通过教师的评语体现,帮助学生认识自我,使学生形成正确的学习预期,形成对学习数学积极的情感体验和正确的价值追求,通过看到自己对自己的超越来建立信心,更好地投入学习。

2. 数学学习评价改进教师的教学

从教师的角度出发,数学学习评价表现为以下两个目的。

首先,数学学习评价使教师及时获得学生学习信息的反馈,了解学生学习的进展和遇到的问题。在教学过程中,教师要有意识地去收集学生学习过程中的相关信息和数据,并及时采取教学措施。这种信息和数据的收集不应该是一段时间才进行一次,而应该贯穿在整个教学过程之中,如教师在讲授知识的过程中应注意观察学生的表情信息,在课堂上要有及时的随堂测验,在一段学习之后进行章节的测验。此外,还应该包括教师与学生的个别交流,了解学生在学习新知识时的接受情况,了解学生在解题过程中的知识缺陷和思维障碍,清楚学生学习困惑的症结所在。以此来针对学生的实际情况,进行教学设计,改进教学方法,保证教学和学习的高效。

其次,数学学习评价不仅要让教师了解学生在学习中的问题所在,更要让教师清楚自己在教学工作中存在的需要改进的问题。通过学生的数学学习评价,使教师及时了解自身在知识结构、教学设计和教学组织等方面的表现,随时调整和改进教学进度和教学方法,使教学更适合学生的学习,更有利于学生的发展。此外,学生数学学习的评价信息还可以作为判断某种教学方法是否有效,对某个课程或某个教学计划提出建设性的修改方案。

较之于传统的数学学习评价,新的评价目的发生了很大变化,详见表7-1所示。

表 7-1 评价在数学教学实践中所发挥作用的主要变化[①]

提倡	避免
在发挥改善教师的教学作用上的变化	
将评价和教学结合在一起	仅仅依靠定期的测试
从不同的评价方式和情境中收集信息	仅仅依据一种信息渠道
面向一个更长期计划的目标,收集每位学生的进步的证据	仅仅主要针对课程内容的覆盖率制订评价计划
在提供反馈信息、促进学生学习的作用上的变化	
针对数学能力的发展进行评价	仅仅针对特殊事实性的知识和孤立的技能,进行评价
与学生交流他们解数学题的行为和过程,更加关注数学活动的连续性和学生数学理解的深广度	简单地指出答案是否正确
使用多样化的评价手段和工具	仅仅靠单一的测验、考试
学生学会评价自己的学习进步和发展	教师和外部机构是学生学习状况的唯一评判者
在数学学习的成就和进步方面作用的变化	
对照行为标准评价每一位学生的行为表现	仅仅评价学生对特殊的事实性的知识和技能的掌握状况
针对数学能力的发展和情感态度与价值观诸多方面的变化进行评价	仅仅依据学生在数学知识技能上的变化进行评价

(二)数学学习评价的类型

学生数学学习评价按照分类的标准不同,其分类的结果也不尽相同,以上内容对于几种常用的评价类型已有介绍,此处以数学学习内容为依据进行分类说明。《普通高中数学课程标准(2011 年版)》指出,要正确评价学生的数学基础知识和基本技能,要重视学生学习能力的评价和数学学习过程的评价。

1. 数学基础知识与基本技能的评价

对于学生数学基础知识和基本技能的评价是学生数学学习评价的基本内容。对学生数学基础知识的评价应主要关注学生能否正确地理解和把握数学概念,并将知识结构化的能力;考查学生能否独立举出一定数量的正例或反例,用于说明问题;关注学生能否建立不同知识之间的联系,把握知识的结构体系。例如,方程与函数的联系,代数与几何的联系等。对于学生数学基本技能的评价应注意关注学生能否在理解方法的基础之上,针对问题特点进行合理选择,进而熟练运用;考查学生能否恰当地运用数学语言及自然语言进行表达与交流,例如,运用符号语言、图形语言、集合语言、算法语言、自然语言等表述解决简单的数学问题的过程。对数学基础知识与基本技能的评价要注重对数学本质的

---

① 任子朝,孔凡哲.数学教育评价新论[M].北京:北京师范大学出版社,2010.

理解和思想方法的把握,避免过于强调机械记忆、模仿以及复杂技巧。

2. 数学能力的评价

学生的数学能力是通过对数学基础知识的掌握和运用水平体现出来的。对于数学能力的评价应贯穿于学生数学知识的建构过程与问题的解决过程之中。数学能力评价应注意考查学生在日常的数学学习,尤其是数学探索与建模活动中,是否具有问题意识,是否善于发现和提出问题;考查学生能否选择有效的方法和手段收集信息、联系相关知识、提出解决问题的思路,建立恰当的数学模型,进而尝试解决问题;考查学生能否在解决问题的过程中,既能够独立思考,又能够与他人很好地交流与合作;考查学生能否对解决问题的方案进行质疑、调整和完善;考查学生能否将解决问题的方案与结果,用书面或口头等形式比较准确地表达和交流,根据问题的实际进行分析、讨论或应用。

《全国高考考试大纲说明》中指出,能力是指空间想象能力、抽象概括能力、推理论证能力、运算求解能力、数据处理能力以及应用意识和创新意识。

3. 数学学习过程的评价

学生数学学习的过程评价主要关注学生数学学习的态度和情感价值观。对于学生数学学习的过程评价应包括学生参与数学活动的动机和态度、完成数学学习的自信、独立思考的习惯、合作交流的意识、数学认知的发展水平等方面。通过数学学习过程的评价,应努力引导学生正确认识数学的价值,产生积极的数学学习兴趣与动机;评价应关注学生是否肯于思考、善于思考、坚持思考并不断地改进思考方法与过程;关注学生是否积极主动地参与数学学习活动,是否愿意与同伴交流数学学习的体会、与他人合作探究数学问题;关注学生能否不断反思自己的数学学习过程等。

二、数学知识和能力测验

数学知识和能力测验,多指纸笔或传统的数学试卷考试,是通过借助各种测试题,对学生的数学基础知识和基本技能以及情感、态度价值观进行测量,从而获得数学学习评价的信息和方法。

(一)测验题目的类型

测验题目,也可称为试题,其类型一般分为客观性试题和主观性试题两大类。

对于客观性试题的评分,无论是人工评分还是机器评分,评分的结果都是一致的,它能有效地消除评分者的评分误差,一般包括选择题、是非题、匹配题和填空题。

主观性试题需要学生自由组织答案,评分的结果受评分者主观因素影响较大,一般包括解答题、证明题、作图题等。主观性试题能较好地反映学生的知识应用能力和较高层次的思维能力,但是由于在评分时教师只能根据评分标准,凭借个人的鉴别力判断学生的作答情况,评分误差较大。因此,测验时一般采取客观性试题和主观性试题相结合的方式。

(二)编制试卷的原则

数学知识和能力测验是用来测量学生数学学习结果的工具,数学学习评价是在数学知识和能力测验的基础上进行的。如果没有一套客观、全面、准确的测量结果,就不可能得到客观、准确的评价结论。因此,评价学生的数学学习结果就需要编制好的测验题目,要编制好的测验题目,就必须遵照一定的原则。

1. 确定测验的目的和用途

数学学习评价中的知识和能力测验往往有多种用途和目的,如诊断性测验、形成性测验和终结性测验,其目的和用途不同,试题的难度和出题范围也不相同。在学生数学学习评价中,诊断性测验和形成性测验一般是为了解学生某个时间段学习的近况,因此,出题要针对学习问题和单元教学目标进行,出题范围往往较窄,难度也较低。终结性测验题目是为了考查学生某学期或学年的学习总评,出题范围则较宽,综合性较强,难度适中。如高考这类具有选拔功能的考试,则要求试题有一定的区分度,难度较高。

2. 明确要测量的学习结果

学习结果是指通过教学期望学生达到的结果。在数学测验中测量的学习结果要和教学目标或课程标准一致,要明确数学学习中不同范畴的知识和能力的具体要求,从内容和目标两个方面考虑。一般确定学习结果的步骤是,先参考教材大纲并确定课程教学目标,再确定每一单元的教材内容及教学目标,并按照重要程度确定各单元占总课程的比例,形成双向细目表,也就是编制测验的大纲。

3. 选择恰当题型,编拟、征集试题

试卷是欲测量的内容和目标的一个样本,试卷所包含的试题要对欲测量的内容和目标有充分的代表性,因此要依据所编制的学习结果双向细目表来编拟试题。在数学知识和能力测验中,需要有一定数量的客观性试题,但同时要增大主观性试题的比例,尤其是需要学生给出解释、举例、联系、推论的试题,以考查学生对数学理解的情况。另外,编拟试题时的技术性很强,教师可以在自己编拟试题的同时,向有关学科的专家征集试题。

4. 对试题进行质量分析

将编拟和征集到的试题,进行预测试并进行质量分析,把质量好的题目储存备用,对质量不好的题目进行修订。在对试题进行质量分析时,要重点关注试题是否测量了一个重要的学习结果,试题是否合适,题目的叙述是否清楚、准确,以及试题的难度是否适合。一般情况下,数学学科测验要求试题的难度要和教学目标一致,选拔性测验要求试题的难度与被测群体的能力水平一致。

5. 构成试卷

在编拟好的大量试题中,根据测验的需要选择优良试题,经恰当组合,形成试卷。试卷中的题目,要从易到难,且要同时编制两套试卷,A卷和B卷,还要编制标准答案并规定评分标准。

(三) 测验的质量分析

1. 测验题目的难度

测验题目的难度是指题目的难易程度。通常用答对该题目的人数比例来表示。对于是非题、选择题等采用二分法记分的题目,难度通常用通过率来表示:

$$P = \frac{R}{N}$$

式中,R 为答对该题目的人数,N 为全体参加考试人数。

案例 7-5

在一次数学测验的某道选择题上,100 名被试中选择正确答案的有 37 名,则该题难度为:

$$P=\frac{R}{N}=\frac{37}{100}=0.37$$

难度是全体被试在该题上的平均数与该题满分的比例:

$$P=\frac{\overline{X}}{X_{\max}}$$

式中,P 为题目难度值,$\overline{X}$ 为全体被试平均得分,$X_{\max}$ 是题目满分。

案例 7-6

一组被试在某道题上得分分别为 2,5,9,10,4,8,7,5,3,0。该题满分为 10 分。则该题难度为:

$$P=\frac{\overline{X}}{X_{\max}}=\frac{\frac{(2+5+9+10+4+8+7+5+3+0)}{10}}{10}=0.53$$

用通过率代表难度时,P 值越大,其难度越小;P 值越小,其难度越大。难度分析的主要目的是为了筛选题目,根据测验的目的、性质和内容来选择难度合适的题目。在日常的数学教学中,测验题目是为了了解学生对于数学知识和技能的掌握情况,可不用过多考虑题目难度的高低。如果进行数学的终结性评价或选拔性的测验,则应将题目的平均难度保持在 0.5 左右,且各题之间应有合理的难度梯度,保证有效地区分出不同水平的被试。

2. 测验题目的区分度

测验题目的区分度也叫鉴别力,是指题目对参加测验的学生实际水平的区分能力,它是评价试题、试卷质量的重要指标。题目的区分度由学生的数学测验成绩和学生实际的数学能力水平之间的关系来描述,一般学生的实际数学能力由测验总分数表示,相关程度由相关系数大小来描述。相关系数越高,就说明题目的区分度越高,区分度高的题目能将具有不同数学能力的学生区分开来。如果一次数学测验,实际数学水平高的学生能顺利通过,而实际数学水平低的学生不能通过,则说明此次数学测验具有较高的区分度。

区分度与难度之间有着密切的联系,题目难度影响题目得分的标准差,题目得分的标准差影响题目的区分度大小。

区分度的计算方法有很多,根据测验及题目的不同计分方式主要采用以下方法。

(1) 点二列相关

当测验总分和题目得分一个是多值,一个是二分变量时,计算点二列相关。比如题目答对为 1,答错为 0,而测验总分是连续变量时,可用此法。公式如下:

$$r_{pb} = \frac{\overline{X}_p - \overline{X}_q}{S_t} \sqrt{pq}$$

式中 r_{pb} 为点二列相关系数;

p 为二分变量上的通过人数比例;

q 为二分变量上的未通过人数比例;

$\overline{X}_p$ 为二分变量上的通过者在多值变量上的平均得分;

$\overline{X}_q$ 为二分变量上的未通过者在多值变量上的平均得分;

S_t 为多值变量上的标准差;

点二列相关的显著性考验与皮尔逊积差相关相同。

案例 7-7

已知某次测验中某选择题的通过率为 0.5,答对者的测验总分平均为 76 分,答错者的测验总分平均为 63 分,全体被试总分的标准差为 16,则

$$r_{pb} = \frac{76-63}{16}\sqrt{0.5 \times (1-0.5)} = \frac{13}{16}\sqrt{0.25} = 0.41$$

假设被试总人数=20,查相关系数显著性临界值表,得:

20-2=18,0.05 水平临界值为 0.444

∵ 0.41 < 0.444

∴ r_{pq} 值不显著,即此题区分度不具有统计上的显著意义,故可认为该题不够理想。

(2) 积差相关

当两列变量均为多值时,计算积差相关,又称皮尔逊相关。公式如下:

$$r = \frac{\frac{\sum XY}{N} - \overline{X} \cdot \overline{Y}}{S_X S_Y}$$

式中:r 为积差相关系数,X、Y 分别为题目与效标分数,$\overline{X}$、$\overline{Y}$ 分别为题目与效标的平均分数,S_X、S_Y 分别为两列变量的标准差,N 为总人数。

用积差相关法求得的题目区分度,其统计显著性的检验可查"积差相关系数显著性的临界表"。

视窗 7-5

区分度分析主要以效标为依据,考察被试在每个题目上的反应与其在效标上的表现之间的相关程度。所谓效标是指衡量测验或题目有效性的外在标准,题目分析时一般以测验总分为效标。

3. 测验的信度

信度是指可靠性或一致性程度。测验的信度,是指测验结果的可靠性或一致性程度。一个好的

数学测验,对同一个班级的学生先后进行两次测验,其结果应该保持一致。

估计测验信度的方法有很多种,操作方法简单且常用的是重测信度。重测信度也叫稳定性系数,是估计测验跨时间的一致性指标。用同一套测验题目对同一个班级的学生先后进行两次数学测验,学生两次测验分数间的相关系数即为重测信度。重测方式获得的信度系数的估计值,表示了学生成绩的稳定性。重测信度容易受到两次测验间隔时间长短和间隔期间学生活动的影响,重测间隔时间短,则学生对上次测验内容会有所记忆,若间隔时间长,则这段时间学生的知识能力的变化以及各种活动又将成为一个影响因素,因此前后两次测验的间隔时间应当适当。

此外,测验的长度、难度、测验内容和评分者的客观性,以及学生的主观态度和测验的实施情况都会在一定程度上影响测验的信度。

4. 测验的效度

效度是指有效性程度。测验的效度,是指测验实际测量出其所要测量的特质的程度,也就是看测验题目达到测验目的的程度。

在效度估计中,最常用的是估计内容效度。所谓内容效度是指测验题目对要测量的数学基础知识和基本技能的代表程度,也就是测验内容目标与欲测内容目标的一致性程度。如,高考数学考试要测验的高中数学大纲中的全部内容,但是由于内容过多无法全部测到,则只能选择其中的一部分内容编成试题。如果测验的题目能较好地代表高中数学教学大纲中的内容和目标,则测验的内容效度就高,反之则低。估计内容效度最常用的方法是专家评价法,即由数学学科专家和有经验的教师在系统分析教学大纲、教材和测验试题的基础上,对测验题目与原定内容和目标范围的符合程度作出判断。

影响测验效度的因素有很多,凡是能产生随机误差和系统误差的因素都会降低测验的效度。如测验的内容和形式、测验的实施过程以及学生的兴趣、动机、情绪和身体健康状况等。

测验的信度反映的是测验结果的稳定性、精确性,而测验的效度反映的是要测量的特质被测量到的程度。因此,测验的信度不高,其效度也不会高,效度高的测验其信度一定高。如果,某一套试卷受随机误差影响较大,结果不精确、不可靠,那么测验的成绩就不会真实地反映学生的数学实际能力,效度也必然会差;而如果某套试卷的测验结果能真实地反映学生的数学学习能力,则此套试卷必然是可靠而有效的。

三、学生数学学习评价中常用的定量方法

学生数学学习评价的定量方法主要采用教育测量和统计等手段,将评价指标量化,通过收集学生数学学习的量化指标,进行定量分析和处理,对学生的学习结果做出数量化的描述和价值判断。以下介绍几种常用的方法。

(一)集中量数

集中量数是描述一组数据集中趋势的统计量,包括算术平均数、几何平均数、中数和众数等。在学生的数学学习评价中,常用这些统计量来描述某一群体在某次考试中的成绩或某些代表其他情况数据的规律,以此来挖掘学生数学学习方面的问题。

1. 算术平均数

算术平均数包括简单算术平均数和加权平均数。

简单算术平均数($\overline{X}$)是指一组性质相同的数据之和除以该组数据的个数所得到的商。公式为：

$$\overline{X} = \frac{1}{n}\sum_{i=1}^{n} X_i$$

在总体中将各组数据的相对重要程度称为权数，各组数据与权数的乘积除以权数之和所得到的商即为总体的加权平均数。公式为：

$$\overline{X}_\omega = \frac{\sum_{j=1}^{k} n_j \overline{X}_j}{n_T}$$

$\overline{X}_\omega$——总平均数（或加权平均数）；

$n_1、n_2、\cdots\cdots、n_k$——各组人数；

$\overline{X}_1、\overline{X}_2\cdots\cdots、\overline{X}_k$——各组平均数；

$n_T = n_1 + n_2 + \cdots\cdots + n_k$——总人数。

在进行学生学习评价时，通过不同方式收集到的数据在评价总体中的重要程度往往不同。此时，计算简单算术平均数有时并不能真实、完全地反映学生学习的情况，考虑到不同数据的重要程度，计算数据的加权平均数能更好地反映出学生学习的具体情况。

案例 7-8

某区共有三所学校，在一次数学测验中参加考试的人数和平均分如下表：

学校	平均分	n
A	75.8	55
B	84.7	49
C	87.2	52

则本区三所学校的数学测验总平均成绩为：

$$\overline{X} = \frac{55 \times 78.5 + 49 \times 84.7 + 52 \times 87.2}{55 + 49 + 52} = 82.4$$

2. 几何平均数

几何平均数(x_g)是指 n 个观察值连乘积的 n 次方根，记为 x_g。公式为：

$$x_g = \sqrt[n]{x_1 \times x_2 \times x_3 , \ldots , \times x_n}$$

当一组数据分布没有规律或呈偏态时，可用几何平均数表示这组数据的一般水平，但在实践中几何平均数多用来描述事物的平均发展速度和增长率。

3. 中数

中数又称中位数(Mdn),指在一组有序的数据中,位于中间位置的那个数。它可能是数列中某一个原始数据,也可能是通过计算得到的一个数。

在计算某一组数据的中数时,首先应将该组数据按照大小排序。当数据的个数为奇数时,中数是位于中间位置的数,即 $\frac{n+1}{2}$ 位置。例如有一组数据如下 2、6、9、19、20($n=5$),其中数为第 $\frac{5+1}{2}=3$ 个数,即 Mdn=9,在 9 的左边和右边分别有相等的数据个数,即各有两个数据。当数据的个数为偶数时,中数是位于中间位置的左右两个数的平均数。例如有一组数据如下 2、6、9、19、20、25($n=6$),其中数为中间位置 $\frac{6+1}{2}=3.5$ 个数左右两个数 9 和 19 的平均数,即 $\frac{9+19}{2}=14$。

中数也是描述一组数据集中量数的一种,在学生数学学习评价中,当一组观测数据中出现极端值时,或一组数据的两端有模糊值出现时,不能用算术平均数作为这组数据的代表值,而应求这组数据的中数。但是,由于中数是由位置确定的,并不是每个数据都加入计算,因此会导致较大的抽样误差,不如平均数稳定,也不能进行进一步的代数运算。

4. 众数

众数又称范数(M_0),是指次数分布中出现次数最多的那个数的数值。众数是一种集中量数,在统计实践中,当一组数据出现不同质的情况,或分布中出现极端数据时,也用众数作为集中量数的粗略估计。

众数的计算方法有几种,此处介绍皮尔逊的经验法,即

$$M_0 = 3\text{Mdn} - 2\overline{X}$$

(二) 差异量数

差异量数是描述一组数据离中趋势的统计量。次数分布中数据间彼此差异的程度称作数据的离中趋势。离中趋势反映了次数分布的离散程度,也就是次数分布的变异性。主要包括方差和标准差。在学生的数学学习评价中,我们常用集中量数来描述次数分布的典型情况,而用差异量数描述次数分布的特殊性。

1. 方差和标准差

方差(S^2)是指一组数据中的每个数据与其平均数的离差平方之和的平均数。标准差(S)是方差的算术平方根。公式为

$$S^2 = \frac{\sum_{i=1}^{n}(X_i - \overline{X})^2}{n}$$

$$s = \sqrt{\frac{\sum_{i=1}^{N}(x_i - \overline{x})^2}{N}}$$

方差和标准差是描述一组数据离散程度的最好指标,其值越大说明次数分布的离散程度越大,其值越小说明次数分布的离散程度越小,数据比较集中。此外方差和标准差受抽样变动的影响较小,且

反应灵敏,计算严密,在学生数学学习评价中,可以将其与平均数一起描述一组数据的全貌。

2. 标准分数

标准分数,也叫 Z 分数(Z-score),是将原始分数与其平均数之差除以标准差所得到的商。公式为

$$Z=(x-\mu)/\sigma$$

其中 x 为某一具体分数,μ 为平均数,σ 为标准差。

Z 值的量代表着原始分数和总体平均值之间的距离,是以标准差为单位计算。在原始分数低于平均值时 Z 值为负数,反之则为正数。Z 分数的平均数为 0,标准差为 1。

在学生数学学习评价中,如果一个学生的 Z 分数为 0,则该学生的原始成绩就是全班的平均分;如果 Z 分数大于 0,则该学生的原始成绩大于全班平均分;反之,则小于全班平均分。因此,利用 Z 分数可以比较同一个学生在不同阶段的数学考试成绩,从而评价其学习的发展。

案例 7-9

下表为某学生在第一学期和第二学期的数学考试成绩的相关数据。

	数学成绩	全班平均分	标准差	Z 分数
第一学期	90	95	15	-0.25
第二学期	86	85	9	0.9

从表中可以看出,该生第一学期的数学成绩虽然达到 90,但低于全班平均成绩 0.25 个标准差;而第二学期的数学成绩虽只有 86 分,但高于平均水平 0.9 个标准差,说明该生在数学学习上有明显进步。

利用 Z 分数还可以比较不同学生或同一学生不同学科的成绩,从而在相对评价中找到差异。

案例 7-10

下表为甲乙两位学生在某次考试中语文、数学和英语三科成绩的相关数据。

科目	考试分数		Z 分数	
	甲	乙	甲	乙
语文	76	63	2	0.6
数学	89	84	1	0.4
英语	85	95	-1.6	0.4
总计	250	242	1.4	1.4

从表中可以看出,甲生语文成绩为 76 分,数学成绩为 89 分,但语文高于平均成绩 2 个标准差,而数学高出 1 个标准差,因此,该生语文成绩比数学成绩好。此外,从表中还可以看出,甲乙两人的总分虽然不等,但是从标准分数来看,他们二人的总成绩无高低之分。

由于 Z 分数可以是负值,给实际应用带来不便,为此将 Z 分数转变为 T 分数,更为方便:

$$T=10Z+50$$

经转变后得到的 T 值都是正整数,T 值等于 50 时,原始成绩是全班的平均分,T 值大于或小于 50 时,原始成绩高于或低于全班平均分。

标准分数是学生数学学习评价中非常重要的一种定量方法。利用标准分数既可以做绝对评价,也可以做相对评价,其评价结果客观性较强。

本章总结

本章重点学习了什么是数学教育评价、当前国际上在数学教育评价中的新进展,以及数学课堂教学评价和学生学习评价的相关内容。数学教育评价是数学教育系统不可缺少的重要组成部分,是衡量数学教育成就、提高数学教育质量的重要手段,也是对现实数学教育的各个方面进行价值判断和被社会认可的依据。掌握一定的评价方法对改善课堂教学,正确反馈学生学习成果都起到积极的作用。

扩展阅读

[1] 马云鹏,等.数学教育评价[M].北京:高等教育出版社,2003.
[2] 孙瑞清,宋宝如.数学教育实验与教育评价概论[M].北京:北京师范大学出版社,2007.
[3] 王孝玲.教育统计学[M].上海:华东师范大学出版社,2007.
[4] 吴明隆.问卷统计分析实务——SPSS 操作与应用[M].重庆:重庆大学出版社,2010.

思考与练习

1. 简述数学教育评价的作用。
2. 简述学生数学学业成绩评价的步骤。
3. 数学课堂教学评价表应如何建立?
4. 学生数学学业评价应该注意哪些问题?
5. 某区近年来参加高中数学会考的人数如下表,求其平均增长率;如照此速度增长,到 2014 年有多少人参加考试?

年度	学生人数	变化率
2009	2020(x_1)	
2010	2200(x_2)	1.0891(x_2/x_1)
2011	2340(x_3)	1.0636(x_3/x_2)
2012	2600(x_4)	1.1111(x_4/x_3)
2013	2870(x_5)	1.1038(x_5/x_4)

参 考 文 献

[1] 王朝晖.数学教育评价的内涵及存在的问题[J].安庆师范学院学报(自然科学版),2004(8):101—103.

[2] 马云鹏,张春莉.数学教育评价[M].北京:高等教育出版社,2003.

[3] 张华.国外中小学数学教育评价研究述评及其启示[J].课程教材教法,2007(10).

[4] 王兄.TIMSS影射下的新加坡数学教育评价[J].外国中小学教育,2006(8):34—37.

[5] 2010年青岛开发区小学课堂教学评价表.时间 http://wenku.baidu.com/link? url.

[6] 曹一鸣,等.我国数学课堂教学评价研究[J].数学通报,2011(8):1—4.

[7] 李俊扬,等.数学课堂教学评价标准的研究与思考[J].数学教育学报,2011(10):24—25.

[8] 秦华,曹一鸣.当前韩国数学课堂教学评价标准及其启示[J].北京:教育科学研究,2013(2):62—66.

[9] 全美数学教师理事会.美国学校数学课程与评价标准[M].人民教育出版社数学室,译.北京:人民教育出版社,1994.

[10] 任子朝,孔凡哲.数学教育评价新论[M].北京:北京师范大学出版社,2010.

第8章 现代信息技术在数学教学中的应用

本章概要

本章在遵循信息技术与数学教学整合的基本原则的基础上,针对数学课的四种课型,具体研究信息技术与教学的整合点,并总结出了适合这四种课型的数学教学的信息技术与数学整合的教学模式:适合新授课的探索发现教学模式,适合习题课的自查验证教学模式,适合活动课的自主探究教学模式和适合实践课的综合应用教学模式。文中为每一种教学模式给出了理论依据、整合教学目标、基本操作程序、实现的信息技术环境、教学评价和整合点分析,分析了整合教学中教师、学生、教学内容、信息技术环境之间的地位和相互关系,并对每一种教学模式的适用范围进行了划分。

学习目标

通过学习,你能够:
1. 了解信息技术对数学课程理念、内容、实施的影响。
2. 掌握信息技术与数学课程教学整合的含义、基本原则。
3. 知道中学数学教学中常用的教育软件。
4. 学会不同课型的整合模式。

关键术语

◆ 信息技术　　◆ 整合　　◆ 数学教学

引　子

"信息技术的发展对数学教育的价值、目标、内容以及教学方式产生了很大的影响。数学课程的设计与实施应根据实际情况合理地运用现代信息技术,要注意信息技术与课程内容的整合,注重实效。要充分考虑信息技术对数学学习内容和方式的影响,开发并向学生提供丰富的学习资源,把现代信息技术作为学生学习数学和解决问题的有力工具,有效地改进教与学的方式,使学生乐意并有可能投入到现实的、探索性的数学活动中去。"这是2011年版《义务教育数学课程标准》中的要求,那我们在数学教学中如何理解并实践新课标的理念呢?

第1节　信息技术与数学教学的整合

人类已进入信息时代,以计算机和网络为核心的信息技术的不断发展,正在越来越深刻地改变着我们的生产、生活方式,尤其是对教育产生了深远的影响。以信息化促进教育现代化成为各国教育改革的重要内容。信息技术产生与发展的基础是数学,而信息技术的发展又进一步扩展了数学领域。信息技术与数学相互影响、相互依赖,这种密切的关联必然影响数学课程。

视窗 8-1

> 随着信息技术飞速发展,信息技术与学科教学整合越来越被教育界所重视,这也是教育改革和发展的必然。将信息技术与学科教学进行整合,必将产生传统教学模式难以比拟的良好效果。由于信息技术具有图、文、声并茂甚至有活动影像的特点,所以能够提供最理想的教学环境,对教育、教学过程会产生深刻的影响。

一、信息技术对数学教学的影响

(一)信息技术对数学课程理念的影响

教育部在 2001 年《基础教育课程改革纲要(试行)》中明确提出"大力推进信息技术在教学过程中的普遍应用,促进信息技术与学科课程的整合,同步实现教学内容的呈现方式、学生的学习方式、教师的教学方式和师生互动的方式的变革,充分发挥信息技术的优势,为学生的学习和发展提供丰富多彩的教育环境和有力的学习工具。"

我国在 2003 年颁布的《普通高中数学课程标准(实验)》基本理念中指出:现代信息技术的广泛应用正在对数学课程内容、数学教学、数学学习等方面产生深刻的影响。

在 2011 年版《义务教育数学课程标准》(以下简称《标准》)中指出:信息技术的发展对数学教育的价值、目标、内容以及教学方式产生了很大的影响。数学课程的设计与实施应根据实际情况合理地运用现代信息技术,要注意信息技术与课程内容的整合,注重实效。要充分考虑信息技术对数学学习内容和方式的影响,开发并向学生提供丰富的学习资源,把现代信息技术作为学生学习数学和解决问题的有力工具,有效地改进教与学的方式,使学生乐意并有可能投入到现实的、探索性的数学活动中去。

在《标准》的"教学建议"中提出,积极开发和有效利用各种课程资源,合理地应用现代信息技术,注重信息技术与课程内容的整合,能有效地改变教学方式,提高课堂教学的效益。有条件的地区,教学中要尽可能地使用计算器、计算机以及有关软件。在"教材编写建议"中提出,设计一些课题和阅读材料,引导学生借助算盘、函数计算器、计算机等工具,进行探索性学习活动。

(二)信息技术对数学课程内容的影响

信息技术对数学课程内容的影响主要集中体现在以下几个方面。

第一,信息技术简化了一些数学课程内容。如计算器成为数学课程内容之后,把人们从繁杂运算当中解放了出来,因此,简化了数学课程内容中的繁杂运算。

第二,信息技术改变了一些数学课程内容,将以往"不可能的事情"变得"可能"。如,探索 $\sqrt{2}$ 的无限性,将感受无理数的无限性变得可能,使借助计算器探索规律成为数学学习的一个重要内容。

第三,信息技术增加了一些新的数学课程内容。如二进制算法,体现了信息技术与数学具有的内部关联性;计算器的操作方法使计算器的操作技能演变为数学运算能力的一部分。

第四,信息技术使一些数学课程内容的重要性大大增加。信息技术最终还是一种技术或手段,是无法替代数感、空间观念的培养及数学活动经验的,因此,更加突显了这些数学课程内容的重要性。

(三)信息技术对数学课程实施的影响

信息技术对数学课程实施的影响主要集中体现在以下几个方面。

第一,信息技术改变了学生的学习方式,使学生的学习方式从单一的接受式学习发展到接受式学习、合作学习、自主学习、探究学习、小组学习等各种学习方式并存。

第二,信息技术提供了实时交互的网络教学平台,使课堂教学不再只是"在教室中师讲生听",让学生从现实的课桌教室走向虚拟的网络课堂。

第三,信息技术打破了"以概念为中心"的教学模式,转变为"以问题为中心"的教学模式,课堂教学是"以任务驱动"的过程。

第四,信息技术在数学课堂教学中的应用主要有动画模拟、演示实验、分层显示、练习设计、影视演播等。

第五,信息技术为学生在数学上的全面发展提供了必备保障,尤其是,信息技术的参与使过程与方法、情感态度与价值观的课程目标更加具有实现的可能性。

二、信息技术与数学教学的整合

(一)信息技术与数学课程教学整合含义

1. 信息技术的内涵

"信息技术"(Information Technology)的概念,因其使用的目的、范围、层次不同而有不同的表述。[1]

广义而言,信息技术是指能充分利用与扩展人类信息器官功能的各种方法、工具与技能的总和。该定义强调的是从哲学上阐述信息技术与人的本质关系。

中义而言,信息技术是指对信息进行采集、传输、存储、加工、表达的各种技术之和。该定义强调的是人们对信息技术功能与过程的一般理解。

狭义而言,信息技术是指利用计算机、网络、广播电视等各种硬件设备、软件工具与科学方法,对文、图、声、像等各种信息进行获取、加工、存储、传输与使用的技术之和。该定义强调的是信息技术的现代化与高科技含量。

本书所提的"信息技术"主要是指以多媒体计算机技术和网络技术为主的现代信息技术。

2. 整合的内涵

"整合"一词在英文中表述为"integration",有综合、融合、集成、一体化等多重含义。目前,整合一词已成为教育改革中广泛应用的术语之一,很多学者都认为其基本含义是指一个系统内各要素的整体协调、相互渗透,使系统中各要素发挥最大效益。本节所提的"整合"主要是指数学教学系统中各组成要素的整体协调和相互渗透,以使数学教学系统中各组成要素发挥最大效益。

---

[1] 申艳光,郭红.信息技术基础[M].西安:西安电子科技大学出版社,2003.

3. 信息技术与数学教学整合的内涵

在教育改革的大潮中,信息技术与课程整合成为研究的热点。信息技术与教学整合是信息技术与课程整合的一部分。因此,我们首先来说明信息技术与课程整合的内涵。2000年10月,时任教育部部长陈至立在第一次全国中小学信息技术教育工作会议上指出:"技术与课程的整合就是通过课程把信息技术与学科教学有机地结合起来,从根本上改变传统教和学的观念以及相应的学习目标、方法和评价手段。"①

北京师范大学余胜泉教授认为:"信息技术与课程整合的本质与内涵是要求在先进的教育思想、理论的指导下(尤其是主导——主体教学理论的指导下),把以计算机及网络为核心的信息技术作为促进学生自主学习的认知工具与情感激励工具、丰富的教学环境的创设工具,并将这些工具全面地运用到各学科教学过程中,使各种教学资源、各个教学要素和教学环节,经过组合、重构,相互融合,在整体优化的基础上产生聚集效应,从而促进传统的以教师为中心的教学结构与教学模式的根本变革,从而达到培养学生创新精神与实践能力的目标。"②

华南师范大学李克东教授认为:"信息技术与课程整合是指在课程教学过程中把信息技术、信息资源、信息方法、人力资源和课程内容有机结合,共同完成课程教学任务的一种新型的教学方式。"③

由此可以看出,由于研究角度的不同,不同专家和学者关于信息技术与课程整合的内涵还没有达成一致的共识。

基于以上认识,本节所提的"信息技术与数学教学整合"主要是指在数学教学过程中应用信息技术有效地组织教学资源,呈现教学内容,建构教学方式,实现信息技术、信息资源、信息方法与数学教学内容的有机融合,共同完成教学目标和任务,促进教学过程的最优化。其中包含三个基本要素:营造新的教学环境,让学生在以多媒体和网络为中心的信息化环境中进行数学学习活动;变革传统教学方式,教师在对数学课程进行信息化处理之后再给学生呈现数学学习内容;实现新的学习方式,让学生利用信息加工工具通过重组和创造之后掌握数学学习知识。

信息技术与数学教学整合的目的是促进师生信息意识的树立和信息素养的提高,促进数学课程内容结构的变革,促进新型教学模式的建立,促进教师教学方式和学生学习方式的变革。其根本目的是通过信息技术与数学教学的整合来改变课堂教学结构,促进学生主动地学习和更好地理解数学的本质,形成数学认知结构,进而改变学生的学习方式,从而促进数学教学高质量地完成教学目标和计划,培养学生的创新能力和实践能力。简而言之,其根本目的就是促进学生的发展,这同时也是信息技术与数学教学整合的出发点和归宿。

(二)信息技术与数学教学整合的基本原则

数学课程应提倡实现信息技术与课程内容的有机整合,整合的基本原则是有利于学生认识数学的本质。数学课程应提倡利用信息技术来呈现以往教学中难以呈现的课程内容,在保证笔算训练的前提下,尽可能使用科学型计算器、各种数学教育技术平台,加强数学教学与信息技术的结合,鼓励学

---

① 陈至立.抓住机遇,加快发展,在中小学大力普及信息技术教育——在全国中小学信息技术教育工作会议上的报告[N].中国教育报,2000-11-6(1).
② 余胜泉.信息技术与课程整合的目标与策略[J].人民教育,2002(2):53—55.
③ 李克东.数字化学习(上)[J].电化教育研究,2001(8):46—49.

生运用计算机、计算器等进行探索和发现。因此,信息技术与数学课程整合成为摆在数学教师面前的现实课题。

信息技术与数学课程整合对数学教师提出了较高的要求,首先能比较熟练地进行计算机一般操作,会使用有关教育软件,最关键的是要求教师对信息技术与数学课程整合的重要性有高度认识,掌握相应的理论知识,并在实践层面上能有意识地、主动地、高质量地把信息技术有机整合到数学教学中去,以便有效地开展数学课堂教学,从而实现数学新课程提出的目标。具体应注重以下几点原则。

1. 科学性原则

信息技术的软硬件,使用上必须注意到数学课教学的组织形式,与教材的贴近性。需与教材的科学性相结合,切忌粗制滥造,牵强附会,为信息技术而信息技术,而撇开为教材内容服务的目的。只有钻研教材,充分了解课堂教学目标内容的重点难点,了解传统的教学缺少什么,设身处地地从教学实际出发,以现代教学理论为指导,才能使由信息技术设计的软硬件与课堂教学的经验、最佳的教学策略有机地结合起来。软件(课件)也是一种"教材",当然也要符合教材的"科学性"要求,它所展示的一切教学应科学、严谨,包括所展示的教学内容要有科学的知识。表现手法和形式上也要严谨周密,紧扣教学目标,避免让学生产生错误理解。在运用信息技术进行整合、创新教学时,必须是为了突破教学的重点、难点,使学生易于理解和掌握;如果在次要的内容上运用信息技术,那只能是费时费力。

2. 实效性原则

使用信息技术手段,要考虑它的效果,是否能达到预期的目标。属于"画蛇添足"或效果不明显的就干脆不用或少用。为了实现教学目标,可灵活地选择恰当的教学方法和手段。为了一节课,讲台上摆满各种教具,收录机、投影机、电视机等都用上了,教师讲课热闹得很,就像变戏法、玩耍等,信息技术教学流于形式,失去了提高课堂效果的作用,最后成为教改的点缀和累赘。运用现代信息技术教学不是现代信息技术越多越好,越复杂越好,过多过滥就变成了玩杂耍,费时费力,又不利于教学效率的提高。

3. 最优化原则

目前课堂上应用信息技术的主要媒体大致有计算机、投影、录音、录像、视频展示台等。教师除了会进行媒体操作,还必须对媒体特性有全面了解,包括媒体结构和功能、媒体呈现信息的特点、媒体的教学特点等,从而为选择和应用媒体做准备。如课堂教学中用投影教学,教师除应了解投影仪的基本原理和使用方法,会设计制作幻灯片、投影教材外,还应注意投影片能长久保存信息、代替黑板、放大实物等作用,更应注意投影教学的基本方法及注意事项;如果课堂中用计算机教学,教师除了会做课件、会网上查询相关信息外,还应会处理在教学过程中计算机临时出现的故障。教师只有了解各种媒体的功能,才能在教学上发挥最优化效果。

4. 和谐统一的原则

现代信息技术给我们提供了一个开放性的实践平台,利用它实现相同的目标,我们可以采用多种不同的方法。同时,课程整合强调"具体问题具体分析",教学目标确定后,可以整合不同的任务来实现,每一位学生也可以采用不同的方法、工具来完成同一个任务。这种个别化教学策略对于发挥学生的主动性和进行因人而异的学习是很有帮助的。但社会化大生产的发展,要求人们具有协同工作的精神。同样,在现代学习中,尤其是一些高级认知场合(例如复杂问题的解决、作品评价等)要求多个学生能对同一问题发表不同的观点,并在综合评价的基础上,协作完成任务,而网络环境(尤其互联网)为这种协作学习提供了很好的平台。

5. "教师为主导、学生为主体"的原则

在课程整合的教学模式中,强调学生的主体性,要求充分发挥学生在学习过程中的主动性、积极性和创造性。学生被看做知识建构过程的积极参与者,学习的许多目标和任务都要求学生主动、有目的地获取材料来实现。同时,在课程整合中,教师是教学过程的组织者、指导者、促进者和咨询者,教师的主导作用可以使教学过程更加优化,是教学活动中重要的一环。

(三) 中学数学教学中常用的教育软件简介

数学教育软件从广义上来讲是对数学教学有用的、服务于数学教学过程的软件,包括一般的电子表格、文档处理软件;从狭义的数学层面来讲,我们把那些设计和开发的目的、内容能够反映数学特征及教育功能的软件称为数学教育软件。数学教育软件有数值计算与符号运算功能、对数学对象的多重表示功能、数学图形或图像的动态显示与交互功能、数据统计与分析功能等,这些是 Office、Authorware 等其他软件所不具备的特有功能。

目前在中学教学中应用比较普遍的主要有几何画板、Z+Z 智能教育平台、图形计算器等。

1. 几何画板简介

几何画板(The Geometer's Sketchpad)是全国中小学计算机教育研究中心在 1995 年从美国引进的一个学科工具类教学平台软件。该软件为用户提供了一块"画板"(即绘图窗口)、一组绘图工具和一批功能选项,在此画板上可以绘制各种各样的几何图形(包括函数曲线等)。

与一般的绘图软件相比,几何画板最突出的特点在于画板上的几何图形无论如何变化,都能够动态地保持恒定的几何关系。作为数学工具软件,几何画板具有易学、易用、对硬件要求不高等优点,受到广大师生的欢迎和赞誉。它适用于平面几何、立体几何、解析几何、代数(尤其是函数部分)教学。学生利用几何画板可以做某些数学实验,解决与图形相关的数学问题,有效地提高思维能力和探究能力;教师利用几何画板可以开发实用性很强的课件。

几何画板是以点、线、圆为基本元素,能画出各种欧几里得几何图形,能画出解析几何中的所有二次曲线,也能画出任意一个初等函数的图像(给出表达式)。不仅如此,几何画板还能够对所有画出的图形、图像进行各种"变换",如平移、旋转、缩放、反射等。几何画板还提供了"测量""计算"等功能,能够对所作出的对象进行度量,如线段的长度、圆弧的弧长、角度、封闭图形的面积等,并把结果动态地显示在屏幕上。几何画板所作出的几何图形是动态的,可以在变动的状态下,保持不变的几何关系。比如,无论拖动三角形的一个顶点怎么移动,任意一边上的垂线总保持与这边垂直。几何画板还能对动态的对象进行"跟踪",并能显示该对象的"轨迹"。如点的轨迹、线的轨迹,形成曲线或包络;而且这种"跟踪"可以是人工的也可以是自动的。几何画板能够把不必要的对象"隐藏"起来,然后又可以根据需要把它"显示"出来,形成"对象"间的切换。几何画板还能把画图工作制成"记录"(或称为脚本),减轻工作量,如把画正方体的过程记录后使用此"脚本"画正方体,只需要两三秒钟。

总结所述,几何画板有以下一些功能:计算机上的直尺和圆规、测量和计算、绘制多种函数图像、制作复杂的动画、保持和突出几何关系、用其他应用程序交换信息、制作脚本(记录)、动态演示。

几何画板最大的特色是"动态性",即可以用鼠标拖动图形上的任一元素(点、线、圆),而事先给定的所有几何关系(即图形的基本性质)都保持不变。

案例 8-1

> 我们可以先在画板上任取三个点,然后用线段把它们连起来。这时,我们就可以拉动其中的一个点,同时图形的形状就会发生变化,但仍然保持三角形。再进一步,我们还可以分别构造出三角形的三条中线。这时再拉动其中任一顶点时,三角形的形状同样会发生变化;但三条中线的性质永远保持不变。这样学生就可以在图形变化中观察到不变的规律:任意三角形的三条中线交于一点。上述操作基本与教师在黑板上画图相同。但当教师说"在平面上任取一点"时,在黑板上画出的点却永远是固定的。
>
> 所谓"任意一点"在许多情况下只不过是出现在教师自己的头脑中而已。而几何画板可以让"任意一点"随意运动,使它更容易为学生所理解。所以,可以把几何画板看成是一块"动态的黑板"。几何画板的这种特性有助于帮助学生在图形的变化中把握不变的几何规律,深入几何的精髓。这是其他教学工具所不可能做到的,真正体现了计算机的优势。

交互性和探索性也是几何画板一大特点之一,几何画板提供多种方法帮助教师了解学生的思路和对概念的掌握程度,如复原、重复、隐藏、显示,建立脚本,建立动画等,轻而易举地解决了这个令广大教师头疼的难题。

几何画板为探索式几何教学开辟了道路。师生可以用它去发现、探索、表现、总结几何规律,建立自己的认识体系,成为真正的研究者。它将传统的演示练习型 CAI 模式,转向研究探索型。几何画板不仅能够帮助教师提高教学能力,而且还为探索新的教学方法提供了可能。新的教学方法强调学生的主动参与,并以此帮助学生更好地学习。但学生的参与需要在一定的情境和教师的指导下才能进行。以往,教师很难创造出这样的教学情境。

在几何画板和计算机网络的支持下,利用它的动态性和形象性教师可以很容易地为每个学生创造出一个情境。学生可以任意拖动图形、观察图形、猜测并验证几何规律,在观察、探索、发现的过程中增加对各种图形的感性认识,形成丰厚的几何经验背景,从而更有助于学生理解和证明几何问题。因此,几何画板还能为学生创造一个进行几何"实验"的环境,有助于发挥学生的主体性、积极性和创造性,充分体现了现代教学的思想。实际上,几何画板本身就是一个很好的几何情境,教师只需要根据教学内容和教学目的进行简单的设计即可。

几何画板功能虽然强大,但使用起来却非常简单。它的制作工具少,制作过程简单,易被掌握。几何画板能利用有限的工具实现无限的组合和变化,将制作人想要反映的问题自由地表现出来。不能否认,目前也有许多好的制作工具软件,但这些软件往往难以被掌握,或者制作过程与学科本身知识相差很远,只是一种对某一问题的模拟再现。

2."Z+Z"智能教育平台简介

"Z+Z"智能教育平台是由张景中院士主持开发的,由人民教育电子音像出版社和东方科技集团有限公司合作出版。该平台是一种能够以直观方式帮助学生认识抽象、复杂数学现象,提高学生形象思维和逻辑思维能力、发展学生探索能力,能够在很大程度上替代教师机械、重复劳动,使得他们致力于独创性教学的数学教育软件;是一种着眼于展现数学活动过程——包括几何体运动和变换过程、几何命题证明过程、代数运算过程、概率实验过程以及数据生成过程等,融工具性和资源性于一身的数学智能软件平台。

"Z+Z"智能教育平台功能强大,现在已经开发出平面几何、解析几何、立体几何、初中代数、三角函数、超级画板等内容。它具有动态作图、问题生成、交互推理、符号计算、动态测量、轨迹显示、图形运动和变换、文本与公式编辑、对象插入语链接等丰富的功能,和其他数学软件相比,其主要的优势就是智能化。

智能化的活动工具、方便好用。画笔是超级画板中的常用工具,它具有智能性,非常好用。通过鼠标单击、双击和拖动等简单操作就可以做出一些基本图形。如,单击作点,单击拖动画线,双击拖动就可以作出圆。同时,这些图形都是动态的,可以任意拖动某个点,图形会跟着改变。

另外,作图时,当鼠标移到线段的中点(垂足)时,统统有相应的提示,这时单击鼠标,就做出了线段的中点(垂足)。而且不管怎么改变线段,这些特殊点都保持它的几何性质不变。同样的,新画的线段与其他线段满足平行(相等)等关系时,系统也有相应提示,单击鼠标就完成提示的操作了。

超级画板中还具有智能文本和公式显示特点,在数学教学中,常常要用 Word、PowerPoint 等软件书写大量公式,教师时常感到很多书写公式的不便,还不如在黑板上板书来得直接。超级画板提供了文本工具,它能实现智能显示文本和公式。教师只要通过键盘输入就可以轻松编辑各种文本和公式。

智能化的另一个突出特点就是自动推理的功能。作图时,系统记录下了各个图形的几何特征。计算机可以根据这些几何特征和外部添加的条件进行推理。逐步展开便可查看推理过程,计算机还能生成详细的解答过程,供学生参考。

超级画板可以对几何对象进行平移、旋转、仿射等几何变换。将几何变换和超级画板中的动画功能结合起来,就可以看到图形变换的整个动画过程了。同 Flash 等软件相比,在画板中制作动画相当简单,只需要点击动画命令就可以了,并且可以根据需要调整参数范围、运动频率和运动模式等。还可以在对象运动时跟踪对象,观察对象运动的痕迹。

超级画板具有很好的开放性和兼容性。近年来,随着教育信息化的不断推进,很多一线教师都着手做了一些课件,并将这些课件发布在网络上,供大家共享。但同样一节课,教学设计却因人而异,一百个老师来上,就有一百种不同的上法。所以有很多教师上网下载了相关的课件,但到应用时,总是不尽如人意,希望能对原有课件做些修改。但是用 Authorware、Flash 等软件制作的课件一经打包,就很难修改。超级画板则是一个开放的系统,不仅可以对下载的课件进行修改,就是在课堂上,也可以修修补补,像黑板一样可以随时修改。

"Z+Z"文件容量很小,便于在网络上传播,可更好地实现资源共享。用超级画板做好的课件还可保存成网页的形式,通过浏览器就可以打开。另外,文件经打包后,还可以在没有安装该软件的系统上运行。

3. 图形计算器的简介

图形计算器(Graphing Calculator,缩写为 GC)是一种手持的数学工具,是一种专门用于中学与大学数学教与学的手持技术。GC问世于20世纪80年代,其外形与大小类似科学计算器,但功能更为强大。它兼具绘图(函数图像,甚至几何作图)、数表处理与统计、计算等功能。有的还能做代数符号演算,解决多项式、线性代数与微积分(甚至偏微分方程)中的计算问题,或称为计算机代数系统(CAS)。

目前数学教学中广泛使用的图形计算器是TI(Texas Instruments)图形计算器,本章中所涉及的绘图计算器均是TI图形计算器。TI图形计算器有强大的计算功能,包括数字的计算和数学符号的演算,同时具有动态图像生成功能;有较强的交互性,根据学生不同的输入内容,计算器有不同的反应,教师教学的内容也可传到学生的计算器上,学生可以随时观看、学习,打破了传统课堂教学的时空限制。教师与学生之间、学生与学生之间可以通过图形计算器相互交流对某个问题的看法,或相互展示个人的成果等。

教师利用TI图形计算器将难于理解的一些数学概念用图像直观地演示,展示数学知识形成过程,让学生深入地理解数学概念,同时也为学生数学思想、数学意识的形成提供了强有力的技术支持,实现数学对象的"多元联系表示",引导学生发现联系性,概括出本质特征。

 视窗 8-2

> "多元联系表示",指的是利用数学对象表现形式的多样性,对同一数学对象(包括数学的概念、法则、表达式、定义等)给出多种不同的表示,从而使学生能接触数学对象不同方面的特征,促进对知识更深入的理解。尤其是在对学习某些知识难点时,运用"多元联系表示"策略,使学生建立丰富的表象,有效突破教学难点,准确把握知识本质。

图形计算器把教学过程设计为学生再发现、再创造的过程,引导学生参与发现问题并解决问题。TI图形计算器不仅可以简化很多传统的数学计算,更重要的是有了更多的时间去探索学生感兴趣的未知世界,让他们更多地接触和研究数学问题的本质。教师要成为学生认知的帮助者,除了激发学生的兴趣外,还需通过创设符合教学内容要求的情境和提示新旧知识之间联系的线索,帮助学生建构当前所学知识的意义。

教师利用TI图形计算器突出教学过程中学生的主体地位,培养学生的创新精神和实践能力,更新自身的教学理念,适应新时代的发展要求。利用TI图形计算器可以改变以教师为中心的传统观念,TI图形计算器的优势就在于它能为学生亲自动手操作,亲自参与数学实验提供技术支持,有利于突出学生在教学过程中的主体地位。在教学过程中,教师让每一个学生都有动脑、动手、动口的机会,注重学生在认知过程中的主体作用。创设让学生暴露思维过程的情境,使他们大胆地想、充分地问、多方位地交流,教师在教学活动中从一个知识的传播者自觉转变为与学生一起发现问题、探讨问题、解决问题的组织者、引导者。TI图形计算器可为师生营造他们共同需要的氛围。引入TI图形计算器以后,课堂的教学形式突出体现了让学生亲自动手,自主地去实验,从而发现解决问题的方法。

学生利用TI图形计算器的强大的计算功能,研究一些计算较为复杂的问题,更好地探求问题的本质,从而提高学生的认知水平。学习数学离不开运算,但繁杂的运算一直阻碍着学生能力的培养和提高,也是使学生对数学敬而远之的原因之一。TI 图形计算器强大的数据处理功能可以把学生从复杂的数学计算中解放出来,避免做那些烦琐、枯燥和重复性的工作。更为重要的是,能使学生以更多的精力去从事更有价值的观察、探究、实验、猜想、试证、问题解决等探索活动。这既可以使得许多在传统条件下令人束手无策的问题的解决成为可能,又有利于学生深入理解真正的数学。

例如,函数拟合功能就体现了图形计算器作为一种现代化工具的魅力,大量的运算根本无法用纸和笔来解决,但是利用函数拟合功能,可以对一些采集的实验数据进行分析,建立适当的数学模型,探索出其中的规律,或加以对比分析,使学生感受到了实实在在的数学,而这些知识仅仅靠纸和笔是无法学习的。

学生利用图形计算器进行数学建模探究,可以拓展学生探索问题的途径,TI 图形计算器为培养学生的动手操作能力和开展数学实验提供了技术支持。数学应用和数学建模问题越来越受到人们的普遍重视,因为这不仅符合社会进步与发展的要求,而且也为数学自身的发展提供了施展的舞台。

在图形计算器的使用过程中,学生主动将之与其他学科知识的学习、数学探索、数学建模联系起来,这对培养学生的学习兴趣、数学意识和数学应用能力都有很大的意义,也让我们的数学有了时间和空间上的延展性。

随堂讨论

1. 你怎样理解信息技术与数学教学整合的概念?
2. 探讨应用信息技术辅助数学教学的适时性及适度性。

第 2 节 现代信息技术与数学教学整合的实践研究

根据数学的教学内容和教学中学生主体地位的表现,数学课可以分为四种课型:新授课、习题课、活动课、实践课。新授课以学习新的内容为主,如图形问题、函数问题、统计问题等;习题课以练习、习题、复习为主;活动课以解决生活中的实际问题为主;实践课以综合实践活动为主。不同的课堂类型,决定了信息技术与数学整合教学模式的不同。进行信息技术与数学整合教学模式的研究,探索、研究总结,找出每种教学模式的各个要素及其之间的相互关系,如理论依据、整合目标、基本操作程序、实现条件、教学评价;找出教学过程中的教师、学生、教学内容和信息技术环境的相互关系。本节具体分析每种信息技术与数学教学模式的整合点在哪里?整合点问题如何解决?采用什么资源、开发什么课件?如何确定三维教学目标、完成教学设计,采用什么样的教学环境(多媒体环境或网络环境)?

一、不同课型的整合研究

(一)新授课探索发现教学模式分析

数学原理、基本概念、公式公理、性质定义、定理、推论等新知识的教学部分,属于新授课教学内容。传统的数学教学模式中,注重教师的讲解,学生被动接受,教师注重学生掌握更多的定理的证明方法,忽视学生对基本原理、定理的发现过程;教学脱离学生生活实际,学生听起来苦涩难懂,没有兴趣。使用信息技术手段,教师根据数学科学原理,创设学生发现真理、探索知识的情境,让学生去探索真理,发现真理,体验成功,激发学生的学习兴趣,课堂教学以学生为中心,课堂成为学生的活动场所,课堂教学结构发生变化。

1. 理论基础

该教学模式的理论基础是建构主义学习理论和思维研究理论。

2. 整合目标

整合目标是学习者通过体验所学数学原理、基本概念、公式公理、定理推论、性质定义等的形成过程,来培养他们的科学探究精神和创造性思维的能力。

3. 操作程序

该模式的操作程序为创设情境、提出问题—学生操作、自主探索—发现规律—归纳规律—反思验证—教师总结。

4. 实现环境

教室具有计算机和投影设备,条件具备的地区最好学生人手一台电脑,有局域网络或互联网,教师创设问题情境,不断提出问题,激发学生的求知欲;创设思维情境,对学生的探究方式、方法、方向进行引导,总结归纳规律;学生通过亲自动手操作,自主探索,发现规律,归纳规律,反思验证;信息技术网络环境作为问题呈现的工具,学生探究、发现规律的认知工具和情感激励的工具,在各个环节,均可根据整合点进行信息化教学。

5. 教学评价

该教学模式能够激励学生主动观察、发现问题、思考问题和解决问题的精神,获得科学家一般的成功体验,有利于学生思维能力的培养,使学生获得解决问题的技能。

6. 整合点分析

用信息技术工具和教学资源创设教学情境,把抽象思维转化成具体形象,用多媒体进行展示,提高效率,比较灵活的题目可制作多媒体展示课件。

7. 适合范围

适合范围中新授课中的图形图像问题,如:正方体(或立体图形)的平面展开图;镶嵌问题;三角形和特殊四边形的性质和判定的问题;图形旋转、平移、翻折变换;勾股定理;点和圆、直线和圆、圆和圆的位置关系;数形转变与数形结合问题;锐角三角函数的应用问题;统计问题;函数图像变化问题;等等。

案例 8-2

《三角形中的角平分线、中线和高》

在进行三角形中的角平分线、中线和高的教学时,采用常规的教学手段,让学生用手工的方法在纸上画出三角形,然后使用尺规作图的方法在画出三角形的三条角平分线、中线和高,观察三条角平分线、三条中线、三条高的特点。变换三角形的形状,再画出三条角平分线、三条中线、三条高,继续观察,最后得出三角形的角平分线、中线、高的结论。学生手工做法进行速度慢,容易出现误差,不易出正确结论。

使用信息技术手段,设计教学资源网站,网站上集成教师利用几何画板或 Flash 工具制作的教学课件,每个学生均可利用教学课件,作出三角形,再作出三角形的角平分线、中线和高。变换三角形的形状,容易观察出三角形的三条角平分线、三条中线和三条高(或高所在直线)交于一点。方法简捷明了,正确率高,学生容易操作,容易掌握。

(二)习题课自查验证教学模式分析

在数学练习、复习课中,需要做大量的习题,传统教学中,大多借助一支粉笔、一块黑板、直尺和圆规来进行教学,教师要抄题、念题,或者要准备多块小黑板,遇到比较复杂的图形问题或动态几何问题,需要把图形分解,画出不同状态下的多个图形,表示几个关键位置的状态图。利用信息技术工具,教师可以把大量的习题、练习提前做成演示课件,利用几何画板,可以把比较复杂的问题制作成演示动画,把所有的位置、不同状态下的图形全部显示出来,遇到难以理解的,学生可以反复观察、比较、探索、发现、研究,最后得出正确的结论。如果使用网络工具,还可以把练习、习题做成题库,利用信息技术的逻辑判断功能,进行自我检测,提高学习效率。

1. 理论基础

该模式的理论基础为建构主义学习理论和信息加工理论。

2. 整合目标

借助信息化工具和教学资源可提高教学效率、节省教师在黑板上抄写大量习题、练习的时间,而且方便师生随意更换题目的条件,利于学生理解,有利于学生自主学习习惯和判断抉择自己行为能力的培养。

3. 操作程序

该模式的操作程序为设计问题—编制问题、制作课件—呈现问题—学生练习—形成性评价—反馈矫正。

4. 实现环境

该模式的实现环境为多媒体环境或者网络环境。教师提前设计练习、习题,制作相关教学演示课件,设计答案和过程性评价;学生依据计算机的智能引导做题,并对自己的学习形成过程性评价,对自己的学习进行反馈与矫正;信息技术作为习题、练习的展示台,学习资源的数据库,学习目标的导航仪,探究学习的认知工具和情感激励工具。

5. 教学评价

该模式可以实现在短时间内做大量习题,出错的题目可以反复巩固练习,有利于学生对课堂知识的掌握。过程性评价很重要,而且不宜时间过长,否则,学生会感到枯燥,降低学生的学习兴趣。

6. 整合点分析

用多媒体展示练习、习题,可提高效率;用几何画板或其他的数学软件制作教学课件,可用以解决较难的图形图像问题、动态几何问题等;利用专题测试网站,可实现自我测试。

7. 适合范围

练习课、习题课、复习课、动态几何问题等。

案例 8-3

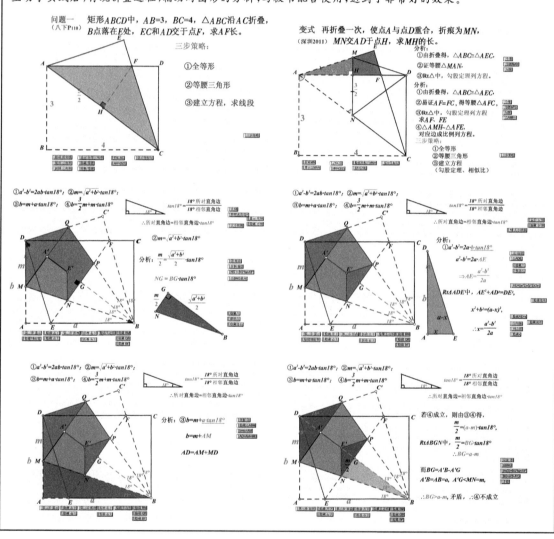

(三)活动课自主探究教学模式分析

活动课是学生自主探究的学习方式,在常规教学模式下,活动课的进行仍然采用讲授式教学模式,教师为主导,学生处于被动的接受者的地位。在信息技术环境下的活动课中,教师设计活动主题网站,为学生提供学习资源,主导学生的学习活动,是学生学习的引导者、组织者和帮助者,在活动课中,学生的主体地位得到充分体现。

1. 理论基础

该模式的理论基础为建构主义学习理论、自主学习学习理论、探究学习学习理论。

2. 整合目标

该模式的整合目标为借助信息化工具和资源方便学生进行自主探究,提升信息素养。

3. 操作程序

该模式的操作程序为围绕主题创设情境、提出问题—学生分析问题、搜集资料—验证假设、合作探究、记录数据、解决问题—交流反馈—相互评价、成果汇报、总结反思—应用、知识迁移—作业。

4. 实现环境

信息技术网络环境,教师在课前设计活动课的整合专题网站,做学生学习的组织者、帮助者、引导者和促进者;学生在教师的指导下完成自主学习、探究学习;信息技术网络环境可提供创设环境、呈现、表征、搜集资料、分析、探索变换、验证、数据计算、记录、交流互动、汇报总结等环节。

5. 教学评价

能够培养学生的创新能力、思维能力和自主学习的能力,能够培养学生的民主与合作的精神,但需要的时间较长,不适合大班教学。

6. 整合点分析

以多媒体专题网站为平台,集成数学教学资源,创设教学情境,搭建师生、生生交流互动平台,相互评价,为学生提供信息化计算工具,用以计算、验证假设,实现网上汇总工作成果及汇报。

7. 适合范围

数学活动,如:用正负数表示家庭的财政收支;图案设计;图形的剪拼;用计算机绘制统计图;测量旗杆的高度;一元一次方程的图像解法;生活水平调查;用图形表示数等。

案例 8-4

勾股定理

在学习勾股定理的时候,常规的教学方法,教师注重定理、逆定理的证明方法,学生需要做大量的关于勾股定理的证明、练习等题目,为锻炼学生的思维,往往要求学生掌握更多证明方法,常用的勾股定理的证明方法有多种,但都没有多大的实用价值。在信息技术环境下,应注重学生对勾股定理的发现过程,用信息技术工具验证发现的假设,让学生在发现勾股定理的过程中体验成功,体会一下毕达哥拉斯发现定理时的幸福心情。让学生在学习的过程中学会观察、思考和创新。

课件中的三角形和正方形可以通过平移、旋转并进行拼图,进而通过等积式,发现勾股定理。

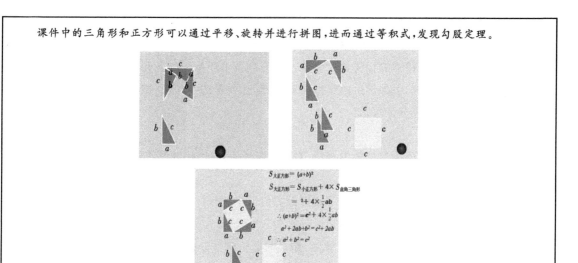

(四) 实践课综合应用教学模式分析

在初中数学教材中,每册都编排了阅读材料和课题学习的内容,这些知识拓展了学生的视野,提高了学生学数学、做数学、用数学的能力,强调数学与现实生活中的联系,要求数学教学要从身边的实际问题出发,用于解决生活中的实际问题。一般情况,由于外部条件的限制,教师对这部分课题学习不做处理,或者采用常规教学模式,进行简单的处理,学生不能参加到实践活动中,听起来没有兴趣,致使教学效率低。在信息技术教学环境下,教师根据这些材料开发制作数学教学资源,构建信息化虚拟教学环境,模拟真情实景,让学生在信息化环境中自主学习、合作探究,可以起到事半功倍的效果。

1. 理论基础

该模式的理论基础为建构主义学习理论,自主学习、协作学习、探究性学习等学习理论。

2. 整合目标

该模式的整合目标为培养学生的自主学习、合作意识和团队精神,搜集、整理、分析、存储信息的信息素养,提出问题、分析问题、解决问题的能力,表征观点的能力。

3. 操作程序

该模式的操作程序为创设情境、提出问题—分析问题、明确方向—小组分工、查找信息—组间讨论、计算数据—组际交流、解决问题—成果汇总、讨论评价—反思。

4. 实现环境

信息技术网络环境,或者提供上网机会,教学中教师创设情境提出问题,组织小组,确定研究问题,提供学习资源,设计专题网站,帮助、引导、总结、评价。学生明确问题,小组分工、制订计划表和数据表,学习概念,上网搜索信息,讨论,输入数据、计算数据,撰写研究报告,互评、反思。信息技术网络环境用于创设教学情境,提供资源搜索、收集工具,对记录进行分析、存储、计算等。

5. 教学评价

能够培养自主、协作、探究能力,培养学生发现问题、分析问题、解决问题的能力,但需要的时间较长,课堂秩序不易调控。

6. 整合点分析

以多媒体专题网站为平台,集成数学教学资源,创设教学情境,搭建师生、生生交流互动平台,相互评价,为学生提供信息化计算分析工具,用以计算、验证假设、交流反馈、相互评价。

7. 适合范围

课题学习,如:重心;镶嵌;从数据谈节水;体质健康测试中数据分析;利用不等式关系分析比赛;键盘上字母的排列规律;游戏公平吗?

案例 8-5

> 利用不等式分析足球比赛。课堂学习中,如想亲身参加现场的比赛活动几乎是不可能的,但是我们可以利用信息技术手段,通过观看足球比赛的视频,营造足球比赛的情境,让学生如同身临其境,激发学生的学习兴趣,然后交代足球比赛的规则,最后提出问题,让学生利用教师设计制作的计分器进行分析,谈谈如何利用不等式来分析足球比赛。

二、针对新授课中数学概念和数学命题的具体整合分析

在数学课堂中,尤以新授课采用信息技术辅助居多,其中数学概念和数学命题为新授课的主要内容,下面具体针对数学概念和数学命题教学中分析整合设计。

(一)数学概念教学设计分析

数学概念是数学学科的基本内容,从理解学习的角度看,掌握数学概念不在于能简单地用语言将数学概念表述出来,而是真正理解概念的内涵和外延,表现为能对数学对象进行识别和归类。奥苏伯尔指出:"学习的实质是具有内在逻辑结构的新材料与学习者原有的认知结构发生相互作用,从而在学习者的头脑中获得意义的过程。"学习数学概念的基本方式有两种:概念的形成和概念的同化。

视窗 8-3

> 概念的形成是学习者在对客观事物的反复感知和进行分析、类比、抽象的基础上,概括出某一类事物本质属性的过程。概念的同化是指在以定义的方式直接提出概念的学习条件下,学习者利用已有知识,主动地与原有认知结构中的有关概念相联系,从而掌握概念的方式。

张奠宙教授认为,数学概念具有"过程—对象"的双重性,既是逻辑分析的对象,又是具有现实背景和丰富寓意的数学过程,因此必须返璞归真,揭示数学概念的形成过程,让学生从概念的现实原型、概念的抽象过程、数学思想的指导作用、形式表述和符号化的运用等多方面理解一个数学概念,使之符合学生主动建构的教育原理,仅从形式上做逻辑分析让学生理解概念是远远不够的。[①]

信息技术的应用不仅可以为概念学习创设生动贴切的学习背景,还能提供必要的学习活动。设法使学生"卷入"到学习任务之中,让学生"经历"概念产生和发展的全过程,把抽象的数学概念变成具体的直观形象,在活动中,在真实的情境中,在相互的交流中,使学生去认识、理解数学概念,使学生从特定的情境中以特殊的具体的形式获取数学概念。

1. 信息技术与数学概念形成的教学设计分析

数学概念的学习在某些方面与工具的使用类似,一个人有可能能够获得一个工具,但是却不会使用,或者是没有机会使用或者是根本就不知道何时使用。与此类似,学生获得了某种概念,但是往往他们不会使用这些概念。能够积极使用概念的人不仅仅是了解概念本身,必然也是深入了解了概念使用的环境。因此,在概念教学中利用某种情境引入概念帮助学生组织和建构知识是十分必要的。而信息技术可以创设多元联系的、拟真的学习环境,所以信息技术在创设情境方面具有天然的优势。

(1) 信息技术有助于丰富学生的感知

从学生熟悉的生活情境和生产实际这些角度引入概念,有助于激发学生原有的生活经验,主动积极地建构他们的数学认知结构。而信息技术作为一种先进的教学手段,它可以提供生活场景的录像、实物图片以及各种模拟物体运动的动画课件,为学生结合现实、主动地进行知识的建构搭建了一个良好的平台。

案例 8-6

"平移"中平移概念的引入

"平移"这节课中,教师需要引导学生充分挖掘和利用现实生活中大量存在的平移现象,并对实例中的一些共同特征进行分析、总结,以归纳平移的定义及其性质。

课前可以让学生收集生活中的平移照片或影像,课上分享,教师在借助多媒体进行实际场景的动态展示,例如入场式仪仗队的行进录像,不仅可以丰富学生的直观感觉,而且还有助于学生结合动态演示进行主动的思考。引导学生在观察时思考:画面中的仪仗队的形状、大小在运动前后是否发生了改变?其中每位队员呢?如果仪仗队向前移动了500米,那么每位队员及其各个部分向什么方向移动?移动了多少距离?

---

① 张奠宙. 数学教育学导论[M]. 北京:高等教育出版社,2003.

不需教师过多的话语,学生自然地就可以发现运动前后物体的形状和大小不变,而且物体各部分的运动方向和移动距离均相等,接下来再通过同学间的交流自然就可以总结出平移的定义了。

(2) 生动直观的动画、图片展示有助于将抽象的数学概念直观化、形象化

初中阶段,抽象思维已经日益占据主要地位,但是学生思维中的具体形象成分仍然起着重要的作用。而数学是高度抽象概括的理论,其语言具有高度概括和形式化的特点。所以学生在数学概念学习中,容易造成对数学概念表述的形式化理解。具体表现在只记住数学概念的符号表示,而对具体事实和事物的本质特征,或者没有完全感知,或者没有完全与它的形式表示联系起来,表现为形式和内容的脱节,具体和抽象的脱节,感性和理性的脱节。而信息技术具有动画化、直观化的特点,因此在教学中使用信息技术可以丰富学生对概念的感性认识,从一定程度上降低概念的抽象化程度。

但是在利用信息技术进行直观教学的同时也要防止学生产生这样的错误观念:认为由感性认识得出的观念就是概念。因此在概念教学中,要将概念的直观化与抽象化相结合,使学生明确感性认识与理性认识的依赖关系。

案例 8-7

"立体图形与平面图形"中立体图形概念的引入

"几何图形初步"是初一学生接触几何图形的起始章节,在第一节课中要让学生经历从现实世界抽象出图形的过程,通过各种实例抽象出常见平面图形和立体图形,感受图形的丰富多彩。

教学过程中,许多教师都会这样引入,教师首先播放幻灯片的彩图,其中包括迪士尼乐园、水立方、天安门等。然后让学生观察图片后,提问:这些图片中有哪些是你们熟悉的几何体?

这样设计虽然是利用了多媒体展示生活中的图片,便于学生将几何图形与实际生活相联系,但是却无法让学生深刻体会到生活中的物体和数学中的几何图形是有一定区别的。例如,生活中的圆和数学中圆的概念是不同的,数学中的圆是一条封闭曲线,部分学生到九年级学习圆的时候,即便知道圆的定义,仍不能理解数学中的几何图形与生活中的物体的区别。所以,需要让初一的学生理解许多概念是在人们事先得到的丰富的感性材料的基础上,舍弃了一些次要的、表面的性质,如颜色、质地等,而保留物体的本质属性后形成的。

因此再利用多媒体展示显示生活照片的同时,教师还应当让学生明确现实与数学抽象之间的联系和区别,经历数学抽象的过程,而不是将其逾越。教师可以先展示上面迪士尼乐园、水立方、天安门等图片,然后让学生观察,思考:这些都是我们生活中存在的实际物体,那么这些建筑中,哪些与你们学过的长方体、正方体、圆锥、圆柱类似?这些建筑物与长方体、正方体……有哪些地方相同,又有哪些地方不同呢?在上述问题的基础上,教师还可以利用多媒体课件进行动画演示的方法帮学生"看到"数学抽象的过程,将通常只能在人们头脑中想象的,从实物中舍弃一些如颜色、质地等因素,再把复杂对象分解成简单几何体的数学抽象过程直观地展示在学生眼前。

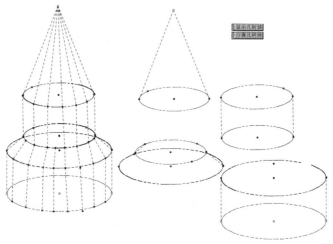

　　如上图展示的迪士尼乐园屋顶图片,截取一个屋顶,教师引导学生体会抽象的过程。首先是忽略色彩等无关因素,只注重屋顶的形状和大小时就得到了屋顶的组合体,由上而下顺次呈现出圆锥、圆柱、圆台、圆柱,而后一一分离出基本图形。这时学生们必定也恍然大悟,原来数学中的几何图形就是这样抽象出来的。课件配合教师有价值的启发提问、学生积极讨论,这样的教学,自然能够激发学生的兴趣,这不单是因为它不同于一副静图,也不同于视频提供的动态画面,其最吸引人之处在于它提供了一个人机交互的认知环境。教师按动按钮的同时,学生也在经历着有意义的数学思维活动。这样,过去用教师语言传达给学生的这个抽象的思维过程可以部分的"可视化"了。

　　在利用信息技术进行直观教学的同时也要防止学生产生这样的错误观念,认为由感性认识得出的观念就是概念。因此在概念教学中,要将概念的直观化与抽象化相结合,使学生明确感性认识与理性认识的依赖关系。

　　(3) 动画模拟有助于激发学生概念学习的动机

　　青少年的注意力容易受兴趣的影响。他们对感兴趣的活动和任务能有较好的注意力。尤其在初中生身上,不随意注意仍然起着较大的作用,直接兴趣和客观对象的鲜明特征对他们的注意力具有强大的吸引力。而动画模拟的优点是颜色鲜艳醒目、形象生动,因此很容易激发学生的学习兴趣。从教师们发表的论文中可以看出他们也是这么认为的,因此教师大都喜欢采用动画课件进行教学。但是过犹不及,许多不必使用信息技术的内容也使用了技术,徒增教师的工作量,并且妨碍了师生间的互动和交流,使得信息技术的使用泛化、滥化,课堂成为播放室。

2. 信息技术与数学概念同化形成的教学设计分析

概念的引入是数学概念教学中的第一个环节,它为正确理解、深化数学概念奠定了基础。但是为了使学生透彻理解所学的概念,教师常常还需要做更深入的工作,如引用一些实例来丰富概念的外延,加强对概念的解剖分析,利用变式突出概念的本质属性,注意概念的比较。而信息技术恰好可以在这三个方面发挥作用。

(1) 用多样化的媒体呈现方式与呈现内容丰富概念外延

以往教师在利用实例丰富概念的外延时,由于时间和资源的限制只能呈现一两个实例,在学生还没有很好地理解时就继续下面的内容了,并且呈现方式较为单一。而在信息技术的帮助下则可以实现在同样的时间条件下获得更多的实例的目标。但是这种实现并不仅仅是许多教师认为的将实例以文本在PPT上呈现,而是结合多媒体的特点以多样化的媒体呈现方式和呈现内容来丰富概念的外延,其主要表现为以下两个方面。

第一是实例呈现的即时化。许多整合课中教师都是事先做成课件,然后上课仅是播放课件,但是这样做却往往容易掩盖思维的生成过程,这种做法我们不宜提倡。实际上,信息技术在数学教学中运用的一大亮点是计算器、计算机可以及时、迅速地生成数据或图形,这一特点就决定了整合在数学教学中的实施与其他课程不同,教师可以在课堂上当堂制作一些实例,或者由学生自己去使用软件创造相应的实例。

 案例 8-8

"统计调查"概念教学中借助实例丰富概念外延

这节课的重点是让学生认识条形统计图、扇形统计图、折线统计图的含义和特点,并能从中获取有用的信息,体会数据在现实生活中的作业,而不是统计图的绘制,所以不必在课堂上浪费许多时间让学生在纸上画出相应的统计图。而Excel具有迅速、及时处理数据并作相应统计图的功能,因此教师可以将以往根据数据制作统计图的工作交给Excel去做,那么节约出来的时间可以用来做什么?要使学生真正地接受统计观念,最好的方式是让他们真正地投入到产生和发展统计观念的活动中去,让学生主动地从事收集数据、描述和分析数据的过程。因此教师可以将节约出来的时间交给学生,让学生在课堂上进行数据的收集,折线、扇形统计图的分析工作,将数据的采集和分析工作及时化,并深刻体会这两种统计图的特征。比如,班级应举行何种比赛,并将投票的结果数据输入Excel,结合Excel生成的统计图现场分析投票结果,体会条形统计图、扇形统计图、折线统计图的各自特点。班内的小小气象员报告了今日一天气温,学生将数据输入Excel,分析用何种统计图分析恰当呢?学生讨论,一致同意用折线统计图,一节课学生真正投入统计分析中。

第二是实例呈现方式的多样化。从信息技术在数学中发挥的作用知道,运用信息技术可以创设一种多元的,以图、表、动画等多种形式呈现的,数学对象(公式、法则、定义等)不同方面的特征相互的数学教学情境。教师借助信息技术的这一特点,可以有效地将数学概念进行形数结合,运用动画训练空间想象,以文字、图形、动画、图表等多种方式呈现概念。将隐性的数学关系显性化,抽象的数学概念可视化。

教师在实践中需要注意的是,利用多媒体呈现大量实例时,实例呈现的次数应根据学生的归纳和概括能力的水平来确定。正例过少则学生难以形成较深刻的印象,过多则造成时间上的浪费,容易引起学生的厌烦情绪。同样,反例的使用也要注意恰当,适当的运用才能有助于学生排除概念的非本质属性的干扰。

(2)突出概念的关键特征,有效利用动画发展变式教学

数学中概念的识别主要表现在各种概念在变位、变式情况下的再认,以及在复合、综合形态下的分解辨认,为此在教学中要有意识地加强变式训练,从多个角度、多个方向进行概念的本质属性的辨别,让学生意识到概念的本质。而在变式教学中,大量的实验研究和教学实践表明,概念的关键特征越明显,学习越容易。因而在信息技术使用中也应当突出这一点,有效地利用动画发展变式教学。但是这一点似乎并没有引起教师的注意,往往在教学中还是按照原来的教学设计,只不过是将变式教学的内容由黑板转移到了电子白板上。

实际上使用信息技术天然就有这个优势。比如讲平行等这类相对关系保持不变的数学关系,以往教师教学时通常会呈现各种互相平行的直线的变式,以突出平行是直线间的一种相对关系。而使用信息技术时则需利用"Z+Z"智能教育平台或几何画板等工具软件直接作出一种满足条件的两条直线即可。使用时,只需利用软件的拖动功能拖动其中的任意一条,由于软件在设计时就要求数学对象间的关系保持不变,因此无论如何拖动平行线中的任意一条,另一条都会始终与这条直线平行。通过这样的学习,学生在头脑中会产生一种动态变化的画面,想象到在直线动态变化的过程中,两直线平行或垂直关系仍然保持不变,从而深刻地认识到平行或垂直是直线之间的一种相对关系。

另外,对于实际教学中许多复杂的问题,学生自主探究有困难,教师利用语言、手势甚至实物很难解释清楚,这时使用动画课件突出概念的关键特征就显得更为重要了。

(3)合理使用软件帮助概念比较

将新概念与原有认知结构中的有关概念相联系,把新概念纳入已有的认知结构是学生学习概念的一种重要方式。目前教师利用信息技术帮助学生进行概念比较时常用的方式是在课前设计好需要学生比较的几项内容,比如轴对称图形和中心对称图形对称情况、翻转或旋转前后的图形情况等的区别,并列成表格呈现在PPT上。上课时教师先给出新概念,让学生回想先前学过的知识,然后再结合教师在PPT上呈现的让学生比较的几个项目,请学生回答图表的相关问题。此时信息技术的作用只是代替了黑板。那么除了代替板书之外,信息技术还可以如何帮助学生进行概念的比较,真正地将信息技术的使用落到实处呢?

案例 8-9

> **"正方形"**
>
> 这节课主要是通过一些实例引入正方形的定义,让学生探索并掌握正方形的有关性质。而正方形是一种特殊的图形,它与平行四边形、菱形、矩形有着密不可分的联系,并且学生们已经知道了平行四边形、菱形、矩形的性质,因此让学生比较平行四边形、菱形、矩形以及正方形这四个概念,分清它们之间的区别和联系就成了这节课的重点。

平行四边形、菱形、矩形以及正方形之间的关系可以说是一种动态的关系,这种关系用静态的文本或教师的语言很难形象地表示出来,因此此处采用动态的软件进行演示就显得更加形象具体了。而且软件的使用使得关系的得出不再是教师的陈述而是学生观察后自己得出的结论,体现了以学生为主体的思想。

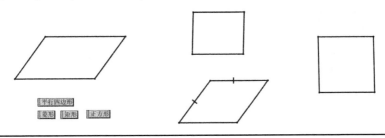

通过这个案例可以看出,信息技术在概念比较中的应用不能仅仅是为了呈现文本内容,我们更应该探索其中信息技术不可替代的作用,以更好地利用信息技术为教学服务。

数学概念教学的目的主要是使学生深刻地理解概念,牢固地掌握概念,灵活地运用概念。因此在学生获得概念之后就要在实践中运用概念。信息技术在数学概念运用中的作用与数学概念理解教学中的作用相似,可以呈现丰富的实例进行相关的练习,比如运用直角坐标系的概念根据具体情况让学生利用"Z+Z"智能教育平台当堂制作符合要求的直角坐标系,并讨论点的坐标等。

(二) 数学命题教学设计分析

数学中命题的学习是指公理、定理、公式和法则、性质的学习,从广义上来讲即为所有真命题的学习。本章的命题教学就是与广义的命题学习相应的数学教学。

一般来说,数学命题的教学方式很多。有的是教师通过讲述,利用幻灯或板书等多种教学媒体将命题的内容明确地告诉学生,要求学生接受并记忆。有的是教师告诉学生新命题,但这种命题的教学不是教师强迫学生记忆,而是帮助学生找到已有知识和新命题之间的联系和区别,产生理解命题意义的心理倾向,然后学生在已有知识和问题解决的基础上,通过积极的建构获得新命题。还有的是教师不将新命题的内容直接告诉学生,而是设计和呈现一定的问题串,学生通过这些问题的解决来得到猜想,通过检验和修正猜想,从而发现新命题。

因为数学中许多命题的产生都是从猜想开始的,所以让学生经历观察、实验、猜测、验证等探索活动(探索命题的过程可以分成如图 8-1 所示的几个步骤)来体会数学命题的创造过程并学习命题是数学命题教学的一种重要方式。而其中,信息技术又可以在"观察实验获得结果"和"对可能性猜想进行验证"两个环节上发挥重要的作用,因此以下将分别从这两个环节出发对信息技术与命题教学的整合进行论述。

图 8-1 探索命题的过程

1. 信息技术与观察、实验

数学中的许多命题都是人们从长期生活实践和对大量数学现象的分析中总结出来的。对于这些命题的学习,"最好的途径是自己去发现",但这种发现往往又存在着许多困难。一些命题,由于其内容复杂以及客观条件的限制,利用实物、纸笔甚至想象常无法完成或不能较好地完成对它的刻画。比如利用实物切截几何体研究截面的形状时,一个胡萝卜做成的正方体被学生切一两次之后模型就不能使用了。借助信息技术的手段,则可以创设一种接近数学对象真实情况的实验环境,即信息技术可以模拟动手操作实验或心理实验的环境。

在这种模拟的实验环境下,学生可以对在动手实验情况下不能较好地发现或心理实验中无法很好想象的数学现象进行观察、收集、整理并分析实验数据,从而进入归纳和猜想阶段,进而进行验证及理论证明。在这一过程中,学生能够亲身经历知识的发生发展过程,再现命题的创造过程,从而逐步掌握认识事物、发现事物的规律,并且这种实验还有助于学生形象思维和逻辑思维能力的培养。

案例 8-10

借助动态旋转进行几何规律探究

在学习三角形全等时,有这样一个常见图形,得出结论:△ABD 和 △ACE 均为等边三角形,连接 BE、CD,则 BE=CD。

此结论的证明非常简单,因为 AB=AD,AE=AC,所以只需证出 ∠BAE=∠CAD,就可以根据边角边定理,得到 △ABD 和 △ACE 全等,于是 BE=CD。如果我们反思一下证明思路,不难发现这个结论证明的过程中,全等的证明是关键,而全等结论的得出是因为 △ABD 和 △ACE 均为等边三角形,并且有一个公共角 ∠DAE。那么如果改变 ∠DAE,让 △ACE 绕 A 点沿逆时针方向旋转,其他条件不变,那么这个结论对于旋转产生的每一种情况是否都成立呢?如果不能,哪些情况成立,哪些不成立?如果把两个等边三角形分别换成两个正方形呢?

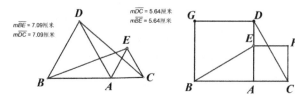

△ACE 绕 A 点沿逆时针方向旋转,会产生多少种情况?各种情况下 △ABE 和 △ACD 各自又是什么形状?如果单凭学生的想象是很难将各种情况考虑周全的。如果再把等边三角形变成正方形,学生更会感到问题的复杂性。而几何画板或"Z+Z"智能教育平台具有动态拖动和度量的功能,可以将图形按照需要进行连续变化。所以只需拖动图中的点 E,在旋转中观察特殊位置和中间状态,通过度量研究 BE 和 CD 的数量关系,就可大大降低学生想象的难度。这样一方面可以积累学生的感性认识,为学生动态想象力的培养奠定基础,另一方面也对学生的逻辑思维能力提出了更高的要求。

教师引导学生先将 △ACE 在旋转中产生的临界位置找到,然后中间状态就自然产生了,借助软件进行实验还有一个好处就是学生不必将图形一个个画出来,只需复制粘贴到 Word 文档中就可以了。这些图都可通过证 △ABE 和 △ACD 全等,得到 BE=CD。另外,如果学生保持 △ACE 不动,将 △ABD 绕定点 A 旋转,

仍然可以发现 $BE=CD$。因此学生总结出第一个规律:两个具有公共顶点的正三角形 $\triangle ABD$ 和 $\triangle ACE$,无论其中一个三角形绕公共顶点如何转动,总会保持 $BE=CD$。对于将两个等边三角形变成正方形的问题,也会得到类似的结论:两个具有公共顶点的正方形 $ABGD$ 和 $ACEF$,无论其中一个正方形绕公共顶点如何转动,总会保持 $BE=CD$,$\angle BOC=90°$。

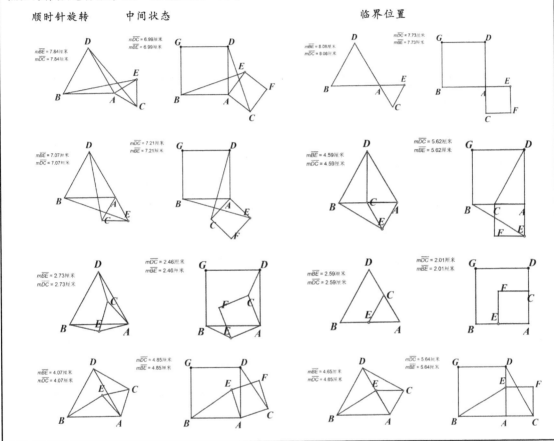

因此,相对于传统教学严格的逻辑性,使用信息技术教学的意义不仅在于让静止的数学对象动起来,增强学习的趣味性,更在于实验探索的过程中通过形象思维和逻辑思维,增强对数学对象性质的确认、解释和理解,提升思维品质。

信息技术在数学实验中的应用带来的优势使得许多教师对信息技术的使用充满了热情。而这种热情也使得一些教师迷失了方向,忽视了运用技术获得数据结果的目的——引发学生的思考或者是为学生的猜想提供线索。

案例 8-11

"最短路径问题"中几何规律的探究
教师首先以一个"将军饮马问题"展开几何规律的探究:相传古希腊有一位叫海伦的学者精通数学,一天

有一位将军专程拜访海伦,求教一个问题:从 A 地出发到笔直的河岸去饮马,然后再到 B 地,走哪一条路线最短?教师让学生明确课件的使用方式,当学生用鼠标拖动直线上点 C 左右移动时,教师引导学生注意观察拖动中 CA 与 CB 距离之和的变化情况,使学生意识到距离之和由大变小,再由小变大的变化规律,从而使学生猜测到点 C 在某一位置时 CA 与 CB 距离之和最小。通过这样的情境,学生也认识到了点 C 的存在。但是这种认识不是教师强加给他们的,而是学生在自己的实践过程中发现的。这种发现对于学生来说很有意义。接下来"如何寻找这个最小值?"学生自然就会产生相应的疑问。然后在这样的问题情境中,教师在引导学生将 CB 和 CA 的距离之和转化为图中 A'B 的距离。在寻找满足距离之和最小的点 C 的过程中,信息技术提供的数据跟踪的功能很好地展示了距离之和的变化情况。这种方式是使用画图或其他手段无法达到的。

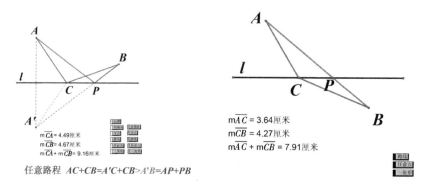

任意路程 AC+CB=A'C+CB>A'B=AP+PB

当学生掌握了这个基本图形后,点 A、B 分别是直线异侧的两个点,如何在直线 l 上找一点 P,使 PA+PB 最小。学生动手操作后,很容易就能找到点 P。将这两个基本图拓展到变式图形,学生合作探究,充分发挥了信息技术的优势。

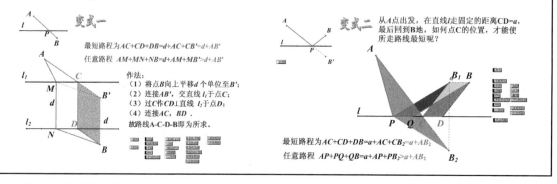

从以上讨论中我们也可以总结出计算机是信息处理的有效工具,它擅长模拟各种动态的或平常无法观察到的现象的结论。但是它能显示什么、怎样显示都是教师设计的。命题教学中教师要充分发挥其主导作用,分析学生的认知能力,思考命题的自然的探索过程,创设符合学生认知规律的课件帮助学生从观察和实验中发现规律。

2. 信息技术与验证

在得到可能性猜想之后,接下来就是对猜想进行验证。从数学上来讲,一个命题是否正确必须经过逻辑证明。但是对于学生而言,往往由于自身认知水平和所学知识的有限,许多问题无法给予逻辑上的证明。在这种情况下,增强猜想的可靠性、检验猜想的正确性就只能借助其他手段、信息技术便是其中的一种。

按照数学原理设计的计算器和数学程序,一方面可以产生新的实例帮助学生计算,进行可靠性检验;另一方面,也通过模拟实验利用机器呈现的事实对猜想进行验证,以帮助学生确认或否定原先的猜想。

首先,在产生新的实例帮助学生进行验证时,信息技术可以提供强大的计算功能帮助学生进行复杂的数学证据的可靠性检验。

案例 8-12

$(a+b+\cdots+\cdots)^2$ 的展开式中规律的探索

学生学习了乘法公式 $(a+b)^2$ 的展开式后,教师常常会要求学生探索 $(a+b+\cdots)^2$ 的展开式,总结其中蕴含的规律。可以让学生先用纸笔计算 $(a+b+c)^2$ 及 $(a+b+c+d)^2$ 的展开式,然后观察 $(a+b)^2$、$(a+b+c)^2$ 及 $(a+b+c+d)^2$ 三个展开式结果,考虑其中蕴含的规律,提出猜想:$(a+b+\cdots+\cdots)^2$ 展开式的二次项是 $a^2,\cdots,b^2,\cdots,c^2+\cdots$,一次项是原式中的任意两个单项式乘积的 2 倍。接下来学生根据猜想写出 $(a+b+c+d+e)^2$、$(a+b+c+d+e+\cdots+\cdots)^2$ 等展开式,并利用"Z+Z"智能教育平台进行验证,最后学生可以发现自己的猜想是正确的。

案例 8-13

圆幂定理

在学习了切线长定理、相交弦定理、切割线定理和割线定理之后,教师需要引导学生对这四个定理之间的关系进行猜想,发现它们的内在统一性,从而将这四个定理统称为圆幂定理。学生对这四个定理进行分析讨论,猜想这四个定理之间的相同之处是"都可以看做是过一点与圆交点的四条线段的积相等。这个点的位置可以是在圆的内部,圆的外部,过一点的直线可以是圆的切线,也可以是圆的割线。"那么这四个定理之间的关系是否与猜想相同呢?如果单凭想象,学生是想象不到的。如果利用纸笔画相应的图形,图形的静态性又无法体现定理之间的动态联系。因此需要借助信息技术进行实验支持。

学生借助软件作出圆 O 和点 P,及过 P 点的两条直线分别于圆交于 A、B、C、D 四个点,利用几何画板的度量功能度量 PA、PB、PC、PD,计算 PA、PB 的积和 PC、PD 的积,改变点 P 的位置以及直线的位置,观察积的变化。因此借助技术手段,可以很轻松地验证四个定理之间的确存在着关系,并且这种关系可以借助技术手段呈现出来。因此四个定理可以统称为圆幂定理。

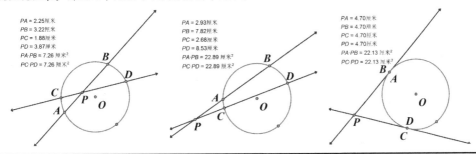

在验证的过程中,经过不断的尝试与修正,学生肯定能够逐步获得对命题的正确性的理解和信任。其中,信息技术的运用为教师教学和学生的学习提供了有力的支持。

但是如果对上述两个案例进行细致的分析,不难发现以上信息技术提供的实例或实验也完全可以在"观察、实验获得结果"阶段帮助学生归纳时使用。因此,如何根据具体情况恰当地使用信息技术进行验证就成了教师在这部分教学时首先需要考虑的问题。而恰当使用的关键就是辨清机器验证的特点和使用目的。

首先结合国内外的整合经验和数学命题的教学过程可以总结出机器验证的特点:①便捷、迅速,与其他教学手段相比,在同样的时间内信息技术能够提供的实例最多。这种特点使得在支持猜想的实例较少的情况下,可以利用较短的时间产生很多的实例,极大丰富学生的感知,加强学生对猜想可靠性的体验。②实验的动态效果强,比较直观。在这种学习环境下,学生可以将头脑中的想法付诸实践,通过模拟实验验证猜想是否正确。③容易构造反例。一些情况下,学生由于想象、推理能力或纸笔等工具的限制,有些反例很难想象或构造出来,比如在纸上画出一个中点四边形是正方形,原四边形不是正方形的四边形。而利用信息技术则可以对原四边形进行拖动,得到满足"中点四边形是正方形"条件的各种四边形,从而推翻"中点四边形是正方形,原四边形是正方形"的错误猜想。

当信息技术作为一种现代教育媒体,其作用与其他媒体一样,在教学中的作用是有规律、有条件的,它只是在某些方面可以发挥作用。因此使用机器验证必然也有其局限性。所以机器验证作用发挥程度的大小,关键是作为教学设计者和引导者的教师对数学教学规律和信息技术使用方式、特点的深刻理解。教师应当对教学理论规律进行深入的研究,在遵循教学规律的前提下再去思考如何借助技术更好地实现教育目标。只有这样才能在信息技术与数学课程整合的实施中取得最佳的效果。

随堂讨论

结合实践谈谈,在信息技术与数学教学整合过程中,自己做了哪些尝试,为什么要这样应用信息技术?

第3节 整合实施过程中应注意的问题

一、常见问题

信息技术的主要目的是促进数学教学的开展,在课堂中起主导作用的是教师。所以,运用信息技术辅助教学不仅对教师的计算机等现代化工具的应用水平提出了挑战,同时对教师的业务水平的提高也提出了更高的要求。

(一) 不要忽视先进的教学理念和思想

信息技术的发展是非常迅速的,而信息技术应用于教学重在其"实用价值",而非其技术含量的高低。比如在教学课件的制作中,用一般PPT等简单软件即可完成的课件就没有必要非要采用其他更高级的软件,只要达到预期的效果即可以。也可以发挥网络的优势,使资源共享(现在的网络中可以搜索到大量的较实用的数学教学软件)。但在实际应用中,我们发现有的教师在制作课件,一味地追求最新的"高科技",认为软件越高级、会的人越少越好,把教学课件搞成信息技术成果展览。其实这偏离了信息技术与数学教学整合的初衷。

(二)不要过分夸大信息技术的效果

在教学中,有些教师把信息技术看成提高教学效果的灵丹妙药,过多地追求和利用信息技术的使用功能,无形中摒弃了一些传统的教学手段。利用现代化的教学手段,并不意味着摒弃传统的东西,以往的传统教学手段也有其优越的一面。在使用信息技术手段时,不应忽视传统的教学手段的作用。信息技术应用于教学毕竟只起辅助作用,在课堂中起主导作用的是教师。教师的板书不能被计算机投影所代替,单纯为了扩大课堂的容量,把本来准备板书的内容都事先输进了计算机里,上课时直接投影出来,效果事与愿违。作为传统教学象征的黑板和粉笔,是信息技术不能替代的,教师板演、学生模仿还是很有必要的。教学过程是一个十分复杂的过程,教师的一个微笑、一个手势、一个简单的动作,在提高教学效果中都起着重要的作用。

(三)不能仅顾及形式,忽略使用效果

有些多媒体课件的设计出现了很多为形式而形式的作品。例如一些课件就是将黑板上的内容都搬到屏幕上而已,例如将一些与主题无关的场景和动画元素都塞入课件,造成教学脱离主题。信息技术在教学中还有一个重要的误区就是重演示现象、说明问题、传授知识;忽视解释过程、培养能力,忽略了切实关注由信息技术所带来的形象思维与数学所要培养的抽象思维之间的关系。

因此使用信息技术时要把握好一个"度",必须考虑学生的思维发展水平,对那些空间想象和数学理解较差的、年龄较小的学生,应由具体形象的事物来辅助教学,以帮助学生进行数学思维;对于理解力较强、想象力较丰富的年龄稍大的高中生,有些演示型的过程显得多余,可以利用信息技术设置一些变式的开放性问题,拓展其思维的发展。

二、信息技术与数学教学整合的建议

信息技术能向学生提供并展示多种类型的资料,包括文字、声音、图像等,并能灵活选择与呈现;可以创设、模拟多种与教学内容适应的情境;能为学生从事数学探究提供重要的工具;可以使得相距千里的个体展开面对面的交流。信息技术是从根本上改变数学学习方式的重要途径之一,必须充分加以应用。[①]

信息技术资源的开发与利用需要关注三个方面。

其一,将信息技术作为教师从事数学教学实践与研究的辅助性工具。为此,教师可以通过网络查阅资料、下载富有参考价值的实例和课件,并加以改进,使之适用于自身课堂教学;可以根据需要开发音像资料,构建生动活泼的教学情境;还可以设计与制作有关的计算机软件、教学课件,用于课堂教学活动研究等。

其二,将信息技术作为学生从事数学学习活动的辅助性工具。为此,可以引导学生积极有效地将

---

① 义务教育数学课程标准(2011年版)。

计算器、计算机用于数学学习活动之中。例如,在探索活动中借助计算器(机)处理复杂数据和图形,发现其中存在的数学规律;使用有效的数学软件绘制图形,呈现抽象对象的直观背景,加深对相关数学内容的理解;通过互联网搜寻解决问题所需要的信息资料,帮助自己形成解决问题的基本策略和方法等。

其三,将计算器等技术作为评价学生数学学习的辅助性工具。为此,应当积极开展基于计算器环境的评价与评价工具的研究,如哪些试题或评价任务适宜在计算器环境下使用,哪些不适宜,等等。

总之,一切有条件和能够创造条件的地区与学校,都应积极开发与利用计算机(器)、多媒体、互联网等信息技术资源,组织教学研究人员、专业技术人员和教师开发与利用适合自身课堂教学的信息技术资源,以充分发挥其优势,为学生的学习和发展提供丰富多彩的教育环境及有力的学习工具和评价工具;为学生提供探索复杂问题、多角度理解数学的机会,丰富学生的数学视野,提高学生的数学素养;为有需要的学生提供个体学习的机会,以便于教师为特殊需要的学生提供帮助;为教育条件欠发达地区的学生提供教学指导和智力资源,更有效地吸引和帮助学生进行数学学习。

值得注意的是,教学中应有效地使用信息技术资源,发挥其对学习数学的积极作用,减少其对数学的消极作用。例如,不应在数学教学过程中简单地将信息技术作为缩短思维过程、加大教学容量的工具;不提倡用计算机上的模拟实验来代替学生能够操作的实践活动;也不提倡利用计算机演示来代替学生的直观想象,弱化学生对数学规律的探索活动。同时,学校之间要加强交流,共享资源,避免相关教学资源的低水平重复,也可以积极引进国外先进的教育软件,并根据本学校学生的特点加以改进。

随堂讨论

信息技术与数学教学整合中要注意和解决哪些核心问题?

本章总结

信息技术飞速发展,必然会产生对数学课程理念、数学课程内容及数学课程实施的影响,因此,信息技术与数学课程整合成为摆在数学教师面前的现实课题。

信息技术与数学课程整合对数学教师提出了较高的要求,要了解、应用数学教育软件优化课堂教学,注重科学性原则、实效性原则、最优化原则、和谐统一的原则、"教师为主导、学生为主体"的原则,有意识地、主动地、高质量地把信息技术有机整合到数学教学中去。

针对数学课的四种课型,具体研究信息技术与教学的整合点,总结出适合这四种课型的数学教学的信息技术与数学整合的教学模式,为每一种教学模式给出了理论依据、整合教学目标、基本操作程序、实现的信息技术环境、教学评价和整合点分析,分析了整合教学中教师、学生、教学内容、信息技术环境之间的地位和相互关系,并对每一种教学模式的适用范围进行了划分。

总之,信息技术的优势要结合数学教学的特点,适时适当的整合,不要忽视先进的教学理念和思想,不能仅顾及形式,忽略使用效果。

拓展阅读

[1] 陆宏,孙月圣.信息技术与课程整合的理念与实施[M].北京:首都师范大学出版社,2010.
[2] 伍春兰.信息技术与中学数学课堂教学整合现状的分析与建议[J].数学通报,2012(3):1—5.
[3] 何克杭.信息技术与课程深层次整合的理论与方法[J].中小学信息技术教育,2005(5):7—15.

思考与讨论

1. 你如何理解信息技术与数学课程整合中的"教师为主导、学生为主体"原则?
2. 根据以下课题设计如何在教学中发挥信息技术的优势。
   (1) 一次函数　　(2) 平行四边形的判定
3. 思考整合实施过程还应注意哪些问题?

参 考 文 献

[1] 何克抗,李文光.教育技术学[M].北京:北京师范大学出版社,2002.
[2] 王保中,董玉琦.中小学信息技术教育国内外发展比较[J].信息技术教育,2004(12):16—18.
[3] 陆宏,孙月圣.信息技术与课程整合的理念与实施[M].北京:首都师范大学出版社,2010.
[4] 何克抗.现代教育技术与创新人才培养[J].电化教育研究,2000(6):4—6.
[5] 李克东.信息技术与课程整合的目标与方法[J].中小学电教,2002(4):22—28.
[6] 何克抗.关于信息技术与课程整合的理论思考[J].中小学信息技术教育,2002(5):27—36.
[7] 钟启泉.信息技术课程与教学论[M].杭州:浙江教育出版社,2003.
[8] 皮连生.教学设计——心理学的理论与技术[M].北京:高等教育出版社,2003.
[9] 谢利民.现代教育论纲要[M].西安:陕西人民教育出版社,2006.
[10] 张定强.数学技术、信息技术与数学课程整合[J].电化教育研究,2003(3):57.
[11] 张莉.基于信息技术的数学问题解决教学探究[D].大连:辽宁师范大学学位论文,2007.

第9章 数学教师的专业发展

本章概要

数学教师的专业发展一方面具有教师专业发展的共性特征,另一方面又因数学学科及数学教育的特殊性又具有不同于其他学科的特征。如何看待数学教师从新手到熟手的成长?数学教师在经历了"新手到熟手"的发展阶段后,如何向专家型数学教师发展?本章将分析影响数学教师专业发展的因素,研究不同阶段数学教师专业发展的特征,提出在数学教育实践中不断提升其专业能力的有效方法。

学习目标

通过学习,你能够:
1. 了解影响数学教师专业发展的因素。
2. 理解不同阶段数学教师专业发展的特征。
3. 掌握在数学教育实践中不断提升其专业能力的有效方法。

关键术语

◆ 数学教学 ◆ 教师专业发展 ◆ 教师素养

引　子

20世纪60年代以来,国际教育界掀起一股强劲的"教师专业化"浪潮。它要求各国政府提高教师的社会地位和职业待遇,重视教师专业发展,使教师成为像医生、律师、注册会计师那样的专业人员。教师专业化不仅成为教师职业发展的必然趋势,而且成为世界师资教育的核心问题和教育改革的热点问题。

视窗9-1

> 教师专业化是指教师是一种专门职业,有自身独有的职业要求和职业特点,以理论知识和复杂技能为基础,有专门的培养制度和管理制度,需接受较长时间的专业训练和在职进修,有相应的社会地位和经济地位。具体地说,它有以下几点含义。第一,有规定的学历要求和学术水平。教师专业既包括学科专业,也包括教育专业;既有学术要求,也有技能和能力要求;第二,有特定的专业特征和人格特征要求;第三,国家有专门的教师教育机构、教育内容和教育措施;第四,国家有相应的制度保证,如教师资格制度、教师教育机构认定制度、教师教育质量评估制度、继续教育制度等;第五,教师专业化是一个制度不断完善、水平不断提高、内容不断更新的过程。

西克斯(Sykes G.)曾提出教师专业化的四项条件：将执业人员必备的知识与技能成功地转型为经得起验证并经系统累积的知识基础；接受专业教育的人是经严格筛选的；这些知识的累积和传播是在特定的教育机构内进行的；接受专业教育者需经过实习且通过证书考试才算是合格的执业人员。

数学教师的专业发展一方面具有教师专业发展的共性特征，另一方面又因数学学科及数学教育的特殊性具有不同于其他学科的特征。作为准教师，要了解影响数学教师专业发展的因素，理解不同阶段专业发展的特殊要求，在数学教育实践中不断提升其专业能力①。

第1节 影响数学教师专业发展的因素分析

一、教育因素

(一) 专业知识的学习

关于教师的专业知识学习应达成哪些目标，比照叶澜在《学校教育研究方法》一书中提出的观点，我们给出专业知识的三个层面。

第一，数学专业知识与技能构成数学教师的专业知识基础层。大学（综合性大学和师范大学）所开设的数学专业课程是数学科学发展至今，本学科核心内容的体现，它一方面为学习者继续深造探索数学科学的新领域打基础，另一方面也为计划在大学教育后从事与数学科学相关的社会工作提供基本能力，而从事数学教学工作所具有的数学专业知识与能力也包含其中。

第二，从事数学教学工作与非教师数学专业人员学习数学学科相比，要增加有关数学学科发展史及趋势，创造数学学科知识的科学家的创造活动、科学精神及人格力量等方面知识的学习，以充分发挥数学学科知识的教育作用，这是数学教师专业知识的第二层面。

第三，由认识数学教学对象、开展教学活动和研究诸方面所必需的教育学科（如教育学原理、心理学、教学论、学习论、班级管理、现代教育技术等）和数学教育学科（如数学教学论、数学学习论、数学课程论和数学方法论等）等知识和技能构成，对这部分知识、技能的把握不能只停留在学科水平上，而要能综合运用，是第三层面。

专业知识的复合性不仅体现在结构组成的多学科和多层次上，还体现在三层面知识的相互支撑、渗透与有机整合上。专业知识结构为教师教育工作的成功提供知识和技能性保证。此外，教师的专业知识应具有开放性和实践性，它将随社会发展、科学与教育理论的发展和个人实践经验的积累及对教育理解、体验的变化而发展变化。

(二) 专业能力的培养

视窗9-2

教师专业能力是指教师在教育教学活动中形成并表现出来的、直接影响教育教学活动成效和质量、决定教育教学活动的事实与完成的某些能力的总和。

---

① 孙福兵.教师专业化：标准与素质[J].山西医科大学学报(基础医学教育版),2004(6):320—322.

> 我国学者龚宝善认为,教师专业能力应由教导能力和行政能力构成。
>
> 夫·恩·果诺波林认为,教师职业要求具有九种能力:理解学生能力、通俗易懂讲授教材的能力、劝说别人的能力、组织能力、把握教学分寸的能力、创造性工作能力、对教育的情境迅速反应并在其中保持举止灵活的能力、胜任所教学科的能力、引起学生兴趣的能力。
>
> 彼得罗夫斯基提出,教师必须具备教学能力、创造能力、知觉能力、表达能力、交际能力和组织能力等。
>
> 关于现代教师的专业能力一般包括教师的教育能力、教学能力和反思能力以及知识更新能力、自我完善(自我发展)能力等。

数学学科知识和教育专业知识仅是数学教师专业化必不可少的载体,个体在掌握了学科知识和专业知识的基础上,必须通过有效的训练,精通如何教的技能,形成专业能力,才能够胜任数学教学工作。[①]

我们知道在特殊的历史背景下,有许多数学教师中学毕业直接任教的,他们很多人成长为著名的数学教师,而也有人拥有很高的数学专业修养,但在中学任教却并不胜任。

 案例 9-1

> 陈景润是中国著名数学家,1966年发表的"表达偶数为一个素数及一个不超过两个素数的乘积之和"(简称"1+2")成为哥德巴赫猜想研究上的里程碑,而他所发表的成果也被称之为陈氏定理。1999年10月,紫金山天文台将一颗行星命名为"陈景润星"。但他1953—1954年在北京四中任教,因口齿不清,被学校拒绝上讲台授课,只可批改作业。[②]

 案例 9-2

> **大学生教学技能展示的技巧与策略——以一次教学技能创新大赛为例**
> (原文载于《中国教师》,2012年8月下半月刊,作者张颖)
>
> 强国必先强教,强教必先强师。新教师(这里指在大学里学习师范教育类课程,即将从事教师教育工作的大学生)要具备系统的知识体系,拥有良好的教学技能,能熟练地应对教学技能考核。教学技能在教学实践工作中有着重要作用,新教师应有意识地提高教学技能展示的技巧与策略。作为即将毕业的师范生,我有幸参加了一次教学技能创新大赛。经过一个多月的集中准备,我对大学生教学技能展示中的技巧与策略有了自己的理解,在此与大家分享。
>
> 一、准备
>
> 1. 不断实践,优化教学
>
> 教学技能纯熟与否是评判一名教师是否优秀的标准之一。获得熟练的教学技能需要不断的实践。在注重实践次数的同时,也应注意多样化的听课群体,因为不同的听课群体对授课知识点的熟悉程度会对模拟授

---

① 孙福兵.教师专业化:标准与素质[J].山西医科大学学报(基础医学教育版),2004(6):320—322.
② 百度名片陈景润. http://baike.baidu.com/link?url=1ZnUU7HKCRoJaKLS7kEnFxAzYPfCob1lyNsu1dZmzvr4wMQnOZfI6_rF9RT9yriA.

课产生不同的影响,所以我分别对不同的听课群体进行了六次模拟授课。其间,为应对缺点和不足,我多次修改教案和多媒体课件,反复提问、计时,多次向听课群体寻求改进意见。通过同学组织的模拟授课,我的教学能力获得提升;同时在老师的指导下,我发现并改正了教学实践中的问题。

2. 确定选题,认清任务

模拟授课中遇到的问题让我不止一次产生更换课题的想法,但长时间的准备和付出又让我不忍放弃最初的选题。只可惜,经过多次修改、磨合之后,仍不能达到令人满意的课堂效果,只好改换题目。这一经历给予我深刻的教训:选题一定要慎重,所选课题不仅仅要考虑其在教材中的重要性、在生活中的应用性和与多媒体配合的紧密性,更重要的是要考虑其实践的可行性。教学展示一般都有一定的时间限制,而我忽略了这一点,使课堂节奏过快,没有给学生充分的时间消化和吸收,导致合作学习流于形式。这无疑与新课程改革的精神相悖,必须及时更换课题。虽然每个人都有自己的偏好,但只有认清任务,才能取得事半功倍的效果。以我为例,本来可以在7天左右完全准备好的教学设计却用了21天,原因就在于我太注重自己的偏好而没有对任务作出客观的判断。因此,做好选题和认清任务是至关重要的。

3. 融会贯通,资源共享

为使新课题更有闪光点和竞争力,改变以往数学课给人的枯燥乏味的印象,我尝试打破数学课的常规模式,将物理、化学的相关知识引入数学课堂,创设用抛物面透镜聚集太阳光点燃火柴的实验情境,让数学发挥基础作用。将理科程的相关知识紧密结合,实现学科间的资源共享,促进思维迁移,让学生产生强烈的实验愿望,培养学生的观察能力和联系能力,让学生们真切地感受到课堂上所学的数学知识可以运用到实际的生活中,从而激发学生更强的学习兴趣。

4. 巧妙插入,过渡自然

在后续优化教学设计的过程中,我发现组织学生做例题时出现了教师引导的空场,这段时间显得异常突兀且缺乏活力。为处理这一问题,我结合课题的特点,插入了一段"二战"时期北非战场上的小故事,让学生们了解抛物线光学性质在军事上的应用,不仅激发了学生的学习兴趣,而且使得课堂前后的过渡自然、顺畅。

二、实践

1. 创新有度,严谨科学

第一,在进行教学设计时,要充分考虑到课堂实践的合理性和逻辑性,在课堂上,只让学生进行必要的自主探究,去掉那些没有实践必要的、为了形式而形式的所谓创新。第二,数学具有严谨、科学的学科范式,要准确地使用专业术语,并在教学过程中避免出现语言使用混乱和错误。

2. 课件形式,准确多样

幻灯片是常见的课件形式,一定要避免错误。制作好的幻灯片要仔细检查几遍,尤其注意动画效果的顺序。如果有试讲机会,还可以从学生的视角提出修改意见。另外,不能局限于幻灯片的使用,必要时还应适当引入几何画板、动画等多媒体元素,将抽象的数学知识以更直观的形式呈现给学生。

3. 模拟授课,淡然处之

第一,在模拟授课的过程中,礼貌的话语、亲切的台风可以给评委舒适、自信的印象。第二,注意使用丰富的评价用语,有层次而不单一。第三,充分发挥教师的引导作用,指令明确,高效互动。总之,轻松、淡然的风貌更有利于我们随机应变。

4. 即兴演讲，论点自圆

即兴演讲需要大量的知识储备。常言道"书到用时方恨少"，临阵读书是可以恶补知识，但出现漏洞是难免的，只有平时注重积累才能厚积薄发。当然，在抽到从未见过的题目时要冷静，演讲是没有标准答案的，只要能够自圆其说就可以，这也给了我们更广阔的发挥空间。另外，在演讲的过程中，要尽量避免冷场，在简单地解释题目之后，就应及时破题，把话题引向自己熟悉的知识领域。

5. 从容应对，所答切题

在现场提问的过程中，一定要听清题目，切忌答非所问，这需要选手储备良好的专业知识。最为关键的是，在交流的过程中，一定要表意清晰，态度真诚。

三、反思

1. 挑战自我，不断深造

反思从前经历的教师教育培训，我总是把问题想得太简单，教学模式也跳不开自己上中学时数学老师的授课风格，不经意间便模仿了其授课的风格。通过这次教学技能的比赛，我见识了不同选手的讲课风格和设计理念，拓宽了思路，提升了素质。其实，课程设计的优化是永无止境，教师综合能力的训练也永无止境的。因此，挑战自我和不断深造是每一位教师的职责所在。

2. 克服困难，积极进取

教学设计极易遭遇瓶颈，只要实践便会发现新问题。如何优化已有的设计、寻求更好的解决方案是值得我们不断思考的。参加教学技能大赛是交流和提高的过程，相互学习授课的方式方法，在思维碰撞中激发创新想法才是根本目标。我坚信，经过万千打磨之后所呈现出来的课堂教学一定精进不少，教师的教学基本功也无疑会提升。教育的发展日新月异，关于教学技能及水平的评定标准也在不断地发展和变化。教学设计的最高目标是为了营造高效的课堂教学，促进学生的全面发展。事实证明，每个教师的教学技能一定会随着不断的练习和实践获得提高。

二、个人因素

（一）树立符合时代要求的教育观

邵永良等在《现代教育科研方法与应用》中给出描述，即所谓教育观，就是培育人、教育人的基本观点和看法，包括对教育的本质、功能、目的、原则等问题的认识。

科学的教育观认为，教育是教育者与受教育者的相互作用，这种相互作用以文化为中介；教育是文化传递的手段，它同其他社会现象如政治、经济、文化等有着广泛而密切的联系，反映一定社会的政治和经济要求并为其服务。从教育内部来看，教育者、受教育者和传递的文化构成了一个相互联系、相互作用的系统；从教育与其他社会现象的关系来看，教育系统只是社会系统中的一个子系统，并与其他子系统有着复杂的多层次联系。教育系统具有动态性、整体性、自组织性等特点。教育者与受教育者的主客体关系也可以相互转化。

1. 教育的高目标观

教师要全面贯彻教育方针，面向全体学生。素质教育是为提高整个民族素质打基础的教育，是全民性的开放教育，是每个学生都具有作为新一代合格公民所应具备的基本素质。教师不是单纯为某一学科的系统性负责，还要为学生的发展和幸福负责，为社会的发展进步负责；教师不是单纯为未来的大师、研究者服务,还要为社会培养具有较高思想文化素质和劳动技能的生力军。

素质教育要面向全体受教育者,使不同层次水平的人都获得最全面、最大可能的发展。素质的提高,不仅表现为个体而且表现为群体,即全体公民群体素质的提高。

素质教育不是平均发展的教育,不限制精英拔尖人才的培养,而是使每个人都得到充分发展,因而更有利于各种人才的成长。

这就要求教师针对不同学生的特点,有所侧重地因材施教。这种"因材性"是因为受教育者之间是有个体差异的,这种差异决定教师从每个人的实际出发,使之都能在原有基础上得到发展,从而达到适应社会需要的目的,使每个人按不同条件实现自己的最佳目标。

基于以上分析,教师应具有教育的高目标观,引领学生的学习活动,获得身心全面发展。

2. 以人为本的学生观

教育要促进青少年学生身心的协调发展。学生的身心发展主要包括三个方面的内容:一是学生身体的正常发育和协调发展;二是学生心理的健康发展;三是学生身体与心理两个方面的协调。在学生的发展中,身体的发展直接影响学生心理的发展,而心理的发展又影响着身体的发展,二者互相影响,互相制约。

首先,学生正处于人生的发展阶段,而一个人的生命历程是不可逆的。一个次品零件可以熔毁再造,而人却只能在原有的基础上发展,成长中的成功与挫折往往会影响到其未来,因此教育工作者应该有责任感,必须对每位学生的未来负责。

这种以人为本的发展观,是教育好学生的认识论基础。在实践中,不能忽略学生正在成长的特点,有意或无意地要求学生十全十美,对学生求全责备,儿童少年可以通过不断从错误中吸取教训而成长、成熟起来的。用发展的观点看待学生,理解学生身上存在的不足,就能够从思想上宽容学生,并积极引导学生改正错误、弥补不足。同时,还要纠正一种认识偏见,那就是喜欢从学生的现实表现来推断学生的未来发展,要么认为学生一好百好,要么认为不可救药。其实,学生的发展潜能是不可估量的。对于教育者来说,树立没有教不好的学生的观念是必要的,要把学生看成发展中的、可以培育和塑造的个体。

其次,学生是一个整体的人。学生作为一个正在发展的主体,其发展并非是单方面的,而是整体的、协调的。不论是生理的、还是心理的,不论是智力的、还是非智力的发展,都是一个互相联系、互相影响的整体活动过程。我国的教育方针所指的全面发展,是使学生各方面素质都能获得正常、健全、和谐的发展,学生的脑力与体力、做人与做事、继承与创新、学习与实践同样不可偏废。教师的教育行为必须体现学生作为发展主体的要求——坚持德、智、体、美、劳全面发展。在教育的各个环节、各个方面都充分考虑到学生发展的整体性需要和教育目的的整体性要求,为学生生动活泼、主动发展创造合适的环境和条件。

再次,学生是学习的主体。作为受教育者的学生,不是被动装填知识的"容器",不是温顺、听话的"驯服工具",而是活生生的有主观能动性的人,是学习的主体。他们能够用独特的视角和情感方式去认识和理解世界,去发现自我,外部因素可以促进和引导这一认识、发展过程,但无法代替这个过程。教师的教育教学过程,只有通过学生,通过个体主观能动性的发挥才能实现,也才能收到积极的教育效果。因此,从这种认识出发,教师应尊重和信任学生,培养学生的自我意识和自主学习能力,让学生由被动地接受变为主动地获取,形成有难必思、有疑必问、有话必说的学风,真正成为课堂的主人。教师需确立这样一种理念:知识的获得不是老师"灌输"来的,而是学生自己"学会"的。

3. 基于技术的教学方法观

教师还要具有符合现代科技发展所提供的物质条件的现代教育方法观。教师必须研究新技术为教与学提供了哪些便利,做好信息技术与课程的整合,即在先进的教育思想、理论的指导下,把以计算机及网络为核心的信息技术作为促进学生自主学习的认知工具、情感激励工具与丰富的教学环境创设工具,并将这些工具全面地应用到各科教学过程中,使各种教学资源、各个教学要素和教学环节经过整理、组合、相互融合,在整体优化的基础上产生聚集效应,从而促进传统教学方式、方法的根本变革,也就是促进以教师为中心的教学结构与教学模式的变革,从而达到培养学生创新精神与实践能力的目标。

这要求不是简单地把信息技术仅仅作为辅助教师教学的演示工具,而是要实现信息技术与学科教学的"融合"。它要求突出作为整合主动因素的人的地位,并且要实现人与物化的信息之间、网络虚拟世界与现实世界之间的融合。教师树立基于技术的教学方法观是实现现代课程教学过程最优化的要求。

(二)淬炼适应教学需要的综合能力

在此,我们引用叶澜在《新世纪教师专业素养初探》中提出面向 21 世纪的教师素质时关于专业能力的观点。

首先,理解他人和与他人交往的能力。这是有效实现教师与学生的双向沟通所必需的,也是教师与他人(其他教师、管理人员、家长、社会各界)合作搞好学校教育所必需的。在教育日益社会化的时代,教师不是独善其身者,在一定意义上需要具有社会活动家的能力。

其次,组织管理能力。教师教育工作的对象是个体的个人,但又在班级群体中组织活动,教师要善于发挥学生群体对个体的教育作用,使每一个学生在群体生活中得到施展才能、培养意志及适应群体生活等方面的锻炼,成为学生真正的良师益友。这就需要有管理班级和组织、领导各种教育、教学活动的能力。

再次,教育研究的能力。具有科研意识与科研能力是新型教师又一个重要特征。善于从自己的工作实践中发现问题,对自己的教育行为、经验进行批判性反思,从事新的教育、教学活动的多方面探索和创造,是教师专业能力不断得到发展的重要保证,也是使教师工作富有创造精神和活力的必然要求。

三、环境因素

(一)学校环境

教师的专业发展与其工作的学校环境密切相关,学校的组织文化是影响教师专业发展的重要因素。教师专业素养中最为核心的实践性知识和个人化的教育观念正是教师依存于特定的背景,以特定的教室、特定的教材,甚至特定的学生为对象,在真实的教育教学场景中形成的,是在充满情感、理想和特定的组织文化环境中逐步发展的。正是由于学校的特性如此深刻地影响着教师的专业发展水平,教师的专业发展"必须与各中小学的学校改善及其全员发展一体化"。

(二)社会环境

教育也与社会发展密切相关,不同的历史发展阶段,社会对教育的认知不同,作为社会人的教师置身其中,其教学行为和专业发展必然受社会环境的影响,其中教育改革与发展对教师的要求,教育行政部门对教师培养和发展的政策导向、奖惩机制、教育经济制度及政策法规等,作为社会环境因素影响着教师的专业成长。

视窗 9-3

> 一般认为教师专业化的标准应包括两个方面:一是社会和公众对教师专业化的认可程度,二是教师自身的专业认同感、专业责任感及专业发展。
>
> 社会和公众认可方面的标准主要包括:先进的教育理念;完善的教育制度;宽松的工作环境;高尚的职业道德。
>
> 从教师自身来看,应该符合以下几点要求:尊重理解学生,关心信任学生,公平对待学生,促进师生间良好交往,创建宽松的学习气氛;充分理解教学过程,知道教是为了不教,教是为了最大程度促进迁移,不仅注重学生认知能力发展,而且注重非认知因素发展;具备良好的组织能力、教学设计能力、教学实施能力、选择与转化能力、学业成绩检查评价能力等;接受过长时间的专业培训,具有丰富的实习实践经验,通过国家资格考试并不断学习;具有高度的责任感和敬业精神,善于总结经验教训,不断反思教学实践,积极开展科学研究。

视窗 9-4

> **教师专业化具有特殊性**
>
> 从客观上说,人们不会对律师、医生、会计的专业性发生任何怀疑,也不会有一名从未学过律师、医生、会计专业的大学生去直接谋求这些职业。但是没有接受过教师专业教育的人凭着非教师专业的文凭而直接成为教师的情况却屡见不鲜,也不乏许多成功的个案,这使我们的研究常常陷入矛盾的境地。
>
> 教师究竟能不能与医生、律师、注册会计师相提并论,其专业化程度如何?这是自提出"教师专业化"问题以来人们一直争论不休的话题,其焦点主要集中于以下几个方面。
>
> 其一,教师所任教学科的学术水平和教育科学素养孰轻孰重?即"学术性"与"师范性"之争。众所周知,教师的专业知识具有双重的学科基础,即任教学科知识和教育学科知识。教师教育与其他专业教育时间相同,很难保证既得到同等的学术水平又掌握必备的教育学科知识。很多人认为只要掌握了任教学科知识,就可以当教师,是否具备教育学科知识则无关紧要。事实上,一些优秀教师并没有接受过师范教育,因此,现实生活中师范性往往成为学术性的牺牲品。
>
> 其二,构成教师专业属性的核心是教育科学原理和技术的发展。可是迄今为止,"教育是一门科学"仍受到人们的质疑。尤其是构成专业属性核心的"学科教学法"学术水平较低,其科学性与技术性都难尽如人意。

其三，一种专门职业必须有明确的服务范围，但教师服务范围与其他专业相比并不明确。即学校教育同家庭、社会教育分工不明确，很难确定哪些属于教师的专有服务范围。

因此，只有充分认识教育的复杂性，从教育的本质规律出发，才会有助于问题的解决。

随堂讨论

你对教师专业化持何种观点？教师究竟能不能与医生、律师、注册会计师相提并论，其专业化程度如何？

第2节 数学教师专业化发展的阶段特征

对于教师发展的阶段，国外学者将教师的成长划分为5个阶段：新手阶段（Novice Level）、高级新手阶段（Advanced Level）、胜任阶段（Competent Level）、熟练阶段（Proficient Level）、专家阶段（Expe Level）。我国学者把教师的专业发展划分成3个阶段：新手阶段、熟手阶段和专家阶段。本书采用国内学者郭桂华，宋晓平《基于"教学用问题"的"新手—熟手—专家"型数学教师课堂教学的对比研究》中的划分[①]，将专业成长3个阶段的教师称为新手型数学教师、熟手型数学教师和专家型数学教师。

一、新手型数学教师

（一）何谓新手型数学教师

郭桂华等人的研究认为"新手型数学教师（Novice Teacher，简称NT）为大学本科，数学专业毕业，刚走上工作岗位1年的教师"。

而在天津市第五周期中小学教师继续教育中学数学课程方案规定，具有1～3年教龄的中学数学教师，参加一级培训，培训目标为：

（1）提高学员的综合素质和个人修养，增强教书育人的使命感与责任感。

（2）使学员了解和掌握数学教育教学的特点和规律，提升教学基本能力。

（3）学员能对数学课程标准正确解读，会驾驭中学数学教学典型课，能够开展中学数学教材研究。

在这里，我们把具有大学本科学历（或有同等水平）和中学数学教师资格证书，具有1至3年教龄的中学数学教师称为新手型数学教师。

（二）新手型数学教师的特征分析

1. 备课时的特征

新手型教师备课时的特征主要有：新教师一般要花大量时间在教学设计的细节上，备课仔细，甚至有的新教师会提前写好准备说的每一句话；上课前会独自演练一下，修改自认为不妥当的地方；按

---

① 郭桂华，宋晓平.基于"教学用问题"的"新手—熟手—专家"型数学教师课堂教学的对比研究[J].数学教育学报，2008(2)：51—64.

照课程目标设计教学,依赖于教案,有时在实施中不能把计划与学生课堂的具体行为结合起来,只是按照课时计划来做;新教师多数认为自己不能预测计划执行的情况,都会多准备内容以防止过快结束教学内容。

2. 上课时的特征

新教师一般会按照教案一丝不苟地完成预定计划,对教材内容掌握熟练,讲解细致。

但新教师在课堂规则的制定与执行上会含糊不清,遇到干扰不能坚持执行下去;尽管有大学的相关学习,但在吸引学生的注意力方面,新教师还会缺乏自如运用的方法和技巧;教材的呈现缺少创意,把教材内容当做是课堂必经的步骤,教教材,而非用教材;课堂练习执行计划多,因势而变少;新教师或者缺少,或者不会运用教学策略。

3. 下课后的特征

家庭作业的检查上,新教师会认真批阅,但往往不注意总结共性问题,并在下一节课上用恰当的方法予以分析;新教师自我评价时更注意课堂发生的细节是否与预计的情况一致,课程内容是否讲完了,较少深入分析学生学习的现实状态,对课程教学的反思不够。

二、熟手型数学教师

(一)何谓熟手型数学教师

熟手型数学教师(Proficient Teacher,简称PT),指从教5年以上,拥有较丰富的教学知识和经验的教师。郭桂华[①]等认为熟手型教师应该是具有大学本科学历,数学专业毕业,从事数学教学6年或以上的数学教师,同时参加过相关的教师培训和课题研究。

天津市第五周期中小学教师继续教育中学数学课程方案规定,具有4~10年教龄的中学数学教师,参加二级培训,培训目标为:

(1)树立现代教育观念,掌握基础教育改革的动态。

(2)使学员拓展学科知识,了解学科前沿信息,提高和完善学科的理论知识水平。

(3)通过实践培训,使学员具有较高的以课堂教学研究为核心的教研水平,提高学员在教学中的实践能力和创造能力。

在这里,我们把具有大学本科学历(或有同等水平)和中学数学教师资格证书,具有4至10年教龄的中学数学教师称为熟手型数学教师。

(二)熟手型数学教师的特征分析

视窗 9-5

职业倦怠(Burnout)指个体在工作重压下产生的身心疲劳与耗竭的状态。最早由弗罗伊登伯格(Freudenberger)于1974年提出,他认为职业倦怠是一种最容易在以帮助人为目的的行业中出现的情绪性耗竭的症状。随后马斯莱科(Maslach)等人把对工作上长期的情绪及人际应激源做出反应而产生的心理综合

---

① 郭桂华,宋晓平.基于"教学用问题"的"新手—熟手—专家"型数学教师课堂教学的对比研究[J].数学教育学报,2008(2):51—64.

> 症称为职业倦怠。一般认为,职业倦怠是个体不能顺利应对工作压力时的一种极端反应,是个体伴随于长时期压力体验下而产生的情感、态度和行为的衰竭状态。
>
> 教师群体已成为职业倦怠的高发人群。有研究表明,约有16%的中小学教师表现出明显的职业倦怠症状。他们或是食欲不振、睡眠不好、注意力分散、记忆力下降,或是对工作缺乏热情和兴趣、情绪波动大、容易烦躁、长期处于焦虑和沮丧状态,或是工作混日子、得过且过、害怕竞争、感觉"苦海无边"。要让教师告别职业倦怠,脱离身心俱疲的心理困境,重新焕发工作热情,需要细究成因,积极应对。

1. 备课时的特征

进入熟手阶段的数学教师,一般不需要太多的备课时间,这是由数学学科特点决定的。对已经教过一个轮次的数学教师,可以依据学生特点,微调教学设计,这与文科形成鲜明对照;对教案的使用会灵活多变,能够准确地预知教学进程,在实施中能把计划与学生课堂的具体行为结合起来;对教材的使用一般可以做到按需调整,根据学生的具体情况选定教学内容,收放自如。

2. 上课时的特征

熟手阶段的数学教师,会按照课程目标完成预定计划,课堂规则的制定与执行力强,学生总体服从计划水平高;会选择较为经济的方式讲课,课堂练习量大,师生互动好,效率高,注重吸引学生的注意力;教材内容呈现全面,可调整内容适应学生的行为;会依据课堂需要选择较为恰当的教学策略,收到好的教学效果。

3. 下课后的特征

家庭作业的检查上,熟手型数学教师会用较少的时间完成作业检查,注意总结共性问题,并在下一节课上用恰当的方法予以分析;做自我评价时更注意分析学生学习的现实状态,思考后继课程教学怎样做有利于数学教学效率的提高。

三、专家型数学教师

(一)何谓专家型数学教师

评判教师是否为专家型数学教师(Expert Teacher,简称ET)依据两个标准:首先是学校和教育主管部门认可的;其次是教龄在10年以上的中学高级教师,获得过市级以上奖励,主持过与教学相关的研究课题的教师。[①]

而天津市第五周期中小学教师继续教育中学数学课程方案规定,具有11年以及以上教龄的中学数学教师,参加三级培训,培训目标为:

(1) 学员能运用教育理论与学科知识,研究基础教育课程改革与教学实践中的有关问题。

(2) 通过反思教学经验,学员探索具有校本特色的数学教学模式,提高数学教学的水平。

(3) 学员能把教育理论与教育实践相结合,探索数学教育教学规律。

与前两者不同,专家型数学教师并不是每个数学教师在其职业生涯中都可以达到的高度,需要其注重自身的专业发展,在数学教学实践中不断摸索,提出问题、研究问题、解决问题,在数学教育的有

---

① 郭桂华,宋晓平.基于"教学用问题"的"新手—熟手—专家"型数学教师课堂教学的对比研究[J].数学教育学报,2008(2):51—64.

关领域作出相应的贡献,有影响力才行。

(二)专家型数学教师的特征分析

1. 备课时的特征

专家型数学教师课时计划简练,突出主要步骤和教学内容;以学生为中心规划教学,根据学生先前的学习知识来安排教学进度,具有较大的灵活性;认为教学细节要由学生的具体行为为因势利导,注意预设与生成二者的有机结合;在按照课程目标设计教学的前提下,在实施中善于变通,教育智慧和策略运用于无形,学生容易引起共鸣。

2. 上课时的特征

专家型数学教师在课堂规则的制定与执行上一丝不苟,可以在每学段起步阶段有意识地养成本班学生数学学习的规范,注意督促学生遵守;有一套吸引学生注意力的方法,在教学时注意回顾先前知识,并能根据教学内容选择适当的教学方法;创造性地使用教材,把教学过程看做与学生共同发现的过程,课程容量丰富,能够有机组合相关内容,教学效率高。

3. 下课后的特征

家庭作业的检查上,具有一套检查学生家庭作业的好方法,犹如自动化的常规程序,所花时间短;注意总结共性问题,分析学生学习的现实状态,在接下来的教学中予以引导;注意培养学生掌握学数学的方法,善于对数学课程教学进行反思。

视窗9-6

> 调查显示,100%的中老年教师认为在新课程背景下"有必要"不断充电、学习以促进自己的专业成长,但40.7%的人表示自己只是"偶尔学习",有3.6%的教师"基本不学习"。分析原因,"没有时间和精力"的占81.5%。对于"如果有一个培训提高机会,你会怎样?",53.3%的人选择了被动报名;"如果有论文比赛你参加吗?",56.7%的人选择了不参加;"你认为学校对年轻教师和老教师的重视程度一样吗?",63.4%的人选择了"对年轻教师更重视";"你在工作中会力不从心吗?",76.7%的人选择了"会"。周俊说,中老年教师职业生涯出现停滞和退缩另一个层面的原因是其中的很多人在短时间内获得高级职称后,缺乏奋斗目标,缺少内驱力。他们往往在经历了一个迅猛发展后遭遇长时间的发展停滞或平台期,也就是很多人会想:"该有的都有了,没必要和年轻人竞争。"①

数学教师从新手到熟手的成长应是一个主动发展的过程,对数学教学的理解不会以教龄的累加自然增长,期间新教师本身为适应教师工作所进行的学习与研究至关重要,影响到其专业发展进程;数学教师在经历了"新手到熟手"的发展阶段后,并不是会自然进入专家型数学教师行列,就如阅读材料中的调查所反映的现实,教师在熟悉数学教学工作后,会迎来其专业发展关键期,对于那些能够保有教学进取心,认真钻研态度和反思精神的教师,在自身努力和外部环境的作用下,会发展成具有丰富教学经验和理论水平的专家型教师;而埋头于日常工作,不注重自身提高的人,会走上职业发展的停滞期,错过追求教师专业发展的良机,这是每一个准备从事数学

---

① 35岁以上教师最易职业倦怠. http://news.sohu.com/20060920/n245432703.shtml.

教学工作的人应该一直牢记的。

随堂讨论

1. 通过本节学习，你对"任何一个成功的数学教师，专业成长中都要从新手开始，经过熟手阶段，最后成为专家型教师"的观点是否赞同，并说明理由。

2. 阅读郭桂华、宋晓平撰写的《基于"教学用问题"的"新手—熟手—专家"型数学教师课堂教学的对比研究》一文，载于《数学教育学报》，2008年4月第17卷第2期，阐述新手—熟手—专家型数学教师，在数学课堂教学的各阶段，他们各有什么样的教学特点？这些特点与课前预设和课后反思之间是怎样的关系？他们对数学教学是怎样认识的？

第3节 促进数学教师专业化发展的有效途径

一、校本科研

近年来，以改革推动学校的发展、以科研促进教学质量的提高，已成为各级各类学校的普遍行为，这是教育发展中的一个新的现象。

（一）校本科研的基本特征

校本科研与公众性的教育研究有紧密的联系又有很大的不同。如同自然科学中的基础研究和应用研究，公众性的教育研究更注意基础性，它要研究和解决的往往是教育中普遍存在的问题和教育的普遍规律，更重理论研究；而校本教育研究主要是在基本理论指导下的应用性研究，具有特殊性，它表现为实践体系。同时，校本科研是公众性教育研究的实践依据，通过学校教育科研的实践，才能检验公众性教育科研的现实价值。校本科研有以下几个特点。

1. 整体性

学校的整体目标反映了本校的教育理念和办学特色。

视窗 9-7

> 校长的教育思想对学校的发展具有导向性的作用，一个学校的整体规划反映了该学校校长的办学思想和教育观念；学校的发展目标的定位，应立足于本校外部环境和内部条件，设计出符合学校发展实际的方案，包括学校的特色设计。

2. 主动性

校本科研是学校为了适应社会的需要，为了自身发展的需要，有目的、有计划、有针对性地进行的主动探索和研究，最终目的是要提高教育教学质量、促进学生素质的全面发展。

3. 机动性

由于校本的教育研究从学校的实际需要出发，根据需要而不是机械地根据课题来确定研究的内容。在研究主题选择上,可以不拘一格,选择范围广阔。如何选择,视学校需要而定。课题可大可小,研究时间可长可短,研究深度可深可浅。

4. 实践性

校本科研必须与教育实践紧密结合,它不但要指导学校的教育改革、教育实践,甚至要与实践同步进行,边研究边实践,在研究与实践的相互促进过程中不断深化认识、提高教育质量。校本教育研究切忌脱离实践,做纯理论的逻辑论证。

(二)校本科研的实施

1. 以学校的教育教学实际需要作为选题原则

校本科研的本质特征,就是以满足学校的教育教学实际需要作为第一目的。学校的教育教学需要,涉及了对人的发展的研究,内容丰富,内涵深刻。校本科研选题必须结合自己的教育教学实践,广泛深入地进行调查研究,积极学习教育理论和既有的教育经验,进行深入的思考。从学校的教育教学实际需要出发选题,具有学校自身的个性,具有深厚的根基,具有前期的认识基础、工作基础和人员准备,它的研究过程和成果拥有很强的动能和生命力。这样的选题,常常是在学校既有的成功点,也可能是失误点上生长起来的,是植根于学校领导和教师的共识。校本教育实践是教育科研课题产生的温床,是新的思想和新的实践产生的土壤。

2. 淡化形式,注重实质是校本科研的运作原则

作为教育科学研究,讲究一定的科研形式是必要的,但是校本科研和公众教育科研由于其服务对象、目的和价值评价方式不同,这种形式要求也大有差异。校本科研,其服务对象是本校,一般没有大面积传播的任务,其最高标准是获得实质性的认识,取得教育教学的实效。我们常常看到不少学校教师会为承担了某项课题而苦于不能做出专业科研的严密形式的文件,其实,作为校本科研,这样做是不必要的,需要"减负"。我们必须坚持淡化形式、注重实质的运作原则,这样才有利于减少无用功,节约资源,调动教师科研的积极性,缩短科研运作周期,增大科研效益。当然,为了保证研究结果的科学性,校本科研也要遵循必要的科研规范。

3. 校本科研要以学生为本

所谓以学生为本,就是在教育教学活动中"认识学生、为了学生、尊重学生、依靠学生"。校本科研必须处处考虑学生的长远利益,以不损害学生利益为基本原则。在教育科研中,当涉及重大改革时,一定要先进行局部实验,要以点带面,点面结合,并作仔细的论证。

4. 校本科研与教师培养相结合

教师是教育科研的主体力量,又是教育科研的受益者。校本科研,是培养教师的重要而有效的途径。经验表明,教师投入教育科研,处于科研状态,与常规的工作相比,会更有效地提高自己并做好工作。有条件的学校,都要让教师参与科研,在科研中改变教育观念,把握教育规律,发展自己的素质,使之成为具有良好师德,具有现代教育专业水平的学者型、教育家型的教师。

5. 校本科研与公众教育科研相辅相成

强调校本科研,并不是否定公众教育科研。校本科研应当得到公众教育科研的指导。公众教育科研机构除了做好自身的科学研究之外,应当关心和支持校本科研这一新生事物,对学校的校本科研

进行有效的指导。同时,在要求学校作为自己的合作伙伴时,要尊重来自学校教育教学改革和发展的课题,力求一致化。

校本教育科学研究是学校教育中的一个重要组成部分,校本研究会给学校注入蓬勃的活力,为广大教师提供创造新知的活动舞台①。

二、专业进修

(一)在职教师继续教育

中小学教师继续教育,是指对取得教师资格的中小学在职教师为提高思想政治和业务素质进行的培训②,在职教师的继续教育包括以下几个方面。

新任教师培训:为新任教师在试用期内适应教育教学工作需要而设置的培训。培训时间应不少于120学时。

教师岗位培训:为教师适应岗位要求而设置的培训。培训时间每五年累计不少于240学时。

骨干教师培训:对有培养前途的中青年教师按教育教学骨干的要求和对现有骨干教师按更高标准进行的培训。③

在终身教育理念的影响下,继续教育作为人们获得知识、提高能力的有效途径,受到了人们的普遍欢迎,尤其是作为知识传播和生产的教师队伍,更需要继续教育。在基础教育课程改革不断深入的背景下,新的教学理念和教学方法对中小学教师的素质提出了更高的要求,中小学教师进行继续教育是教师获得知识和切实提升教师队伍素质的有效手段。

为落实教育规划纲要,深化教师教育改革,培养造就高素质专业化教师队伍,中华人民共和国教育部制定的《教师教育课程标准(试行)》于2011年10月8日颁布执行,成为规范和引导各级各类教师教育课程与教学实践活动的准则。

视窗 9-8

> 《教师教育课程标准》是制定教师教育课程方案、开发教材与课程资源、开展教学与评价,以及认定教师资格的重要依据。

(二)教师专业发展学校

1. 概念解析

教师专业发展学校(Professional Development School,简称PDS学校)这一概念,最早出现于1986年由美国研究性大学教育学院院长组成的霍姆斯小组提出的《明天的教师》的报告中。此后,这一富有新创意的概念经过更多学者的充实逐渐变得丰富和明晰起来。1990年霍姆斯小组在其《明天的学校——建立PDS学校的原则》的报告中,把PDS学校看做大学与公立学校之间具有伙伴关系的一种

---

① 郭思乐,高广方.关于校本教育科学研究的思考[J].教育科学研究,2001(1):12—15.
② 中小学教师继续教育分为非学历教育和学历教育,本书中以有大学教育背景为起点分析问题.
③ 中小学教师继续教育规定,中华人民共和国教育部令第7号,1999年9月13日.

新型机构。PDS学校成为培养研究型教师和教育研究者的学校。正是在这个意义上,从霍姆斯小组的观点看,PDS学校是美国教师教育制度的一种创新。

教师专业发展学校是大学的教育学院与附近地区的中小学合作培养师资的一种公立学校。专业发展学校的倡导者把这种学校的作用与医学教育中的教学医院相提并论。专业发展学校不仅仅是一个对新教师进行入职教育的基地,同时也创造了在职教师校本培训的机会。专业发展学校的兴起是美国对20世纪80年代的"教育危机"做出的反应之一。实践中的第一所专业发展学校出现在马萨诸塞州的布鲁克林,随后在全美推行。①

2. 我国教师专业发展学校的起步

我们知道,长期以来大学教育研究自上而下的研究模式使教育理论与教育实践脱节,一方面教育理论工作者较少深入中小学教育实践,较少研究现实的教育现象和问题;另一方面,基层工作的一线教师又很少接触先进的教育理论与方法,实践经验缺乏理论的指导和升华。凡此种种业已成为制约教育进一步发展的不利因素,那解决这些问题的出路在哪里?

在分析国际教师教育改革趋势和我国中小学教育、教师教育的现状,吸收近年来我国教师教育改革宝贵经验的基础上,部分师范院校尝试构建具有中国特色的中小学教师教育、教学、研究、学习合一的新型专业生活和工作方式,探索具有教师发展功能、大学与中小学文化相融的新型学校,通过大学教师与中小学教师的合作研究,推动教师的专业发展,推进学校的教育教学改革。

2001年4月,首都师范大学教育科学学院和北京市丰台区、朝阳区几所小学,开始创建我国首批教师专业发展学校。

2003年9月,天津师范大学基础教育研究中心成立,启动了大学教师深入中小学开展基础教育研究和聘请优秀中小学教师为天津师范大学兼职教授的双向流动序幕,于2004年春季挂牌成立了天津海河中学、天津第四中学两所教师专业发展学校,目前扩展到十几所。天津师范大学还于2005年秋季实施面向在校本科学生的全新的教师教育类教学计划。

高校与中小学合作伙伴关系的教师专业发展学校,对于克服自上而下理论与实践脱节、自下而上实践缺乏理论指导的现象具有积极的促进作用。

教师专业发展学校教育培训模式有利于把学习内容置入教师的教育教学实践情境中,使教师在问题解决的过程中体验和感悟,激发教师的学习热情,在积极的状态下学习;有利于促进教师把学习的理论和技术具体应用于教育教学工作,总结、提高自身已有的经验,将其概括为规律性的认识。这样的培训才能发挥较高的教育效能,并对教师进一步学习产生激励作用。根据学科的特点和教师职后培训的目标性、层次性、需求性,职后培训不同方式的有机组合,体现了不同层次教师职后培训的价值取向,体现了以人为本的教育理念,体现了教师成长的基本规律。职后培训不同培训方式的有机组合是提高教师职后培训效果的有效途径,因此教师专业发展学校是今后教师职后培训方式的发展方向。

---

① 许建美.美国的教师专业发展学校[J].比较教育研究,2002(3):58—59.

视窗9-9

美国教师专业发展学校

1. 合作伙伴:美国教师专业发展学校的特点

PDS并不是一所具体的学校,而是职前职后一体化的新型教师教育模式,其核心是合作或伙伴关系,合作使实践突现了知识,给经验赋予了价值。通过PDS这一桥梁,打破了中小学与大学之间长期的隔阂,提供了教育理论与实践对话的平台,将教师教育,甚至整个教育改革提升为双方的共同责任。如果没有优秀的中小学安排师范生进行见习与实习,教师教育就不可能是优秀的;如果教师没有接受优秀的师范教育,中小学就不可能成为优秀的学校。作为合作培养师资的机构,它一方面为师范生提供了入职前的充分准备,使学校的理论知识通过实践运用和修正获得了生命力;另一方面大学的教育工作者、在职教师、地方教育行政管理人员和学校领导,面对学生和种种教育现象与问题开展行动研究、个案研究、质的研究,为在职教师获得了接触新的教育理念的机会,促进了在职教师的教学专业水平和研究能力,使教师成为"实践者和研究者——学者型教师"。目前,专业发展学校在美国的发展方兴为艾,得到了许多全国性教育组织的肯定和支持,数量已超过600所。

2. 美国教师专业发展学校的工作方式与组织管理

在教师专业发展学校,经验丰富的中小学教师与大学的监督导师组成合作小组共同负责对实习生的培养。中小学教师作为经验丰富的顾问,其主要任务是指导实习生的教学。他们与实习生组成伙伴关系,共同负责班级的教学和管理工作。实习教师平时作为教学助手辅助并观察指导教师的教学,每周有一天实习教师要独自负责班级的全部工作,使其有机会体验到教师角色的全部责任。

专业发展学校的教师开始走进大学校园,担任一些师资培训课程的教师、辅助教师或客座讲演者。这种交流使实践中的具体问题有机会反馈到教育学院,从而弥补了教师教育计划中重理论轻实践的弊端。参与合作的大学教师在中小学和大学的时间各为一半。在专业发展学校,他们要参与各种教师集会,观察实习生的工作,组织实习生的讨论,负责把专业发展学校的情况及时反馈回大学。同时,为了把中小学指导教师培养成为有效的顾问,大学教师还负责在专业发展学校开展高级研讨班,培养指导教师的沟通技能、观察能力等。实习生有一年的时间在专业发展学校作为正式一员参加各种活动,体验教师角色的全部内涵。经过一年的实习,再加上两个暑期课程计划,实习生就可以拿到硕士学位。

专业发展学校的建立在大学和中小学之间架起了沟通的桥梁,为理论和实践之间提供了对话的平台。作为合作培养师资的机构,它为师范生提供了入职前的充分准备,在教育学院中获得的理论知识通过实践运用和修正获得了生命力。从在职教师方面看,在这种合作文化中,他们获得了接触新教育理论的机会,对实习生的指导也促使他们不断反思自己的教育历程和从中获得的教育经验。这种反思活动正是在职教师自我提高的前提条件。由此可见,专业发展学校不仅是教师职前教育基地,也是在职教师专业发展和提高的机构。

PDS的组织与管理一般通过联络小组、基地指导委员会、多方协调委员会(种类型实施)。一所大学与一所中小学的PDS学校,一般采用联络小组或基地指导委员会的组织和管理模式。通过联络小组成员(大学教师及中小学教师)的及时沟通,达到信息的快速反馈,使合作关系变得具体、可接近。在联络小组基础上发展起来的基地指导委员会,一方面参与的人员数量增加,同时不同层次(教师、领导、行政管理人员、研究人员、学生家长等)人员的组合也大大提高了机构决策的科学性、可操作性。对于由多所学校参与的PDS学校可采用多方协调委员会的组织和管理模式①。

三、自我学习

(一) 自我学习能力的培养

1. 认清学缘结构的优势与不足,促进教师专业发展

大学教育影响教师的专业发展,而大学环境中的非教育因素也会影响教师的专业发展。

(1) 师范类大学教育毕业生

研究显示,大学接受过教师教育类课程学习的学生在以下几个方面体现出明显优势。

第一,数学教育专业知识丰富。开设教师教育类课程的大学(或有师范教育专业的大学),在课程设计方面都考虑了未来从事中学教学工作的特殊性,一般在大学期间学习了数学教学设计、数学教学论、数学学习论、数学问题解决、数学史和教师职业基本技能(数学)等课程,对如何开展数学课程标准指导下的中学数学教学有明确的理解,教育见习和教育实习经历,也为其快速适应中学数学教学工作打好了基础。

第二,教学专业理论技能突出。开设教师教育类课程的大学(或有师范教育专业的大学),在通识课程设计方面也都考虑了未来从事中学教学工作的特殊性,开设了教育心理学、教育科研方法、教师职业道德和班主任工作等课程,为学生未来从事教学工作提供了理论准备和现实案例,使得其一旦进入教师角色,能够运用有关理论与技巧处理教学过程中的问题。

第三,同行间交流合作途径多。毋庸否认的一个事实是,在以往每个省、市和地区,一般都有师范院校的建制。随着大学发展的需要,现状有所改变,但因循传统,还是有许多这类学校,其毕业生在当地形成占据基础教育半壁江山的格局,校友、老师长期以来形成的纽带关系,使得来自同一学校的校友会格外亲切,互相提携是自然的人情,这会为新从业者提供心理和发展环境上的便利。

(2) 非师范类大学教育毕业生

上海中学校长唐盛昌在表示该校教师招聘很少录取师范生时说:"以国际部的招聘为例,我们要求的是全部双语面试。此外,因为需要被派到各个教学岗位上,成功的应聘者还应当能够教授语数外等几门课程。现实情况却是师范生很少有人能够跨过这一关考验。"②

综合性大学数学专业学生一般具有以下优势。

第一,基础扎实且知识面广。非师范类毕业生的数学专业基础并不输给师范类毕业生,综合性大学数学课程的前瞻性,课程所包含知识的深度、广度一般要优于师范类院校,这与大学的教育模式有关,非师范类学生就业取向准备大多是多元化的,他们学习了更多的东西,以应对未来的就业竞争。

---

① 许月云.美国教师专业发展学校对我国教师教育的启迪——中小学体育教师职后培训方式的转变与发展[J].福建教育学院学报,2004(10):79—81.

② 百度搜索.非师范生做教师的优势.http://home.51.com/bingmeng600/diary/item/10051784.html.

第二,教学智慧能在做中长。一般认为,非师范类毕业生没有教学的经验,而刚毕业的师范类毕业生也没有多少经验。真正的教学经验是走上工作岗位才逐渐丰富和积累的。师范类毕业生的确能够比较快地适应工作,但诸如如何驾驭课堂、如何写教案等教学理论与技巧并非不可逾越。学校都有老教师带新教师的传统,非师范类毕业生通过指导后,也能成为一位出色的教师,如天津市实验中学曾从天津大学引进的数学专业的毕业生,就从初中开始直接带实验班到高中毕业,且成绩斐然。

第三,见多识广综合素质高。非师范类重点大学理工科数学应用类课程设置水平高,对数学的创新、实验和实践要求高,课程以外关于数学学科前沿的讨论、讲座丰富,自主学习机会多,这有利于学习者形成较高的综合素质。具有这样数学专业背景的人适应课程改革理念下的数学教学,把数学和社会生活等实际联系在一起时可能更有优势。现在学校的课程还包括校本课程,即学校教师自己开发的课程,在这一方面,非师范类毕业生广泛的知识面在其中占了地利。

此外,中学对重点大学的非师范类毕业生尤其青睐,还有一个不可回避的现实:在中学成绩优异的学生想报师范类,大多数老师会建议:读书这么好,去报师范,太可惜![1]

作为用人单位,一般希望招聘的人才中,师范类和非师范类的都有。师范类学生的优势是职业技能好,到了岗位后适应速度快;而非师范生的适应期稍长,但一段时间的努力后,综合素质好一些,这种"杂交"会产生一些优势。[2] 因此从自身的学习背景出发,认清自己的优势与不足之处,从而有针对性地进行继续学习,才能够更好地促进自身的专业发展。

2. 不断更新数学知识结构,适应数学教育发展需求

数学教师要树立自我专业发展意识,把握教育发展趋势,使自身数学专业水平的发展与教育需求同步。

在现代社会中,数学教育是终身教育的重要方面,它是公民进一步深造的基础,是终身发展的需要。新时期数学教师转变自身角色行为的需求,实质上反映出在日益变革的社会中,数学教师要适应教育发展的要求,就必须成为自觉的终身学习者。高中基础学科新课程改革应适应形势,面向未来,服务于人才的可持续发展。纵观数学新教材,重点增加了学生对生活中发现数学问题以及用数学方法解决问题的数学意识培养,其中的观点阐述、体例论证、内容衔接比以前有了显著改进,如此一来,标准新了,要求高了,与实际结合更密切,学生的学习主动性强了,课堂呈现出开放的动态性,教师必须重新审视自己的知识结构,将终身学习内化为自学行为,时刻保持研究的态度,力求成为一名学识渊博、具有扎实的基础知识和现代化信息素质的教育工作者。[3]

(二)自主研究习惯的培养

在自主学习里,我们分列了两个主题:自我学习能力的培养;自主研究习惯的培养。本书在下一章会对教育科研问题做专门的讨论,我们在这里是要特别强调一点,每位教师为了自身的教师专业发展,要养成自主研究的习惯,即数学教育科研能力是可以培养的,但有了能力是否会主动研究数学教

---

[1] 百度搜索.非师范生做教师的优势. http://home.51.com/bingmeng600/diary/item/10051784.html.
[2] 百度搜索.非师范毕业生和师范毕业生就业时各有优势. http://edu.zjol.com.cn/05edu/system/2004/01/05/002280612.shtml.
[3] 申锦明.高中数学教师如何适应新课程的教学. http://shsldzx.eicbs.com/images/jiaoxuejujiao/kegaiqianyan/shenjinming.asp.

育中的问题却取决于是否有自主研究的习惯,是否能够把对数学教学问题的研究贯穿于数学教学活动的全过程。

1. 备课时的研究

就像人不能两次踏入同一条河流一样,也不会出现完全相同的两节课。数学教学的准备阶段,就是研究的开始,对教材、对学生、对方法选择和对教学过程等,都需要深入的思考,以达成本节课的目标。现实中确有教师把数学教学设计当成书面文章,写给人看,等到上课并不依设计执行,增添了课程的随意性。这对于经验丰富的教师,其课程构思或已了然于胸,效果也未必糟糕;但对于新入职的年轻教师,这样做对养成好的教学习惯,实现教学目标,提高数学教学效率不利。

2. 上课时的研究

课堂教学中也要有研究的意识,课上反馈就非常重要,及时反馈是为了后续教学,当教师出现设计的课堂容量偏大或偏小时,应当即调整授课速度,若原设计的问题难度偏高或偏低时,应设法改变;当学生回答含糊或有出入时,教师应进行反问;当学生练习中出现典型错误时,应在全班予以订正,使更多的学生受到教益。

一个教学计划制订得是否完善,是否能达到预期的目的,不是看备课笔记上的教案写得如何,而是看大多数学生是否确实接收并贮存了信息,具备了某种技能。教师通过一定的手段获取各种学生反馈信息了解学生掌握知识和技能的程度,并与预定的教学目标进行比较,找出差距及原因所在,并对反馈信息做出评价,决定下一步的策略,调整信息输出的节奏和步骤,以达到最佳的教学效果。

不论教师的教学设计多么精彩,也不论"导学案"多么适合学情,一旦进入课堂教学环节,预设代替不了生成,教学是活动生成的过程,变化是永恒的主题,应对变化要因势利导,生成有利于学生思维发展、能力提高的高效课堂环境,在这种环境下,学生的学习兴趣会不断增长,学习能力会不断提高,学生能感受到学习的快乐,激发出创造的热情,课程改革所期待的教学目标也就可以实现了[①]。

3. 下课后的研究

舒尔曼在《教学推理的模式和行动》一文中将教学反思的过程定义为:"回顾、重建、再现、批判性的分析自己和课堂表现,并做基于证据的简单解释。"[②]

王映学和赵兴奎(2006)认为教学反思是指教师在教学过程中通过教学监控、教学体验等方式,辩证地否定(即扬弃)主体的教学观念、教学经验、教学行为的一种积极的认知加工过程。

修正数学课堂教学不足的有效方式是课上反馈,解决数学教学中问题的有效方式是课后反思。数学教学反思是把自己的数学教学实践作为研究对象,通过自觉的、有目的的反思,改善教学行为,提升教学质量的过程。对教学实践进行思考、反馈、评价、探索,解决教学中的实际问题,针对教学中的"教"与"学"两方面活动的过程及效果,对它们的合理性做出准确的判断,扬长避短,不断改进教学,从而提升专业素养,提升教学水平。

---

① 张筱玮.塘沽六中"精致导学,有效反馈"教学模式研究新进展[M].天津:天津社会科学出版社,2013.
② 首都师范大学.了解教学反思的意义与作用.http://www.etkeylab.com.

案例 9-3

关于"椭圆定义的生成"教学设计的反思①

● **教学设计片段**

（一）创设情境——提出问题

以折纸游戏创设问题情境。请学生将课前统一发放的圆形纸片拿出来,并按如下步骤进行操作：

1. 将圆心记作点 F_1,然后在圆内任取一定点 F_2。

2. 在圆周上任取 10 个点,分别记作 $N_1,N_2,N_3,\cdots,N_{10}$,将它们与圆心相连,得半径 $F_1N_1,F_1N_2,\cdots,F_1N_{10}$。

3. 折叠圆形纸片,使点 N_1 与点 F_2 重合,将折痕与半径 F_1N_1 的交点记作 M_1；然后再次折叠圆形纸片,使点 N_2 与点 F_2 重合,将折痕与半径 F_1N_2 的交点记作 M_2……依此类推,最后折叠圆形纸片,使点 N_{10} 与点 F_2 重合,将折痕与半径 F_1N_{10} 的交点记作 M_{10}。

4. 用平滑曲线顺次连接点 M_1、M_2、M_3、$\cdots$、M_{10},你有何发现？

设计意图：使学生产生学习兴趣和探索欲望。

（二）学生活动——体验数学

1. 学生通过动手实践、观察,猜想轨迹为椭圆。

2. 展示学生成果。

3. 用几何画板展示动点生成轨迹的全过程,印证猜想。

4. 展示椭圆实际应用的幻灯片。

5. 导出新课。看来,大家对椭圆并不陌生,但仔细想想,我们对椭圆也说不上有多熟悉,除了"她"的名字和容貌,我们对"她"的品性几乎还一无所知。数学是一门严谨的科学,我们不能满足于直观感受、浅尝辄止,我们希望对椭圆有更深刻的认识,比如：椭圆上所有的点所具有的共同的几何特征是什么？——椭圆的定义；能否用代数方法精确地刻画出这种共同的几何特征？——椭圆的标准方程。这就是我们这节课的重点内容。

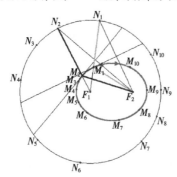

---

① 林秋莎.椭圆及其标准方程(第一课时)教案,天津南开中学.

设计意图:从折纸游戏中导出新课,明确研究课题。

● 教学反思

(方案一)用圆柱状水杯盛半杯水,将水杯放在水平桌面上,截面为圆形。当端起水杯喝水时,水杯倾斜,再观察水平面,此时截面为椭圆形。看来,椭圆是与圆有着密切关系的一种曲线。圆是到定点距离等于定长的点的轨迹,根据圆的定义,用一根细绳就可画出一个圆。将细绳的一端固定在黑板上,在另一端系上一支粉笔,将细绳绷紧并绕固定端点旋转一周即可。将圆心从一点"分裂"成两点,将细绳的两端固定在这两点,用粉笔挑起细绳并绷紧,移动粉笔,即可画出一个椭圆。再根据椭圆画法,从中归纳椭圆定义——与两个定点的距离之和为定长(绳长)的点的轨迹为椭圆(绳长大于两定点间距离)。

(方案二)实际授课时所采用的折纸游戏法。

两种方案比较各有其优势:

方案一基本上是教材中所介绍的方法,只是在画椭圆之前做了些铺垫工作,从日常喝水这样一个熟悉的情境中引出话题,突出椭圆与圆的联系,过渡自然、节约时间,但缺点是从椭圆画法中概括椭圆定义过于显性,没有给学生留下足够的探究空间。

方案二实际上是由课本49页习题2.2A组第7题改编而成,原题为:圆O的半径为定长r,A是圆O内一个定点,P是圆上任意一点。线段AP的垂直平分线l和半径OP相交于点Q,当点P在圆上运动时,点Q的轨迹是什么?为什么?该方案趣味性较强,能充分调动学生的学习兴趣和探究欲望,椭圆定义相对较隐性,为学生探究留下一定余地,但学生活动用时较长,需要教师合理控制折纸活动和探究交流时间,以防完不成教学计划。

新课程倡导学生自主学习,要求教师成为学生学习的引导者、组织者、合作者和促进者,使教学过程成为师生交流、积极互动、共同发展的过程。教师应努力改变教学观念,切实改进学生的学习方式,使学生真正成为学习的主人。因此,最终采用了方案二,不为教学进度所累,放弃繁难习题演练,采用让学生动手实践、自主探究、合作交流及教师启发引导的教学方法,按照"创设情境—学生活动—意义建构—数学理论—数学应用—回顾反思—巩固提高"的程序设计教学过程,并以多媒体手段辅助教学,使学生经历实践、观察、猜想、论证、交流、反思等理性思维的基本过程,充分尊重学生作为学习主体的情感、认知水平和发展需求,使数学概念自主建构生成势必比被动接受教师灌输式讲授会取得更好效果。

视窗9-10

反思是行动主体对自身行动的整个过程,采取批判性的回顾、分析和检查,总结自身行动经验,最后通过理性思维判断,调整和控制行动,实现问题解决与自我发展的一种能动的、审慎的认知过程。

美国心理学家波斯纳提出了教师成长的公式:成长=经验+反思。教学是一种复杂活动,教师专业化不仅需要由外部向教师传授专业知识,而且也需要通过教师对自己实际的教学经验反思来增进其对教学的理解,提高教学水平。[①]

---

① 首都师范大学.了解教学反思的意义与作用.http://www.etkeylab.com.

视窗 9-11

  学习过程不是学习者被动地接受知识,而是积极地建构知识的过程;学习不单是由外向内的转移和传递,更是学习者主动地建构自己的知识经验的过程。教学需要重视情境、协作、会话与意义建构等因素。其中,情境是基础,协作是关键,会话是纽结,意义建构是目的,而案例教学法是实现这一学习过程的有效方法。

视窗 9-12

  案例教学法是一种以案例为基础的教学法,其中教学案例是在教学活动中所经历的典型而富有意义的事件陈述,提出一种教育情境,没有特定的解决之道,而教师于教学中扮演着设计者和激励者的角色,鼓励学生积极参与讨论。在案例教学的实施过程中,案例本身就是情境。在案例的情境中,存在着矛盾与冲突,而冲突与矛盾的解决要经过讨论、会话。在会话过程中,同时发生着协商与反思,往往需要通过人际交流与合作,达成共识。借此,学生通过对案例的分析、讨论以及对相关专题的调查、研究,学生个体知识和经验在与实际问题相互结合、相互碰撞的过程中得到了改组,知识进行了重新的建构。

  通常教师在选择案例和备课过程中已经对案例有了自己的评价意见,案例教学中,学生们会从不同视角、经历及专业责任感来考虑案例,学生之间、教生之间在分析案例过程中会产生不同的、相互冲突的意见。案例教学并不是要提供一套确定的解决方案,其目标在于改进学生提出合理提问的能力和基于对那些问题的答案做出决定的能力。

  案例学习建立在学习者的经验之上,并允许他们不仅向书本和教师学习,还要相互学习,这就要求用于课堂讨论的案例准备要随着学生的背景、关心的内容及兴趣而变化,具有新颖性、示范性和典型性。

  案例教学的生成价值来自对案例的课堂讨论,通过讨论能充实和加深对问题的思考。教师控制讨论,感召参与者,引导讨论,提出问题并做出综合评论。教师的作用是使很多参与者提出并支持他们自己的分析和建议。讨论旨在产生并测试问题的不同解决方法的本质和含义,是通过其他人的视角检测并精选你的策略,探究并充实你对问题的理解。[①]

随堂讨论

结合视窗 9-13,分析为什么案例教学可视为一种准实践的教学方法,它对促进教师发展的专业有何作用?

本章总结

  本章分析影响数学教师的专业发展的诸因素,阐述数学教师从新手到熟手的成长过程,指出数学教师的几

[①] 张筱玮.案例教学在教育硕士(数学)教学中的实践探索[J].数学教育学报,2012(5):92—94.

个发展阶段,及成长为专家型数学教师的必备条件。数学教师要在数学教育实践中不断提升专业能力,就必须为自己确立明确的努力方向,向同行学习,努力钻研数学专业知识和现代教育理论,立足学生定制教学策略,注重教学反思,主动改进教学。不积跬步无以至千里,只有从每个细节抓起,调动一切积极因素,才能够不断促进自身的专业发展。

扩展阅读

[1] 钱扑.新教师成长的环境影响因素剖析——兼谈美国对新教师社会化问题的研究[J].全球教育展望,2005(9):19—23.

[2] 赵昌木,徐继存.教师成长的环境因素考察——基于部分中小学实地调查和访谈的思考[J].湖南师范大学教育科学学报,2005(5):16—22.

[3] 仲丽娟.教师专业发展的叙事研究——一位中学教师的亲历亲闻[M].北京:北京大学出版社,2010.

[4] 马宏驰.新手型与专家型数学教师课堂教学比较研究[D].大连:辽宁师范大学,2011.

思考与练习

1. 数学教师应具备哪些专业素质?如何理解数学教师专业发展的独特性?

2. 如何看待数学教师从新手到熟手的成长?数学教师在经历了"新手到熟手"的发展阶段后,如何向专家型数学教师发展?

3. 结合典型事例,分析准(新)数学教师的专业发展路径。

参 考 文 献

[1] 袁振国.教育研究方法[M].北京:高等教育出版社,2000.

[2] 许月云.美国教师专业发展学校对我国教师教育的启迪——中小学体育教师职后培训方式的转变与发展[J].福建教育学院学报,2004(10):79—81.

[3] 邵永良,庄允吉,童国飞.现代教育科研方法与应用[M].宁波:宁波出版社,1999.

[4] 郭桂华,宋晓平.基于"教学用问题"的"新手—熟手—专家"型数学教师课堂教学的对比研究[J].数学教育学报,2008(2):51—64.

[5] [美] C. M. Charles.教育研究导论[M].张莉莉,张学文,等译.北京:中国轻工业出版社,2003.

[6] 宁虹,刘秀江.教师成为教育者:教师专业化发展的一个重要趋势[J].教育研究,2000(7):39—41.

[7] 顾泠沅,杨玉东.教师专业发展的校本行动研究[J].教育发展研究,2003(6):1—7.

[8] 陈向明.实践性知识:教师专业发展的知识基础[J].北京大学教育评论,2003(1):104—112.

[9] 王铁军.中小学教育科学研究与应用[M].南京:南京师范大学出版社,2002.

[10] 许建美.美国的教师专业发展学校[J].比较教育研究,2002(3):58—59.

第10章 数学教育研究

本章概要

类似于科学研究,数学教育研究也是提出数学教育问题,分析这些问题并尝试解决的过程。那么我们如何发现问题?怎样决定研究内容呢?从数学教育来看,教育研究关注的对象年龄范围在逐渐扩大。从中学教育到小学和中学后教育,研究已经涉及各个年龄层次和群体的数学教育问题。从问题的范围来看,从课程问题到学习问题,到教师教育问题,研究的领域相当广泛。接下来的问题是,对于选定的问题应该采用何种方法进行研究呢?在书写数学教育研究论文的过程中有哪些应注意的问题?以上这些都是本章要介绍的主要内容。

学习目标

通过学习,你能够:
1. 了解数学教育研究的目的和意义。
2. 说明数学教育研究与数学教师专业化发展的关系。
3. 知道数学教育研究的主要内容。
4. 掌握数学教育研究的方法。
5. 学会撰写数学教育研究论文。

关键术语

◆ 数学教育研究　　◆ 数学教育研究方法

引　子

数学教育研究是关于数学教育教学的实践和方法的研究。教师研究的课题大多来源于教育实践,旨在解决教育实践中自身所面临的问题与矛盾。教师在教育研究中应用教育科学的理论解决教育实践中的具体问题,同时也将教育科学的理论转化为解决问题的操作化程序与实践措施。作为教育工作者,提高中国中学数学教育的质量就应该关注和促进这种实践的工具及其研究的发展。而且,中学数学教师参与研究,使得教师针对中学数学教育教学中出现的问题,不断地体验、感悟,在教学中研究,在研究中教学,有效地拟合教育的实践者和研究者之间的裂缝,所以,积极开展中学数学教育研究能够成为有效地促进中学数学教师专业化发展,以及推动中学数学教育改革、发展与深化的一个亮点与热点。

第1节 数学教育研究的主要内容

一、什么是数学教育研究

（一）关于名称或术语

"数学教育"是一个含义宽泛的词语，它既可以指代"数学教育事业"，也用以指代"数学教育领域的实践活动"，还用以指代"数学教育领域的研究活动"。而只有我们在说"数学教育研究"时，才把数学教育作为一个学术领域来对待，它是一个为了"证实、刻画和理解各个教育水平上数学教与学的现实或潜在的现象和过程"的科学领域。[①]

国际上，数学教育研究存在不同的名称或术语。如在《数学教与学研究手册》这本标志性著作中，从前言到第三章发现了以下用法：数学教与学的研究、数学教育研究、数学教育、数学学科教育、数学学科教育研究。在我国，除了数学教育研究，也有上述其他相同或相似的术语，然而从出现的文献资料和学校各级学位教育课程设置来看，它们的含义有所区别。如数学教学法是指中学数学教材教法和小学数学教材教法，它们主要以中小学数学教学过程为研究对象，探索其中的规律、原则和方法。数学教育学是在前者课程改革与实践基础上发展而来的，包括数学教学论、数学课程论和数学学习论三个基本模块以及许多下位学科。至于数学教育研究，从第一本以其命名的著作，张奠宙先生主编的《数学教育研究导引》(1994)及其他出版的文献书籍来看，其研究范围更广，且体系开放，包含各种各样的问题，它已不单纯是一门课程，而是一个研究的领域。因此，数学教育研究、数学教育学和数学教学法三者是有区别的，不能混用。[②]

（二）关于定义

目前，关于数学教育研究的定义尚未统一，一些研究者从不同的角度提出了不同的看法，如："数学教育研究是对数学的教和学所作的学术性调查"；"数学教育研究是一种创造性精神活动，是为了探索人们尚未掌握的数学教育的知识和规律，也就是运用科学的方法来解决数学教育中存在的问题"；"数学教育研究是一个包含主题、努力方向、方法和活动四个成分的复合体"，等等。

曹才翰等认为，数学教育科学研究指的是在教育理论的指导下，运用科学研究方法对数学教育教学过程中的现象与问题进行有意识、有目的、有计划的研究，从而揭示数学教育现象和客观规律的创造性研究活动。可以说数学教育科学研究就是观察数学教育现象，探索数学教育方法，总结数学教育规律，提炼数学教育理论，指导数学教育实践。[③]

综合已有研究所提出的观点，我们认为可将数学教育研究定义为以数学教育存在为研究对象，包括描述（解释）和价值规范两个基本研究维度的，跨学科、新兴的学术性学科教育研究领域。

[①] 顾泠沅,杨玉东.反思数学教育研究的目的和方法[J].数学教育学报,2003(5):10—12.
[②] 姚静,程龙海.关于数学教育研究之研究[J].湖南师范大学教育科学学报,2003(1):58—61.
[③] 曹才翰,章建跃.中学数学教学概论[M].北京:北京师范大学出版社,2008.

视窗 10-1

根据主要以怎样的实践来产生,数学教育存在可分为三种类型:第一种类型的存在即数学教育研究的基本问题,它直接产生于数学教育的基本活动——数学教学实践活动,包括数学的教与学,以及教与学的结果;第二种类型的存在是在对数学教育的基本问题进行研究的过程中派生出来的,称为数学教育研究的辅助性问题,如作为学科的数学,认知或学习心理学,课程设计与实施等;第三种类型的存在指数学教育研究的元研究问题,它源自对数学教育研究自身的问题,如什么是数学教育研究,它的研究特性,问题与方法等反思型研究。同任何学术研究领域一样,数学教育研究活动具有"二重性",即它有两个基本的研究维度:描述/解释和价值规范。前者旨在描述(这个东西)是什么,和解释(它)为什么是这样的;后者旨在探究(这个东西)应该是什么,和(它)为什么应该是这样的?不管是描述/解释维度上的活动还是价值规范维度上的活动,均强烈地依赖于基于理论和实证分析,并在此基础上作出客观、中立的判断。①

随堂讨论

数学教育研究是否是在教育研究的概念下派生出来的?怎样理解数学教育研究的特殊性?

二、数学教育研究的目的

在我们的身边常常会听到"教育无为论"的声音,偶尔也会听到一些非数学教育专业老师和学生的质疑:你们学的这个专业到底在研究些什么问题?你们搞出来的那些东西有用吗?

的确,面对数学这个强大的"硬学科",数学教育学甚至还没有一个公认的完整体系;但这样的问题倒促使我们思考:数学教育研究究竟是为了什么目的而得以进行?

探讨数学教育研究的目的问题有利于我们更好地认识研究工作的价值并正确对待研究所取得的成果。总的说来,数学教育研究的目的是多方面的。首先,不同的研究范式导致了不同的目的观。其次,不同研究者会研究不同的对象,追求不同的研究目的,有的较抽象,有的较具体;有的强调研究对学科的理论建设作用,有的侧重于研究的实践改进功能。我们应该多方面地来看待数学教育研究的价值,并加以合理应用,而不能过分夸大某一种研究或简单否定某一种研究。

顾泠沅等认为,上述不同的目的反映出了人们看待数学教育研究的不同视角。从不同的知识观视角看待数学教育内容,则会形成不同的研究目的。②

(一)解决实践活动中问题

如果把数学教育研究看做是可以"证实"的科学主义目的,那么潜在的知识观是数学教育领域中

---

① 姚静,程龙海.关于数学教育研究之研究[J].湖南师范大学教育科学学报,2003(1):58—61.
② 顾泠沅,杨玉东.反思数学教育研究的目的和方法[J].数学教育学报,2003(5):10—12.

的知识,是可以透过教育现象被人们所了解和认识的,规律是客观存在的;而且可以通过"科学实验"式的方法,通过建立假说、操作变量而达到研究的目的,得到的知识是牢靠的,是绝对主义的知识观。当前所流行的"实证研究"和"定量研究"就是这样一种知识观下的研究。这一观点以解决实践活动中的问题为直接目的,因此研究的对象是具体的数学教学或教育情境中的现象,其研究成果可以直接应用于数学教学教育实践,解决的是有关"How to Do"的问题。

(二)"刻画"和"解释"的文化活动和社会批判

在这一目的下,其潜在的知识观是:数学教育中的现象是与真实世界中的社会政治、文化、经济、种族、价值观等密切相关的。因此,要透过这些现象得到所谓的"知识"是不牢靠的。换言之,这里的"知识"必须基于一定时期的背景文化。因此,数学教育领域里知识的获得是通过描述性、解释性结果而不断积累的,我们所获得的知识是相对而非绝对的。所谓"质的研究""定性研究"是这种知识观下展开的。以解决共同现象背后的同一的规律性认识为目的,旨在探求规律或解释现象,以达到对数学教育中现象的理解和批判,研究成果不见得可以直接用于教学教育实践,解决的是有关 What 和 Why 的问题。

对于第一个目的,不妨把它称为数学教育的实践研究;对于第二个目的,不妨把它称为数学教育的理论研究。这样一来,数学教育研究可以简化为两个主要目的:实践的目的和理论的目的。在深入中小学教研活动的过程中,我们常常可以听到教师抱怨专家的理论不实用,不能给出"处方"性的东西来,甚至有人撰文批评。"处方"性的研究确实在实践中需要,但是如果忽略了数学教育知识的情境性和相对性,时时处处以立刻"实用"为目的,这本身也是一个危险的信号。

视窗 10-2

> 教师职业不像医生、律师等职业那样具有很强的技术性,工艺性的成分却很大,这也决定了"处方"的使用仍然不是直接和即时的。而且,理论研究的目的并非是为了理论而理论,因为探寻数学教育领域中的规律性认识、解释数学教育中的现象,其潜在的、间接的目的最终还是要归属到数学教育的实践活动中去。有一种为了理论而研究的理论,那就是数学教育学的研究。因为数学教育学的研究要以数学教育的理论研究和实践研究为基础,其理论研究的层次要高于它们;但本质上,数学教育学的研究成果,仍然会有力地促进数学教育理论研究和实践研究的进展,终极目的仍然是"实用"的。从这个角度上看,任何学科中的理论确实是分层次的:有的理论可以直接应用于实践——如数学教育实践研究的成果;有的理论可以间接应用于实践,对实践有阐明原理、解释现象的作用——如数学教育理论研究的成果;而有的理论是对理论本身的研究,有利于促进学科的发展,规范和系统化学科研究——如数学教育学的研究。因此,数学教育研究的目的也应该是多层次的,不能有所偏废。
>
> 〔详见顾泠沅,杨玉东.反思数学教育研究的目的和方法[J].数学教育学报,2003(5):10—12.〕

克瑞斯威尔(John W. Creswell)认为[①]教育研究的意义在于:(1)弥补教育知识的空白。通过对一个领域的研究来填补现有信息的不足,对现有的教育理论知识予以丰富,验证教育理论假设,形成新的教育思想。(2)提升教学实践水平。帮助教师促进学生更有效地学习;帮助教育研究工作者与教

---

① John W. Creswell. Educational Research [M]. New Jersey: Carlisle Communications,2004.

学实践人员成为教育共同体,共同提升教育质量。(3)为教育决策提供依据。通过教育研究解决教育争议问题,为教育政策制定提供依据。李兴贵提出数学教育研究的目的是:改善数学教育实践;推进数学教育理论的建设;提高数学教师的素质;促进数学文化的传播和有利于实施素质教育。①

王光明认为,无论是国外的教育研究工作者还是国内的数学教育工作者,关于教育研究的意义的认识是大同小异的。概括而言,数学教育研究的中心目的是:提升数学教育质量,以建构具有国情特征的数学教育理论及引领与指导数学教育实践为关键点。②

随堂讨论

有教师认为教育科研是研究人员要做的事,作为数学教师只需讲好数学课就可以了,你同意这个观点吗?为什么?

三、数学教育研究的内容

一个学术研究领域得以存在的根基正是因为它充满了各种需要解决的问题。数学教育研究的跨学科特性决定了它和来自数学、心理学、教学法等许多领域的重要问题有关。但是,数学教育研究必须有自己的问题,不能被看成是别的领域研究问题的特例或应用。那么国内对数学教育相关问题的研究体现在哪些方面呢?杨骞③主张数学教师的视野要开阔一些,不能仅局限在传统的数学教学法这个相对狭窄的范围,而应放眼于数学教育活动中学生、教师人与人之间的相互作用以及人(学生、教师)和组织(数学课堂社会和文化)的发展等多方面的课题。巩子坤、宋乃庆④从八个方面论述了当前数学教育研究中值得关注的问题。将数学教育领域研究的问题及内容进行分类并不容易,因为各种因素之间存在着复杂的相关性。比如:教师的教与学生的学互相依存;理论与实践互相联系;内容的研究需要方法的支撑;不同的方法可能针对的是同一领域问题,等等。本章笔者在查阅文献的基础上将数学教育研究的内容总结为以下几个方面仅供读者参考。

(一)基础教育数学课程改革研究

新一轮基础教育数学课程改革的推进和纵深发展,给数学教育研究提出了诸多值得关注和应该着力解决的问题,巩子坤等⑤在《数学教育研究中值得关注的问题——热点与反思》一文中对有关课程改革的研究内容进行了详细的分析。主要包括以下几方面。

1. 课程改革的理念

国际化与本土化"课标"渗透、借鉴国外新的教育理念,对数学、数学课程、数学教学、数学学习进行了阐述。研究者提出了以下值得思考的问题。

---

① 李兴贵.数学教育课题研究及论文撰写指导[M].上海:华东师范大学出版社,2009.
② 王光明.数学教育研究方法与论文写作[M].北京:北京师范大学出版社,2010.
③ 杨骞.也谈对数学教育研究的几点认识[J].数学通报,2002(2):4—5.
④ 巩子坤,宋乃庆.数学教育研究中值得关注的问题——热点与反思[J].数学教育学报,2008(2):75—78.
⑤ 巩子坤,宋乃庆.数学教育研究中值得关注的问题——热点与反思[J].数学教育学报,2008(2):75—78.

(1) 大众数学

追求数学上普遍的低标准,还是普遍的高标准。

(2) "生活化"与"数学化"

生活化与数学化孰轻孰重。"在现实情境中教数学,通过应用问题来引入数学概念是有好处的,但不能够把这作为一条基本的原则。因为如果那样做,许多数学的基本概念就无法讲了。"

(3) 教学方式的选取

"新旧"作为"好坏"的标准。有的研究者认为:"有效的教学方法只能是教师讲解与学生探索的结合。采用哪一种,应按照课程的内容、学生的程度等由教师来决定。例如,数学的规定、定义就不能让学生去探究。"

(4) 教师角色定位

教师是课堂教学的主导者与引导者。"'课标'强调教学过程中学生的参与、体验和创造,然而走向了另一个极端,避而不谈教师在整个教学过程中的主导作用。缺少了教师的正确主导作用,学生的活动就失去了方向。"

2. 课程内容的取舍与调整——几何与概率成为焦点

相对于《九年义务教育全日制初级中学数学教学大纲》(简称《大纲》),"空间与图形"作了较大调整,"统计与概率"是新增加的内容,这两部分问题最多。

(1) 几何部分

直观几何与演绎几何之争。几何部分的问题,归根结底是直观几何与演绎几何的关系问题。"直观和推理两者都很重要,而且两者之间互为支撑,有互逆的性质。说起来比较容易,但如何在教材层面衔接得自然,使教师和学生都认识到这两种形式之间的联系与区别及其一致性,的确是我们在教材编写和教学实践中面临的一个难题。"

(2) 统计与概率部分

实验概率与理论概率之辩。基础教育阶段,从小学到初中再到高中,概率内容的选取是否合适?阶段划分是否合理?内容的分布是否适当?教科书是否保持了应有的连续性、一致性?教学要求是否适当?特别地,教师是否适应"课标"的要求?也就是说,教师是否拥有了相应的数学内容的知识?是否掌握了相应的数学教学的知识?这些都是亟待研究和解决的问题。

(二) 关于学生学的研究

教与学是教学活动中的两个主要方面,教师的教是为学生的学服务的。为了提高学习的效率,使学生更好地理解和掌握数学,教师及研究人员首先要了解学生学的规律,根据学生的实际情况进行教学。目前针对学生学的研究涉及很多方面,笔者筛选其中的一些热点供大家参考。

1. 数学学习案例的研究

对于学习内在过程的研究大多以认知学习理论为指导思想,由于教育过程的复杂性使得我们很难对教育中的各要素进行因—果研究,即很难确定某一教学行为导致了某种学习结果,这也是数学教育实验研究很难大规模开展的主要原因。案例研究为深入探讨个体学习过程、学习特点、问题成因等提供了有力的支持。

案例 10-1

> **善于进行"防御性归因"的"数学学习困难生"案例**[①]（节选）
>
> 研究者问："这次考试感觉怎么样？"王某沮丧地说："我这段时间听课挺认真的，但考试还是不行。"研究者鼓励道："你这几道大题都做对了，说明你在'等差数列'上知识还是掌握得很好的。""是的，我自己也觉得'等差'部分挺清楚的，也练了不少题。""那这几道'等比'的题怎么没做好呢？""好多都是计算出错。我'指数运算'学得不行。""你在做'等比'的练习时发现这个问题了吗？""我学'等比'不如学'等差'认真，好多作业没做，都是抄的其他同学的，课后也没有复习。这几天回家后我正补着呢。"最后，研究者鼓励道："希望你在下一阶段的学习中能持之以恒地努力。"

2. 学习困难生成因与对策研究

数学是最容易产生学习困难生的科目之一，因此对学习困难生类型的确定，对不同类型学习困难生成因的分析以及探讨有针对性的教学策略，就成了数学教育研究的一个重要课题。研究表明，学习困难生在学习心理上存在明显的自卑感、失落感，具有胆怯心理、压抑心理、惰性心理和逆反心理。上课时注意力不集中。国内比较著名的学习困难生的专门研究，如："青浦县数学教学改革实践"和泰安师专"初中数学差生转化实验"等。岳宝霞对注意涣散型高中数学学习困难生的成因进行了分析[②]，并提出了相应的转化策略。

3. 问题解决研究

对于数学解题的研究，长期以来，国内外学者比较关注的是解题过程的思维训练，而近来对于数学解题的研究又有了新的发展和变化，主要表现在以下两点。

（1）在研究内容上的变化

目前，国外研究者对数学解题的研究不仅表现在一般解法策略的研究上，还更加重视对解题过程内在机制的研究，研究更深入细致。例如，自从梅耶提出了解决应用题的四个阶段之后，许多学者又针对其中的表征阶段做了更为精细的研究。2001 年澳大利亚汤姆·罗瑞和鲁塞尔·凯（Tom Lowrie & Russell Kay）研究了小学生在解决应用题时采用视觉化的和非视觉化表征方式的特点。国内的许多学者也从解题通法的研究上升到对解题方法论及解题理论的研究。1997 年，罗增儒首先提出建立数学解题学，集其多年的研究出版了《数学解题学论》，该书通过对解题过程与解题经验、解题活动的知识的总结与归纳，分析解题的方法与技巧，从解题理论、解题思想、解题观点、解题目的、过程、程序、解题坐标系、技巧、方法、原则、策略等方面对解题进行了全方位的审视与分析，是对解题系统的理论归纳。同时问题表征的方式、数学阅读能力，以及它们与解题能力之间的相关分析等研究也越来越多。例如涂荣豹在《数学解题是有意义的学习》一文中，对解题过程进行了心理学分析；俞国良等人对学习困难生的视觉—空间表征与问题解决能力之间的关系进行了研究。

[①] 王光明，杜惠敏. 转化高中数学学习困难生的案例与分析[J]. 数学通报，2009(6):1—4.
[②] 岳宝霞. 注意涣散型高中数学学困生研究的现状及思考[J]. 数学教育学报，2004(2):23—26.

(2) 在研究方法和研究手段上的变化

在研究问题解决的领域中,传统的方法多是口语报告法和事后提问法。近年来,由于对实验精确性的追求,有研究者细致地比较了两者的差异,发现这两种方法都存在不足之处。因此对于应用题解决的研究,近年来国外学者也采用了一些更加先进、精确的手段。如 1995 年玛丽·赫加蒂(Mary Hegarty)等人对成功的和不成功的解题者在表征应用题的策略方面的研究,就采用了眼动仪。通过对被试眼动的精确追踪,就得到了更加可靠的实验数据。此外,对于计算机的普遍运用更是在近年来的实验研究中随处可见。

(三) 课堂教学研究

1. 教学策略与方法研究

课堂是教育教学的主战场,教师面对不同的教学内容、不同的教学对象要使用不同的教学方法,教法研究一直是数学教育研究中一个主要内容。"教学策略"与"教学方法"相比更具有特殊性,"教学方法"比"教学策略"更具有推广性及普遍适用性。例如"问题式"教学法是在教学过程中以"问题"为中心,教师不断地引导学生提出新的问题、讨论问题、分析问题、解决问题,进而完成教学任务,实现教学三维目标,培养学生主动思维的能力以及提出问题和解决问题的能力,激发学生的创新潜力的一种教学方法。徐海等人[①]认为,"问题式"教学法的基本教学步骤可以分为:教师提出问题—学生思考问题—学生回答问题—教师再提出问题……以这种步骤循环下去,从而实现教师引导学生独立思考、积极主动地获得探究问题并获得答案的过程。

再如,探究式教学法是指教师在数学教学过程中,为学生提供充分的自由表达、质疑、探究、讨论问题的机会,引导学生自主地参与教学,促进学生加深对知识的体验,帮助学生逐步形成研究数学的积极态度,掌握研究数学的基本方法,发展数学研究能力的一种教学方式。在考虑到具体实施策略时可以进行有针对性的设计。

案例 10-2

通过已学的正弦定理、余弦定理知识探究算旗杆的高度[②]

1. 策划组织:以测算引旗杆的高度为任务目标,组织运用已学的正弦定理、余弦定理知识探究,找出完成目标任务的方案和途径。

2. 活动准备

(1) 知识准备

教师要引导学生回顾正弦定理、余弦定理的知识内容。

(2) 人员及任务准备

首先学生分组,以自愿组合为原则,组合成若干活动小组;其次活动小组由专人负责,人员要有明确分工并确定小组工作的任务方向。

---

① 徐海,等. 浅谈中学数学"问题式"教学法[J]. 学理论,2011(12):20.
② 刘文汇. 面对现实,精心设计探究数学教学法[J]. 科技咨讯,2012(1):178—179.

（3）测量用具准备

每一活动小组必须备有测量仪器（皮尺、直尺、铅笔、计算器等）。

3．活动实施

（1）各活动小组进入测量场地进行实地考查，探究达到目标任务的方案。

（2）各组内成员对测量方案进行讨论。

（3）对方案中所需的数据进行测量，填验报告。

4．活动评价

各活动小组采取组内自评，组间互评方式评价活动。

2．对教材的处理和整合

教材是为教师服务的，教师可以"活用教材"而不能"死教教材"。现代教师应该根据自身情况和学生需要，创造性地选用教材、改编教材，对教材实现再次、多次开发，达到校本化、师本化、生本化，最终达至"个本化"，真正适合于每一个学生的个性发展需要。教师应分析教材，研究教法，通过自身对教材智慧的加工和提炼，提高课堂教学效果，增强课堂生动性。

视窗 10-3

认识长方体和正方体[①]

江苏泰州某小学数学教师在听了另一位老师的数学课后写下了这样的反思。在教材中，关于长方体的面、棱、顶点是这样叙述的：两个面相交的线叫做棱，三条棱相交的点叫做顶点。在本段教学中，教师深入研读教材，创造性地使用教材，动态呈现了面、棱和顶点这三个概念。一方面，学生在切土豆的过程中，眼、耳、口等多种感官并用，手脑并用，体验着面、棱、顶点的产生，教师适时引导学生观察、比较，在交流中一步步地呈现面、棱、顶点，生动形象地诠释概念，形成表象；另一方面，学生根据屏幕上的三维视图，切出长方体的实物模型，数一数面、棱和顶点的个数，思维不断在三维视图、几何体和三维空间之间转换，使学生在头脑中形成长方体的整体形象及各部分的位置关系，进而抽象为几何图形，形成了空间观念。

3．科学性与人文性的整合，课堂文化、课堂生态的构建

课堂教学作为一种组织，由于构成要素、所要完成的独特任务以及形成历史的不同，在其运行过程中，会形成其自身独有的文化模式——课堂教学文化。数学课堂教学文化是将文化限定在数学课堂这个特定的情境之中，是发生在数学课堂教学中的规范、价值观念、思想观念和行为方式的整合体。王云密认为[②]它包括数学教材带给学生的显性知识，即数学课程中的概念化了的数学知识与数学思想，也包括隐含在教材中的难以用概念来描述的对数学的情感、态度等观念性的东西，特别是数学课堂教学中理性思维的培养。它不只是简单要求学生在共同的教和学中认同和接受所传递的文化知识，而是师生把接受文化的过程转变为建构文化的过程和价值观形成的过程，最终把它们内化成具有

---

① 袁红俊.精彩源于对文本的精细解读"认识长方体和正方体"教学片断赏析[J].教学与管理,2012(9).
② 王云密.关于数学课堂教学文化建设的思考[J].长春理工大学学报,2007(1):62—64.

自觉、自愿性的数学思想、数学文化、数学价值观。数学不只是关于数的世界、形的世界或更广阔世界的科学,数学还是一门充满人文精神的科学。这种意义的实现很大程度上是发生在课堂上的,良好的数学课堂教学文化的构建是文化素养教育的必经之路。但目前国内对于数学课堂教学文化的研究仍处在理论探讨阶段。

 视窗 10-4

课堂教学文化研究存在的主要问题及对策①

1. 基本概念尚未厘清,基础研究薄弱

同文化和文化研究概念的纷繁复杂一样,人们对"课堂文化"和"课堂文化研究"的理解也是多种多样,不仅存在着分歧,有的甚至是不相容的。课堂教学文化与教风、学风是什么关系,与班级文化、课程文化有何区别?对于课堂教学文化研究,它与课堂教学的"文化研究""课堂教学文化"的研究、对课堂教学的文化学研究之间是否完全等同?概念的界定是研究开展的逻辑前提,由于当前的教学文化研究中对这些重要概念缺乏有效的、深入的探讨,所以导致了概念的滥用、误用。然而,在一些持实用观点的研究者面前,这些理论问题远没有"应用对策研究"来得实际,人们基本上是在缺乏教学文化的哲学思考的情况下而直接进入对教学文化的具体问题的研究,没有或很少探讨教学文化研究的一些基本理论问题,更没有探讨如何研究教学文化的问题,教学文化研究的基础研究甚为薄弱。

2. 教学文化研究失去了本真意蕴

教学文化研究是传统教学研究在话语体系、研究对象、研究视角以及研究范式的整体转换(即对象论和方法论意义上的双重转换),是文化研究与教学研究的有机结合。然而不少的研究者把教学文化研究仅仅视为表层的话语体系的转换,照搬、挪用文化学中的术语,"只是把文化作为教育理论已有研究成果的代名词,或是把文化学的一些原理'移植'到教育理论中来",或者是就教学谈教学,就文化谈文化,还是里外两张皮,没有实现二者的有机结合。在研究范式上,我国当前的教学文化研究还主要被抽象的思辨研究和经验总结所垄断,研究者外在于研究对象,很少从内部的视角来进行研究,研究范式的单一化与文化研究的复杂性格格不入,使得教学文化研究失去了其真正上的意蕴。针对以上问题,今后应该努力的方向是,重视基础研究,澄清基本概念的意蕴,不能局限于抽象地对概念的内涵进行空洞的论争,应该加强概念辨析,在概念辨析中把握二者的内涵,一个新术语的出现不是随意的,它需要在众多原有的研究中寻找自己的生存空间,因此对概念的理解不应该是孤立的,而应把它置于概念体系中去才能做出更准确的把握。首先应把握文化研究的特色,实现教学研究和文化研究的有机结合,彰显教学文化研究的本真意义。其次应转变传统静态的文化观,认识到课堂是一个共同体,"身处其中的成员建构起模式化的行为方式、相互作用的方式以及感知和理解日常生活的方式,班级中的成员发展出一种历史传承用来指导他们解释新事物和参与活动的方式",课堂生活本身就是文化。研究者只有从课堂外部深入到课堂内部,才能获得对课堂生活的亲身体验和感受,揭示那些时时刻刻正在发生的变化,促使日常化和隐性化的生活模式显性化,理解日常生活的复杂性以及这种生活的局部特质,因此应该重视"采用参与式观察、深度访谈、生活史、口述史、课堂志、教师叙事、学生叙事等田野工作方法",加强个案研究,此外也应注意社会调查和统计等方法的运用,寻求哲学范式、定性研究和定量

---

① 谢韦韦.课堂教学文化研究综述[J].当代教育论坛,2008(8):14—16.

研究三大范式的有机整合。突破传统单一的研究范式、开辟教学文化研究的新领域，为传统教学研究注入新的活力。最后还应注意教学文化研究不能仅停留在表面现象的罗列和事实材料的堆砌，而应追寻其背后的深层意义，物质不等于物质文化，制度不等于制度文化，行为不等于行为文化，"文化概念本身蕴含着一个根本的认识方法"，意味着要去追寻和追问物质、制度、行为背后的价值层面的意义，即挖掘背后的深层的精神文化。只有如此，课堂教学文化研究才有纵深感，才能摆脱研究肤浅、流于形式的弊病，才能在传统教学研究中争取到自己的生存空间。

（四）关于教师自身成长的研究

基础教育课程改革成败的关键是教师。有研究表明，教师培训是课程改革中最为薄弱的环节。巩子坤等[①]将教师教育研究内容总结为三个方面。

1. 教师数学内容知识的提高

有研究指出："有效的教学依赖于教师对所教内容的深层含义是否有坚实的理解。良好的教材、软件、教师用书都不能代替高资质的教师。"中国数学教育之所以能够取得好的成绩，关键之一是"教师对数学知识的深刻理解"。如何提高在职教师对学科知识的理解水平，是值得思考的问题。这既涉及政策层面的问题，又涉及操作层面的问题。

2. 教师数学教学知识的更新

顾泠沅提出了"以课例为载体的教师教育模式"，强调专业引领和行为跟进的操作系统，在国内外产生了广泛影响。目前，大家正在探索"基于学校、为了学校、在学校中"的校本研修教师专业发展模式。

3. 数学教育类课程建设研究

高等院校数学教育类课程的建设和开设新形势下，大批师范院校纷纷改为综合大学，综合院校也在培养数学教育师资；数学教育不再单独作为一个专业。因而，如何设置数学教育类课程，如何在综合院校培养未来的数学教师，都是值得研究的问题。

（五）推进数学教育理论建设的研究

在数学教育研究领域中，理论探讨及定性研究一直是研究的主要方式，这也使得数学教育理论建设得以持续并逐步深入。巩子坤等[②]对该部分内容进行了详细的论述。

1. 对学习理论必要的反思

数学教育由于其特殊的地位，常常成为新教育理论最初的实验场。但是，对各种学习理论做出必要的反思，维持各种理论之间必要的张力，是保证数学教育健康发展的有效措施。比如，建构主义强调学生在学习中的主体地位，因而对于深入理解学生的学习，分析和批判单纯的注入式教学具有积极意义。但是，如果过分地强调学生的主体建构，而忽视了学习的社会性、情境性，就容易走向"个人建构主义"和"极端建构主义"，掉入"唯我论"和"不可知论"的泥潭。因而，对于建构主义要慎思。

[①] 巩子坤，宋乃庆.数学教育研究中值得关注的问题——热点与反思[J].数学教育学报，2008(2):75—78.
[②] 巩子坤，宋乃庆.数学教育研究中值得关注的问题——热点与反思[J].数学教育学报，2008(2):75—78.

2. 多种学习理论的整合

行为主义对于教学工作的直接贡献包括：教学目标的明确界定，结果的高度重视，任务的恰当分解，程序化的教学方法等。认知心理学的研究表明，深入研究内在思维活动的必要性和重要性对于改进教学具有十分重要的意义。情境认知理论则强调学习的情境性、社会性，只有将学习镶嵌在它所进行的社会的和物理的情境中时，有意义的学习才会发生。各种学习理论都有其关注和解决的问题，也都有其局限性。对这些学习理论要做出必要的整合。

3. 一般学习理论与数学教育的有机结合

学习理论大都是从一般教育的角度进行论述的，因而数学教育面临的一个迫切任务是：如何努力做好由一般教育理论到数学教育理论的过渡，即如何通过自身的努力在数学教学中创造性地应用或者改造新的学习理论或理念，寻找新理论的普适性与数学教育特殊性的有机切合点，从而避免数学教育研究"去数学化"的倾向。

案例 10-3

哪些是教师和教育决策者在实践中需要研究的内容？在第 11 届国际数学教育大会上，以澳大利亚墨尔本大学教授戴维·克拉克为首的专家小组就哪些是教师和决策者在实际工作中需要的研究内容进行了广泛的调查①。通过网络，研究人员收集了来自 45 个国家的数据，并且根据 45 个国家所处的不同地区划分为 4 个部分分别报告。

1. 北美地区

(1) 与课堂教学实践有关的问题

① 概念性理解和程序性技能

② 计算器在教学中的使用

③ 统一化教学和分层教学的问题

④ 学生的学习动机

⑤ 学生的数学推理

(2) 教师教育问题

① 数学教师的数学知识要达到什么样的程度

② 关于概念性理解和程序性技能平衡

(3) 教育政策问题

2. 欧洲地区

(1) 学生对数学学习缺乏兴趣的问题

(2) 数学教学方式

(3) 数学教师教育

---

① 马萍.数学教育研究的理论、实践与展望[J].数学通报，2009(8)：10—16.

3. 亚洲和中东地区

(1) 课堂教学——对于课堂教学,不论是一线教师还是数学教育研究者都比较感兴趣的问题是:什么样的教学方法更适合当前的课堂教学,是传统的方法还是现代的方法?

(2) 数学教育研究和应用

① 数学教育研究的成果怎样在教学实践中加以运用?

② 哪些教育研究的成果可以比较容易地运用到实践中去?

4. 南美洲地区

(1) 有关数学课程

(2) 有关学习策略

(3) 有关数学教师专业发展

(4) 有关课堂教学

(5) 能够代表未来教育议程挑战的一些问题

视窗 10-5

概念性理解(Conceptual Understanding)和程序性技能(Procedural Competence)

这两个概念的提出源于当时美国的教育政策。美国国家数学教师协会(NCTM)作为美国数学教育的改革倡导者,近20年来一直主导美国数学教育的革新。美国的NCTM标准,一直在数学教学中强调问题解决(Problem Solving)、数学推理(Reasoning)、数学应用(Application)和数学交流(Mathematical Communication)以及程序性技能(Procedural Competence)。而2002年布什政府通过了教育法案:《不让一个孩子落后》(*No Child Left Behind*)。举这样一个简单的例子:学生们在数学学习时,是要记住一些数学事实(Mathematics Facts),还是理解得到数学答案的方法呢?提出这个问题的教师面临着两难的境地。如果教学是为了发展学生的程序性技能(Procedural Competence),只要进行大量的练习,让学生记住一些题型就可以了(达到州考核的标准);而要发展学生的概念性理解(符合NCTM标准),学生要花更多的时间进行思考。数学教育研究正是想在两者之间找到平衡。

随堂讨论

1. 您觉得数学教育研究领域还有哪些需要关注的内容?

2. 如果让您对某一问题或现象进行分析研究,您最关心或想要解决的是哪些问题?

第 2 节　数学教育研究方法

一、数学教育研究方法的分类

(一)教育研究方法

为了使研究有效,在研究中要依据研究问题的性质和特点选择正确的研究方法,如实验法、调查法、行动研究法等。

研究是一种有目的、有计划的系统的探索过程,整个研究过程可以按一定的程序进行,其程序为:确定问题→查阅文献→设计方案→实施研究→整理分析资料→得出结论。研究的初始活动就是发现和确定研究的问题。对教师来讲,选择和确定的问题应该是能引起自己关注的而且真正地渴望能够找到解决办法的问题,比如要改善什么或者提高什么。研究的第二个环节是查阅文献。通过查阅已有的文献了解他人对该问题的研究,从而更深入地分析问题,寻找可能的解决办法。研究的第三个环节是根据研究问题的性质和研究者所具备的条件,确定恰当的研究方法,设计研究方案,制订出切实可行的研究计划。研究的第四个环节是实施方案,积累事实性资料。即按照研究方案规定的内容和步骤具体操作和实施。在实施过程中,按照设计的方法,尽可能详细地搜集有关的事实性材料。研究的第五个环节是整理分析资料。对资料的分析有时需要定性分析,有时需要定量分析,有时是二者的结合,教师应视具体情况而定。第六个环节是得出结论。即在分析资料后作出总结或得出具有普遍意义的结论,撰写科研报告或学术论文。

解腊梅等人对中小学教师如何开展课题研究进行过集中论述,分为 10 个课题发表在《教育理论与实践》杂志上,内容较为全面。这里列出目录,仅供大家查阅,主要包括:①什么是研究,怎样选择研究课题;②查阅资料和课题文献的撰写;③教育调查研究法;④教育实验研究法;⑤个案研究法;⑥教育观察法;⑦教育经验总结法;⑧教育行动研究法;⑨教育科研资料的处理与分析;⑩教育科研成果的表达。

(二)数学教育研究方法

关于数学教育的研究方法,钱佩玲[1]认为:一般来说,主要有两种方法来研究数学教育,一种是把数学教育作为教育、心理理论的应用,大部分采用的都是这种方法;另一种就是从数学本身的特点出发来研究数学教育,例如波利亚(G. Polya)、弗赖登塔尔(H. Freudenthal)等人的研究方法。也有综合两者的研究方法。事实上,因为数学教育是一门综合性的学科,所以,它的研究方法一般来说也是综合性的。章庆辉[2]也认为,近年来数学教育所取得的主要成就主要是在前者。如从教育心理学、课程改革与发展、数学教学、数学文化学、比较教育学、数学史等多个角度的研究,取得了长足的发展。但数学教育中的重点、难点、本质问题,必须深入数学领域去认识。比如:数学课程方面的数学双基问题,教材的内容选择与编排问题等。我们同意钱佩玲教授的观点,即认为在基本出发点这一前提下,

---

[1] 钱佩玲.对数学教育研究的几点思考[J].数学通报,2001(7):1—2.
[2] 章庆辉,郭宗礼.从数学角度切入数学教育研究的思考[J].内蒙古师范大学学报(教育科学版),2009(8):102—106.

研究的思路应开阔一些,从不同的方面、站在不同的角度、采用不同的方法、对各种感兴趣的问题去研究数学教与学的规律性,吸收各家的成果,运用并发展之,进而创建具有我国特色的数学教育理论。

王光明[①]认为,数学教育科学作为多学科的交叉学科,有的研究未必一定要通过数学教育实践现场开展研究。为此,将数学教育研究方法分为非基于教育实践现场和基于教育实践现场的研究。非基于教育现场的研究方法包括:现象研究,推论、推广研究,专题研究,争鸣研究,综述研究,评论研究。基于教育现场的研究方法包括:调查研究,质的研究,实验研究,个案研究等。这种分法与教育科学研究中将方法分为定性研究和定量研究具有一致性。同时,"在科学研究过程中,既要把握事物的质,也要把握事物的量。不同类型研究方法的发展并不是一种方法取代另一种方法。在数学教育研究实践中,往往要灵活运用多种方法研究数学教育问题。"在分析国内外已有研究的基础上,结合自己的研究成果,对每一种数学教育研究的方法进行了描述,同时附有大量研究案例及相关论文,具有很强的可读性。

1. 现象学方法

在数学教育科研中,运用现象学的方法是指对数学教育实践需要予以研究的现象或对数学教育热点问题予以描述,分析原因,透过现象看本质,尽量还原现象背后的本质,并给出对策。具体有三个过程:①描述。对一个现象予以客观的描述,而不是界定该现象。②还原。现象的原因是什么,还原现象背后的本质。③对策。针对该现象,对数学教学实践的建议是什么。

2. 推理、推广研究

数学中的推论是一种推理、推广的研究方法,犹如数学研究,数学教育研究有时也要运用推理、推广的研究方法。数学教育作为交叉学科,不仅哲学、教育学、心理学,而且思维学、脑科学、文化学等学科的研究成果都会为数学教育提供营养。此外,数学教育研究的前提是学习,学习数学教育的研究成果,论及个人认同的某数学教育研究成果,对其做推理研究也是一种数学教育研究方法。

3. 专题研究

专题研究是指我们思考数学教育重要问题的逻辑思维活动。"专题"包括一些数学教育问题,也包括居于重要地位的数学教育问题的思索。

4. 争鸣法

自然科学的发展史启迪数学教育,应开展必要的争鸣。特别是建构数学教育科学体系是21世纪数学教育研究的重心,也是带有前沿性的课题。在这一探索性过程中,研究难免带有经验性、描述性、定量化程度不高的特点,难免会有对数学教育本质和现象带有猜测和假设性特征。因此,在数学教育研究领域,应该是假说丛生,学派林立,争论激烈。

5. 综述研究

数学教育中的综述研究即综合总结和评述数学教育某一课题在一定时期的进展。进行数学教育综述研究需要拥有某一课题的大量相关文献,但不是将一些文献浓缩,更不是文献的堆积,要在驾驭相关文献的基础上,对某一课题的研究现状予以解释,并评述研究中的成就、存在的不足、发展的方向等。

---

① 王光明.数学教育研究方法与论文写作[M].北京:北京师范大学出版社,2010.

6．评论研究

评论研究就是对数学教育某类或某个文献以及重要人物的思想进行评述,提出个人的观点、意见的研究。评论研究的特点是"评"和"论"。评论研究的结构一般为:①序言;②对评论对象某个时期的结果进行介绍,说明评论对象的特点或类型;③评价评论对象的意义、贡献和价值观;④结语。

7．教育调查法

教育调查是教育科学研究的基本方法之一,是指对教育现象进行有计划的、周密的、系统的考察,用科学的手段和方法收集客观的资料进行分析研究,以了解已有的成果和经验,发现问题,总结教训,认识并预测发展趋向,从而由大量的事实材料中概括出教育的规律性认识的研究方法。

8．实验研究

教育实验通常根据一定研究课题的设想和一定的实验方案,在特定的情况下有组织的进行。克瑞斯·威尔认为教育实验是揭示或确定教育中自变量与因变量的关系。在我国开展数学教育实验更多是验证数学教育中变量之间的因果关系。教育实验涉及研究假设、实验者、实验对象、变量、自变量、因变量等概念。

9．质的研究方法

与主观控制的实验不同,质的研究方法是在自然状态下,研究者亲自通过视频或置身于被研究群体生活和活动中,不对研究者进行任何控制与干预,研究者通过观察,获得第一手的相关材料,利用自身的直觉、洞察力等去发现问题与结论,而不是验证一些常识或结论。

10．比较法

19 世纪以后,比较研究逐渐成为教育研究中的一种重要方法。构建数学教育科学理论体系与促进数学教育科研的发展也离不开运用比较法。凡是运用比较法开展数学教育研究,均为比较数学教育研究。

11．个案法

个案法是指对单一的对象进行深入而具体研究的方法,其任务是揭示研究对象形成、变化的特点和规律,以及影响个案发展变化的各种因素,并提出相应对策。

随堂讨论

1．如果想要了解教师的课堂教学语言对教学效果有什么样的影响,应该使用哪些方法进行研究呢?
2．怎样区分"综述研究"和"评论研究"?

二、对实验研究的争鸣与思考

实际上,在我们从事数学教育研究时,无论使用哪一种方法都不是完美的。比如说量的研究往往涉及宏观性目的,样本大、推广性好,重在证实普遍情况、预测和寻求共识;而质的研究重在微观领域,样本个性化,目的是理解和解释差异与复杂性。对中国的数学教育研究者而言,我们不能总是停留于思辨研究和定性研究,恰恰缺乏"自下而上"的质的研究方法。教育研究因其特有的复杂性,曾一度有人建议不要使用实验法进行数学教育研究,因为影响学生成绩的因素有很多,人们很难找出其中的因果关系,或者说很难去除无关因素的影响。但是量的研究具有可预测性、数据处理的精确性、探索性、客观性等特点,因此它理应成为教育研究的一个重要方法。笔者曾借助眼动仪对中学生解应用题的过程进行了实验研究,以分析学生在对题目进行问题表征时有何眼动特征。①

该研究使用了 Tobbi120 型眼动仪,整个实验在实验室里进行。被试坐在显示器正前方,眼睛距离屏幕中心 60cm。实验有两名主试,一名负责操作眼动仪,另一名负责用录音笔记录被试的口语报告。采用 2(数学成绩)×2(题目难度水平)×2(冗余信息:含、不含)的三因素混合实验设计。数学成绩为被试间因素,题目难度与冗余信息为被试内因素。

研究人员将眼动仪记录下被试的眼动轨迹及注视点在问题的各个兴趣区的出入次数等作为因变量进行数据采集,采用 Spss16.0 软件包进行数据的统计分析,最后得出结论并进行讨论分析。整个实验保证了学生在对问题进行表征的过程中没有人为因素的干扰,同时眼动仪能精确地记录下学生的注视点、眼跳、回视等相关数据,弥补了学生口语报告的不足。

随堂讨论

数学学业成绩高的学生在解应用题的过程中有哪些特点?——针对这一问题设计一个教育实验。

第3节 数学教育研究论文的撰写

一、论文写作中需注意的问题

在论文写作的过程中,教师及教育研究人员经常会出现一些共性的问题,《数学教育研究方法及论文写作》一书②对一些稿件的评价与分析进行了总结,笔者在参考该部分内容的基础上稍作提炼,汇总如下。

(一) 题目太大

文章选题过于宽泛,作者难以驾驭。譬如,我国学生数学观现状研究、数学学习困难生的成因及转化研究、论中国数学教育特征等题目均选题过大,对于大多数作者而言,都难以通过一篇数学教育学术论文阐述清楚。

(二) 文题不一致

有些文章选题还可以,但一些内容甚至整篇论文均文不对题。比如,"七年级学生数学问题解决方法调查研究"一文标题是"方法"调查,而正文基本没有涉及方法,问卷测试内容主要是测试能力,而非方法。再如,"新课程理念背景下的初中数学概念教学"一文加了限定语"新课程理念",而正文未在

---

① 冯虹,岳宝霞.题目难度和冗余信息对解题影响的眼动研究——以代数应用题为例[J].天津师范大学学报(社会科学版),2013(4):73—76.

② 王光明.数学教育研究方法与论文写作[M].北京:北京师范大学出版社,2010.

新课程背景下研究与论述初中数学概念教学。

(三) 概念不界定或界定不清楚或界定没有依据

作为数学教育学术论文,论文涉及的关键概念要予以界定并界定清楚,有的论文还要对相关概念做辨析,对于个人建构的新概念要有依据。如果论文涉及实验研究则还应对相关概念进行操作性界定。比如一作者在论文中提到了"数学理想化"抽象的概念,而且对该概念做了描述式的界定,但这种界定是个人清谈,没有依据。

(四) 概念的使用前后不一致

有的论文对关键概念做了界定,但是在使用概念时论文前后不一致。譬如,"初中数学高材生认知结构特点"一文从智力、非智力、数学学习成绩等几个维度对高材生做了界定,但是在调查取样时以获得省数学竞赛一等奖获得者作为高材生,导致理论与实践的脱节。

(五) 未能突出数学学科的特殊性

数学教育研究应该有自身的独特性及研究范畴,数学教育论文的研究结论或论述的教学对策要紧密围绕数学教育。如果将结论中的"数学"换成"物理"或"化学",仍能说得通的话,那么它就不是真正意义上的数学教育研究论文。目前,也有人在考虑应从数学学科的角度进行数学教育研究,因为数学是数学教育两个主要矛盾之一。数学教育中的重点、难点、本质问题,必须深入数学领域去认识。比如:数学课程方面的数学双基问题,教材的内容选择与编排问题,数学教学的方法、目的与出发点问题,数学学习的理论等,这些与数学教育相关的理论的合理与否,都应在数学的学科特点下进行定位和调整。不论这一观点能否被普遍接受并贯彻执行,至少说明目前的数学教育及研究出现了"去数学化"的现象,理应引起数学教育研究人员的重视。

(六) 占有文献不充分

目前的任何数学教育研究都应该占有较为翔实的文献,在已有研究基础上深入一步。而有的研究论文占有文献不够充分,或导致重复研究,或导致论述不深入。

(七) 缺少自己的思想观点

不管什么类型的论文都应该反映作者的观点或思想,如果只是对他人观点的罗列,或所论述的观点是众所周知的,这样的论文就没有太大的价值了。实验类论文是对实验假设的检验,作者一定要给出结论;综述类论文虽然以文献研究为主,但要有作者对已有研究的分析和思考,找出存在的问题或分析今后发展趋势。

(八) 研究方法存在问题

对于非基于教育现场的研究,如争鸣研究、综述研究、评论研究是以文献分析法作为研究的主要方式,因此很少出现研究方法使用不当的问题。而对于基于教育现场的研究,如调查研究,实验研究等论文会出现研究方法运用不正确、不规范、不恰当等问题。比较常见的问题有:①问卷没有经过效度、信度的检验,且调查的样本太小,不具有普遍性。②测试题存在问题。哪些题目能反映要测量的某种能力或水平?是否有依据证明这样的题目设计是有效的?比如,不能因为学生在概念理解题目得分高,就认为学生在概念理解方面比其他方面优秀。③实验研究中自变量和因变量不明确。④缺少对无关变量的有效控制。⑤不能提出合理有效的实验假设。

二、论文的撰写

教育科研论文是教师有效地与他人交流研究成果的主要形式之一。撰写教育科研论文是教师在对自己所从事研究活动进行全面回顾总结的基础上,选择合适的表达形式和恰当的文章组织结构,采用科学而确切的语言来完整表达自己研究过程及成果的一种认识活动。论文的规范性、可读性非常重要。研究成果的呈现需要进行深加工,这不能看成只是一个用优美的文字加工的过程,而是一个理性提升、再创造的过程。教育科研论文由于内容、结构和表述形式的不同可分为多种类型,通常将科研论文划分为学术论文和研究报告两大类。

(一)草拟详细的写作提纲

撰写者必须统筹规划好文章的结构,组织材料,草拟提纲,对搜集到的大量材料,经过比较、提炼,进行必要的取舍和增删,精选出最有价值的论点和论据。并对篇章结构、中心思想、内容表达层次,每部分叙述什么内容,穿插哪些图表、照片,都做缜密考虑。先列出大致的提纲,然后修改补充为详细的提纲。有了详细的提纲,便可以从全局着眼,开始撰写。

(二)撰写初稿

1. 学术论文[①]

在撰写学术论文时还有一些基本要求。一般学术论文由题目、摘要、前言、正文、结论、注释和参考文献等几部分组成。

(1)题目。题目是论文内容的概括,要向读者说明研究的主要问题,即研究的问题和范围要明确。标题的文字要简练,做到精当、实在、有新意,让人一看便知道要研究的内容。

(2)摘要。摘要是研究的主要内容与结构的简介,作用在于使读者通过概括简洁的文字,了解全文的主要内容和结论,摘要一般在两百字左右。

(3)前言。也称序言、导言,写在正文之前,用于说明写作的目的、研究的意义、问题的提出等。前言部分要简明扼要、开门见山,直截了当地阐明研究的目的和意义。

(4)正文。在正文中,要对研究内容进行全面的阐述和论证。一般的学术论文有两种论证的方法。一是实践证明,即用作为实践结果的客观事实来检验;一是逻辑证明,即用一个或几个真实判断来论证、确定另一个判断的真实性。在写作时,要以观点为轴心贯穿全文,用材料说明观点,观点与材料统一,用观点去表现主题,使观点与主题相一致。

(5)结论。经过研究后形成的总体论点。结论应指出所得到的研究结果是否支持假设,或指出解决了哪些问题,还有什么问题尚待进一步探讨。有的论文可以不写结论,但应作简单总结,或提出若干建议。有的论文还要进行讨论,即从理论上对研究结果的意义进行分析和评论,对研究结果做进一步的分析。同时,指出研究结果的局限性和存在问题。

(6)参考文献。包括参考的文章、书目等,附在论文的末尾。

[①] 解腊梅,梁建梅.中小学教师怎样进行课题研究(十)[J].教育理论与实践,2008(10):42—44.

2. 研究报告[①]

这里所说的研究报告,是以事实材料为主构成的。在观察研究、调查研究、实验研究、个案研究或经验总结的基础上撰写的报告都属于此类。这些报告的共同特点是,都是用实证性方法进行研究的。研究者在着手研究时总有一定的设想或假设,希望通过实际操作来进行验证。它的特点是假设加上验证,结构比较规范、严谨。研究报告的格式随着研究对象和方法的不同而有所差异,但无论是何种研究报告都应遵循一定的规范。一般来说,研究报告主要由以下几部分组成:题目、引言、研究的设计和方法、研究结果的分析、讨论及教学建议、参考文献、附录。

(1) 题目。题目应力求简练、明确、完整。一般可以直截了当点明主题,或说明研究的问题是什么。有时由于对研究对象和研究内容有较多的限制,题目比较冗长时,可以采用正副标题的形式。

(2) 引言。包括研究的背景、前人在这方面的研究进展情况、存在什么问题、对问题的陈述、研究的目的和理由以及研究的学术及实践价值和现实意义。

(3) 研究的设计和方法。这一部分是研究报告区别于学术论文的地方。研究方法的交代要具体,要把研究对象的条件、数量、取样方式、研究时间、条件控制等问题表述清楚。

(4) 研究结果的分析。包括研究发现、分析的结果(指标、频度)、图表以及自己的理论概括和思考。在分析结果时,要选用最有代表性的数据,要充分运用数据来显示研究的结果,要注意定性分析和定量分析相结合、统一。

(5) 讨论及教学建议。一方面要对研究的结果作出讨论,又要对整个研究过程的利弊得失进行讨论,对所用的研究方法及发现的问题也可以提出来讨论。另一方面根据讨论的结果应对数学教学提出一些建议及指导。因为研究报告的结论要为教师服务并应用于教学实践才有价值。

(6) 参考文献。一般在报告的末尾列出来。要写清楚篇目、作者、出版单位、出版日期、注明页数,以便他人查阅。

(7) 附录。一般直接引用原始资料,放在研究报告后面。附录的作用在于使读者更好地理解研究报告的内容,有时它对研究报告的内容也起到补充说明或提供参考资料的作用。

(三) 修改定稿

文不厌改,好稿子都是多次修改的结果,论文写作要重视修改的环节。论文的修改包括自我修改、听取同行的意见后的修改以及论文经过专家审阅后的修改。论文初稿完成后,最好做必要的冷处理,再看文题、各级标题措辞是否合适,各段落是否层次分明,内在逻辑主线是否清晰,观点是否偏颇、绝对、武断,论据是否充分,图表是否清楚、一目了然,引文是否准确,最后再字斟句酌、精益求精。[②]

[①] 解腊梅,梁建梅.中小学教师怎样进行课题研究(十)[J].教育理论与实践,2008(10):42—44.
[②] 王光明.数学教育研究方法与论文写作[M].北京:北京师范大学出版社,2010.

案例 10-4

综述研究的案例　　眼动分析法在数学应用题解题研究中的应用[①]

摘要:20世纪60年代,心理学家开始使用眼动分析法对数学解题进行研究。近年来国内外应用眼动分析法对应用题解题的研究成果很多。教育工作者应思考以下问题:眼动分析法使解题研究更接近纯实证研究;应加强代数应用题的眼动研究;考察数学成绩优生的眼动模式,有利于探索出培养学生解题的最佳训练策略。

关键词:眼动分析法;代数应用题;解题研究

1. 前言

1980年全美数学教师协会(National Council of Teachers of Mathematics,简称NCTM)在一份文件中提出了"必须把问题解决作为20世纪80年代中学数学的核心"的口号,并且主张"在解决问题方面的成绩如何,将是衡量数学教育成效的有效标准。"至此,问题解决似乎成了国际数学教育界的一大趋势。以往人们对解题过程的研究常用出声思维或写出解题过程的方法,这些方法均有其局限性。因为在解题过程中,若不打断解题者思路,他们就无法报告出那些没有达到意识水平的推理。而解题过程中解题者的眼动特征可以给研究者提供一个探查其心理活动的窗口。最初,研究者主要是用肉眼或借助简单仪器进行观察。后来,使用了专门的眼动记录仪来进行解题过程的研究。现在,眼动仪可以与计算机联机使用,从而使眼动研究技术向前迈出了重要而关键的一步。美国著名眼动研究专家凯斯·瑞纳(Keith Rayner)指出,眼动研究的领域将越来越宽广,其中就包括了眼动分析法在解决研究问题中的应用。

2. 眼动分析法介绍

早在19世纪就有人通过考察人的眼球运动来研究人的心理活动。如何准确地记录人的眼球运动,这是眼动研究至关重要的问题。国外在20世纪初就已经开始研制角膜和瞳孔的反光法原理。眼动记录法主要是在被试阅读时,通过使用眼动仪记录他们阅读过程中的眼动轨迹,同时获得阅读时的许多重要数据,如:注视位置、注视时间、注视次数、回视、眼跳等。有人认为,研究阅读的最好方法之一就是在读者阅读时记录其眼动。与其他方法相比,眼动测量为研究阅读提供了一种相对自然的即时测量方法,特别是在解释阅读中的即时加工问题上更是卓然超群。解题过程也离不开阅读,对关键词语的加工、形成问题表征等都可以通过眼动数据进行分析。

相比阅读而言,数学解题过程更加复杂,它是一个从题目初始状态到最终状态转化的动态过程,这种转化的解题能力源于对基础理论与基本方法的运用。体现在程序上则是首先进行题目表征和模式识别,其次选择或制定合适的解题策略,得出有效答案,每一阶段都会有对表征及策略选择的反思及调控。目前,应用眼动分析法对数学解题过程进行研究的内容主要集中在学习者所使用的表征策略、达到的表征水平与解题效果的相关性等。

3. 眼动分析法在数学解题研究中的应用

20世纪60年代,心理学家开始使用眼动分析法对数学解题进行研究。最初的研究多集中在对数字运算过程的分析,给出了关于注视持续时间的理论模型,但实验中使用的眼动指标较少,且没有深入分析和探讨被试解题过程中的认知加工过程。这里将重点论述眼动分析法在应用题解题研究中的应用。

[①] 岳宝霞,冯虹.眼动分析法在数学应用题解题研究中的应用[J].数学教育学报,2013(1):74—76.

当前关于数学应用题的研究主要以认知心理学为基础,将解应用题的过程视为问题解决过程。Mayer 等(1984)将数学问题解决划分为 4 个阶段:问题转译、问题整合、形成计划、执行计划。现有的研究大多围绕这 4 个阶段展开。已有研究表明,学生解应用题发生错误不是在执行计划的过程中,而是因为对应用题形成了错误的表征,进而形成了错误的解题计划。因此,当前对应用题解题的研究,多集中在对问题表征的探讨。眼动分析法的作用也是在解题者对题目进行语义加工、形成问题表征阶段记录一些眼动指标,进行更加科学、更加精细的描述。

(1) 问题表征策略及表征类型的眼动研究

解题者在问题表征阶段表现出不同的问题表征层次和问题表征形式,其层次与形式的不同主要决定于解题者采用的不同问题表征策略,因此对表征策略的研究一直是数学问题解决研究领域的一个热点问题。目前,对问题表征策略的研究更多地集中于小学数学加减应用题。其中,一致与不一致应用题(作为比较应用题的一种分类方式)被作为眼动实验材料广泛地使用。

解题者解不一致应用题时容易出现相反算法错误,出现这种错误主要是因为他们错误地理解题意(关系句表征错误)。Hegarty 等(1992,1995)分析了大学生解一致应用题和不一致应用题的不同过程,并分析被试在读题和列式时的眼动指标,发现表数学应用题存在两种策略:直译策略(direct translation strategy)和问题模型策略(problem-model strategy)。直译策略是指解题者首先从题中选取数字,然后对数字和关系词(如"比…多")进行加工,注重运算过程。问题模型策略指解题者根据变量之间的关系建立数学表征,并依此选定算法,注重理解问题中条件之间的数学逻辑关系。直译策略往往是解题不成功者所选择的方法,而解题成功者往往采用问题模型策略。Kintsch 和 Greeno(1985)研究认为,问题理解只有单一的高层次的表征:即问题模型表征(problem model)。解题者可通过创造一系列问题图式表征不同的问题陈述,然后把这一系列图式整合起来进而理解问题。而 Reusser 等(1995)的研究发展了一个新模型,相比 Kintsch 和 Greeno 提出的单一水平表征而言,其包含了一个"非数学表征":情境表征(situation model)。Stephanie Moreau 等(2003)的研究支持了 Reusser 的观点,发现当题目难度较大时,需要解题者对应用题情境进行更多的加工,建构起"非数学表征",即存在两种表征水平:问题模型表征和情境表征。张锦坤等(2006)通过加大题目的难度对大学生解算数应用题的表征策略进行了眼动研究,结果发现学生使用了直译策略和问题模型策略,同时解题正确率高者在解难度较大的题目时,倾向于对问题情境进行加工。冯虹(2005)对不同年级的学生解代数应用题的表征策略进行了研究,发现不同年级学生解代数应用题时存在不同的眼动模式,初二学生较多地使用直译策略,而高二和大学二年级学生更多地使用问题模型策略。

(2) 区分信息策略的眼动研究

多余条件的呈现会增加解题的难度,解题者在解决应用题时认为区分相关和无关信息很困难。尽管研究表明,呈现无关信息通常导致解题错误,但并没有指出儿童区分信息形成有用表征的过程是怎样的。有关认知学习的研究认为,学习者在解题的最初,通过检查、分析语义特征,找出相关信息,然后进行辨别、区分,将相关信息进行整合。Littlefield 和 Rieser(2005)认为,很多关于数学问题解决的研究强调应用题的内在表征,却很少关注解题者使用了怎样的策略来区分有用的和无关的信息。

Littlefield 和 Rieser 对小学生解算数应用题及大学生解代数应用题分别做了相关研究,认为解题者通过阅读题目(problem)和问题(question)将信息区分为不同的语义种类,如动作(或行为)、测量的单位等。然后通过搜索信息使得它们与题目情境中呈现的问题的语义特征相匹配。不同的学生在解决不同题目时会使用不一样的区分策略,即以下4种区分信息的语义学特征模型。(1)重读策略(rereading):通过重复地阅读题目,将部分信息及语义特征贮存到工作记忆中,然后对信息进行比较。因此被试的注视会经常回到题目的起始部分,在找出无关数字之前,注视点在几类语义特征中分布较均匀。找出无关信息后,注视点集中在相关联的两种语义特征上,或在重读的过程中,将注视点由一种语义特征转向另一种语义特征。(2)以特征为基础策略(featurally-based):在题目中寻找与问题中的语义相匹配的语义特征。因此注视点将主要在3类语义特征(事件或行为、人物及对象、测量的方法)之间循环,注视点将较多地集中在语义特征词句、数字和问题之间。(3)问题—引导策略(question-guided):解题者会首先看着问题,并经常以问题中的语义词语为指导,对数字信息进行分析。因此注视点集中在问题兴趣区,以及与问题所涉及的语义特征一致的内容。(4)首次读题策略(initial reading):在首次读题后就对语义类型进行了区分,找出与问题语义特征高度相关的部分,然后在高相关语义特征与问题之间进行匹配。因此被试的注视点集中在测量的方法(如单位)上,或集中在单位及相关的人物上。

对小学生区分有用与无用信息策略所做的研究发现,小学数学学优生倾向于使用特征分析策略,学困生则会根据一些表面的特征来区分有用与无用信息(如信息或数字所处的位置等),大多数学生会同时使用两种策略。对小学阶段学生的一个深入研究于2005年进行,研究人员借助计算机对学生的视觉浏览模式进行分析。将题目按不同的语义种类划分为几个模块,记录解题者注视每个模块的顺序及在某种信息上停留的时间。由此,对解题者所使用的信息区分策略进行了更加精确的区分。例如,使用问题—引导策略的学生会首先看着问题,并在加工其他模块内容的同时经常回到"问题"模块。结论是:使用问题—引导策略与首次读题策略的被试,区分信息及解题的正确率最高。对大学生解代数应用题的研究结果显示:每位被试都同时使用了两种或两种以上的区分策略。其中重读题目策略使用率最高(占44%),问题—引导策略不常使用,首次读题策略的使用率也不高(占18%),但使用该策略的被试正确率最高,解题时间最短。

4. 几点思考

(1)眼动分析法有利于促进解题过程的研究更加接近纯实证研究

对解题的内在机制进行研究,是学者们普遍达成的共识,但从研究方法上来看,较常使用的还是口语报告和事后提问两种。学者们普遍认为,已自动化了的心理过程不容易进行口语报告;而事后提问不能准确地描述出被试解题的心理过程。眼动仪的引入对教育心理学的研究具有重大意义。它通过对被试眼动的精确追踪,得到更加可靠的实验数据,使教育心理学更加接近纯实证的研究,更加严谨和科学。

(2)应加强对代数应用题解题过程的眼动研究

从算术到代数,是从具体数字到抽象符号的飞跃,掌握字母代替数的思想方法是整个中学数学的重要目标之一。初中生从研究具体数字到学习用字母表示数和未知元,会出现认知上的困难。曾有研究发现,算术知识会阻碍成人对代数问题的解决,因为在解决算术问题的同时,一种针对等式的操作系统被激活,妨碍了代数问题解决的正确性。在解决代数应用题时也会遇到意识及方法上的困难。中学教师普遍认为,代数应用题是中学生学习的一个难点。目前对应用题的眼动研究多集中在算术应用题范畴,如一步或两步加减应用题,一致与不一致应用题等。对代数应用题的相关研究较少,未来的研究应把代数应用题作为一个重点内容。

(3)考察数学成绩优生的眼动模式有利于探索出培养学生解题的最佳训练策略

数学成绩优生与学困生最外显的差异就是在解题能力上的差异。对优生和学困生进行对比研究可以帮助研究者发现问题。对不同年级优生和学困生进行对比研究发现,学困生用于表征与正确解题相关的"关键信息"的时间显著少于数学成绩优生,这种盲目搜索的解题方法既影响了他们对问题的表征层次,也影响了他们对解题策略的选择。数学成绩优生在解难度较大的题目时倾向于对问题情境进行加工。眼动研究考察学生解题的眼动指标,排除了许多主观因素的干扰,同时也为研究者提供了探查学生解题内在认知过程的基础。学困生的眼动模式帮助研究者找出解题失败的原因,学优生的相关数据便于研究者总结成功解题的策略。对比研究的结果是为教学提供参考和指导的重要内容。

(参考文献略)

案例 10-5

实验研究案例　　题目难度和冗余信息对解题影响的眼动研究
——以代数应用题为例

摘要:以 32 名初中二年级学生为被试,以 Tobbi120 眼动仪为工具,采用 $2\times2\times2$ 的三因素混合实验设计,探讨了题目难度、冗余信息和数学成绩对代数应用题解题过程的影响。结果发现:题目难度和冗余信息对不同成绩学生的解题正确率、出入"关键信息"区域次数影响显著。因此,研究认为,题目难度、冗余信息与题目的相关性是影响学生解题的主要因素。

关键词:题目难度;冗余信息;代数应用题

1. 问题的提出

应用题是用自然语言表达的数学问题,需要解题者将自然语言转化为"数学符号构成的算式",然后用数学方法求解。应用题的难易是影响解题的重要因素之一。已有研究表明,小学加减应用题的难度对学生解题影响显著。在影响题目难易程度的诸多因素中,题目中是否含有冗余信息是其中之一。冗余信息是指题目中含有的多余条件或无关信息。早期研究表明,当题目中含有冗余信息时,解题者区分相关和无关信息很困难。利特菲尔德(Littlefield)等人的研究发现,当题目难度加大时,呈现的无关信息会对解题产生影响。学习成绩是影响学生解应用题的另一重要因素。研究发现,不同数学成绩的学生在解题能力及表征策略的选择上都存在差异。和美君等人以不同成绩的小学生为被试,通过增加含有数值信息的无关条件句,以结构不良应用题为实验材料,探讨两种被试的内在表征。结果发现,高能力被试建构问题与情境模型,而低能力被试只建构问题模型。

分析已有的文献发现,以往的研究大多以小学生为被试,实验材料是一步或两步的加减应用题,极少涉及代数应用。初中生从具体数字到学习用字母表示数和未知元,会出现认知上的困难。算术知识会阻碍代数问题的解决,因为在解决算术问题的同时,一种针对等式的操作系统被激活,妨碍了代数问题解决的正确性。在研究方法上,以往对应用题的研究多使用口语报告、写出解题过程等方法,均有其局限性。本研究以初二年级学生为实验对象,记录了学生解题过程中的注视点移动轨迹,以考察题目难度、冗余信息对不同数学成绩学生解题的影响。

2. 方法

(1) 被试

以初一数学成绩的学年总评和初二第一次数学统考的成绩为基础,将年级前后15％的学生界定为数学成绩高分组和低分组,从中各随机抽取16名,共32名被试,平均年龄为$14±0.98$岁。所有被试的智力、视力均正常。两组被试初二的第一次语文统考成绩差异不显著,说明两组被试阅读理解能力对题目理解没有显著影响。

(2) 实验材料

实验前,以初中二年级数学教材为基础,编制30道代数应用题对不参加实验的初二两个班的学生进行测试(其中一半题目不含冗余信息,一半题目包含冗余信息),要求他们解题后对题目的难度进行3个等级的评定:较易、一般、较难。然后请中学数学教师做相同项目的评定。将学生与教师评定结果一致的四种类型题目(较易的不含冗余信息,较易的含有冗余信息,较难的不含冗余信息,较难的含有冗余信息)中各随机抽取2道题,共8道代数应用题构成正式实验材料。练习材料是与正式实验材料长度一致的一道较简单代数应用题。

(3) 实验设计

采用2(数学成绩)×2(题目难度)×2(冗余信息)的三因素混合实验设计。数学成绩为被试间因素,题目难度与冗余信息为被试内因素。

(4) 实验仪器

本研究使用了Tobbi120型眼动仪。

(5) 实验程序

整个实验在实验室进行。被试坐在显示器正前方,眼睛距离屏幕中心0.6cm。实验有两名主试,一名负责操作眼动仪;另一名负责用录音笔记录被试的口语报告。实验开始前,主试先要求被试报告解题计划。在确认被试明白指导语的要求后,实验正式开始。

(6) 眼动记录指标

本研究将题目划分为不同的兴趣区,根据学生注视点的移动轨迹,统计学生进出不同兴趣区的次数,以此为依据,分析题目难度及冗余信息对解题的影响。将不含冗余信息的题目划分为5个兴趣区:题目、相关数字,相关事件及行为、关键信息、问题,相关数字指正确解题必需的数字(事件及行为)。将含有冗余信息的题目划分为7个兴趣区:题目、相关数字、无关数字、相关事件及行为、无关事件及行为、关键信息、问题,无关数字指对正确解题无用的数字(事件及行为)。

(7) 实验结果的统计

采用SPSS for Windows 16.0 软件包进行处理。

3. 结果

(1) 题目难度和冗余信息对不同成绩学生解题正确率的影响(数据分析略)

(2) 题目难度和冗余信息对不同成绩学生进出"关键信息"区域次数的影响

下面是被试进出"关键信息"区域的次数(见表10-1)。

表 10-1　不同成绩学生对不同类型题目进出"关键信息"区域的次数

题目类型		高分组		低分组	
		M	SD	M	SD
较难	含	116.75	100.16	65.36	48.65
	不含	55.25	47.45	81.19	71.31
较易	含	73.38	58.69	79.63	61.52
	不含	32.25	26.33	37.38	35.85

对不同数学成绩学生进出"关键信息"区域的次数进行重复测量方差分析。结果表明：题目难度的主效应显著，$F=9.105$，$p<0.05$，冗余信息的主效应显著，$F=12.531$，$p<0.001$，三因素间交互作用边缘显著，$F=3.436$，$p=0.074$。简单效应分析表明，无论题目难易，高分组学生进出"关键信息"区域的次数在冗余信息间都存在显著差异，$t_{较难}=2.695$，$p<0.05$，$t_{较易}=2.178$，$p<0.05$；低分组学生解较易题时，进出"关键信息"区域的次数在冗余信息间存在显著差异，$t=2.046$，$p<0.05$。

(3) 题目难度对不同成绩学生表征含有冗余信息题目的影响(数据分析略)

4. 讨论

(1) 题目难度对学生解题过程的影响

题目难度对学生解题正确率的影响显著，表明学生解较易题目时的解题正确率显著高于较难题目，即较易题目的简单语义结构有助于学生构建数学模型从而完成正确解题。学生对不同难度题目进出"关键信息"区域的次数显著不同。对较难题目进出"关键信息"区域的次数显著多于较易题目，说明学生在解较难题目时，期望通过对"关键信息"的反复加工，在题目内容和"关键信息"间寻找相应的数量关系，从而构建正确的数学表征。学生在解含有冗余信息的题目时，题目难度对解题过程的影响显著。主要表现在学生进出"事件及行为"区域的次数，即学生解较难题目时对相关事件的注视点出入次数显著多于较易题目，说明问题情境是影响学生表征代数应用题的重要因素。较难题目必然含有复杂的语义结构，确定正确的解题计划必须有对题目情境的深层表征，加之题目含有的冗余信息，无疑进一步加大了学生表征问题的难度，学生必须首先区分出与正确解题相关的因素，进而才能完成对相关事件及行为的表征，从而完成正确的解题计划。

(2) 冗余信息对学生解题过程的影响

利特菲尔德(Littlefield)认为，冗余信息可能会增加错误推理和情境中细节推断的错误率，或者会降低选择、整合有用信息的可能性。本研究结果表明：(1)当题目较容易时，所含冗余信息对低分组学生的问题表征有影响，学生需要更长的时间对情境中的细节进行推断以排除错误推理的可能性。同时，应用眼动仪让学生采取口语报告的形式解题，增加了低分组学生工作记忆的负荷，从而影响了解题的正确率。(2)当题目较难时，其语义结构更加复杂，所含冗余信息增加了错误推理的可能性。同时，口语报告的形式增加了工作记忆的负荷，降低了解题正确率。但对于低分组学生来说难题已经对学生解题造成了很大的困难，是否含有冗余信息对解题正确率的影响就无法显现了。

从解题者进出"关键信息"区域的次数来看，当题目含有冗余信息时，高分组学生出入"关键信息"的次数增多，说明他们通过对题目"关键信息"的分析区分有用和无用信息；对于低分组学生，只有当题目较容易时所含冗余信息对其进出"关键信息"的次数才会有影响,说明他们能够找出解题的关键要素进而区分有用与无用信息,但当题目难度增大时则很难区分关键信息。

(3) 冗余信息与题目的相关性对学生解题的影响

不同成绩学生解含有冗余信息的题目时,进出相关信息区域的次数均显著多于无关信息区域。这种情况说明,对于初二学生而言,虽然实验前并未告知题目可能含有无关信息,但他们能够区分题目中的信息哪些是与正确解题相关的,哪些是无关的。学生对相关及无关类信息的注视受题目难度的影响:当题目难度增大时,注视点进出相关数字和相关事件及行为区域的次数增多,进出无关数字区域的次数减少。说明对于语义结构复杂的题目,解题者倾向于使用问题模型策略进行表征。被试很难通过对数字及关系词的直接表征找出数量关系,而是需要对题目中的情境信息进行更多的心理加工,如发生的事件、人物的行为等。因此,被试进出无关事件及行为的注视点次数增多,进出无关数字的次数减少。这与前人的研究结果一致,即对于难度相对较大的题目,需要个体对应用题情境进行更多的加工,建构起"非数学表征"。

5. 结论

(1) 题目难度及冗余信息对学生解题正确率影响显著,含有冗余信息对高分组学生解难题和低分组学生解容易题的正确率有影响。

(2) 题目难度及冗余信息对学生进出"关键信息"区域次数影响显著。

(3) 冗余信息与题目的相关性对代数应用题解题过程的影响显著。因此,题目难度、冗余信息以及冗余信息与题目的相关性是影响代数应用题解题过程的重要因素。

(参考文献略)

本章总结

本章对数学教育研究的意义及目的进行了分析和探讨,目前国内数学教育研究人员及教师普遍认为参与数学教育研究是数学教师专业化成长的必然途径。教师通过深入研究教育教学现象向专家型教师转变。本章还介绍了数学教育研究的内容及研究方法,这两部分内容在分类及体系上尚没有一个统一的观点,我们分析并引用了部分专家的观点,希望对读者有所借鉴。最后对教育研究论文的书写及可能存在的问题进行了罗列,并给出了些许案例。

扩展阅读

[1] 曹才翰,章建跃. 中学数学教学概论[M]. 北京:北京师范大学出版社,2008.

[2] 王光明. 数学教育研究方法与论文写作[M]. 北京:北京师范大学出版社,2010.

[3] 冯虹,岳宝霞. 题目难度和冗余信息对解题影响的眼动研究——以代数应用题为例[J]. 天津师范大学学报(社会科学版),2013(4):73—76.

[4] 岳宝霞,冯虹. 眼动分析法在数学应用题解题研究中的应用[J]. 数学教育学报,2013(1):74—76.

思考与练习

1. 中小学数学教师参与教育研究的意义是什么?

2. 数学教育研究的主要内容有哪些?
3. 从事数学教育研究常用的研究方法有哪些?
4. 怎样进行文献检索?
5. 设计调查问卷应注意哪些问题?
6. 如何控制实验研究中的无关变量?
7. 作为中学数学教师怎样参与数学教育研究?
8. 如果选定一个问题研究,你打算用什么方法进行研究?
9. 数学教育研究与数学教师专业化有何关系?
10. 怎样看待文章的修回?

参 考 文 献

[1] 顾泠沅,杨玉东.反思数学教育研究的目的和方法[J].数学教育学报,2003(5):10—12.

[2] 姚静,程龙海.关于数学教育研究之研究[J].湖南师范大学教育科学学报,2003(1):58—61.

[3] 曹才翰,章建跃.中学数学教学概论[M].北京:北京师范大学出版社,2008.

[4] John W. Creswell. Educational Research [M]. NewJersey: Carlisle Communications, 2004.

[5] 李兴贵.数学教育课题研究及论文撰写指导[M].上海:华东师范大学出版社,2009.

[6] 王光明.数学教育研究方法与论文写作[M].北京:北京师范大学出版社,2010.

[7] 杨骞.也谈对数学教育研究的几点认识[J].数学通报,2002(2):4—5.

[8] 巩子坤,宋乃庆.数学教育研究中值得关注的问题——热点与反思[J].数学教育学报,2008(2):75—78.

[9] 王光明,杜惠敏.转化高中数学学习困难生的案例与分析[J].数学通报,2009(6):1—4.

[10] 岳宝霞.注意涣散型高中数学学困生研究的现状及思考[J].数学教育学报,2004(2):23—26.

[11] 徐海,等.浅谈中学数学"问题式"教学法[J].学理论,2011(12):20.

[12] 刘文汇.面对现实,精心设计探究数学教学法[J].科技咨讯,2012(1):178—179.

[13] 袁红俊.精彩源于对文本的精细解读——认识长方体和正方体——教学片断赏析[J].教学与管理,2012(9).

[14] 王云密.关于数学课堂教学文化建设的思考[J].长春理工大学学报,2007(1):62—64.

[15] 谢韦韦.课堂教学文化研究综述[J].当代教育论坛,2008(8):14—16.

[16] 马萍.数学教育研究的理论、实践与展望[J].数学通报,2009(8):10—16.

[17] 钱佩玲.对数学教育研究的几点思考[J].数学通报,2001(7):1—2.

[18] 章庆辉,郭宗礼.从数学角度切入数学教育研究的思考[J].内蒙古师范大学学报(教育科学版),2009(8):102—106.

[19] 冯虹,岳宝霞.题目难度和冗余信息对解题影响的眼动研究——以代数应用题为例[J].天津师范大学学报(社会科学版),2013(4):73—76.

[20] 岳宝霞,冯虹.眼动分析法在数学应用题解题研究中的应用[J].数学教育学报,2013(1):74—76.

[21] 解腊梅,梁建梅.中小学教师怎样进行课题研究(十)[J].教育理论与实践,2008(10):42—44.